劳动和社会保障文丛

城乡居民
基本养老保险制度
可持续发展研究

王作宝◎著

中国劳动社会保障出版社

图书在版编目(CIP)数据

城乡居民基本养老保险制度可持续发展研究/王作宝著. -- 北京：中国劳动社会保障出版社，2023

(劳动和社会保障文丛)

ISBN 978-7-5167-5758-1

Ⅰ.①城… Ⅱ.①王… Ⅲ.①养老保险制度-可持续性发展-研究-中国 Ⅳ.①F842.612

中国版本图书馆 CIP 数据核字(2022)第 248841 号

本书为国家社会科学基金青年项目“城乡居民基本养老保险制度可持续发展研究”（16CGL043）的研究成果。

中国劳动社会保障出版社出版发行

（北京市惠新东街 1 号　邮政编码：100029）

*

北京市艺辉印刷有限公司印刷装订　新华书店经销

787 毫米×1092 毫米　16 开本　27.5 印张　372 千字

2023 年 5 月第 1 版　2023 年 5 月第 1 次印刷

定价：108.00 元

营销中心电话：400-606-6496

出版社网址：http://www.class.com.cn

前言

从 2009 年国务院决定开展新型农村社会养老保险试点，到 2011 年开展城镇居民社会养老保险试点，再到 2014 年两个制度合并实施，我国城乡居民基本养老保险制度在短短几年间从无到有、从试点到推广、从分立到统一，制度体系日臻完善，覆盖人群不断扩大，待遇水平稳步提升，维护并实现了广大城乡居民的社会保障权益，基本保障了广大城乡居民的老年生活，标志着我国社会养老保险体系乃至整个社会保障体系的完善与加强。

“建立更加公平更可持续的社会保障制度”是党的十八届五中全会提出的我国社会保障制度改革发展的目标。就城乡居民基本养老保险制度而言，尽管目前尚未显现突出的收支平衡问题，但受到农村经济社会发展相对落后、人口结构日益老龄化的影响，以及制度自身设计的制约，未来将不可避免地面临可持续发展的挑战，进而影响到养老保障目标乃至整个社会保障体系改革发展目标的实现。

本书聚焦城乡居民基本养老保险制度可持续发展议题，主要采用人口预测、保险精算、计量经济学等研究方法，围绕城乡居民基本养老保险制度发展历程（第一章、第二章），养老保险可持续发展的理论基础（第三章），可持续发展的评估（第四章、第五章、第六章），以及促进可持续发展的建议（第七章）等四大模块进行分析论述。

绪论部分介绍了本课题的研究背景与研究意义，梳理了既有的研究成果，明确了研究的重点，介绍了研究的主要问题、研究框架与主要学术创新。

第一章“城乡居民基本养老保险制度建立前的居民养老”，介绍了城乡居民基本养老保险制度建立前的城镇和农村居民养老情况，划分了不同阶段，分析了社会养老保险制度缺失造成的负面影响。

第二章“城乡居民基本养老保险制度的发展与现状”，梳理了新型农村社会养老保险与城镇居民社会养老保险制度试点和推广以及合并建立城乡居民基本养老保险制度的历程，介绍了制度的基本设计，归纳了制度的实施现状。

第三章“城乡居民基本养老保险制度可持续发展的理论基础”，介绍了养老保险一般理论，养老保险可持续发展理论，代内公平、代际公平与代际补偿理论，以及发展型社会政策理论等核心观点，阐释了对于本研究的指导价值。

第四章“城乡居民基本养老保险制度财务可持续评估”，首先对人口、参保缴费、财政收入等基本参数进行了设定和预测，继而对个人账户养老金和基本养老金待遇水平进行了估计，并通过测量个人账户可支付月数与财政补贴月数、中央与地方财政负担规模，对城乡居民基本养老保险制度未来运行中的财务可持续进行了评估。

第五章“城乡居民基本养老保险制度政治可持续评估”，首先对城乡居民基本养老保险制度以及整个社会养老保险体系的公平性进行了分解与测量，继而通过代际核算评估了代际负担均衡情况，比较了地方政府面临的财政压力，最后分析了地方政府、城乡居民基本养老保险当期和后代参保人口以及城镇职工基本养老保险参保人口等利益相关主体对制度的支持，评估了其未来运行中的政治可持续。

第六章“城乡居民基本养老保险制度可持续发展的制约因素”，从制度所处外部环境、公共财政直接负担模式以及制度基本设计三个层面，分析了制约城乡居民基本养老保险制度可持续发展的因素。

第七章“城乡居民基本养老保险制度可持续发展的建议”，提出了实现城乡居民基本养老保险制度可持续发展应该遵循的基本原则，并从营造有利的外部生态以及优化制度自身设计两个方面，提出了促进制度可持续发展的建议。

本书的创新之处在于提出了统筹公平与可持续、统筹代内公平与代际公平的观点，认为养老保险制度可持续发展需要统筹政治可持续与财务可持续，并基于这一判断从政治可持续与财务可持续两个角度对城乡居民基本养老保险制度的可持续性、公平性进行了评估。从研究结论看，本书提出了两个具有创新性的观点，一是通过建立低收入参保和领待人口救助机制替代公共财政直接担责模式，二是通过应对儿童相对贫困优化代际补偿，促进可持续发展。

本书是我主持的国家社会科学基金青年项目“城乡居民基本养老保险制度可持续发展研究”（16CGL043）的成果，在此，对基金给予本研究的资助表示感谢。同时，对于在本书撰写过程中给予我无私帮助的同事、朋友表示感谢！

限于本人的识见和能力，书中难免疏漏舛误，恳请读者、学界同仁批评赐教。

王作宝

2022年11月

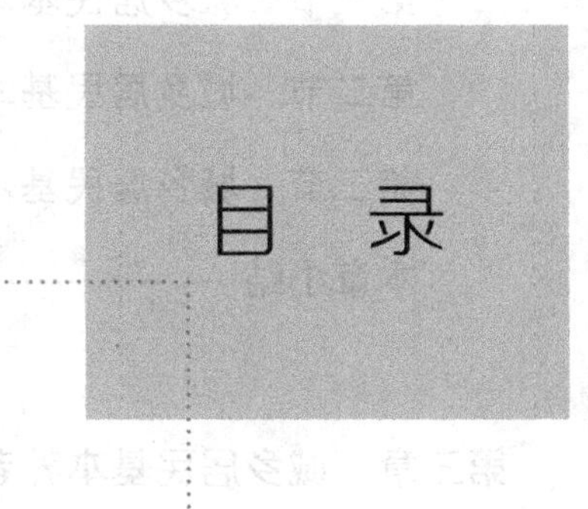

表目录

图目录

绪论

第一节 问题提出与研究意义

城乡居民基本养老保险是我国社会养老保险体系的重要组成部分。2009年开始开展新型农村社会养老保险试点工作，迄今已经超过十年。在这十余年间，制度从局部试点到实现全覆盖，制度设计日臻完善，参保率与保障水平逐年提高。广大城乡居民的社会保障权利得到有效实现，广大城乡老年人的基本生活得到保障。城乡居民基本养老保险制度的建成标志着我国社会养老保险体系乃至整个社会保障体系的完善。本书研究城乡居民基本养老保险制度的可持续发展，有以下三点考虑。

其一，从政策依据来看，实现可持续发展是党和国家对包括养老保险在内的整个社会保障体系提出的改革发展目标。党的十八届三中全会提出“建立更加公平可持续的社会保障制度”，党的十八届五中全会提出要“建立更加公平更可持续的社会保障制度”。2021 年 2 月 26 日，中共中央政治局就完善覆盖全民的社会保障体系进行第二十八次集体学习。习近平总书记在主持学习时又进一步强调要“促进我国社会保障事业高质量发展、可持续发展”，足见党和国家对于社会保障体系可持续发展的重视与期望。

就整个社会保障体系而言，可持续发展的挑战主要集中于养老保险制度。原因在于，只有养老保险是一个需要长期积累、追求长期均衡的险种，会受到未来人口结构、经济发展变化的影响。而其他险种或项目积累周期短或者没有积累，涉及人口少，可持续发展问题并不突出。城乡居民基本养老保险制度是我国社会养老保险体系的重要组成部分，能否实现可持续发展关系到整个社会养老保险体系乃至社会保障体系的可持续发展。因此，从贯彻落实党和国家决策部署的角度出发，应该关注和研究城乡居民基本养老保险制度的可持续发展。

其二，从现实需求看，城乡居民基本养老保险参保人口老龄化程度更高、速度更快，参保人口收入较低、自我养老能力较弱，在人口老龄化的影响下，未来几乎不可避免地会面临财务收支平衡的挑战。特别是，建立城乡居民基本养老保险制度的初衷就是保障未被职工基本养老保险覆盖的广大城乡低收入居民的基本生活。如果制度不能持续下去，他们的社会保障权益将无从实现，老年生活将无法得到保障。

尽管由于公共财政承担了大部分支出责任，短期来看城乡居民基本养老保险制度还不会面临城镇职工基本养老保险那么迫切的收支平衡压力，可持续发展问题尚不突出。但这是以较低的养老金支付水平为前提的。未来，如果进一步提高养老金水平，将不可避免地加重收支平衡的压力。而这些压力，在现有制度设计下将会转嫁给公共财政，影响其健康稳定运行。此外，建立全国统筹的社会保障体系是未来我国社会保障制度改革发展的目标之一。这需要解决城乡居民基本养老保险内部，以及城乡居民与城镇职工基本养老保险两种模式的碎片化问题。但制度的统筹又必须在有利于制度可持续的约束下进行，否则统筹也就没有任何意义。

因此，无论是从应对人口老龄化的挑战出发，还是着眼于实现广大城乡居民的社会保障权利与养老保障目标，抑或是避免对公共财政的冲击，实现整个社会保障体系的统筹，都应该关注和研究城乡居民基本养老保险制度的可持续发展问题。

其三，从学术使命来看，城乡居民基本养老保险制度要遵循社会保险、养老保险的一般规律，但其所立足的经济社会发展环境、所面向的人群都较为特殊，制度的设计也不同于一般的社会养老保险制度，它是我国特有的制度设计。因而，城乡居民基本养老保险制度可持续发展既要遵循一般规律，又不能简单套用，既要立足我国尤其是农村经济社会发展实际，考虑广大参保群体就业、收入、认知、行为的特殊性，又不能特立独行、罔顾一般规律。

因此，从将社会保险一般规律与我国实际相结合，推动形成我国社会保障学科话语体系的角度出发，有必要关注和研究我国城乡居民基本养老保险制度的可持续发展问题。

综上所述，本书选择研究城乡居民基本养老保险可持续发展问题，通过可持续性评估，揭示制度面临的可持续发展挑战，分析可持续发展的制约因素，提出改进的对策建议。研究意义体现在以下两个方面。

一是学术价值。本书以“城乡居民基本养老保险”为对象探讨可持续发展问题，弥补了既有研究的不足，将会使我国关于社会养老保险体系可持续发展的研究更完整、更全面。同时，本书不仅研究制度的收支精算平衡与财务可持续，还通过分析不同利益主体的支持度与影响因素评估制度的政治可持续，克服了既有研究主要测算收支平衡的局限，探索了养老保险可持续发展的新视角。并且，城乡居民基本养老保险制度是我国特有的制度设计，研究其可持续发展，总结探讨其发展规律，有助于在本领域发出中国声音、形成中国话语。

二是实践价值。本书针对城乡居民基本养老保险面临的可持续发展挑战与制约因素，坚持“公平的可持续”与“可持续的公平”，统筹财务可持续与政治可持续，提出对策建议，将会有助于优化城乡居民基本养老保险制度的设计，更好地实现财务收支平衡与可持续，确保制度的稳定与保障目标的实现。并且，着眼于建立全国统筹的社会养老保险体系，在促进城乡居民基本养老保险制度可持续发展的同时，还能够为整个社会养老保险体系的统筹创造条件，有助于更好地实现党中央提出的社会保障事业“高质量发展、可持续发展”的宏伟目标。

第二节 相关研究成果与评价

本节从养老保险可持续发展的内涵、城镇职工基本养老保险可持续发展以及城乡居民基本养老保险可持续发展三个方面简要介绍相关研究成果。

一、关于养老保险可持续发展内涵的研究

1972 年，联合国人类环境会议通过的《人类环境宣言》首次提出“可持续发展”的概念。最初，关于可持续发展的研究主要聚焦于自然资源、生态环境等方面，分析当代人行为对后代人的生存环境与所能开发的资源的影响。之后，该理念也被引入经济社会领域，特别是在涉及代际利益交换的领域，探讨当代人的经济政策、社会政策对于后代人实现他们发展目标的影响，分析代际负担与收益分配问题。

林毓铭针对整个社会保障体系指出，可持续发展的核心是财务或基金可持续，面对庞大的社会支出，需要充分考虑政府、企业与个人的负担能力，保障当代人与后代人的生存权。特别是在我国政府主导型的社会保障体系中，要合理确定社会保障的财政责任，实现制度的可持续发展。[1]

具体到养老保险，学界较早主要关注的也是财务收支的可持续。在霍兹曼（Holzmann）看来，养老保险的可持续是要能够为所有参保者（包括当代人和后代人）提供充足的、可持续的和稳定的养老金收入，并且能够按照制度设计实现收支平衡，而不会出现长期的、大规模的赤字。[2] 张向达认为财务上的可持续是一切养老保险制度可持续发展的重要物质基础[3]，寇铁军等甚至指出养老保险的可持续主要就是财务可持续。[4]

鉴于养老保险的代际交易性质，也有学者从代际负担分配的角度进行了阐释，如邓沛琦等认为在现收现付养老保险制度中，新一代为老一

代的透支买单，具有突出的代际再分配功能[5]；何文炯指出随着人口老龄化加剧，如果制度设计不合理或者调整不及时，就会激化养老保险体系的代际矛盾[6]。因而为了实现可持续发展，郑功成认为必须树立代际公平、持续发展的意识[7]。

除了财务可持续外，学者们还从其他层面进行了阐释。国外一些学者，如巴尔（Barr）、亚伦（Aaron）认为，养老保险的可持续不仅包括财务可持续，也包括政治上的可持续，既要关注财务收支平衡，也要考察制度实现其预定目标并获得公众支持的程度。[8,9] 国内学者如周志凯将养老保险的可持续阐释为制度可持续、经济可持续与社会可持续，其中制度可持续是指制度设计要适应经济社会发展需要，经济可持续是指要考虑社会保险资源供给并与之协调，社会可持续是指制度要能得到人们的拥护与认同。[10]

发端于可持续发展的一般研究，养老保险可持续发展从最初主要关注财务可持续到关注人们对制度的拥护、支持和认同，内涵不断扩展。这也提示我们，研究城乡居民基本养老保险制度可持续发展，提出改革发展的策略，不能仅仅着眼于财务收支平衡，还要考察相关利益群体对制度的认可、支持和参与态度。尽管如此，作为一项以财务收支为主要机制的制度，养老保险制度可持续发展的主要维度和关键指标仍是财务收支平衡。而且政治可持续的实现离不开财务可持续，政治可持续的目的也是为财务收支平衡创造更加稳定的制度依托，最终都是要通过筹资给付活动实现养老保障目标。

二、关于城镇职工基本养老保险可持续发展的研究

城镇职工基本养老保险包括企业职工基本养老保险和机关事业单位养老保险，是我国最早建立的社会养老保险制度，基金规模庞大，并且由于公共财政没有直接承担补贴与给付责任，不能依靠外力来应对收支平衡压力，面临的可持续发展挑战也最为严峻。因此，学界关于我国社会养老保险制度可持续发展的研究主要聚焦于此。

关于如何评估养老保险制度的可持续发展，多数研究主要聚焦于财

务收支指标，如王翠琴、刘威、孙荣、范维强等人通过构建养老保险基金收支平衡精算模型来评估该制度未来面临的基金收支压力与可持续发展挑战[11-14]。还有一些学者设计了综合评估指标体系，如邱长溶设计了包括参保人数、机构设置、基金管理等指标的中国社会养老保险综合评价体系，并采用因子分析模糊综合评价方法进行了实证分析[15]；林毓铭设计的指标体系包括了收入指标与支出指标、平衡指标与效益指标、主观指标与客观指标、存量指标与流量指标、景气指标与警戒指标，评价体系涵盖了经济系统、社会系统、人口与就业、制度建设、信息系统等方面[16]。

通过测算，学者们如郑秉文、殷俊、金博轶、杨再贵、金刚、张秋秋、景鹏等均发现城镇职工基本养老保险在未来会出现巨大的收支缺口。[17-23]

关于影响城镇职工基本养老保险制度可持续发展的因素，学者们的关注点存在差异，如殷俊、王小军、孙永勇认为，影响因素主要是人口老龄化、长寿化、缴费率、基金积累模式[24-26]；吕学静认为，覆盖面窄、保值增值难、统筹层次低是主要因素[27]；王延中分析了制度分割、人群差异等因素[28]；李珍则就政策扩面引起的二元费率差异、遵缴率水平、费基工资比等进行了探讨[29]。

针对如何实现我国城镇职工基本养老保险制度的可持续发展，一些学者就制度设计本身提出了改革建议，如周志凯关注推进基金的市场化运营[10]，丁建定认为应该覆盖所有人群、所有养老问题[30]，席恒强调要建立统一、公平的养老保险制度[31]，郑秉文建议向名义账户转型[32]，薛惠元强调建立合理的基本养老金调整机制[33]，江正发关心出台并落实延迟退休政策[34]，李珍则认为应该统一费率、提高费基工资比与遵缴率[29]。除了完善制度本身，还有一些学者关注了制度所处的外部环境，如郭士征认为，需要优化政府管理养老保险的职能和法律环境[35]，宋宝安指出，只有提高政策回应度与老年人口满意度才能实现可持续发展[36]，彭希哲、林义则强调要提高劳动生产率，保持经济持续增长，为养老保险可持续发展奠定物质基础[37,38]。

三、关于城乡居民基本养老保险可持续发展的研究

在新型农村社会养老保险制度建立和试点阶段，一些学者关注了其可持续发展问题，主要集中于财务可持续性上。邓大松研究发现，中央财政有能力承担财政补助，但中西部贫困地区地方财政筹资困难，会面临可持续发展的压力[39]；钱振伟测算发现，未来30年左右新型农村社会养老保险（以下简称“新农保”）养老金将会收不抵支，且通过调整基金收支约束变量以缓解基金缺口会与养老金的福利刚性发生冲突，仅仅依靠激励农民缴费等措施无法实现可持续[40]；封铁英发现2027年后支出增幅超过收入，缺口呈现加速扩张趋势，不可持续性风险逐年增大[41]。

关于“新农保”可持续发展的影响因素，林义认为，经办管理水平、农民缴费的持续性等会影响可持续[42]；张运刚强调参保者权利义务不相称、制度碎片化、缴费档次不合理、统筹层次偏低是关键因素[43]；战梦霞指出，基金投资渠道窄、收益率低会产生负面影响[44]；丁煜发现地方财政养老负担不均衡、制度激励性不强不利于制度的可持续[45]；封铁英概括了人口老龄化、老年抚养比、缴费率、补贴率等因素[41]；杨丽从参保者的角度出发，认为农民参保认知、养老观念、文化程度、经济收入是重要影响因素。[46]

为了促进“新农保”可持续发展，学者们普遍将财政补贴视为一个关键因素，如穆怀中认为，应该通过优化财政支出结构、完善财政补贴方式来提高“新农保”财务的可负担能力和可持续能力[47]；郭光芝认为，需要明晰政府在基础养老金及缴费上的补贴标准，建立科学的制度要素增长机制，加强财政责任的可预测性及可控性[48]。在制度设计与管理方面，有学者对“新农保”采取的模式进行了思考，如刘昌平提出，应建立财政提供缴费补贴的阶段式现收现付制平衡模式[49]；张运刚认为，“新农保”首先应该建立制度内部统一的模式，避免各县为政，提高统筹层次，逐步实行与城镇职工基本养老保险相同的“统账结合”模式，缩小与城镇职工基本养老保险的差距[43]。还有学者着眼于财务收支平衡，关注制度的筹资能力与基金保值增值能力，如薛惠元认为，可持续发展

的关键在于提高农民的收入水平，提升他们的缴费能力[50]；张思锋强调，要建立统一的“新农保”基金管理与投资运营办法，提升其保值增值能力[51]；聂建亮提出要采取递进式补贴方式或者比率式补贴方式对个人账户进行补贴，激励农民提高缴费档次[52]。

城乡居民基本养老保险制度建立后，也有学者对其可持续发展进行了探讨，但由于制度建立较晚，且可持续发展的挑战并不迫切，相关研究成果不多。这些研究普遍认为城乡居民基本养老保险未来同样会遇到可持续发展的挑战，如张向达认为，依照现行的制度设计、缴费与补贴水平和经办管理情况，长期财务可持续性十分令人担忧[53]。李文军以广西为例分析了不同替代率方案下的财务可持续问题，发现即使考虑基金的滚存结余，其长期的财务可持续也会在2045年后彻底丧失[54]。特别是由于城乡居民基本养老保险制度设计中公共财政承担了主要责任，制度可持续发展的挑战实际上是公共财政负担能力的可持续问题，如李娜以天津为例进行研究，发现在人口老龄化加剧、财政增速有限的背景下，财政补贴总额及占比不断增加会面临可持续的挑战[55]。

针对制度面临的可持续发展压力，学者们普遍强调要优化制度设计，如张向达认为，制度可持续发展的主要影响因素是人口结构、缴费与补贴水平、替代率和收益率，应该改进激励机制，提高待遇水平[3]；李文军建议探索强制参保，提高居民最低缴费标准、提高养老基金的投资收益，设计基础养老金的调整指数、优化养老金计发系数[54]。此外，曾益、李娜还提出要提高女性生育率来应对人口结构老化及由此造成的可持续发展挑战[55,56]。

四、相关研究评价

可持续发展是人口老龄化背景下社会养老保险制度面临的一个主要挑战。国内外学者关于养老保险制度可持续发展内涵的研究，在主要聚焦于财务可持续的同时扩充了其内涵，这对于本书的研究具有指导意义。国内学者对我国城镇职工基本养老保险、新型农村社会养老保险可持续发展的研究，在评估方法、研究发现、对策建议方面对本书具有重要的参考价值和启发意义。尽管如此，既有研究仍然存在一些不足，为本书留下了研究空间。

其一，总体来看，关于城乡居民基本养老保险可持续发展的研究还比较少。当然，这并不是学界有意忽视这一问题，而是因为该制度建立较晚，运行时间较短，可持续问题尚不突出。然而，城乡居民基本养老保险参保人口规模庞大，是我国社会养老保险体系的重要组成部分，探讨社会养老保险乃至整个社会保障体系的可持续发展，不能也不应忽视城乡居民基本养老保险制度。另外，城乡居民基本养老保险制度目前收支压力较小，主要是由于养老金水平较低，但一直保持较低的养老金水平并不是我们的发展方向与目标，也不利于社会保障体系的公平，而且公共财政直接负担模式下城乡居民基本养老保险可持续发展的压力会转嫁给公共财政，使其收支失衡的影响范围更大。此外，由于今后要建立全国统筹的社会保障体系，不能也不应长期维持城乡居民基本养老保险制度的独特设计，更不能因为在现有设计下可持续发展压力不大就忽视这一问题。因此，为弥补既有关于城乡居民基本养老保险可持续发展研究的不足，本书选择这一课题进行探讨。

其二，城乡居民基本养老保险制度不同于其他制度模式，其自身也在不断发展完善。既有的关于城镇职工基本养老保险和新型农村社会养老保险可持续发展的研究探索了方法，分析了问题，提出了建议，对本研究有一定的参考价值。但是，城乡居民基本养老保险与城镇职工基本养老保险有较大差距，例如城镇职工基本养老保险财务收支的压力主要是参保人员和用人单位缴纳的社保费用是否能够满足退休人员的养老金给付需要，而城乡居民基本养老保险的资金主要来自财政补贴，收支平衡的压力也主要体现在公共财政上。另外，虽然城乡居民基本养老保险制度由新型农村社会养老保险制度发展而来，但二者又存在差别，且城乡居民基本养老保险制度本身也在发展。例如，筹资缴费水平得到了提高，待遇给付中增加了年限基础养老金。因而，既有的相关研究并不能完全契合城乡居民基本养老保险制度的实施现状，需要加以创新。

其三，既有的研究主要着眼于可持续，缺少对公平性的测量；可持续研究中主要关注的是财务可持续，虽然提出了政治可持续，但缺少相关探讨。公平与可持续是我国社会保障制度改革发展的两大目标，制度的可持续发展策略必须有助于实现促进公平的目标。同时，虽然财务可持续是养老保险制度可持续发展的关键和主要问题，但一项制度的设计、改革等还必须考虑政治上的可持续，即是否能够为各相关利益主体所接受、支持。然而，既有研究在这一方面做的还不够，关注的焦点仍然是财务可持续。因此，着眼于建立更加公平、更可持续的社会保障制度的总体目标，研究城乡居民基本养老保险制度的可持续发展还必须要关注公平问题，统筹财务可持续与政治可持续。

综合上述，本书选择探讨城乡居民基本养老保险制度可持续发展，既借鉴关于城镇职工和新型农村社会养老保险可持续发展的研究成果，又立足制度实际；既体现城乡居民基本养老保险制度特色，又遵循社会保险一般规律并着眼社会保险体系的统筹发展；既重点关注财务可持续，又评估制度设计以及改革策略的政治可持续性；既关注可持续发展的目标，又兼顾公平的原则，以期提出符合“公平的可持续”与“可持续的公平”原则、有利于更好保障广大参保人员的切身利益、实现城乡居民基本养老保险制度“高质量发展、可持续发展”的对策建议。

第三节　主要内容与研究框架

按照习近平总书记提出的“促进我国社会保障事业高质量发展可持续发展”的要求，立足我国城乡居民基本养老保险制度发展现状和可持续发展的需要，借鉴既有的研究成果，针对尚存的不足，本书的主要内容是通过对我国城乡居民基本养老保险制度可持续发展压力的评估，揭示影响因素，提出政策建议。具体包括如下四个模块。

模块 1，制度发展历程与现状，包括第一章和第二章。这一模块对课题的贡献在于：第一章通过介绍制度建立前的城乡居民养老状况，阐释建立城乡居民基本养老保险制度以及未来实现可持续发展的必要性，帮助读者理解城乡居民基本养老保险制度特殊设计的原因与背景，呼应后文对制约因素的分析以及“立足制度实际”的策略选择；第二章通过梳理制度试点、推广过程及实施现状，帮助读者全面把握制度的实施情况、特殊设计及碎片化问题。

模块2，理论基础，为第三章。本模块主要介绍研究的理论基础，为后文分析可持续发展挑战、制约因素以及提出建议提供指导，包括养老保险的一般理论、养老保险可持续发展理论、代际公平、代内公平与代际补偿理论、发展型社会政策理论等。本模块对于课题的贡献在于以下两点。一是明确可持续评估的主要内容，即要关注公平，包括代内公平和代际公平，评估财务可持续与政治可持续。二是明确政策建议的基本原则、主要思路、约束和指导策略选择，即既要立足于社会保险的一般规律，又要考虑到城乡居民基本养老保险兼具缴费型和非缴费型养老保险特征的基本情况；注重个人账户的积累功能；立足经济社会发展实际设计和推动改革；完善代际补偿机制，促进制度公平，实现政治可持续；坚持发展型社会政策导向，与代际补偿机制协调，重视人力资本投入，为制度可持续发展奠定物质基础。

模块3，可持续评估，包括第四章、第五章和第六章。本模块主要对城乡居民基本养老保险制度可持续发展进行评估并分析制约因素，是本书的核心内容。通过财务可持续的评估，揭示制度未来运行过程中可能给公共财政造成的负担，发现制度设计与运营管理中不利于财务可持续的因素；在政治可持续评估中，主要分析城乡居民基本养老保险制度本身以及整个社会养老保险体系的公平性及贡献因素、进行代际核算、评估政府间财政实力差异及负担情况，分析未来不同主体对制度的支持度及制度的政治可持续挑战。在可持续评估的基础上，结合前文对制度发展历程的梳理及对基本理论的概括，提炼制约制度可持续发展的因素。本模块对课题的贡献在于为接下来提出政策建议提供问题标靶。

模块4，建议提出，为第七章。本模块主要是在前文理论分析、可持续评估以及制约因素分析的基础上，提出促进我国城乡居民基本养老保险制度可持续发展的建议，是本书的最终研究成果。

研究框架如图0-1所示。

模块1
历程与现状
制度建立前的居民养老（第一章）
发展历程与现状（第二章）
基本问题
评估内容
模块2
理论基础
（第三章）
养老保险一般理论
养老保险可持续发展理论
代内公平、代际公平与代际补偿
发展型社会政策
基本原则
主要思路
策略选择
模块3
可持续评估
财务可持续（第四章）
政治可持续（第五章）
制约因素（第六章）
问题标靶
模块4
建议提出
（第七章）
必要性
基本问题

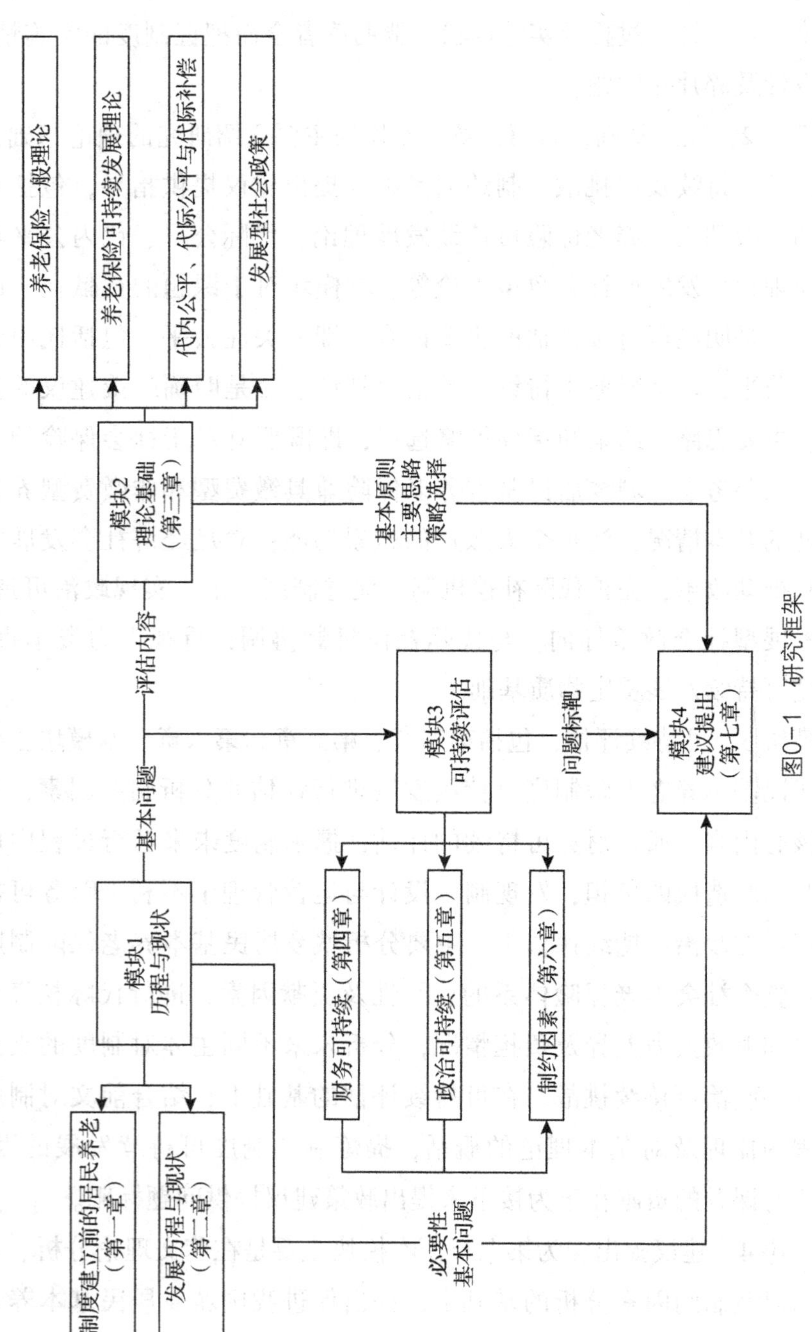

图0-1　研究框架

第四节 主要学术创新

本书对我国城乡居民基本养老保险制度可持续发展进行研究，主要学术创新包括以下五个方面。

一是提出了统筹公平与可持续、统筹代内公平与代际公平的观点。公平与可持续是包括养老保险在内的社会保障制度改革发展的目标，制度的公平性决定了制度是否能为人所接受并持续发展，制度的可持续决定了制度是否可以长久实现公平的目标。因此，旨在实现可持续发展的策略应该有助于制度公平目标的实现，既包括通过调节收入分配，促进代内公平，也包括调节代际利益，促进代际公平。制度对公平目标的追求，尤其是对代内公平目标的追求，不能损害可持续发展，否则制度将难以持续，也就无法实现公平目标。

二是提出了统筹政治可持续与财务可持续的观点。财务可持续是养老保险制度可持续发展的核心与关键，但作为一项社会制度，只有得到相关利益主体的支持和认同才能使自身稳定运行并实现预期目标。否则，如果制度在政治上不能持续，财务可持续也就成了无本之木。而即便制度在政治上得到了认同，作为一项以财务收支为主要机制的制度，如果不能实现财务收支平衡与可持续，也就无法实现其预定的目标。特别是城乡居民基本养老保险制度涉及当代和后代参保人群、通过纳税承担基础养老金的城镇职工基本养老保险参保人群，以及地方政府等不同利益主体，他们的支持与否将会影响制度的政治可持续。因此，本书提出要统筹财务可持续与政治可持续，财务可持续策略的实施应该能够得到各利益主体的支持，旨在获得相关利益主体支持的政策选择也不应对财务可持续造成威胁。

三是测量了城乡居民基本养老保险制度及整个社会养老保险体系的公平性，发现区域内的差异是造成城乡居民基本养老保险养老金差异的重要因素，表明在统筹层次较低、区域内甚至省内不同统筹地区间发展差异仍然存在的情况下，仅仅关注东部和中西部地区的差异并采取差别化政策不能有效缩小制度内部的差异，还应关注区域内部差异，并着力提升统筹层次。城乡居民与城镇职工基本养老保险制度间的差异是导致我国社会养老保险体系差异的主要因素，要建立统一的社会养老保险体系，首先要着力缩小两个制度的差距，不断提升统筹能力。

四是提出通过建立低收入参保和领待①人口救助机制替代公共财政直接负担模式的观点。公共财政直接负担是城乡居民基本养老保险制度的特色之一，但会将可持续发展的压力转嫁给公共财政，威胁其健康稳定运行，不利于制度的可持续发展。因此，为了避免对公共财政的直接影响，以及着眼于实现与城镇职工基本养老保险制度的统筹，本书提出改变公共财政直接负担模式的观点。这需要同时完善社会救助制度，对低收入参保人群以及领取养老金后仍无法达到最低生活保障的老年人提供救助，未来公共财政则不再直接提供缴费补贴与基础养老金。

五是提出通过应对儿童相对贫困优化代际补偿，促进可持续发展的观点。代际公平是实现可持续发展的基本要义与关键条件。受人口老龄化的影响，城乡居民基本养老保险制度未来运行中会出现代际失衡问题，应该优化代际补偿机制。儿童时期的相对贫困会影响个体的成长与发展，降低人力资本积累质量，制约个体成年后的收入与自我养老能力，加剧对社会福利以及公共财政提供的非缴费型养老保险的依赖。根据发展型社会政策理论，社会福利政策应该有助于促进经济增长，而社会人力资本积累质量下降恰恰会损害经济增长，威胁城乡居民基本养老保险制度可持续发展。因此，本书提出要解决儿童尤其是农村儿童的相对贫困问题，以此来应对养老保险制度本身无法克服的代际不公问题，促进儿童的成长与发展，提升自我养老能力，减轻对公共财政的依赖，并且通过提高社会人力资本积累质量，促进经济增长，为制度的可持续发展奠定物质基础。

① “领取待遇”简称“领待”。

第一章 城乡居民基本养老保险制度建立前的居民养老

新中国成立后，为了保障广大人民群众的基本生活，在城镇和农村实施了许多具有社会保障性质的制度。在养老方面，适应当时的经济社会发展水平和养老观念，国家虽然没有明确提出建立社会养老保险制度，但也针对城镇和农村分别实施了一系列不同的制度，保障了广大城乡老年人的基本生活。

改革开放后，随着社会主义市场经济制度的建立与推进，我国养老保险经历了从计划经济时期“国家保障”“企业保障”向现代社会养老保险制度的转变。在这一转变过程中，有些人群被排除在社会养老保险体系之外，有些人群虽然被某种形式的养老保障制度覆盖但保障水平较低。尤其是长期以来没有被纳入现代社会养老保险体系的广大农村居民和部分城镇居民，他们的老年生活得不到充分保障，这不仅损害了他们的社会保障权利，导致他们无法充分分享改革发展成果，也不利于应对一些新的社会问题。

第一节　城乡居民基本养老保险制度建立前的城镇居民养老

在计划经济时期，城镇建立了以“劳动保险”为主要内容的养老保险体系。虽然当时并没有建立专门针对居民的养老保险体系，但由于在城镇实行“低工资、多就业、高补贴、宽福利”的国有企业保障制度[57]，并且国家还对已就业人员一包到底，实行终身就业保障[58]，针对劳动者的劳动保险制度基本可以实现对全体城镇居民（多数是城镇劳动者）的全覆盖①。

随着社会主义市场经济的建立以及企业生产经营制度的变革，城镇出现了失业人员和灵活就业人员，他们被排除在社会养老保险体系之外。② 在城乡居民基本养老保险制度建立之前，城镇居民养老可以划分为“被职工养老保险覆盖时期”和“无保障时期”。

一、被职工养老保险覆盖时期

新中国成立之初，以1951年颁布的《劳动保险条例》为标志，我国建立了包括养老保险在内的劳动保险制度，为城镇劳动者提供保障。最初确定的养老金为工资的35%～60%，后来提高到工资的50%～70%。1958年，国家将企业和机关事业单位养老保险合并，建立了覆盖全体城镇职工的养老保险制度。劳动保险所需费用“全部由实行劳动保险的企业行政方面或资方负担”[59]，个人不需要缴费；领取养老金的工龄要求最初为男性25年、女性20年，后来降至男性20年、女性15年。这样做

① 有学者认为“新中国成立初期严重的城镇失业，是推动新中国逐渐走上计划经济道路的一个重要因素”。（参考任晓伟于2010年发表的文章《城镇就业压力与计划经济在中国的历史命运》）。在计划经济时期，虽然也面临就业压力，但国家通过对国有企业就业政策的控制以及实施城镇青年“上山下乡”和限制农村人口进城等人口流动政策，基本上实现了城镇人口的高就业。

② 虽然城镇职工基本养老保险允许城镇居民以灵活就业人员的身份自愿参保，但这些人员收入较低，缴费却更高，有相当部分人员因为无力承担缴费而在事实上被排除在外。后文会通过比较城镇参保人员数据揭示这一问题。

在满足大多数人就业需求的同时，又保障了他们的基本生活。所确定的替代率以及后来实施的针对生活困难退休群体的救济补助政策等较好地保障了广大城镇老年人的生活。但是，在充分就业制度下所确定的较短的劳动年限标准造成了极大的人力浪费。并且，由于经济发展水平总体相对落后，绝对保障水平也不高。

"文化大革命"期间，原先建立的具有社会保险特征的劳动保险制度被企业保险取代。企业用于养老的费用不再从职工工资总额中提取，而是列为"营业外支出"。[59] 不同企业之间不再统筹。职工真正成为由用人单位保障一生的"单位人"。这种模式造成不同企业间负担以及职工待遇的差异。并且，这种制度安排将原有统一的城镇职工养老保险制度分割成针对企业职工和机关事业单位职工的两种制度安排，为之后建立现代社会养老保险制度时出现的企业和机关事业单位养老保险二元差异埋下了隐患。

虽然这一时期的制度设计还存在一些缺点，但在当时就业和福利政策的指导下，绝大多数城镇居民都能就业并被职工养老保险（无论是社会保险还是单位保险）所覆盖，并在老年时期获得基本保障。

此外，这一时期城镇的家庭和人口结构还没有发生大的变化，家庭内部的代际转移也在很大程度上起到了保障城镇老年人基本生活的作用。

二、无保障时期

改革开放后，为了适应引进外资、发展民营经济以及平衡不同企业经营成本，促进公平竞争、更好地调动企业积极性、提高生产经营效率的需要，我国先后对国有企业、合资企业、集体企业、私营企业职工养老保险制度作出规范，并从1985年开始在部分地区试点职工养老保险社会统筹。1991年国务院颁布的《关于企业职工养老保险制度改革的决定》提出了基本养老保险、企业补充养老保险和个人储蓄性养老保险相结合的改革思路。[60] 之后，国家又相继出台了一系列文件，在城镇建立了"社会统筹与个人账户"相结合的城镇职工基本养老保险模式。

在建立城镇职工基本养老保险制度的过程中，机关事业单位养老保险制度并未同步改革，导致了制度的不公平。2015 年国务院颁布《关于机关事业单位工作人员养老保险制度改革的决定》，改革了机关事业单位工作人员退休保障制度，实行与企业职工基本养老保险相同的社会统筹加个人账户模式，进一步完善了城镇职工基本养老保险制度。

城镇职工基本养老保险制度的建立、实施与完善，在平衡用人单位负担、建立现代企业制度、实现公平竞争以及促进经济发展方面发挥了重要作用，为建立更加完善的社会养老保险体系探索了道路、积累了经验。当然，最重要的是以社会养老保险的形式保障了广大城镇职工的基本生活需要。

不过，由于种种因素的制约和影响，相比于计划经济时期的高就业率，这一时期城镇出现了失业人员和灵活就业人员。虽然城镇职工基本养老保险允许城镇居民以灵活就业人员身份参保，但受个人认知、经济条件等因素的影响，有很多人没有参加任何形式的社会养老保险。加之相关法律执行不够严格、部分用人单位逃避法律责任，城镇正规就业人员中的参保率也不高。例如，2010 年城镇参加职工基本养老保险的在职职工人数为 1.94 亿人，占当年城镇就业人口（3.47 亿人）的 56%，另有 44%的城镇就业人口并未参保。如果以当年城镇应参保人口为参照，这一比例更低。根据第六次人口普查数据，2010 年城镇 16~59 岁人口规模为 4.89 亿人，以此为参照城镇职工基本养老保险参保人口仅占 39.67%（1.94 亿人/4.89 亿人）。扣除高中阶段和高等教育阶段在读学生，城镇仍有约 4.47 亿人口应参加城镇职工基本养老保险，实际参保比例仅为 43.40%（1.94 亿人/4.47 亿人），仍有 2.53 亿人口处于没有保险的状态。即便城镇就业人口（3.47 亿人）全部参保，仍有约 1 亿人达到劳动年龄但失业或灵活就业的人口没有被养老保险所覆盖。

2010 年城镇 60 岁及以上老年人有 7 829 万人，而当年城镇参加养老保险的离退休人数为 6 305 万人，占全部老年人的 80.53%，有 1 524 万名城镇老年人没有养老金。

与此同时，计划生育政策的实施缩小了家庭规模，市场经济的快速发展加剧了人口流动，家庭养老已经难以满足广大城镇老年人的养老需要，因而迫切需要建立覆盖广大城镇居民的社会养老保险体系。

第二节 城乡居民基本养老保险制度建立前的农村居民养老

长期以来，由于经济社会发展相对落后，政府财政实力有限，加上受传统家庭养老、土地养老等观念的影响，我国并没有建立起针对农村居民的养老保险制度。农村养老经历了非保险的“家庭养老和集体养老时期”，以及具有保险性质的“老农保”时期。

一、家庭和集体养老时期

根据相关法律法规的差异以及责任主体的不同，这一时期可以分为三个阶段。

（1）家庭养老为主，集体养老发端阶段。新中国成立之初到人民公社制度建立的一段时期内，农村养老以家庭为主，但针对一些特殊群体已经开始探索建立集体保障或国家保障的养老模式。1954 年颁布的《中华人民共和国宪法》明确规定了老年人获得养老保障的权利。随着农村合作化运动的开展以及农业合作社等集体经济组织的建立，农村集体养老的基础逐渐具备，并提出农业合作社要对于缺乏劳动能力的老年人“在生活上给以适当的安排和照顾，保障他们的吃穿和柴火的供应，保证年幼的受到教育和年老的死后安葬”[61]。这是农村建立集体养老保障机制的发端。

（2）集体养老阶段。从人民公社建立到党的十一届三中全会召开前的一段时期，集体经济组织生产活动基本取代了以家庭为单元的生产活动。家庭自主支配生产和生活资料的独立性和能力都被削弱，家庭养老的物质基础被弱化，集体经济组织代替家庭承担部分养老责任。但是，由于经济发展水平相对落后，集体经济组织所能支配的资源十分有限，加之农村生产形式决定了只要身体允许基本不存在退出生产的情况，这一时期的集体养老针对的主要是生活中无依无靠、无劳动能力、无经济来源的孤寡老年人，具体保障内容则是“保吃、保穿、保住、保医及保葬”。对于其他老年人，虽然也提出要通过在集体总收入中提取公益金的形式给予救助，但由于集体经济组织发展相对落后，并未落到实处。

（3）集体养老退出，家庭养老恢复阶段。改革开放后，党中央确立了以经济建设为中心的基本原则，在农村推行了家庭联产承包责任制。家庭取代集体经济组织重新成为基本经济活动单元，支配绝大多数生产和生活资料。集体经济组织在经济活动以及人民群众基本生活中的参与度和参与能力在很大程度上被削弱。集体养老不再具备物质基础，家庭仍然扮演着农村养老的关键角色。

二、“老农保”时期

在前面三个阶段，无论养老责任的承担主体是集体还是家庭，均不是在较大范围内进行“互助共济”的“社会性”养老。集体养老所依赖的积累虽然来自每一个集体成员的劳动成果，但并不是个人的直接缴费，也不具有“保险”的性质。

我国农村探索建立具有现代保险性质的社会性养老保障体系始于1986年。当年，民政部开始在一些经济发达地区探索开展农村社会养老保险工作（即“老农保”）。① 1991年，民政部专门成立了负责推进农村养老保险工作的机构“农村社会养老保险办公室”，并在山东省烟台市和威海市选择了五个县市进行试点。1992年，民政部颁布《县级农村社会养老保险基本方案（试行）》[62]，从1992年1月1日起在全国范围内建立“坚持资金个人交纳为主，集体补助为辅，国家予以政策扶持”的农村社会养老保险制度。农民个人月交费标准为2、4、6、8、10、12、14、16、18、20元十个档次，并从60周岁开始领取养老金。1997年，民政部印发了《县级农村社会养老保险管理规程（试行）》和《加强农村社会养老保险基金风险管理的通知》，对农村社会养老保险制度进一步加以规

① 这一时期，选择一些发达地区作为试点本身就反映出经济发展水平、人民收入水平对以互助共济为主要特征的社会养老保险的影响。这也决定了在当时的经济发展水平下，这一制度很难从发达地区推广到更广范围的不发达甚至落后和贫穷地区。

范。截至1998年底，全国有2123个县（市）、65%的乡（镇）开展了农村社会养老保险工作，参保人口8 025万人，全年基金收入和支出分别为31.4亿元和5.4亿元。[63] 但是，这一时期的养老金水平很低，每月仅有2~4元，参保率也仅有9.47%。[64]

1999年《国务院批转整顿保险业工作小组〈保险业整顿与改革方案〉的通知》指出，目前我国农村尚不具备普遍实行社会保险的条件。对民政系统原来开展的农村社会养老保险要进行清理整顿，停止开展新业务，区别情况，妥善处理，有条件的可以逐步将其过渡为商业保险。2001年劳动保障部得出结论，指出目前在全国普遍推行农村社会养老保险尚不具备具体条件。[65]

至此，"老农保"的探索告一段落。虽然制度建立的初衷是好的，制度设计也符合社会保险的原则和思路，但由于脱离了当时的经济社会发展条件，并没有也无法做到全国范围内的全覆盖，也就没有实现制度设计的目标。主要原因有以下三方面。

一是超越了农村经济发展水平。虽然制度设计的缴费水平不高，但在广大农民刚刚解决或正在解决温饱问题，或者主要精力仍在进一步扩大生产、发家致富的背景下，具有明显消费和积累特征的养老保险还没有成为迫切的需求，广大农民也不具备经济实力参加养老保险。同时，国家经济发展仍然相对落后，政府财政实力有限，各项投资建设所需资金规模仍较为庞大，也没有足够的资源来支持"老农保"制度的实施。这就出现了"群众没钱参保、国家没钱支持"，农民缴费少、补助少、积累少的局面，最终导致养老金水平较低，制度缺乏吸引力。[65]

二是家庭养老仍能满足需要，社会养老需求尚未凸显。社会养老保险的目的是保障因年龄原因退出工作岗位的老年人的基本生活需要。这在城镇工业生产模式下有其必要性，但对于当时的中国农村而言却还不是迫切的需求。农业生产和自给自足的自然经济形式使得中国农村老年人存在"活到老干到老"[66]"无休止劳动"[67] 的现象，除了身体原因外基本不会因年龄原因退出劳动。即便老年人不能从事农业生产劳动，也可以从事一些家务或帮助子女抚养下一代，并由子女为其提供基本生活所需。加之当时整体经济社会发展水平较低，商品化程度远不如今，在农村很多生活资料能够做到自给自足，生活成本较低。因而，在家庭养老仍能较大程度满足需要的情况下，发展社会养老保险的空间不大。

三是社会保险经办管理经验仍然不足。在计划经济时期我国并未建立起社会养老保险制度，企业养老保险制度在20世纪八九十年代才开始逐步探索建立，相关法律制度仍不健全，如何筹资、经办、管理、给付等都在摸索过程中。相比之下，在农村推广建立社会养老保险制度面临的问题更大，包括制度碎片化严重，稳定性不够；管理人员短缺、经验不足；群众居住分散、无依托单位、经办管理成本高；缺少投资渠道；等等。

“老农保”制度的退出直接导致数亿农村人口被排除在社会养老保险体系之外。商业养老保险又超出了农民的收入水平，几乎可以忽略不计。最终的结果是广大农村人口没有任何形式的社会养老保障。同样是在2010年，农村有4.27亿16~59岁人口，考虑就学因素后仍然有3.93亿人符合参加养老保险的条件却无法参保。农村60岁及以上老年人口的规模达到9 930万人，除部分“五保”老年人、贫困户之外，多数只能依靠自己的劳作和子女的赡养保障基本生活。

综合考虑城乡，2010年全国16~59岁人口中约有接近5亿人未被社会养老保险制度覆盖，60岁及以上老年人口中有1亿多人无养老金。这一缺失损害了广大城乡老年人的社会保障权利，不利于他们充分分享改革发展成果，也不利于应对人口老龄化等社会问题。

第三节　城乡居民基本养老保险制度缺失的负面影响

一、损害了部分城乡老年人的社会保障权利

社会保障是国家通过立法并依法采取强制手段对国民收入进行再分配，对暂时或永久失去劳动能力及因各种原因造成生活困难的社会成员提供基本生活保障，以保证劳动力再生产、社会安定、经济有序进行的

制度、措施和事业的总称。[68] 社会保障制度的产生以及各类社会保障项目的发展并不是凭空而来的，既不是政治家们的恩赐，也不是学者们的臆造，而是作为人的一项权利逐步发展并不断得到强化的。

西方思想家在自然法学说的基础上提出了自然权利，到了资产阶级启蒙时代，将其界定为是人依据自然法则和人性获得的、神圣不可侵犯的天赋权利，包括生命权、自由权、财产权和追求幸福的权利等。这其中，“生命权”是最基本的自然权利，其他一切自然法则、自然权利都是由此演绎的。[69]

托马斯·霍布斯（Thomas Hobbes）将自然权利直接定义为生命权，认为自然法是禁止人们去做损毁自己的生命或剥夺保全自己生命的手段的事情，并禁止人们不去做自己认为最有利于生命保全的事情。[70] 和霍布斯一样，洛克（Locke）认为一切权利中最根本的就是“自我保全”的权利。人不仅仅对生命拥有权利，而且对保全生命的种种手段也拥有权利。因此，他将自然法则表述为，不得侵害他人的生命、健康、自由或财产。[71] 斯宾诺莎（Spinoza）对此也指出，每个个体应竭力以保存其自身，不顾一切，只有自己，这是自然的最高律法与权利。[72]

可见，生命权是根据人的自然属性得出的最基本的自然权利，对生命权的维护和保障是首要的自然法则。社会保障便是保全生命的一种手段。虽然社会保障权不是自然法学派所提出的自然权利中的任何一种，但事实上发挥了保障人们最基本的物质存在基础的作用，在人的权利体系中处于重要地位。

然而，正如马克思所说，法律应该以社会为基础。[73] 人的权利也只能在社会中获得并受到社会关系的制约。社会保障成为人们的一项权利并不断扩大，其外延是经济社会发展以及人们关于权利的认知不断深化的结果。

第一部有效确认社会保障权宪法权利地位的是 1917 年《墨西哥合众国宪法》。对后世产生较为深远影响的则是 1919 年德国《魏玛宪法》。该宪法第 151 条第 1 款规定，经济生活的秩序必须适合社会正义的原则，而所谓社会正义，则在于保障所有社会成员能够过上体现人的价值、体现人的尊严的生活。第二次世界大战以后，社会保障权在各国宪法中被普遍确认。如1946年《日本国宪法》第25条规定，一切国民都享有维持最低限度的健康和有文化的生活权利。国家必须在生活的一切方面努力提高和增进社会福利、社会保障以及公共卫生事业。法国1946年《宪法》“序言”第11条规定，国家应保障每个人特别是儿童、母亲和老年人的健康保护、物质安全、休息和休闲。任何人因为年龄、身体或智力条件或因为经济状况而不能工作，应当有权从社会获得适当的生活手段。

很多国际文件也对社会保障权作了专门论述。如1948年联合国大会通过的《世界人权宣言》第22条规定，所有公民，作为社会成员之一，都享有社会保障权。第25条第1款规定，人人有权享受其本人及其家属所需的生活水平，举凡衣、食、住、医疗及必要的社会服务均包括在内，于失业、患病、残疾、寡居、衰老或因不可抗力的事故使生活能力丧失时，有权享受保障。1966年《经济、社会和文化权利公约》第9条规定，本盟约缔约国确认人人享有社会保障，包括社会保险。第11条规定，本盟约缔约国确认人人有权享受其本人及家属所需之适当生活程度，包括适当之衣食住及不断改善之生活环境。第12条规定，本盟约缔约国确认人人有权享受可能达到之最高标准之身体与精神健康。这表明社会保障权已经成为国际社会公认的一项基本人权。

在我国，1954年颁布的第一部《宪法》就明确规定了劳动者在年老、疾病或丧失劳动能力时有获得物质帮助的权利。1982年《宪法》第四十五条规定，中华人民共和国公民在年老、疾病或者丧失劳动能力的情况下，有从国家和社会获得物质帮助的权利。国家发展为公民享受这些权利所需要的社会保险、社会救济和医疗卫生事业。

2004年3月，第十届全国人民代表大会第二次会议通过《宪法修正案》，增加了“国家建立健全同经济发展水平相适应的社会保障制度”。至此，“社会保障”一词正式载入我国宪法，成为我国发展社会保障事业，保障公民社会保障权利的最高依据。

但是，“宪法权利的主体是整体性的个人”而非“个体化的个人或部分个人的集合体”。[74] 宪法权利只有转化为法律权利，才能真正得到实现。在社会保障领域，如果只有宪法对公民社会保障权利的认可，权利就只能停留于书面宣示。

在建立新型农村社会养老保险制度以及合并推广城乡居民基本养老保险制度之前，我国虽然签署了相关国际公约，认可了关于公民社会保障权利的国际共识，也在宪法中宣示了全体公民都享有社会保障权利，但养老保险制度的缺失使得广大农村居民和部分城镇居民被排除在社会养老保险体系之外，他们的社会养老保险权利只能停留在“纸面”而无法得到实现。

需要指出的是，公民享有包括养老保险在内的社会保障权利与养老保险遵循权利与义务相结合的原则并不矛盾。国际公约和各国宪法所规定的社会保障权利是基于公民身份天然拥有的。以养老保险制度为例，公民参加社会养老保险制度并从中获得保障是基于其公民身份的权利。但是，在参加社会养老保险体系之后，能够获得什么水平的保障，则与其履行的缴费义务有关。

二、导致部分老年人未充分分享改革发展成果

建立养老保险制度的目的是在人们年老之后为其提供基本收入，保障其基本生活。养老保险制度运行的机理也是通过财富在个人生命周期不同阶段以及不同年龄群体之间的转移，保障老年人的基本生活。城乡居民基本养老保险制度缺失最直接的后果就是部分城乡老年人无法充分分享改革发展成果，他们收入较低且增长缓慢、贫困问题突出。

（一）数据

在本部分，我们利用中国综合社会调查（China General Social Survey，CGSS）2005 年和 2012 年两次调查的数据来测量城乡居民基本养老保险制度实施之前城乡老年人的收入水平、收入增长和贫困情况。

CGSS 是第一个全国性、综合性、连续性的大型社会调查项目，由中

国人民大学社会学系与香港科技大学调查研究中心合作开展。① 第一期于2003—2008 年开展，每年进行一次；第二期于 2010 年开始至 2019 年结束，每两年进行一次。②

我们使用两种办法来比较老年人的收入情况。第一种是对数据中受访个案的个人收入进行分析，比较不同参保状态下城乡老年人收入水平与变动情况；第二种办法是通过测算家庭均等收入，比较所有受访者家庭中老年人与成年人的收入水平、收入增长及贫困情况。

由于 CGSS2005 和 CGSS2012 的数据搜集的分别是 2004 年和 2011 年的收入信息，为了在不同年份间进行比较，需要对两个年份的收入进行调整。一般情况下，多使用居民消费价格指数对收入进行调整。但是，本书还要测量贫困水平，而在 2010 年我国大幅提高了贫困线标准，如果按照居民消费价格指数进行调整，就会导致两个年份贫困水平的比较出现较大偏差。因此，我们基于两个年份的官方贫困线水平来调整居民收入。③

（二）贫困线

2008 年以前，我国存在两条国家贫困线，一条是绝对贫困标准，一条是低收入标准（见表 1-1）。[75] 其中，绝对贫困标准是国家统计局农调总队基于国际上的绝对贫困、极端贫困概念于 1986 年在对全国 6.7 万户农村居民收支情况进行调查的基础上计算得到的，后续年份根据居民消费价格指数变动来调整。低收入标准是国家统计局为了更好地进行国际

① 在此对实施该项目的中国人民大学社会学系、香港科技大学社会调查中心表示感谢。

② 在 CGSS 官方网站上所能获得的最早的数据是 2003 年的，其次是 2005 年的，2004 年的数据没有公布，而 CGSS2003 中农村样本量仅有 423 个，占样本总量（5895）的比例不足 10%，不宜用作对农村的分析，故选定 CGSS2005 作为初始年份数据。选择 2012 年的数据是因这些数据呈现的恰是城乡居民基本养老保险制度在农村全面实施之前的农村居民收入情况，有助于我们理解制度建立的必要性。

③ 这样做会导致我们测得的收入变动情况不同于相关部门基于物价指数调整的结果，但是本部分的核心工作不仅是为了呈现居民收入的变动情况，还包括进行收入和贫困水平的比较。如果按照相同的规则进行调整，不会改变不同群体的相对水平，并且贫困线的调整不仅反映了物价的变化，还反映了人们基本需求的变化，基于贫困线进行调整能够更准确地反映人们实际生活水平的变动。

比较，以基本实现温饱的贫困人口为对象于1998年开始测算的标准。[76]相比之下，低收入标准比绝对贫困标准约高出38%，大约相当于1993年世界银行公布的“1天1美元”国际贫困标准。[77]如果利用绝对贫困标准测算贫困水平，会明显低估贫困问题。所以，从2008年开始，我国开始采用低收入标准作为国家贫困线。

2011年，我国将农村贫困标准提高为“按2010年价格水平每人每年2 300元”，即“2011标准贫困线”。该标准的测算考虑了食品支出既要满足人们生存所需的基本热量，还要满足每天60克的蛋白质需求，同时还考虑了基本食品需求外的非食品支出，将恩格尔系数确定为60%。之后，以这一标准为基础，国家统计局每年根据农村贫困人口的生活消费价格指数进行更新。

表1-1　　2004—2011年我国农村贫困线　　单位：元

年份	绝对贫困标准	低收入标准	2011标准
2004	668	924	1 668
2005	683	944	
2006	693	958	
2007	785	1 067	
2008	895	1 196	
2009		1 196	
2010		1 274	2 300
2011			2 536

资料来源：国家统计局住户调查办公室．中国农村贫困监测报告：2011［M］．北京：中国统计出版社，2012.

国家统计局测算表明，“2011标准”约等于每天1.6美元，介于世界银行公布的两条贫困线（每天1.25美元和2美元）之间。基于这一标准的实际生活水平相当于“不愁吃、不愁穿”的稳定温饱生活水平。[78]可见，我国的贫困线标准随着经济社会发展在不断提高，体现了国家对低收入群体尤其是贫困群体的重视，是让广大人民群众分享改革发展成果的重要举措。

本书拟采用 2010 年价格水平下每人每年 2 300 元作为贫困线标准。同时，利用 2010 年新旧贫困线的比值关系将 2004 年的旧贫困线换算成新贫困线（1 668 元）。

考虑到城乡之间消费价格的差异，在测算城镇贫困标准时不宜简单套用农村贫困标准，应该根据价格水平进行调整。一些学者或机构的研究发现，中国城镇和农村的价格水平约相差 37%。[79,80] 国家统计局在基于世界银行贫困线标准测算我国城乡贫困线标准时，也参照了这一比例关系。[78] 因此，我们将农村贫困标准上浮 37%计算城镇贫困标准。按照 2011 年价格水平确定的城镇和农村贫困线标准分别为每人每年 3 473 元和 2 536 元。进而，按照 2004 年和 2011 年贫困线比值关系（2 536/1 668 = 1.52）将 2004 年的各项收入数据调整为以 2011 年价格计算的水平，结合城乡贫困线对城乡老年人贫困水平进行测度。

（三）家庭收入调整方法

基于前文确定的标准，将受访者的个人年收入统一调整为 2011 年价格水平下的收入。

关于家庭成员收入的测量，很多情况下采用家庭总收入除以家庭成员数量来计算人均收入。但是，简单计算平均收入面临着家庭内部消费分配以及不同规模家庭消费差异的问题。一般认为儿童的消费少于成年人[81-83]，以平均法计算会高估儿童的生活成本，低估家庭成员的收入水平，进而高估贫困水平。此外，不同规模家庭的消费规模经济效应存在差异，规模较大家庭的这一效应更明显[84-86]。忽略这一效应会高估大家庭的生活成本，高估其贫困水平。因此，应该综合考虑家庭结构和规模的差异。均等比（Equivalence Scale）① 就是基于这一考虑提出的一种将名义收入（Nominal Income）调整为均等收入（Equivalent Income）的方法：

① 还有学者将“Equivalence Scale”译为等值规模、等价尺度、均等尺度等。

$$I_E = \frac{I_N}{S}$$

I_E 是调整后的均等收入，I_N 是名义家庭收入，S 是均等比。当 S 被设定为家庭成员人数时，均等收入 I_E 就是家庭人均收入。

基于不同的关注点，学者们提出了不同的均等比计算方式和取值。关于儿童相对于成年人的需求权重，王德睦等将单亲儿童相对于成年人的需求权重设定为 0.71，双亲家庭的儿童设定为 0.68，平均约为 0.70[87]。1982 年 OECD（经济合作与发展组织）的均等比将第一个成年人视为 1，其余的成年人视为 0.7，14 岁以下的儿童视为 0.5；后来又经过调整，将第一个成年人视为 1，其余成年人视为 0.5，儿童则统一视为 0.3[88]。

关于消费规模经济系数，洪明皇等将取值设定为 0.7[89]。伍拉德（Woolard）利用南非居民生活调查的数据进行研究，指出规模经济系数的合理取值是 0.86[90]。

实际上，并不存在一个普适的关于不同家庭成员相对需求权重及家庭消费规模经济系数的设定。库罗瓦迪亚诺（Koulovatianos）等的实证研究结果发现，经济发展水平不同的国家会有明显的差异，均等比值的设定也必然有所不同[91]。

周玉龙等人在利用 CGSS2002—2012 的数据研究我国农村贫困问题时，通过比较我国当时的经济发展水平认为，采用 1982 年 OECD 均等比较为适宜[92]。本书也采用这一均等比，将家庭第一个成年人视为 1，其余成年人视为 0.7，14 岁以下的儿童视为 0.5。家庭总收入除以均等比即可得出家庭均等收入。

（四）测量方法

本书主要对城乡老年人的收入、贫困水平、分配不公程度与变动进行测量，用于评估城乡老年人收入情况，进而揭示建立城乡居民基本养老保险制度的必要性。

1. 贫困水平与变动测量

应用 FGT（Foster-Greer-Thorbecke）指数对城乡老年人的贫困水平

进行测度，并对贫困变动的显著性、导致贫困变动的收入与分配因素进行分解。

FGT 指数是由福斯特（Foster）等人提出的一种贫困指数[93]，其表达式为：

$$P_\alpha(Y;\ z) = \frac{1}{N}\sum_{i=1}^{q}\left(\frac{G_i}{z}\right)^\alpha$$

其中，P_α 为贫困指数；q 为贫困人口数量；N 为人口总量；z 为贫困线；G_i 为第 i 个样本收入与贫困线的差距；$\frac{G_i}{z}$为第 i 个样本的贫困距比率。

G_i 被表示为：

$$G_i = z - Y_i$$

其中，Y_i 为第 i 个样本的收入。如果 $Y_i \geqslant z$，则 $G_i = 0$。

α 取值为 0，1，2。α 取值越大，贫困人口在指数计算中的权重越大。P_0 是贫困发生指数，即贫困人口占全部人口的比例，是最常用的贫困指标。P_1 是贫困深度指数，即整体平均贫困距比率，体现整体与贫困线的平均差距。P_2 是贫困强度指数，对不同贫困程度人口赋予不同的权重，与贫困线差距越大对应的权重越大，可以反映贫困人口内部的分配状况。

一般假设贫困指数是贫困线、收入水平和洛伦兹曲线的函数，表示为 $P_\alpha = f(z,\ \mu,\ L)$。其中，$z$ 表示贫困线，μ 表示收入水平，L 表示洛伦兹曲线。

卡克瓦尼（Kakwani）提出了一种分解贫困变动的方法[94]。当收入分配保持不变而平均收入由 μ^0（0 状态）变为 μ^T（T 状态）时，贫困指数变化的部分称为收入成分（Income，I）。当平均收入保持不变而洛伦兹曲线由 L^0（0 状态）变为 L^T（T 状态）时，贫困指数变化的部分称为分配成分（Distribution，D）：

$$\begin{aligned}\Delta P_\alpha = &\frac{1}{2}\{[P_\alpha(\mu^{t_2},\ L^{t_1}) - P_\alpha(\mu^{t_1},\ L^{t_1})] + [P_\alpha(\mu^{t_2},\ L^{t_2}) - P_\alpha(\mu^{t_1},\ L^{t_2})]\} + \\ &\frac{1}{2}\{[P_\alpha(\mu^{t_1},\ L^{t_2}) - P_\alpha(\mu^{t_1},\ L^{t_1})] + [P_\alpha(\mu^{t_2},\ L^{t_2}) - P_\alpha(\mu^{t_2},\ L^{t_1})]\}\end{aligned}$$

前半部分是导致贫困变动的收入因素，后半部分是导致贫困变动的分配因素。同样，如果要比较导致两类人群贫困水平差异的因素，也可以采用这一方法[95]：

$$\Delta P_{\alpha} = \frac{1}{2}\{[P_{\alpha}(\mu^{s}, L^{k}) - P_{\alpha}(\mu^{k}, L^{k})] + [P_{\alpha}(\mu^{s}, L^{s}) - P_{\alpha}(\mu^{k}, L^{s})]\} + \frac{1}{2}\{[P_{\alpha}(\mu^{k}, L^{s}) - P_{\alpha}(\mu^{k}, L^{k})] + [P_{\alpha}(\mu^{s}, L^{s}) - P_{\alpha}(\mu^{s}, L^{k})]\}$$

前半部分是导致群体 s 和 k 贫困差异的收入因素，后半部分是分配因素。

2. 分配不公程度与变动测量

我们采用基尼（Gini）系数来测量城乡老年人收入分配的公平程度、变动情况并与成年人群体进行比较。此外，还利用标准概率密度函数（Probability Density Function，PDF）来直观呈现收入分配与变动的情况。首先获得收入的累积分布函数（Cumulative Distribution Function，CDF）：

$$F(x_i) = \frac{i}{N}$$

其中，N 是个人数，i 是按收入从低到高排序后某一收入水平样本的序号。

概率密度函数是分布函数的导函数：

$$f(x) = F'(x)$$

绘制概率密度函数的曲线就可以直观呈现出收入分配与变动情况。

3. 收入变动情况测量

除了简单测算两个年份的平均收入外，还可以通过绘制收入增长曲线（Growth Incidence Curve，GIC）直观比较不同收入水平群体的收入增长情况，测算益贫指数来评估老年人在 2004—2011 年从经济增长中的受益情况。

收入增长曲线是根据不同收入水平群体的收入增速绘制而成的曲线。按照收入对个案进行排序后，收入位于 p 百分位的个体在 t_1 和 t_2 两个时点之间的收入增速可以表示为[96]：

$$g_{t_1-t_2}(p)=\frac{y_{t_2}(p)}{y_{t_1}(p)}-1=\frac{L'_{t_2}(p)}{L'_{t_1}(p)}(\gamma_{t_1-t_2}+1)-1$$

y_t（p）是 p 百分位个体在 t 时间的收入；L_t（p）是洛伦兹曲线；$L'_t(p)$ 是洛伦兹曲线的斜率；$\gamma_{t_1-t_2}$ 是所有人在 t_1 到 t_2 的收入增速。如果 GIC 曲线呈现向上的形态，意味着低收入群体的收入增速低于高收入群体，收入分配会变得更加不公平；反之，则表示低收入群体的收入增速高于高收入群体，收入分配将变得更公平。如果 GIC 曲线是一条直线，则意味着所有收入水平群体的收入增速都相同，分配公平状况没有发生变化。

关于益贫指数我们利用卡克瓦尼（Kakwani）等提出的“同减贫经济增长率”（Poverty Equivalent Growth Rate，PEGR）进行测量[97]：

$$PEGR=\left(\frac{\delta}{\eta}\right)\gamma$$

其中，δ 是贫困的增长弹性，即收入的单位变化带来贫困变动的比例；η 为中性贫困相对增长弹性，表示在不改变收入分配的情况下收入变动带来的贫困变动；γ 是所有人的收入增长水平。当 $PEGR>\gamma$ 时，表示穷人从经济增长中的获益大于非穷人；反之则表示穷人从经济增长中的获益少于非穷人。[98]

（五）城乡老年人收入水平与变动

1. 基于受访者参保状态的收入比较

虽然 2005 年和 2012 年两个年份的调查并未区分城镇职工和城乡居民基本养老保险，但在农村，由于 2009 年开始试点实施新型农村社会养老保险，且 60 周岁以上老年人不需缴费即可领取养老金，老年人参保的积极性相对较高[99]，可以推断农村老年人参保比例的大幅提高主要是参加了城乡居民基本养老保险（当时的新型农村社会养老保险）。在城镇，2011 年才开始试点实施城镇居民社会养老保险，且参保比例较低。鉴于这部分主要是为了了解城乡居民基本养老保险制度实施之前城乡老年人的收入和生活情况，因此即便没有区分险种这两个年份的数据也可以采信使用。

从受访者收入来看（见表1-2），从2004年到2011年，无论是否参加基本养老保险①，城镇老年人的收入水平都有了较大幅度的提高。城镇老年人收入总体增长156%，未参保和参保老年人的收入增幅分别为162%和122%。之所以出现城镇参保老年人平均收入增速低于未参保老年人，原因在于这一时期城镇新增参保老年人中有一部分参加了城乡居民基本养老保险②且养老金水平很低（2011年的基础养老金仅为55元/月，远低于城镇退休老年人），使得在增加参保老年人基数的同时拉低了参保老年人群体的平均收入，降低了增速。

表1-2　城乡参保和未参保老年人人均收入情况　元，%

年份	城镇			农村		
	未参保	参保	全部	未参保	参保	全部
2004	5 687	10 846	8 659	2 357	8 999	2 719
2011	14 883	24 033	22 178	5 541	6 337	6 064
增幅	162	122	156	135	−30	123

资料来源：根据CGSS2005、CGSS2012数据计算整理。

农村老年人收入总体增长123%，未参保老年人的平均收入增长了135%，而参保老年人的平均收入增速为负数。原因在于，2004年新型农村社会养老保险制度还未开始试点，“老农保”也不再运行，农村参加基本养老保险制度的人主要是一些曾经在城镇工作的人。他们退休后回到农村，并领取企业或机关事业单位养老保险金，收入水平要远远高于当时的农村未参保老年人。到2011年，新型农村社会养老保险已经大范围推广，但养老金水平较低，同样在扩大农村参保老年人群体规模的同时拉低了其平均收入，导致平均收入出现负增长。

① 2005年的调查中对应的题目是“您单位/公司是否为您提供下列保险和补贴呢？-基本养老保险”，了解的主要是城乡居民被城镇职工基本养老保险覆盖的情况。2012年的调查中相应的题目是“您目前是否参加了以下社会保障项目-城镇/农村基本养老保险”，包括了城镇职工基本养老保险、城镇居民社会养老保险、新型农村社会养老保险和合并实施的城乡居民基本养老保险等类型。

② 在2014年之前，农村实施的是新型农村社会养老保险，城镇实施的是城镇居民社会养老保险。为了全文统一，除需要特别区分外均采用“城乡居民基本养老保险”的表述。

虽然由于数据未能区分不同险种，无法做进一步的对比分析，但从收入数据的比较可以得出一些结论：参保老年人收入高于未参保老年人；城乡居民基本养老保险养老金水平低，对于提升农村老年人的收入发挥的作用不大。

2. 基于家庭均等收入的城乡老年人收入情况

通过均等比调整测算所有受访者家庭的均等收入（见表1-3），结果发现2004年和2011年无论城镇还是农村，成年人的收入均高于老年人，且农村的这一差距要大于城镇。从2004年到2011年，各类人群的收入均有较大幅度的增长。但是，相比之下，无论在城镇还是农村老年人的收入增幅都小于成年人。这意味着在2004—2011年，老年人从经济增长中的获益要少于成年人。

表1-3　城乡老年人与成年人收入比较　元，%

		2004年	2011年	增幅
老年人	城镇	17 354	25 456	46. 69
	农村	5 144	10 176	97. 82
	全体	12 203	18 989	55. 61
成年人	城镇	18 805	29 414	56. 42
	农村	5 985	12 624	110. 93
	全体	13 196	22 759	72. 47
成年人/老年人	城镇	1. 08	1. 16	
	农村	1. 16	1. 24	
	全体	1. 08	1. 20	

资料来源：根据CGSS2005、CGSS2012数据统计整理。

注：本表的收入数据都是在对家庭人口进行均等比调整的基础上计算的，所以收入数据与国家统计局公布的对应年份的城乡居民人均可支配收入数据存在差异。此外，由于从2004年到2011年家庭结构发生了变化，单个家庭的户均人口数和户均儿童数均变小，使得家庭规模与儿童数量的均等比调整方法的调整效应变小，导致从2004年到2011年基于均等比调整的家庭均等收入的增幅要小于国家统计局公布的城乡居民人均可支配收入的增幅。

鉴于成年人是经济建设的主力军和主要参与者，理应较多地分享发展的成果，否则就不利于提高劳动者的积极性。但是，老年人对经济发展同样做出了贡献，同样应该从经济发展中分享成果，虽然在分享的比例上要略低于成年人，但这一差距不宜过大。

从收入分布来看（图 1-1），在农村，从 2004 年到 2011 年，无论是老年人还是成年人，收入分布概率密度函数曲线都出现了向右、向下的移动，表明低收入群体的规模在变小，平均收入水平在提高。无论是 2004 年还是 2011 年，老年人收入分布概率密度函数曲线的峰点都在成年人曲线峰点的左侧，且老年人的曲线相比成年人的曲线更为陡峭，这意味着老年人群体中收入较低人群的比例更大。

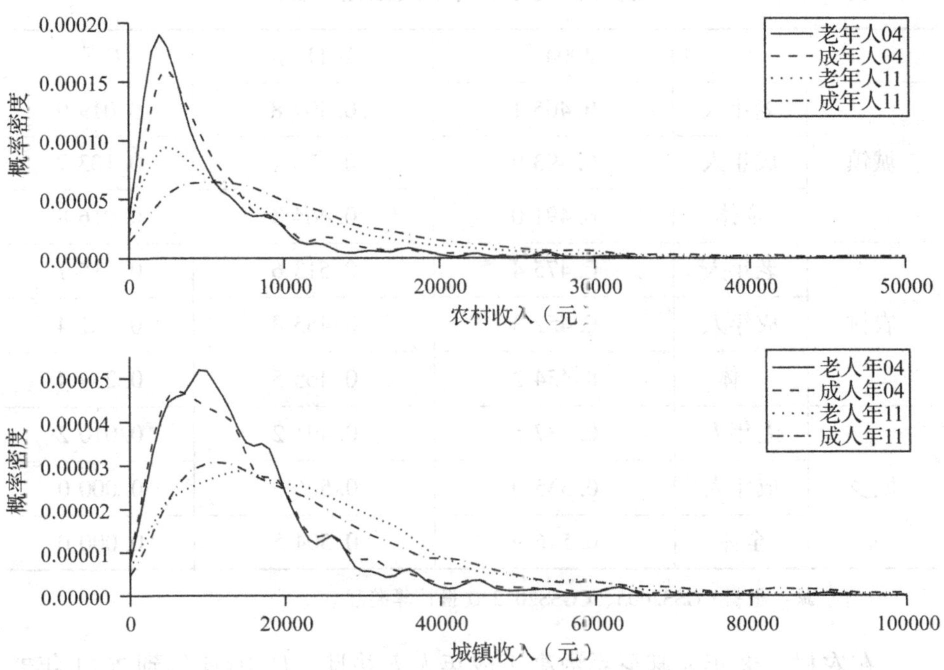

图 1-1　城乡老年人与成年人收入分布（2004 年，2011 年）

资料来源：根据 CGSS2005、CGSS2012 数据统计绘制。

在城镇，从 2004 年到 2011 年老年人和成年人的收入分布曲线也出现了向右、向下的移动，但移动幅度相比农村要小，这与表 1-3 中反映出来的规律一致。与农村不同的是，城镇成年人收入分布的概率密度函数曲线相比老年人要陡峭一些，表明城镇成年人中低收入的比例要略高于老年人，收入分配的不公平程度略高于老年人。

从 2004 年到 2011 年总体基尼系数以及成年人和老年人的基尼系数均呈现下降趋势，且变动具有统计学意义（$P<0.05$）（见表 1-4）。在城镇，每个年份老年人基尼系数均小于成年人，且从 2004 年到 2011 年老年人基尼系数变动具有统计学意义，成年人基尼系数虽略有下降，但不具有统计学意义（$P>0.05$）。这可能是由于城镇职工基本养老保险养老金缩小了城镇老年人的收入差距，促进了公平。但由于缺少详细的收入类型数据，且也不是我们研究的重点，对此不做深入探讨。

表 1-4　　　　城乡老年人与成年人基尼系数

		2004 年	2011 年	P 值
城镇	老年人	0.465 1	0.407 8	0.019 9
	成年人	0.493 9	0.475 1	0.103 7
	全体	0.491 0	0.464 3	0.016 8
农村	老年人	0.475 4	0.513 6	0.015 7
	成年人	0.452 3	0.455 8	0.761 4
	全体	0.454 2	0.465 5	0.239 4
城乡	老年人	0.537 5	0.491 2	0.010 2
	成年人	0.545 0	0.506 3	0.000 0
	全体	0.546 9	0.504 5	0.000 0

资料来源：根据 CGSS2005、CGSS2012 数据计算整理。

在农村，老年人基尼系数高于成年人。并且，从 2004 年到 2011 年老年人基尼系数增长了 0.04（$P<0.05$），成年人基尼系数虽略有增长但不具有统计学意义（$P>0.05$）。原因部分在于 2004 年农村并未完全建立社会养老保险体系，有些老年人一旦失去或部分失去劳动能力后，其收入水平会明显下降，从而导致老年人内部的收入差距相比成年人更大。

从 2004 年到 2011 年，老年人基尼系数上升显然不能归咎于城乡居民基本养老保险制度的试点实施。主要可能是因为这一时期农村生产经营的市场化程度更高，生产模式、经营模式都发生了变化，市场竞争因素对收入水平的影响更大，而老年人依靠自己革新技术、转变生产方式、外出务工等来抵御市场竞争造成的分配差距的能力相对薄弱，从而出现了更大程度上的收入分化。这也凸显了建立农村社会养老保险体系、缩小农村老年人收入差距、促进分配公平的必要性。

从收入增长情况来看（见图 1-2），从 2004 年到 2011 年农村成年人的收入增幅最大，其 GIC（收入增长曲线）曲线高于其他三类人群；基本上所有百分位上的农村老年人的收入增幅都小于农村成年人；农村老年人中收入较低的 40%的人口的收入增幅很小，且差距较大，相比之下收入较高的 60%的农村老年人的收入增幅差距不大；尤其是底部 10%～

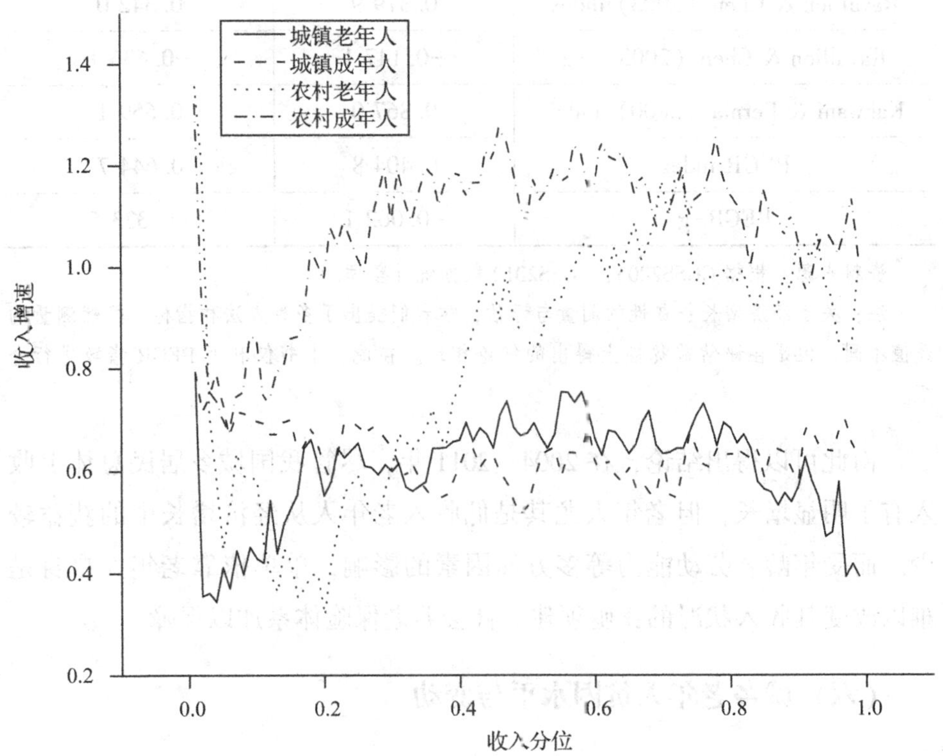

图 1-2　2004—2011 年城乡老年人与成年人收入增长曲线

资料来源：根据 CGSS2005、CGSS2012 数据统计绘制。

30%的农村老年人的收入增幅在四类人群中是最小的。在城镇，除了收入较低的20%的老年人的收入增幅低于相应的城镇成年人外，其余收入层次上城镇老年人与成年人的增幅差距不大。

反映到益贫指数（PEGR）上（见表1-5），城镇和农村老年人的总体收入增幅分别为0.466 9和0.978 1，对应的PEGR指数分别为0.404 8和0.644 7，表明无论是城镇还是农村贫困老年人的收入增幅要小于非贫困老年人。

表1-5　2004—2011年城乡老年人收入增长益贫指数

益贫指数	城镇	农村
总体增幅	0.466 9	0.978 1
Ravallion & Chen（2003）index	0.319 9	0.342 0
Ravallion & Chen（2003）-g	-0.147 1	-0.636 1
Kakwani & Pernia（2000）index	0.867 0	0.659 1
PEGR index	0.404 8	0.644 7
PEGR-g	-0.062 1	-0.333 5

资料来源：根据CGSS2005、CGSS2012数据统计整理。

注：关于经济增长益贫性的测量与评估，学者们提出了多种方法和指标。虽然测量的数值不同，但是在评估益贫性上得出的结论相近。在此，本书仅利用PEGR指数进行介绍。

由此可以得出结论，在2004—2011年，尽管我国城乡居民总体上收入有了明显增长，但老年人尤其是低收入老年人从经济增长中的获益较少。而受年龄、劳动能力等多方面因素的影响，单单依靠老年人自身是难以改变其收入状况的，亟须建立社会养老保险体系加以保障。

（六）城乡老年人贫困水平与变动

测量结果显示（见表1-6），2004年城镇老年人贫困发生指数为0.076 9，低于成年人的贫困发生指数（0.088 7）。结合前文分析，虽然城镇成年人平均收入高于城镇老年人，但是基尼系数略高于城镇老年人，从而出现了贫困发生指数也高于老年人的现象。不过，老年人贫困距指数（P_1）和成年人的差距缩小，贫困距平方指数（P_2）甚至大于成年人，这反映出低收入老年人的分配不平等程度较为严重。到2011年，城镇成年人和老年人的贫困水平均有下降，但老年人的三个贫困指标均高于成年人。而前文的测算结果显示，2011年城镇老年人基尼系数仍然低于成年人甚至比2004年的差距还要大。由此可以分析出，导致城镇老年人贫困水平较高的原因是收入水平较低，即未能充分分享改革发展的成果。

表1-6　2004—2011年城乡老年人、成年人贫困水平

		城镇		农村	
		2004年	2011年	2004年	2011年
老年人	P_0	0.076 9	0.044 1	0.367 0	0.209 2
	P_1	0.027 8	0.013 6	0.141 9	0.068 5
	P_2	0.014 4	0.005 3	0.074 7	0.028 5
成年人	P_0	0.088 7	0.028 8	0.280 3	0.088 3
	P_1	0.028 3	0.008 0	0.092 8	0.027 3
	P_2	0.013 6	0.003 0	0.045 7	0.011 3
全体	P_0	0.092 6	0.033 5	0.302 7	0.115 4
	P_1	0.030 1	0.009 4	0.103 8	0.037 0
	P_2	0.014 8	0.003 6	0.051 6	0.015 5

资料来源：根据CGSS2005、CGSS2012数据统计整理。

注：显著性检验结果显示，上表各群体各指标的变动均具有统计学意义（$P<0.01$）。

在农村，2004年和2011年两个年份的老年人贫困水平都高于成年人，且在2011年各个贫困指数的差距均有扩大，原因在于从2004年到2011年农村老年人收入增速低于成年人，收入差距扩大。同时，老年人分配不公平程度加剧，与成年人的差距也在扩大。在收入与分配两个因素共同作用下，农村老年人与成年人贫困水平的差距扩大。此外，比较三个指数的差距，与城镇类似也呈现出 P_2 的差距大于 P_1、P_1 的差距大

于 P_0（贫困发生指数）的规律。这反映出农村低收入群体中老年人与成年人收入水平与分配公平程度的差异更大。

对 2004 年和 2011 年城镇与农村老年人和成年人贫困水平差异的收入—分配因素分解可以定量描述收入因素与分配因素对贫困差异的贡献（见表 1-7）：无论在城镇还是在农村，2004 年和 2011 年老年人的收入水平都低于成年人，收入因素对贫困差异的贡献是正数，导致老年人的贫困水平高于成年人。分配因素在农村以及 2011 年的城镇对贫困差异的贡献也都是正数，即老年人群体内部分配更不公平，拉高了老年人群体的贫困水平。在 2004 年，城镇老年人的分配相比成年人更加公平，产生了减贫效应，但由于老年人收入水平低于成年人，部分抵消了分配因素的减贫效应。甚至对贫困距平方指数（P_2）差异的分解显示，收入的增贫效应超过了分配的减贫效应，导致城镇老年人的 P_2 高于成年人。

表 1-7　城乡老年人与成年人贫困差异的收入—分配分解

		城镇		农村	
		收入	分配	收入	分配
2004 年	P_0	0. 007 2	-0. 018 9	0. 058 4	0. 028 3
	P_1	0. 004 3	-0. 004 8	0. 031 0	0. 018 2
	P_2	0. 002 3	-0. 001 5	0. 017 4	0. 011 7
2011 年	P_0	0. 006 3	0. 009 0	0. 045 6	0. 075 3
	P_1	0. 003 7	0. 001 9	0. 022 0	0. 019 2
	P_2	0. 001 9	0. 000 4	0. 011 4	0. 005 8

资料来源：根据 CGSS2005、CGSS2012 数据统计整理。

接下来再来比较导致同一群体从 2004 年到 2011 年贫困水平变动的因素构成（见表 1-8）。从 2004 年到 2011 年，各个群体的收入因素对贫困变动的贡献均为负值，即收入增长降低了贫困的发生。就分配因素而言，除了城镇成年人以及城镇老年人的 P_0 外，其余指数变动中分配因素的贡献均为正值，即分配变得更加不公平，部分抵消了收入的减贫效应。

表 1-8　2004—2011 年城乡老年人与成年人贫困变动的收入—分配分解

		城镇		农村	
		收入	分配	收入	分配
老年人	P_0	-0.038 5	0.005 6	-0.217 7	0.059 9
	P_1	-0.014 6	0.000 4	-0.112 2	0.038 8
	P_2	-0.008 1	-0.001 1	-0.069 4	0.023 1
成年人	P_0	-0.046 8	-0.013 1	-0.201 8	0.009 8
	P_1	-0.015 9	-0.004 4	-0.077 5	0.012 0
	P_2	-0.008 0	-0.002 7	-0.041 8	0.007 4

资料来源：根据 CGSS2005、CGSS2012 数据统计整理。

可以说，如果不能同时提高老年人的收入水平并促进老年人的分配公平，就难以显著改善老年人的经济状况，甚至如果分配不公继续加剧还会提高老年人的贫困发生指数。① 而对于老年人而言，依靠个人能力去谋取收入以及改善在收入分配中的地位十分困难，并且作为一个社会问题无法也不应依赖单个社会成员去解决。

如果说在农村由于所有老年人都没有社会养老保险，这一制度的缺失主要影响了老年人与成年人的相对收入水平，对老年人内部收入分配公平的影响相对较小的话，在城镇社会养老保险制度的缺失不仅导致这些老年人相对成年人的收入水平更低，也造成了有保险老年人和无保险老年人的收入水平的差距，加剧了城镇老年人内部收入分配的不公平程度。

对于无法通过参与市场竞争来增加个人收入或者即便参与市场竞争也处于弱势地位的老年人而言，社会养老保险并不是让他们分享经济发展成果，提高收入水平的唯一手段，也很难仅仅通过社会养老保险制度解决这些问题。但是，作为老年人收入的重要来源，社会养老保险制度

① 虽然 2020 年我国已经如期实现全面脱贫，消除了绝对贫困问题，但是相对贫困问题仍将会长期存在。

从其建立之初就把保障老年人基本生活和促进包括老年人在内的社会公平作为目标与价值追求，应该也能够在提高老年人收入、促进老年人内部以及老年人与成年人之间的公平、改善老年人经济状况方面发挥重要作用。

三、不利于应对人口老龄化等社会问题

社会养老保险制度的缺失不仅直接体现为部分城乡老年人无法分享改革发展的成果，面临低收入、养老无保障或低保障的问题，也不利于应对人口老龄化等社会问题，还间接导致或恶化了一些社会问题。鉴于城乡居民基本养老保险的参保人口仍以农村居民为主，且最初也是以建立新型农村社会养老保险制度为起点，加上城镇和农村社会结构、社会问题存在差异，此处以农村为例分析城乡居民基本养老保险制度缺失对于应对和解决农村一些社会问题造成的负面影响。

其一，不利于应对人口老龄化问题。习近平总书记强调："有效应对我国人口老龄化，事关国家发展全局，事关亿万百姓福祉。"我国自 1999 年进入老龄化社会以来，人口老龄化问题一直是经济社会发展面临的一个主要问题。在全国人口结构总体老龄化的背景下，受城市化等因素的影响，农村人口老龄化水平更高、速度更快，成为阻碍农村发展的一个主要社会问题。根据第五次人口普查数据，1999 年我国 60 岁及以上人口占总人口的比例为 10.46%，标志着我国进入老龄化社会。同年，农村 60 岁及以上人口占农村全部人口的比例为 10.92%，略高于全国人口老龄化水平。到 2010 年第六次人口普查时，全国 60 岁及以上人口占比为 13.32%，农村的这一数值则达到了 14.98%，高出全国水平 1.66 个百分点。5 年之后，2015 年，1%人口抽样调查数据显示，全国 60 岁及以上人口占比为 16.15%，农村则达到 18.47%，高出全国 2.32 个百分点。可见，农村人口老龄化水平更高、速度更快。

应对人口老龄化的任务有千条万条，但最重要的、最具有基础地位的则是保障广大老年人的基本生活需要。一方面，随着农村市场化程度的提高，农村居民难以依靠自己的农业生产活动获取全部或大部分生活

资料，而必须通过市场化的交易形式来获取。这意味着只有保障了农村老年人的基本收入，才能满足他们对基本生活资料的需要。另一方面，人口老龄化并不仅仅表现为总体人口结构的老龄化，更直接地表现为家庭规模变小，单个子女需要赡养的老年人数量增加。在后代收入没有显著提升以及其他支出显著增加的情况下，子女负担老年人的能力会变弱。在这种情况下，社会养老保险制度缺失的后果就是无法有效保障广大农村老年人的基本收入与基本生活，无法很好地应对农村人口老龄化问题。

其二，不利于提高农村老年人的生活质量。以农村老年人的自杀问题为例，虽然不同的研究对于农村老年人的自杀率估计不同，但普遍都认为农村老年人自杀率在各类人群中最高，不仅高于农村年轻人，也高于城镇老年人和城镇年轻人。[100,101] 其中一个重要的、不容忽视的原因在于集体不再承担农村养老责任与家庭养老责任弱化叠加导致的农村老年人低收入问题。虽然有些学者从农村阶层分化[102]、心理健康的角度进行了分析，但也都与农村老年人的收入水平有直接或间接的关联。

例如，张杰等用扭力情景的变化解释中国的自杀率变化，认为当个人感受到相对剥夺或相对贫困时就会形成一种不协调的压力即扭力。这种扭力在社会和心理因素的共同作用下可能导致自杀行为。他们还指出，经济结构的变化和生活水平的提升降低了中国农民的相对剥夺感，带来了农村居民自杀率的下降，进而降低了中国总体自杀率。[103] 对于农村老年人而言，他们从市场竞争中获得收入的能力弱于农村年轻人和城镇人口，又缺少社会养老保险制度的支持，使得他们无论相对于个人的年轻时期，还是相对于其他群体都会产生一种剥夺感，从而可以解释农村老年人自杀率相对较高的现象。

刘燕舞于 2007—2012 年对 10 个省份的部分农村进行了 400 天的驻村调研，发现“当老年人患有疾病特别是严重疾病或丧失劳动能力后，要么靠家庭来解决他们的医疗成本或养老成本，要么就只能是病死或饿死，要么就只能选择自杀”，有很多老年人甚至“会为了等待‘新农保’的实施而再多活两年从而暂时放弃他们的自杀计划”。基于其驻村调查经验，刘燕舞得出结论认为，“如果针对 70 岁及以上的高龄老年人，能将

'新农保'的水平提升至200~400元每月每人的话，那么，当前农村老年人自杀率可能会下降至少一半以上"。[104]

综合上述分析，虽然从逻辑上并不能推演出社会养老保险制度的缺失导致了农村老年人自杀率较高的结论，但是社会养老保险制度的缺失即在提高农村老年人收入水平方面的缺失不利于应对或缓解农村老年人自杀问题是不可否认的。尤其是从刘燕舞的研究来看，建立新型农村社会养老保险对于降低农村老年人自杀率还会产生直接的积极影响。

其三，不利于农村代际关系的平衡与维系。习近平总书记指出："家庭是社会的细胞。家庭和睦则社会安定，家庭幸福则社会祥和，家庭文明则社会文明。"[105] 在2019年春节团拜会上，习近平总书记又一次引用古人的名言"夫孝，德之本也"，指出"自古以来，中国人就提倡孝老爱亲"[106]。可见，维系平衡的代际关系对于家庭建设乃至社会稳定具有极为重要的作用。

费孝通先生指出，中国人的代际关系是抚育与赡养之间的平衡。[107] 在传统社会，父母抚养子女，子女赡养父母，维系着平衡稳定的代际关系。在这一代际关系中，老年人掌握着家庭的生产资料和财富，拥有权威与话语权，并可以据此约束子女的赡养行为，在代际关系中处于主导地位。然而，在现代化的过程中，父母适应市场经济的能力落后于子女，不再拥有生产资料与生活资料的支配权，转而变得依赖子女，发生了代际权力的转移。"随着老年人地位的衰落，年轻人地位的上升，代际关系就会变得不平衡。"[108] 在这种情况下，老年人就会试图通过更多的付出来维系与子女的契约，从而导致了子女剥削父母的失衡的代际关系。[109] 这不仅直接导致父母在经济上处于被剥削的地位，遭遇经济困难，并且这种失衡的代际关系也背离中华民族孝老敬亲的优良传统，不利于社会的和谐稳定。

这其中，社会养老保险制度的缺失不能不说是一个原因。传统社会，子女和老年人都生活在家庭中并依赖家庭完成财富的代际转移和相互效用的最大化。到了现代社会，年轻人投身于市场经济，不再依赖于家庭，老年人却无法有效地融入市场，"造成了对家庭成员的过度依赖，从而把彼此变成风险源”“在一定程度上恶化了家庭关系”[110]。

事实上，笔者在农村的生活经历中也可以感受到这一现象。亲子、兄弟关系不和睦，甚至不孝顺的现象往往发生在经济情况相对较差，特别是老年人没有给孩子攒下“家业”的家庭。这种家庭中，年轻人一方面埋怨父母没有给自己打下基础，另一方面也确实受限于个人的能力，难以为父母提供很好的养老保障。父母又会进一步埋怨子女不孝顺，导致亲子关系恶化。而在经济状况较好的家庭，例如有些家庭老年人有退休金，退休后与子女在农村生活，一般都能做到“父慈子孝”，老年人生活悠然自得，父子关系、婆媳关系、兄弟姐妹间的关系都较为和睦。

当然，社会养老保险制度的缺失对农村社会的影响绝不仅仅体现在应对人口老龄化、提高老年人生活质量以及维系平衡的代际关系这三个方面。但是，这反映出在现代社会，农村社会养老保险制度的建设并不仅仅是一项收入保障计划，会影响社会建设与发展的诸多方面。

本章小结

在城乡居民基本养老保险制度建立之前，我国城镇居民养老经历了计划经济时期充分就业背景下被城镇职工基本养老保险或企业保险覆盖，以及改革开放后失业问题出现背景下部分城镇居民无养老保险两个时期。农村养老则经历了家庭和集体养老时期，以及“老农保”时期。家庭和集体养老时期又可以分为新中国成立之初以家庭养老为主、集体养老发端，人民公社时期集体养老，以及改革开放后集体养老退出、家庭养老恢复三个阶段。“老农保”是我国在农村进行现代社会养老保险建设的一次探索，但由于超越了农村经济社会发展阶段，加上制度建设、运营管理等缺乏经验，最终流于失败。

社会保障权利是实现人的生命权的重要基础，也是为国际文件、各国宪法所规定的一项权利。养老保险制度的缺失损害了广大农村人口和部分城镇人口的社会保障权利。

基于 CGSS2005 和 CGSS2012 的数据测算，城乡老年人尤其是农村老年人相比成年人收入较低、贫困水平较高、内部不公程度较高，反映出广大老年人没有充分分享改革发展的成果，对通过建立社会养老保险制度、更好地保障广大城乡老年人基本生活、促进公平分配提出了要求。

养老保险制度的缺失不仅仅是一个经济问题。以农村为例，养老保险制度的缺失对于应对农村人口老龄化问题、提高农村老年人生活质量、维系农村平衡和谐的代际关系等也会产生负面影响，或者无法有效发挥积极作用。

总之，建立覆盖广大农村居民与部分城镇居民的现代社会养老保险制度，无论是基于公民权利的实现，让广大老年人充分分享改革发展成果，还是着眼于化解社会问题，都十分迫切、十分必要。

第二章
城乡居民基本养老保险制度的发展与现状

随着经济社会的发展进步，广大农村老年人和部分城镇老年人没有被社会养老保险所覆盖的问题日益凸显。同时，国家财政实力逐渐增强，建立覆盖城乡的社会养老保险制度既具有必要性也具有可行性。在这一背景下，党和国家科学谋划，经历试点、推广阶段，最终合并建立了中国特色城乡居民基本养老保险制度，标志着我国现代社会养老保险体系真正建成。

第一节　城乡居民基本养老保险制度的发展历程

一、新型农村社会养老保险制度的试点与推广

党的十六大报告指出，建立健全同经济发展水平相适应的社会保障体系，是社会稳定和国家长治久安的重要保证，提出有条件的地方，要

探索建立农村养老、医疗保险和最低生活保障制度。[111] 党的十六届六中全会进一步强调，要在有条件的地方探索建立农村社会养老保险制度。北京、上海、浙江、江苏、山东、山西、安徽等省市先后结合本地实际积极开展试点[112]，为之后在全国范围内试点实施新型农村社会养老保险制度积累了经验。

2006—2008 年，劳动和社会保障部选择了北京市大兴区、山东省招远市、山东省菏泽市牡丹区、安徽省霍邱县、山西省柳林县、福建省南平市延平区、四川省通江县和云南省南华县 8 个地方开展新型农村社会养老保险制度（简称“新农保”）的试点。这是第一次从国家层面部署试点工作。

这期间，于 2007 年 10 月 15—21 日召开的中国共产党第十七次全国代表大会通过的全会报告又一次提出“探索建立农村养老保险制度”[113]，且不再强调“有条件的地方”，意味着探索建立农村养老保险制度从一个地方的自主试点行为上升为全国的统一行为。截至 2008 年底，全国有 464 个县开展了由地方财政支持的新型农村社会养老保险试点，参保农民达到 1 168 万人。[114]

在总结前期试点经验的基础上，党的十七届三中全会通过了《中共中央关于推进农村改革发展若干重大问题的决定》，指出要按照个人缴费、集体补助、政府补贴相结合的要求，建立新型农村社会养老保险制度，为新型农村社会养老保险制度以及之后实施的城镇居民社会养老保险制度和目前实施的城乡居民基本养老保险制度确定了基本模式。

2009 年国务院《政府工作报告》提出，新型农村社会养老保险试点要覆盖全国 10%左右的县（市）。同年 9 月，国务院《关于开展新型农村社会养老保险试点的指导意见》将这一要求具体落实，决定新型农村社会养老保险“2009 年试点覆盖面为全国 10%的县（市、区、旗），以后逐步扩大试点，在全国普遍实施，2020 年之前基本实现对农村适龄居民的全覆盖”[115]。至此，新型农村社会养老保险试点工作在全国范围内全面展开，逐步形成了稳定的参保、筹资、管理与给付模式，并为开展城镇居民社会养老保险试点探索了路径，积累了经验。

之后，试点工作不断加速推进。到 2011 年底，全国有 2 343 个县（市、区）开展了试点，3.26 亿人参保，其中 8 525 万人领取养老金（见图 2-1）。到 2012 年底，全国所有县级行政区都实施了新型农村社会养老保险制度，制度实现了全覆盖[116]，提前 8 年完成了国务院《关于开展新型农村社会养老保险试点的指导意见》确定的目标。

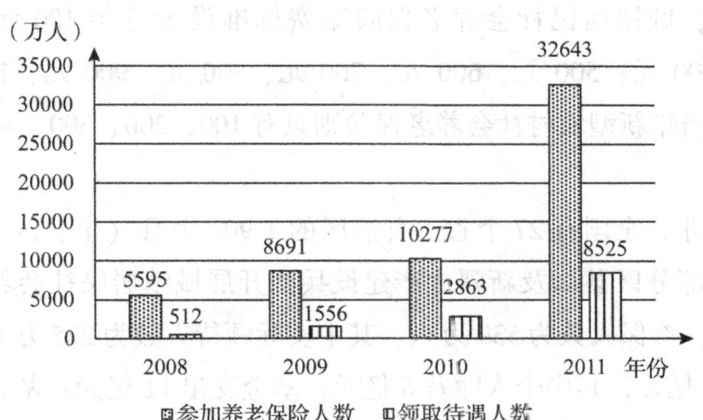

图 2-1　2008—2011 年新型农村社会养老保险参保与领待人数

资料来源：根据 2008—2011 年度《人力资源和社会保障事业发展统计公报》数据统计绘制。

二、城镇居民社会养老保险制度的试点与推广

《中华人民共和国国民经济和社会发展第十二个五年规划纲要》提出要"完善实施城镇职工和居民养老保险制度"。2010 年颁布实施的《中华人民共和国社会保险法》第二十二条明确"国家建立和完善城镇居民社会养老保险制度"，将建立覆盖城镇居民的社会养老保险制度提上日程。

2011 年，国务院印发《关于开展城镇居民社会养老保险试点的指导意见》①，决定从 2011 年开始开展城镇居民社会养老保险试点工作，试点范围与当年的新型农村社会养老保险制度试点范围一致，并要求在 2012

① 根据《国务院关于宣布失效一批国务院文件的决定》（国发〔2015〕68 号），此文件已宣布失效。

年底实现全覆盖。

从方案设计来看，城镇居民社会养老保险与新型农村社会养老保险基本一致，二者不同的地方主要是在资金筹集环节。新型农村社会养老保险资金来源包括个人缴费、集体补助和政府补贴，而在城镇由于没有类似农村的集体经济组织，资金主要来源于个人缴费和政府补贴。就缴费档次看，城镇居民社会养老保险缴费标准设为每年 100 元、200 元、300 元、400 元、500 元、600 元、700 元、800 元、900 元、1 000 元 10 个档次。当年新型农村社会养老保险则只有 100、200、300、400、500 共 5 个档次。

2011 年，全国有 27 个省、自治区的 1 902 个县（市、区、旗）和 4 个直辖市部分区县以及新疆生产建设兵团开展城镇居民社会养老保险试点。当年，参保人数为 539 万人，其中实际领待人数为 235 万人；全年基金收入 40 亿元，其中个人缴费 6 亿元；基金支出 11 亿元；基金累计结存 32 亿元。[117]

到 2012 年末，全国所有县级行政区均开展了新型农村社会养老保险和城镇居民社会养老保险试点工作，实现了对符合条件人口的全覆盖。当然，这种全覆盖还只是制度上的全覆盖，即人们不再被排除在社会养老保险体系之外，尚没有做到人口全覆盖，特别是城镇仍然有相当部分符合条件的人口没有参加任何形式的养老保险制度。

三、城乡居民基本养老保险合并实施阶段

2014 年 2 月，国务院印发的《关于建立统一的城乡居民基本养老保险制度的意见》提出："到'十二五'末，在全国基本实现新农保和城居保制度合并实施，并与职工基本养老保险制度相衔接。"

在制度设计上，合并实施的城乡居民基本养老保险制度基本延续了新型农村社会养老保险和城镇居民社会养老保险制度的设计，主要的变化是在筹资环节。相比新型农村社会养老保险，城乡居民基本养老保险可供选择的缴费档次更多、标准更高。原有的城镇居民社会养老保险资金主要来源于个人缴费和政府补贴，同时鼓励其他经济组织、社会组织

和个人为参保人缴费提供资助。合并之后的城乡居民基本养老保险提出，鼓励有条件的社区将集体补助纳入社区公益事业资金筹集范围。虽然在实际实施过程中，无论在城镇还是在农村，集体补助在基金筹集中的占比都极小，但是这一变化在制度设计上体现了城乡统一，为全面建成公平、统一、规范的城乡居民基本养老保险制度奠定了基础。

2021 年，城乡居民基本养老保险制度参保人数达到 54 797 万人，领取待遇人数达到 16 213 万人，分别比 2012 年增长了 13.29%和 24.00%（图 2-2）。再加上当年参加城镇职工基本养老保险的 13 157 万离退休人员，全国领取养老金的老年人数量达到 29 370 万人。而当年全国 60 岁及以上人口为 26 736 万人，在全国范围内基本上实现了 60 岁以上老年人应保尽保。① 这一成绩的取得，特别是在短期内取得，主要应归功于城乡居民基本养老保险制度在短期内完成试点、推广并在全国范围内合并实施。

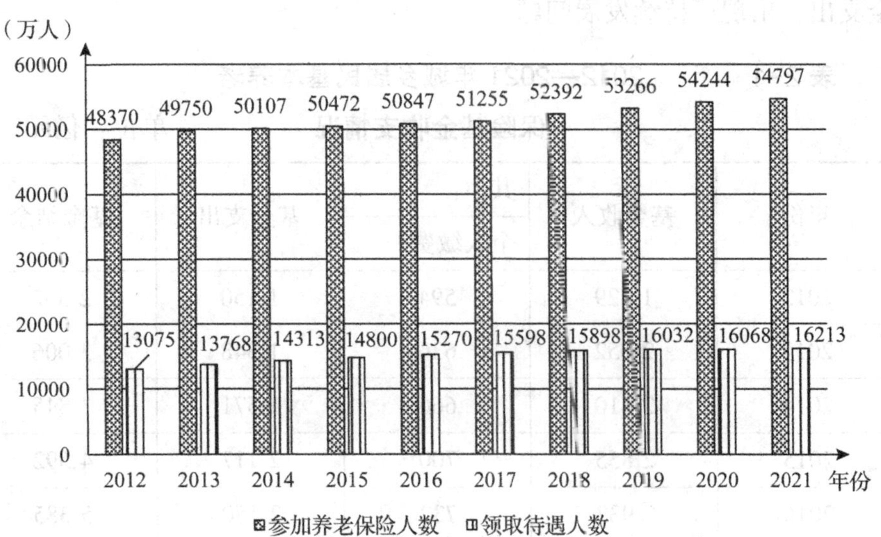

图 2-2　2012—2021 年城乡居民基本养老保险参保与领待人数

资料来源：根据 2012—2021 年度《人力资源和社会保障事业发展统计公报》数据统计绘制。

① 领取养老金人数加和结果为 29 370 万人，多于 60 岁及以上人口。原因在于城镇职工基本养老保险退休年龄并未统一到 60 岁，且还有部分人口因为种种原因提前退休，所以领取养老金人口中有部分未满 60 岁，因而超过了 60 岁及以上人口数，但基本上也能够实现 60 岁以上老年人应保尽保。

从2012年到2021年（见表2-1），城乡居民基本养老保险年度基金收入从1 829亿元增长到5 339亿元，增幅为191.91%；年度基金支出从1 150亿元增长到3 715亿元，增幅为223.04%；基金累计结余从2 302亿元增长到11 396亿元，增幅达395.05%。虽然从基金收支来看，城乡居民基本养老保险年度基金收入高于支出，基金仍有较大规模的结余，似乎可持续发展的压力并不大。但是，在基金收入中有超过60%来自政府缴费补贴、代缴费以及基础养老金，个人缴费在基金收入中的占比从2012年的32.48%下降到2017年的24.52%。并且，城乡居民基本养老保险没有建立统筹基金的积累，所有的结余基金无论来自个人缴费还是政府补贴，都属于个人账户的积累，只能用于参保者的养老金给付或者在参保者逝世后由其继承人继承，而不能应对未来的支付压力。因而，即便基金有结余，未来仍会由于人口老龄化、寿命延长需要增加基础养老金支出，出现可持续发展问题。

表2-1　2012—2021年城乡居民基本养老保险基金收支情况　　单位：亿元

年份	基金收入	其中：个人缴费	基金支出	基金结余
2012	1 829	594	1 150	2 302
2013	2 052	636	1 348	3 006
2014	2 310	666	1 571	3 845
2015	2 855	700	2 117	4 592
2016	2 933	732	2 150	5 385
2017	3 304	810	2 372	6 318
2018	3 838		2 906	7 250
2019	4 107		3 114	8 249
2020	4 853		3 355	9 759
2021	5 339		3 715	11 396

资料来源：根据2012—2021年度《人力资源和社会保障事业发展统计公报》数据整理。

从2008年试点实施新型农村社会养老保险，到2011年试点实施城镇居民社会养老保险，再到2014在全国范围内合并实施两个保险制度，我国在短短6年的时间内基本建成了覆盖城乡的社会养老保险体系，保障了此前未被社会养老保险体系覆盖的广大城乡居民的社会保障权利，提高了广大城乡老年人的收入水平，促进了社会公平，标志着我国社会养老保险制度体系的基本完善。

之后，随着城乡居民基本养老保险制度在全国范围内的合并实施，国家和各省陆续出台了规范文件，不断完善筹资缴费、参保管理、基金管理、待遇给付等制度设计。2018年3月，人力资源社会保障部、财政部印发《关于建立城乡居民基本养老保险待遇确定和基础养老金正常调整机制的指导意见》，针对制度运行中仍然存在的保障水平较低、待遇确定和正常调整机制不健全、缴费激励约束机制不强等问题，提出要完善待遇确定机制，建立基础养老金正常调整机制、个人缴费档次标准调整机制、缴费补贴调整机制，开展基金委托投资，确保基金保值增值。各省根据国家的统一要求和部署，具体制定了本省的调整机制，标志着城乡居民基本养老保险制度的进一步完善。

此外，根据国税地税征管体制改革的部署，从2019年开始城乡居民基本养老保险费改由税务部门征收。虽然在现阶段各地仍然维持原有缴费方式和银行、社区、村组、学校等单位代收渠道，但随着制度的实施和完善以及支付方式的变革，未来可能会逐步实现个人通过税务部门自主申报缴费。这也为未来改革缴费办法创造了条件。

第二节　城乡居民基本养老保险制度的基本设计

一、基金筹集

城乡居民基本养老保险制度的基金筹集主要来自个人缴费、集体（社区）补助和政府补贴。

（一）个人缴费

根据国务院《关于建立统一的城乡居民基本养老保险制度的意见》，国家确定的缴费标准为每年 100 元、200 元、300 元、400 元、500 元、600 元、700 元、800 元、900 元、1 000 元、1 500 元、2 000 元 12 个档次，同时允许各地根据实际情况增设缴费档次，但最高缴费标准不应超过当地灵活就业人员参加城镇职工基本养老保险的年缴费额。

从各地情况看（见表 2-2），多数省份的最低缴费标准提高到了每年 200 元，但多数省份也都为由政府代缴费的困难群体保留了每年 100 元的缴费档次。最高缴费档次最高的是北京（9 000 元），最低的是湖北和吉林（2 000 元），其余各省份均超过了国家确定的最高缴费档次。

虽然多数省份采取的仍然是给定若干固定额度的缴费档次供参保人员选择，但也有北京和海南探索根据收入的一定比例由参保人自主选择缴费额度。特别是北京允许参保人在农村居民人均纯收入的 9%和城镇居民人均可支配收入的 30%之间任意选择缴费额度，这与城镇职工基本养老保险根据参保人缴费工资的相应比例缴费在制度设计上已经基本一致。

在城乡居民基本养老保险制度开始试点时，之所以设计固定额度的缴费档次，目的是在推广时让群众对制度的了解更清晰、经办管理更简便。这在制度试点、推广阶段有其必要性，对于制度快速实现全覆盖也确实起到了积极作用。但是，随着制度逐渐为人们所接受并实现全覆盖，加之支付和经办管理技术的提升，机械地确定固定额度的缴费档次已经不再必要，也不利于提高个人筹资标准，对于提高养老金给付水平以及实现制度的财务可持续也是不利的。

（二）政府补贴

在分析“老农保”制度何以失败时，很多学者都指出政府财政责任的缺失是一个主要原因，以至于制度成为参保农民的个人储蓄，难以抵御通货膨胀的影响，导致保障水平低，缺乏吸引力。[118-121] 基于这一认识，在试点建立新型农村社会养老保险制度时，国家就明确财政要承担相应的责任，包括缴费补贴、困难群体代缴费和基础养老金。

表 2-2　各省份城乡居民基本养老保险缴费档次　单位：元

省份	缴费档次与缴费补贴标准														
安徽	200	300	400	500	600	700	800	900	1 000	1 500	2 000	3 000	4 000	5 000	6 000
	40	50	60	70	80	90	100	110	120	150	200	200	200	200	200
福建	200	300	400	500	600	700	800	1 000	1 500	2 000	2 500	3 000			
	40	50	60	70	80	90	100	120	140	160	180	200			
甘肃	200	300	400	500	600	700	800	900	1 000	1 500	2 000	2 500	3 000		
	30	30	30	60	60	60	60	60	60	60	60	90	90		
广东	180	240	360	600	900	1 200	1 800	3 600	4 800						
	30	30	30	60	60	60	60	60	60						
广西	200	300	400	500	600	700	800	900	1 000	1 500	2 000	3 000	4 000	5 000	6 000
	35	40	45	60	65	70	100	120	150	175	200	200	200	200	200
河北	200	300	500	1 000	3 000	5 000	8 000								
	30	45	60	75	90	105	120								
河南	200	300	400	500	600	700	800	900	1 000	1 500	2 000	2 500	3 000	4 000	5 000
	30	40	50	60	80	100	120	140	160	190	220	250	280	310	340

续表

省份	缴费档次与缴费补贴标准														
黑龙江	200	300	400	500	600	700	800	900	1 000	1 500	2 000	3 000			
	40	50	60	70	70	70	70	70	70	100	120	140			
湖北	200	300	400	500	600	700	800	900	1 000	1 500	2 000				
	45	45	45	60	60	60	60	60	60	60	60				
湖南	100	200	300	400	500	600	700	800	900	1 000	1 500	2 000	2 500	3 000	
	30	30	40	40	60	60	60	60	60	60	60	60	60	60	
吉林	200	300	400	500	600	700	800	900	1 000	1 500	2 000				
	40	50	60	70	80	90	100	110	120	145	170				
江苏	300	400	500	600	700	800	900	1 000	1 500	2 000	2 500				
	30	30	60	60	60	60	60	60	60	60	60				
江西	300	400	500	600	700	800	900	1 000	1 500	2 000	3 000				
	40	50	60	65	70	75	80	85	90	95	100				
辽宁	200	300	500	800	1 000	2 000	3 000								
	40	50	70	100	120	140	160								

续表

省份	缴费档次与缴费补贴标准														
内蒙古	200	300	400	500	600	700	800	900	1 000	3 000	5 000	7 000			
	35	40	45	60	65	70	75	80	85	90	95	100			
宁夏	200	300	500	1 000	2 000	3 000									
	40	50	70	120	200	320									
青海	200	300	400	500	600	700	800	900	1 000	1 500	2 000	2 500	3 000	3 500	4 000
	40	50	60	70	85	100	115	130	145	165	185	210	235	265	295
山东	300	500	600	800	1 000	1 500	2 000	2 500	3 000	4 000	5 000				
	30	60	60	80	80	80	80	80	80	80	80				
山西	200	300	500	700	1 000	1 500	2 000	3 000	4 000	5 000					
	35	40	60	80	100	140	180	220	260	300					
陕西	200	300	400	500	600	800	1 000	1 500	2 000	3 000					
	30	45	60	75	80	90	100	150	200	300					
上海	500	700	900	1 100	1 300	1 700	2 300	3 300	4 300	5 300					
	200	250	300	350	400	450	525	575	625	675					

续表

省份	缴费档次与缴费补贴标准														
四川	200	300	400	500	600	700	800	900	1 000	1 500	2 000	3 000	4 000		
	40	45	50	60	60	65	70	75	80	100	120	160	200		
天津	600	900	1 200	1 500	1 800	2 400	3 000	3 600	4 200	4 800					
	60	70	80	90	100	120	140	160	180	200					
西藏	200	300	400	500	600	700	800	900	1 000	1 500	2 000	3 000	4 000	5 000	
	50	60	70	80	90	100	110	120	130	140	150	200	250	300	
新疆	200	300	400	500	600	700	800	900	1 000	1 500	2 000	2 500	3 000	3 500	
	55	60	65	70	75	80	85	90	95	120	145	170	195	220	
云南	200	300	400	500	600	700	800	900	1 000	1 500	2 000	3 000			
	40	50	60	70	80	90	100	110	120	130	个人缴费 6.5%				
浙江	300	500	800	1 000	1 500	2 000	3 000	5 000							
	30	80	80	80	80	80	80	80							
重庆	100	200	300	400	500	600	700	800	900	1 000	1 500	2 000	3 000		
	30	40	50	60	70	80	90	100	110	120	130	140	160		

续表

省份	缴费档次与缴费补贴标准														
贵州	300	400	600	800	1 000	1 500	2 000	2 500	3 000						
	所选缴费档次的 10%														
北京	最低缴费标准为上一年度农村居民人均纯收入的 9%；最高缴费标准为上一年度城镇居民人均可支配收入的 30%。2020 年最低和最高缴费标准为 1 000 元和 9 000 元														
	2 000 元以下补 60 元；2 000~4 000 元补 90 元；4 000~6 000 元补 120 元；6 000 元及以上补 150 元														
海南	下限为 200 元，最高为上年度灵活就业人员参加城镇职工基本养老保险最低年缴费额，在此区间自愿选择 100 的整数倍金额进行缴费。一年内可以多次缴费，合并计算														
	400 元以下补 40 元；400~600 元（不含）补 60 元；600 元及以上补 80 元														

资料来源：各省级人民政府或人力资源社会保障部门公布的缴费标准。

注：

①每个省份上一行为缴费档次，下一行为对应的政府缴费补贴标准。

②甘肃、广东、湖北、湖南、江苏、山东、新疆、浙江的补贴标准为省级政府相关文件中明确的最低标准。在该标准基础上，市县政府也可以提高补贴标准。其中，甘肃明确说明上表所列补贴标准为省级财政提供的补贴。

③上述缴费标准为书稿撰写阶段所能检索到的最新资料，其中福建、广西、黑龙江、吉林、江苏、宁夏、青海、山东、山西、新疆为 2018 年的标准；安徽、甘肃、广东、贵州、河北、河南、湖北、湖南、江西、辽宁、内蒙古、陕西、上海、天津、云南、浙江、重庆为 2019 年的标准；西藏、北京、海南、四川为 2020 年的标准。可能存在部分省份更新标准后与表中所列数值不一致的情况。

在开展新型农村社会养老保险和城镇居民社会养老保险试点工作时，国家规定对参保个人的缴费补贴不低于每人每年 30 元，并且提出对选择较高档次标准缴费的，可给予适当鼓励，具体标准和办法由省（区、市）人民政府确定。2014 年，《关于建立统一的城乡居民基本养老保险制度的意见》提出，对于选择 500 元及以上缴费档次的，补贴标准不低于每人每年 60 元。2018 年，人力资源社会保障部、财政部《关于建立城乡居民基本养老保险待遇确定和基础养老金正常调整机制的指导意见》提出，各地要建立城乡居民基本养老保险缴费补贴动态调整机制，根据经济发展、个人缴费标准提高和财力状况，合理调整缴费补贴水平，并且为了引导城乡居民选择高档次标准缴费，要求对选择较高档次缴费的人员可适当增加缴费补贴。

各地均达到了国家对缴费补贴标准的要求，即对缴费在 500 元以上的补贴标准不低于 60 元。在补贴标准的设置方式上，主要有以下四种。

（1）对应每个缴费档次设定不同补贴标准，缴费档次越高缴费补贴越多。这是多数省份采取的补贴方式，如福建、河北、河南、吉林、江西、辽宁、内蒙古、宁夏、青海、山西、陕西、上海、天津、西藏、新疆和重庆。其中，除内蒙古按照缴费档次每提高一档，补贴标准提高 5 元的办法实施外（第三档与第四档补贴级距为 15 元），其余省份不同缴费档次的补贴级距均存在差异。并且，反映到政府补贴与个人缴费的比例关系上，虽然存在波动，但总体上补贴比例呈下降趋势，即缴费档次越高，政府补贴占个人缴费的比重越小。

（2）对应几个缴费档次设定相同补贴标准。这种方式并不是针对每一个缴费档次都设定一个补贴标准，而是选择几个缴费档次给予相同的补贴，包括北京、甘肃、广东、湖北、湖南、江苏、山东、浙江和海南。例如，北京对缴费档次在 2 000 元以下的均补贴 60 元，2 000~4 000 元的补贴 90 元，4 000~6 000 元的补贴 120 元，6 000 元以上的补贴 150 元。

（3）固定比例补贴的方式。采取这种补贴方式的为贵州省，按照参保人所选缴费档次的 10% 给予补贴。相比于每个缴费档次固定补贴额度出现补贴比例下降的情况，固定比例补贴方式的补贴力度更稳定，随着缴费档次的提升，激励效果也更大一些。例如，对选择3 000元缴费档次的，除了上海市的补贴比例超过10%，陕西省的补贴比例等于10%外，其他省份的补贴额度占缴费档次的比例均小于10%。

（4）混合方式。有些省份并不是采取某一种补贴方式，而是针对不同缴费档次采用不同的补贴方式。例如安徽、广西对于1 500元及以下缴费档次采取的是对应每个缴费档次确定不同的补贴数额，对于2 000元及以上的缴费均补贴200元；四川对选择500元和600元缴费档次的均补贴60元，其余每个缴费档次对应不同的补贴标准；黑龙江对于500~1 000元缴费档次均补贴70元，其余缴费档次对应不同的补贴标准；云南对于200~1 500元缴费档次分别确定不同的补贴标准，对于2 000元和3 000元缴费档次则按照个人缴费的6.5%进行补贴。

比较各省的补贴方式可以看出，无论是补贴方式还是绝对补贴额度和相对补贴比例，均存在较大差异，碎片化问题严重。这一方面可能会在不同省份、一省内部不同统筹地区之间造成不公，不利于制度统筹层次的进一步提升。特别是在各类信息可以便捷搜索的今天，还会造成不同区域参保群众之间的比较，给财政收入少、补贴能力弱的省份造成压力。另一方面，有学者认为“定额补贴制”标准设置较为随意，缺乏自动调整机制，特别是随着缴费档次提高补贴比例变小会出现负向激励问题，应该采取“固定比例”或“累进比例”补贴办法[122]。当然，对此也有一些学者有不同的看法，从同时发挥缴费激励和再分配作用的角度出发，建议采取超额累退的办法进行补贴[123]。但无论固定比例、累进比例还是累退比例，均认为目前在固定缴费档次的机制下设置固定补贴额度的办法存在改进空间。

（三）集体补助、其他组织资助

集体补助和其他组织资助是城乡居民基本养老保险资金筹集的第三个来源。《关于建立统一的城乡居民基本养老保险制度的意见》提出，有条件的村集体经济组织应当对参保人缴费给予补助，补助标准由村民委员会召开村民会议民主确定，鼓励有条件的社区将集体补助纳入社区公益事业资金筹集范围。同时鼓励其他社会经济组织、公益慈善组织、个人为参保人缴费提供资助。人力资源社会保障部、财政部《关于建立城乡居民基本养老保险待遇确定和基础养老金正常调整机制的指导意见》也鼓励集体经济组织提高缴费补助，鼓励其他社会组织、公益慈善组织、个人为参保人缴费加大资助。

但是，从制度的实施情况来看，由于在很多地区农村集体经济实力薄弱、社区公益事业资金规模较小，并没有很好地发挥对城乡居民参加基本养老保险的补助作用。其他社会经济组织、公益组织、慈善组织的资助更是几乎可以忽略不计。

二、待遇构成与调整

城乡居民基本养老保险养老金待遇由个人账户养老金和基础养老金构成。其中个人账户养老金由个人缴费或政府代缴费、政府缴费补贴以及集体补助或其他组织资助积累而成，并按规定利率计息。在达到领取年龄后，个人账户养老金储存额除以 139 个月即为个人每月可以领取的个人账户养老金。参保人死亡的，个人账户资金余额可以依法继承。

基础养老金是参保人达到领取年龄后，由公共财政提供的养老金。基础养老金最低标准由中央政府确定。地方政府可以结合本地实际提高基础养老金标准，并对长期缴费人口、高龄老年人适当增加基础养老金。中央财政对中西部地区按中央确定的基础养老金标准给予全额补助，对东部地区给予 50%的补助。各地自主提高的基础养老金标准由各地财政承担。

关于待遇调整，国务院在开展新型农村社会养老保险和城镇居民社会养老保险试点的文件中均提出要根据经济发展和物价变动等情况，适时调整基础养老金最低标准。中央确定的基础养老金最低标准从 2009 年的每人每月 55 元提高到 2015 年的 70 元，2018 年提高到 88 元，2020 年又进一步提高到 93 元。2018 年，人力资源社会保障部、财政部《关于建立城乡居民基本养老保险待遇确定和基础养老金正常调整机制的指导意见》进一步规范了城乡居民基本养老保险待遇确定和基础养老金的调整机制，提出要推动城乡居民基本养老保险待遇水平随经济发展而逐步提高，确保参保居民共享经济社会发展成果。

相比之前提出的根据经济发展和物价变动调整基础养老金，新的基础养老金调整机制提出要统筹考虑城乡居民收入增长、物价变动和职工基本养老保险等其他社会保障标准调整情况。一方面，将经济发展因素进一步具体化为城乡居民收入增长，即基础养老金的调整不仅仅参照以国内生产总值（GDP）为主要指标的经济增长因素，还要参照其他劳动者收入增长情况。相对于GDP来说，居民收入增长与普通人的生活更直接相关。随着我国经济从高速增长阶段转入高质量发展阶段，特别是党中央提出要贯彻共享发展理念以及推动居民收入增长和经济增长同步、劳动报酬提高和劳动生产率提高同步，居民收入在国民收入分配中比重较小且下降的趋势将会得到扭转，未来居民收入增速快于GDP增速将会是大概率事件。[124] 而且，也只有实现收入增速快于GDP增速，才能形成消费主导的经济增长格局[125]，进一步促进我国经济转型以及实现高质量发展。因此，以城乡居民收入为参照来调整，有利于让广大城乡老年人更多地共享改革发展的成果，缩小与劳动年龄人口的收入差距。

另一方面，新调整机制增加了职工基本养老保险等其他社会保障标准调整情况作为参照。目前，我国城乡居民基本养老保险制度与城镇职工基本养老保险制度的待遇差距仍然较大，新的调整机制提出参照城镇职工基本养老保险等其他社会保障标准调整情况调整城乡居民基本养老保险基础养老金标准，有利于缩小二者的差距。

三、待遇领取

在达到相应条件后，参保人可以按照制度规定的额度和方式领取相应的养老金。在参保人死亡后，个人账户余额还可以继承。此外，各地还在探索实施丧葬补助金制度。

（一）正常领取

根据试点实施新型农村社会养老保险、城镇居民社会养老保险以及合并实施城乡居民基本养老保险的文件规定，年满60周岁且累计缴费满

15年的可以按月领取待遇。制度实施时已经年满60周岁的不需要缴费就可以领取基础养老金；制度实施时距离领取年龄不足15年的，要逐年缴费至领取年龄；制度实施时距离领取年龄超过15年的，要逐年缴费至领取年龄，且累计缴费不应少于15年。

（二）个人账户继承

城乡居民基本养老保险待遇领取人员死亡的，从次月起停止支付养老金，但是个人账户储存额允许依法继承。在试点阶段无论是《关于开展新型农村社会养老保险试点的指导意见》，还是《关于开展城镇居民社会养老保险试点的指导意见》，对于参保人死亡后个人账户余额继承的表述都是参保人员死亡，个人账户中的资金余额，除政府补贴外，可以依法继承；政府补贴余额用于继续支付其他参保人的养老金。但是，在《关于建立统一的城乡居民基本养老保险制度的意见》中，对此的表述是“参保人死亡，个人账户资金余额可以依法继承”，并没有明确政府补贴是否可以继承。同样在《关于建立统一的城乡居民基本养老保险制度的意见》中，关于转移接续过程中个人账户的表述是“一次性转移个人账户全部储存额”。而对于参保人死亡个人账户余额的继承并没有明确“全部余额”，这就导致各地在执行过程中做法不一。

检索各地政府或职能部门官网公开发布的文件或政策解答文章发现①，有些地方明确规定在参保人死亡后将包括政府补贴在内的个人账户余额由其指定受益人或法定继承人继承，例如重庆市[126]、安徽省[127]、浙江省[128]，但湖北省武汉市[129]、黑龙江省桦川县[130]、广东省江门市[131]、贵州省铜仁市[132]则明确规定仅向其指定受益人或法定继承人支付除政府补贴外的个人账户余额。甚至，由于城乡居民基本养老保险统筹层次较低，在同一个省内部也出现了不同的做法。例如，山东省鄄城县规定，参保人员死亡的应进行注销登记，按照待遇支付的有关规定，

① 此处检索的均是国务院于2014年提出建立统一的城乡居民基本养老保险制度之后各地发布的文件。当然，也可能存在虽然制度发生了变化，但政府官网政策文件更新不及时的情况。即便如此，总体上也能反映出各地在这一问题上曾经存在的差异。

将除政府补贴外的个人账户资金余额（及丧葬补助金）支付给参保人员（或指定受益人、法定继承人），支付成功后，对注销信息进行确认，终止城乡居民基本养老保险关系。[133] 而山东省淄博市淄川区则规定，2014年7月1日后参保人死亡的，个人账户资金余额及政府补贴，其法定继承人或指定受益人依法继承。[134]

还有一些地区只是提及参保人死亡，个人账户资金余额可以依法继承，并未对个人账户资金是否包括财政补贴部分作出明确说明。从制度设计来看，个人缴费、地方人民政府对参保人的缴费补贴、集体补助及其他社会经济组织、公益慈善组织、个人对参保人的缴费资助，全部记入个人账户。那么参保人死亡后，其指定受益人或法定继承人依法继承的个人账户资金余额理应包括财政补贴部分。并且，有些地区也将个人账户可继承部分“不再剔除政府补贴”作为城乡居民基本养老保险制度与新型农村社会养老保险以及城镇居民社会养老保险制度的区别加以解读。[135]

由于城乡居民基本养老保险统筹层次还较低，对可以继承的个人账户余额缺乏明确规定，导致不同地区因种种原因采取不同的做法，加剧了制度的碎片化。同时，政策的差异还会直接体现在继承数额上，造成了区域间的不公平。

此外，从个人账户的形成来看，无论是从政府将补贴纳入个人账户的初衷出发，还是从个人账户的权属关系出发，都应该允许政府补贴部分的继承。首先，政府之所以提供财政补贴并记入个人账户，固然是财政承担居民基本养老社会责任、降低参保人负担、提高广大城乡老年人保障水平的措施，但某种程度上或更大程度上是为了引导、激励参保，且事实上对于在较短时间内实现新型农村社会养老保险和城镇居民社会养老保险“广覆盖”的目标发挥了积极作用。[136-139] 这样，政府的财政补贴可以视为政府为推广制度，鼓励居民参保所付出的成本，不再属于政府所有。其次，无论是新型农村社会养老保险、城镇居民社会养老保险，还是城乡居民基本养老保险，都明确政府财政补贴是个人账户的一部分。在财政补贴进入个人账户的那一刻起，这部分资金就具有了“私有产权”性质[140,141]，归参保人而非政府所有，只有参保人及其指定受益人或法定继承人对此才有支配的权利。从这个意义上讲，不仅当前一些地区将政府补贴排除在继承范围外是不合适的，之前新型农村社会养老保险和城镇居民社会养老保险对继承权的做法也是不合适的。

可以理解的是，无论是城乡居民基本养老保险制度建立之前普遍将政府补贴排除在继承范围外，还是当前部分地区仍然采取这一做法，都是为了减轻财政负担，将有限的资金用于保障广大城乡老年人的基本生活而非由其指定受益人或法定继承人继承。但是，从政府发布实施相关制度，承诺并将财政补贴划入个人账户开始，就与参保人建立了契约关系，在参保人死亡后如果将政府补贴扣除则违背了这种契约关系。并且，缴费补贴、政府代缴费、基础养老金等在内的所有政府补贴占整个财政收入的比例还很小[142]，对财政造成的负担并不大，将死亡人口个人账户中的财政补贴部分剥离所能积累的资金非常有限，对于扩大基金规模，缓解财政压力所能起到的作用十分有限。因此，应该从国家层面明确参保人死亡后，包括政府补贴在内的个人账户全部余额都可以依法继承。即便未来要逐步改革财政补贴直接进入个人账户这种具有明显福利性质的做法，也应该采取“老人老办法、新人新办法”的策略。

（三）丧葬补助金

针对参保人员死亡的情况，《关于建立统一的城乡居民基本养老保险制度的意见》提出，“有条件的地方人民政府可以结合本地实际探索建立丧葬补助金制度”，这一规定在制度上实现了与城镇职工基本养老保险制度的统一，更加全面公平地保障了城乡居民基本养老保险参保老年人的社会保障权利和经济利益。

鉴于各地经济发展水平与财政实力存在差异，且统筹层次较低，国务院允许各地结合本地实际探索建立丧葬补助金制度。这一做法符合城乡居民基本养老保险制度的发展实际，有利于稳步推进丧葬补助金制度的建立和实施。但是，这种放权却也造成了制度的碎片化和待遇的差异（见表2-3）。

表 2-3　　各省份城乡居民基本养老保险丧葬补助金标准与分担机制

省份	年份	丧葬补助金标准	负担分配
安徽	2014	不低于中央基础养老金的 8 倍	市、县
北京	2015	5 000 元	区（县）
福建	2014	职工死亡当月当地基础养老金标准的 20 倍	市、县（区）
甘肃	2014	中央和省级基础养老金之和的 12 倍	省
广东	2019	省基础养老金最低标准的 6 倍	市、县
广西	2019	不低于 600 元	自治区负担 600 元
贵州	2014	1 000 元	市，区（市、县）
海南	2020	未火化：中央基础养老金的 12 倍；火化：36 倍	省与市、县 6∶4
河北石家庄藁城区	2019	辖区城乡居民基本养老保险基础养老金的 6 倍	
河南郑州	2017	缴费 15 年以上 1 200 元；15 年以下 500 元	市，县（市、区）5∶5
黑龙江哈尔滨	2016	基础养老金的 3 倍	
湖北	2015	不低于职工死亡当月个人基础养老金标准的 10 倍	市、县

续表

省份	年份	丧葬补助金标准	负担分配
湖南长沙	2017	职工死亡时当地基础养老金的 15 倍	县（区）
吉林长春	2019	职工死亡时当地城乡居民基础养老金的 3 倍	市、区 1∶1
江苏南京	2019	2 750 元	
江西鹰潭	2015	职工死亡时基础养老金的 10 倍	县（市、区）
辽宁沈阳	2014	职工死亡时基础养老金的 3 倍	
内蒙古	2019	上一年度自治区最低标准基础养老金的 12 倍	自治区、市、县
宁夏	2011	上年度自治区城乡居民月人均养老金的 12 倍	
青海	2018	省级基础养老金的 10 倍	省
山东	2013	500~1 000 元	市，县（市、区）
山西太原市经济技术开发区	2017	1 100 元	
陕西	2014	不低于 800 元	省级承担 400 元
上海	2018	6 000 元	市和区（县）3∶7
四川广元	2018	1 000 元	非扩权县市县 3∶7，扩权县自行负担
天津	2019	1 800 元	市和区 6∶4
西藏	2014	基础养老金的 6 倍	

续表

省份	年份	丧葬补助金标准	负担分配
新疆	2014	基础养老金的4倍	地、县财政
云南	2019	全省最低基础养老金的12倍	州（市）、县
浙江	2014	当地基础养老金的20倍	纳入基础养老金
重庆	2014	本人上月基本养老金的12倍	市、区（县）

注：①上述标准主要检索自各地政府或人力资源社会保障部门发布的相关文件，青海省的文件通过申请政府信息公开获取，可能存在因文件更新不及时导致检索到的规定与实际存在偏差的情况。另，由于个别省份未能检索到全省统一的规定或者允许各地自主探索，故选择该省个别城市的情况加以介绍，虽不能代表全省，也可以反映各地的差异。

②北京市于2009年印发《北京市城乡无丧葬补助居民丧葬补贴办法》，对城乡居民给予丧葬补贴。2015年开始将丧葬补助纳入区县社会保障基金财政专户城乡居民基本养老保险基金账户，财政部门划拨的丧葬补助资金记入政府对基础养老金的补贴收入，支出的丧葬补助金记入基础养老金支出。

③在能检索到的文件中，河北省、河南省、黑龙江省、湖南省、吉林省、辽宁省、江西省和山西省并没有对全省作出统一的要求和规范，而是鼓励或允许有条件的地区自主探索。

④江苏省2015年发布的《江苏省人民政府办公厅关于进一步完善城乡居民基本养老保险制度的意见》提出，丧葬补助金具体标准和补助办法由市，县（市、区）人民政府确定。

⑤宁夏回族自治区规定，将应当火化的遗体土葬，或者在公墓和农村的公益性墓地以外的其他地方建造坟墓、埋葬遗体的，不享受丧葬补贴。

⑥山东省规定，各地在500~1 000元范围内确定当地的丧葬补助金标准。

⑦天津市在2011年出台了《天津市无丧葬补助居民丧葬补贴办法》，其覆盖范围包括了后来参加城乡居民基本养老保险的人群。但在能检索到的文件中，并未发现天津市将针对城乡居民的丧葬补贴纳入城乡居民基本养老保险的规定。

从各地做法来看，有的地方规定了全省丧葬补助金的统一发放标准，有的规定了全省最低标准，还有一些省份并未对全省作出统一规范或要求，而是由各统筹地区结合当地实际自主探索。

从补助标准来看，各地的差异更为明显。有的省份规定了补助数额，如北京丧葬补助金为5 000元。有的省份是参照某一标准发放若干月，但所参照的标准各地差异较大，有的以中央确定的基础养老金为参照，如安徽；有的以省级基础养老金为参照，如青海；有的以各统筹地区当地的基础养老金为参照，如长春；有的以当地月人均养老金为参照，如宁夏；还有的以死亡前本人月养老金标准为参照，如重庆。发放的倍数也参差不齐，如同样是以省级基础养老金为参照，广东丧葬补助金是基础养老金的 6 倍，内蒙古和云南是 12 倍，青海是 10 倍；还有的针对不同群体确定了不同标准，如海南区分遗体是否火化分别确定了中央基础养老金的 12 倍和 36 倍的发放标准，郑州根据缴费是否满 15 年确定了 1 200 元和 500 元的补助标准。反映到最终的待遇标准上，上海市的丧葬补助金标准最高为 6 000 元，山东允许各市选择的最低标准为 500 元，前者是后者的 12 倍。

从负担分配来看，有的省份明确由省级财政承担，如甘肃、青海；有的省份由省和市，县（市、区）财政分担，如广西财政负担 600 元，如果超过 600 元就由各地财政负担；多数省份由市，县（市、区）财政负担；也有一些地方仅由县（市、区）财政负担，如江西鹰潭的丧葬补助金就由各统筹地区的县（市、区）财政负担，四川广元扩权的丧葬补助金也是由县财政负担；浙江没有具体划分丧葬补助金由哪一级财政负担，而是将丧葬补助金纳入基础养老金，由相应的各级财政承担。

由于有些省份没有确定全省的标准，而是让各地自主探索，或者虽然确定了统一的计算方式，但不同统筹地区的参照标准不同，或者允许各地在统一的最低标准上自行调整标准，导致在同一个省份甚至同一个城市出现有的地方有丧葬补助金，有的地方没有；有的地方标准高，有的地方标准低。例如 2018 年山西临汾蒲县丧葬补助金标准为 2 000 元，同年太原万柏林区丧葬补助金标准为 1 000 元。2015 年，太原经济技术开发区丧葬补助金标准为 1 100 元，而同属太原的晋源区则仅为 300 元。这种省域之间、省内不同统筹地区之间，在制度设计和待遇水平上的差异充分揭示了城乡居民基本养老保险制度的碎片化问题，对于未来提升制度统筹层次十分不利。

事实上，在我国社会养老保险体系乃至整个社会保障体系的建立过程中，无论是出于试点积累经验的考虑，还是基于事实上区域间经济社会发展水平差异的考虑，很多时候都采取了允许或者鼓励地方自主探索的做法。这种做法固然在发挥地方积极性、短期内探索和比较不同模式、加快制度实施和推广方面起到了积极的作用，但也造成了区域间的差异和碎片化。例如，在建立社会养老保险制度之初存在区别对待机关事业单位和企业的情况，各地在城镇职工基本养老保险制度实施中采取不同征缴比例的做法就造成了机关事业单位与企业之间的待遇差异及不同地区企业成本的不公平，也成为今天在全国范围内统筹建立城镇职工基本养老保险制度的障碍。甚至，中央为了避免一步到位实现全国统筹可能出现过大的阻力而采取的中央调剂金制度也在有些地区遇到了阻力。

为了避免城乡居民基本养老保险制度出现或积累类似城镇职工基本养老保险的问题，更好地体现出社会养老保险制度的大数法则，也是为了更好地实现公民的社会养老保险权利、公平地保障公民的养老保险待遇，以及实现制度的可持续发展，应该缩小制度的差异。

四、经办与基金管理

当前，城乡居民基本养老保险在保费缴纳、资格核定等方面还是依托乡镇、街道、村或社区来开展。虽然保费改由税务部门收缴，但具体实施仍然是依托村委会或社区来进行。这是城乡居民居住分散、正规就业少、收入来源灵活所决定的。国务院也提出要注重运用现代管理方式和政府购买服务方式，降低行政成本，提高工作效率，将城乡居民基本养老保险纳入“金保工程”，推广社会保障卡，逐步提升管理服务的效率与质量。

在转移接续方面，参保人缴费期间迁移户籍，需要跨区转移城乡居民基本养老保险关系的，可以申请转移并一次性转移个人账户全部储存额，并按迁入地规定继续缴费，缴费年限累计计算。如果已经开始领取养老金，则不允许迁移保险关系，仍由原参保地发放养老金。

城乡居民养老保险基金实行收支两条线管理，纳入社会保障基金财政专户单独记账、独立核算。基金主要用于支付参保人的养老金，不可用于经办机构的经费开支。在基金统筹上仍多是县级统筹。

第三节 城乡居民基本养老保险制度的实施现状

一、参保人数

2020 年，全国城乡居民基本养老保险参保人数为 54 243. 8 万人，其中领待人数为 16 068. 2 万人，占参保人数的 29. 62%（见表 2-4）。同年，全国城镇职工基本养老保险离退休人员占参保总人口的比重为 27. 97%。据此计算城乡居民基本养老保险制度内老年人口抚养比为 42. 09%，比城镇职工基本养老保险（38. 84%）高 3. 25 个百分点。城乡居民基本养老保险领待人口占比比城镇职工基本养老保险制度高的有 13 个省份，低的有 18 个省份。差距最大的是上海，城乡居民基本养老保险制度领待人口占比比城镇职工基本养老保险高出 36. 36 个百分点；最低的是青海，城乡居民基本养老保险领待人口占比比城镇职工基本养老保险低 16. 06 个百分点。

表 2-4　　2020 年各省份城乡居民基本养老保险参保人数构成　　万人，%

	参保人数	其中：	
		领待人数	占比
全国	54 243. 8	16 068. 2	29. 62
北京	200. 8	92. 4	46. 02
天津	169. 7	84. 1	49. 56
河北	3 546. 1	1 078	30. 40
山西	1 638	422. 3	25. 78
内蒙古	784. 7	245. 2	31. 25
辽宁	1 058. 4	428. 3	40. 47
吉林	723. 8	261. 9	36. 18

续表

	参保人数	其中：	
		领待人数	占比
黑龙江	908.7	256.1	28.18
上海	76.2	52.3	68.64
江苏	2 400.4	1 095.4	45.63
浙江	1 143.9	529.5	46.29
安徽	3 490.1	914.8	26.21
福建	1 588.2	488.6	30.76
江西	2 078	499	24.01
山东	4 590.4	1 555.3	33.88
河南	5 255.9	1 410.7	26.84
湖北	2 368.6	719.3	30.37
湖南	3 471.1	843.4	24.30
广东	2 655.3	900.6	33.92
广西	2 437.7	581.3	23.85
海南	324.8	77.1	23.74
重庆	1 166.8	347.7	29.80
四川	3 224.2	1 111.5	34.47
贵州	1 904.5	463.7	24.35
云南	2 450.2	538.5	21.98
西藏	168.4	25.7	15.26
陕西	1 785.2	535.2	29.98
甘肃	1 388.2	312.7	22.53
青海	262.3	38.3	14.60
宁夏	238.6	41.5	17.39
新疆	744.7	117.7	15.81

资料来源：根据2021年度《中国社会统计年鉴》计算整理。

可见，在城乡居民基本养老保险制度内抚养比总体高于城镇职工基本养老保险的情况下，不同省份之间还存在差别。相比城镇职工基本养老保险主要是制度内参保缴费人员和离退休人员的代际财富转移，城乡居民基本养老保险制度由于只建立了积累性的个人账户，在制度内不同代人口间没有直接的财富转移。因而，虽然城乡居民基本养老保险制度内抚养比高于城镇职工基本养老保险，但由于有各级财政提供基础养老金，仅就参保人口的缴费积累而言，其可持续发展受到人口老龄化的影响要小于城镇职工基本养老保险制度。

二、待遇水平

城乡居民基本养老保险待遇主要由基础养老金和个人账户养老金构成。① 基础养老金是城乡居民基本养老保险待遇的主要构成部分，包括由各级财政确定的针对所有参保人的一般基础养老金、针对高龄老年人加发的高龄基础养老金和针对缴费年限较长的参保人员的年限基础养老金。本部分介绍各地一般基础养老金、高龄基础养老金和年限基础养老金的待遇水平，并利用相关统计资料呈现各地城乡居民基本养老保险人均养老金水平。

（一）基础养老金

2018 年 1 月 1 日起，全国城乡居民基本养老保险基础养老金水平提高到每人每月 88 元，2020 年 7 月 1 日起又进一步提高到 93 元。各省结合本地实际均在中央确定的基础养老金基础上适当提高，确定了本省的基础养老金水平。同时，各省还允许各统筹地区结合当地实际情况，自主调整基础养老金水平，但不得低于省级确定的基础养老金标准，并由各统筹地区财政承担自主提高的部分。由于城乡居民基本养老保险统筹地区过多，在此仅比较省级基础养老金标准。

2018 年以来，多数省份仅在 2018 年调整了基础养老金标准，并延续

① 丧葬补助金严格来讲并不是参保人享受的，而是由其指定的受益人或法定继承人享受的。

下来。有的省份则多次调整，如江苏省从2014年以来每年都调整全省基础养老金标准。还有的省份一年内两次调整，如海南省在2018年先将基础养老金标准从145元提高至160元，又从160元提高至178元；贵州省在2018年先将基础养老金标准提高至中央确定的88元，后又提高至93元。

表2-5呈现了当前中央和各省基础养老金标准以及标准起始年份。基础养老金标准最高的是上海，达到了1 200元；北京紧随其后，为850元；天津位居全国第三，为307元。各省之间基础养老金标准存在较大的差异。

表2-5　　　　中央及各省份基础养老金水平　　　　单位：元

省份	基础养老金	起始年份	省份	基础养老金	起始年份
中央	93	2020	江西	123	2022
安徽	105	2018	辽宁	108	2018
北京	850	2021	内蒙古	140	2021
福建	130	2020	宁夏	143	2018
甘肃	113	2021	青海	189	2020
广东	170	2019	山东	142	2020
广西	131	2021	山西	113	2022
贵州	113	2022	陕西	108	2018
海南	199	2022	上海	1 200	2021
河北	108	2018	四川	105	2020
河南	103	2019	天津	307	2019
黑龙江	108	2018	西藏	215	2022
湖北	115	2021	新疆	140	2018
湖南	113	2020	云南	103	2018
吉林	113	2021	浙江	180	2021
江苏	187	2022	重庆	125	2020

资料来源：中央和各省人力资源社会保障职能部门官方网站或统计公报。

注：表中数据为书稿撰写阶段所能检索到的最新标准，可能存在部分省份后续调整标准，与表中所列内容不一致的情况。

海南2020年发布的《关于建立海南省城乡居民基本养老保险待遇确定机制和正常调整机制的实施意见》对地方基础养老金的确定方式进行了调整。对于中央确定的基础养老金部分，仍采取原有计发办法，即所有参保人口在达到领取条件后均同等享受。而对于海南和各统筹地区自主确定的超出中央基础养老金标准的部分，则按照与个人缴费指数挂钩的方式计发，计算公式如下：

地方基础养老金=90元+本人各年度缴费指数之和×上年度全省农村居民人均可支配收入×计发系数

缴费指数=参保居民当年缴费额÷（上年度全省农村居民人均可支配收入×4.8%）

缴费指数大于1时，按1计算。参保居民补缴以前年度保费的，补缴额不计算缴费指数。

计发系数2020—2023年分别为：0.3‰、0.6‰、0.8‰、1‰，从2024年起计发系数调整为1.2‰。

海南这种计发方法既考虑了基本保障水平，普遍发放90元的最低标准基础养老金，也考虑了参保人的缴费情况，体现了“多缴多得、长缴多得”的原则，能够起到激励长期缴费、高档次缴费的作用。并且，计发方法参照了上年度农村居民人均可支配收入，也有利于参保老年人更好地分享改革发展成果，缩小与年轻人的收入差距。

此外，在一省内部不同城市之间、不同统筹地区之间基础养老金水平也存在差异。例如，2019年浙江省定基础养老金标准为155元，金华基础养老金标准为193元[143]，温州为175元[144]。2019年江苏省定基础养老金标准为148元，扬州和镇江的基础养老金标准分别为148元[145]和152元[146]。苏州针对市区户籍满20年或缴费满15年的发放520元[147]，是江苏省定基础养老金标准的3.51倍。

关于基础养老金的分担，除了统筹地区自主提高的部分自行负担外，各省对于省定基础养老金超出中央基础养老金的部分基本上都采取了省、市、县财政分担的机制，但在分担比例上，各省不尽相同。即便是在一省内部，对经济发展水平不同的地区也采取了差异化的分担办法。例如，海南对本省基础养老金超出中央标准的部分，省财政和海口、三亚、洋浦经济技术开发区财政按4∶6的比例分担，省财政和其他市、县财政则按6∶4的比例分担。[148]

（二）高龄基础养老金

从各地操作来看（见表2-6），有些省份并未公布全省统一的高龄基础养老金标准，而是允许所辖统筹地区自主开展。在省级层面明确了高龄基础养老金标准的省份中，高龄对象的年龄、分类以及增发标准也存在差异。多数省份将65周岁作为享受高龄基础养老金的年龄下限，但也有个别省份如内蒙古仅对70周岁及以上老年人发放高龄基础养老金[149]。

表2-6　各省份高龄基础养老金标准

省份	高龄基础养老金每月增发标准
安徽	各地自主
北京	各地自主
福建	各地自主
甘肃	各地自主
广东	各地自主
广西	65周岁及以上5元
贵州	65周岁及以上2元
海南	65周岁及以上地方基础养老金中与缴费指数挂钩部分的10%
河北	65周岁及以上1元，75周岁及以上2元，85周岁及以上3元
河南	各地自主
黑龙江	65~79周岁5元，80周岁及以上10元
湖北	各地自主
湖南	各地自主
吉林	65~69周岁2元，70~79周岁5元，80周岁及以上10元
江苏	各地自主
江西	65~79周岁不低于3元，80周岁及以上不低于6元

续表

省份	高龄基础养老金每月增发标准
辽宁	65~79 周岁 5 元，80 周岁及以上 10 元
内蒙古	70~79 周岁 10 元，80 周岁及以上的 20 元
宁夏	65~69 周岁 2 元，70~74 岁 4 元，75~79 岁 6 元，80 周岁及以上 8 元
青海	65 周岁及以上 5 元，70 周岁及以上 10 元
山东	65~74 周岁 5 元，75 周岁及以上 10 元
山西	65 周岁及以上 5 元
陕西	各地自主
上海	各地自主
四川	各地自主
天津	各地自主
西藏	65~69 周岁 10 元，70 周岁及以上 20 元
新疆	70~79 周岁不低于 5 元，80 周岁及以上不低于 10 元
云南	65 周岁及以上 5 元
浙江	各地自主
重庆	65~69 周岁 5 元，70 周岁及以上 10 元

资料来源：各省级人民政府或人力资源社会保障部门官方网站公布的文件或报道。

注：表中数据为书稿撰写阶段所能检索到的最新标准，可能存在部分省份后续调整标准，与表中所列内容不一致的情况。

关于高龄对象分类，有的省份对所有 65 周岁及以上老年人确定了相同的高龄基础养老金标准，有的省份则根据年龄划分了不同的群体并对应不同的高龄基础养老金标准。例如，宁夏就将高龄老年人分成了 65~69 周岁、70~74 周岁、75~79 周岁、80 周岁及以上四类，所增发的基础养老金分别为每月 2 元、4 元、6 元、8 元。

从增发标准来看，内蒙古和西藏的增发标准最高，两个档次的增发标准分别为 10 元和 20 元。有些省份的增发标准则较低，例如河北对 65~74 周岁的老年人每月增发 1 元，还不足河北基础养老金最低标准的 1%。

（三）年限基础养老金

除个别省份未检索到规定外，多数省份都制定了针对缴费年限超过15年（不含补缴年限）的参保人员提供年限基础养老金的激励政策（见表2-7）。山东并未制定全省统一的标准，而是由各市县自主设定。

表2-7 各省份年限基础养老金标准

省份	标准	省份	标准
安徽	不低于2元	辽宁	2元
北京		内蒙古	2元
福建		宁夏	不低于2元
甘肃	2元	青海	10元
广东	不低于3元	山东	市县确定
广西	2元	山西	1元
贵州		陕西	不低于2元
海南	基础养老金计算考虑缴费年限	上海	20元
河北	1元	四川	2元
河南	3元	天津	4元
黑龙江	2元	西藏	基础养老金5%
湖北	不低于1元	新疆	不低于2元
湖南	1元	云南	不低于2元
吉林	5元	浙江	5元
江苏	基础养老金1%	重庆	2元
江西	2元		

资料来源：各省级人民政府或人力资源社会保障部门官方网站公布的文件或报道。空白表格系未检索到官方规定。

注：表中数据为书稿撰写阶段所能检索到的最新标准，可能存在部分省份后续调整标准，与表中所列内容不一致的情况。

从标准来看，多数省份采取的是每多缴 1 年加发固定额度基础养老金的方式。加发额度最高的是上海，每多缴 1 年每月基础养老金加发 20 元。最低的是河北、湖北、湖南、山西，每多缴 1 年每月加发 1 元。

西藏和江苏采取的是每多缴 1 年，加发基础养老金某一固定比例的方式。江苏加发基础养老金的 1%，西藏加发基础养老金的 5%。海南在核算基础养老金标准时已经考虑了缴费年限，因而并未专门确定年限基础养老金标准。

各省确定的标准有的明确说明是最低标准，有的虽未明言是最低标准但也允许各统筹地区在此基础上结合当地实际自主调整。例如江苏规定缴费超过 15 年后，每多缴 1 年加发基础养老金的 1%。而江苏南通海门区的加发标准则是基础养老金的 2%，超过了省定标准。

与一般基础养老金、高龄基础养老金一样，由于统筹层次较低，各省内部不同统筹地区针对缴费年限的激励措施也存在差异，不仅是额度上的差异，甚至在激励方式上也存在不同。例如，福建龙岩对缴费超过 15 年的参保居民，每多缴 1 年，每月加发年限基础养老金 2 元。[150] 而同属福建的三明不仅考虑缴费年限，还考虑了缴费档次，按照历年缴费积累年平均金额确定增发标准。历年缴费积累年平均金额 500 元及以下的，每多缴 1 年每月增发 2 元；500 元以上至 1 000 元的增发 3 元；1 000 元以上至 1 500 元的增发 4 元；1 500 元以上的增发 5 元。[151]

（四）人均养老金

人力资源社会保障部的相关数据显示，2013—2019 年，城乡居民基本养老保险月人均养老金分别为 77. 5 元、84. 9 元、107. 8 元、114. 2 元、125 元、150 元和 162 元。在 2020 年，月人均养老金达到了 174 元，相比 2013 年增长了一倍多，对于提高广大城乡老年人收入水平，更好地保障他们的基本生活起到了积极作用。

但是，无论是与城乡居民人均可支配收入比较，还是与城镇职工基本养老保险待遇比较，城乡居民基本养老保险养老金水平还都比较低。例如，2013—2018 年，城乡居民基本养老保险人均养老金仅相当于当年农村居民人均可支配收入的 9.86%、9.71%、11.33%、11.08%、11.17% 和 12.31%，相当于当年城镇居民人均可支配收入的 3.51%、3.53%、4.15%、4.08%、4.12%和 4.59%。2013—2018 年，企业离退休人员月人均基本养老金分别为 1 856 元、2 050 元、2 240 元、2 362 元、2 482 元和 2 528 元[①]，分别是当年城乡居民基本养老保险人均养老金的 23.95 倍、24.15 倍、20.78 倍、20.68 倍、19.86 倍和 16.85 倍。可见，城乡居民基本养老保险保障水平还比较低，在提升参保老年人生活水平方面所发挥的作用还十分有限。

当然，应该看到城乡居民基本养老保险养老金水平近些年一直呈增长态势，增速超过了农村和城镇居民人均可支配收入以及企业离退休人员月人均养老金的增速。虽然与这三种收入的绝对差距在拉大，但相对差距则有所缩小。

看到这一成绩的同时，还应该看到其背后所隐藏的问题。正如前文分析，基础养老金是城乡居民基本养老保险养老金的主要构成。养老金水平的提升也主要是由于中央和各地提高了基础养老金标准。例如，2014—2015 年月人均养老金增长了 23 元，这其中就包括了中央基础养老金增长的 15 元（从 55 元到 70 元）。而在中央基础养老金未作调整的 2013—2014 年，城乡居民基本养老保险人均养老金仅增长了 7.4 元。同样，从 2017—2018 年人均养老金增长了 25 元，同年中央基础养老金增长了 18 元。在中央基础养老金未作调整的 2015—2016 年和 2016—2017 年两个阶段，人均养老金仅分别增长了 6.4 元和 10.8 元。可见中央确定的

① 2013—2016 年企业职工基本养老保险月人均养老金数据来自人力资源社会保障部相关文件或官方媒体新闻报道。由于机关事业单位基本养老保险制度改革，企业职工与机关事业单位职工均被纳入城镇职工基本养老保险，在可检索到的资料中并未见到关于 2017 年和 2018 年企业离退休人员月人均基本养老保金的准确数字。2018—2019 年度《中国统计年鉴》中提供了城镇职工基本养老保险离退休人员中执行企业制度的人数，2018 年度《中国财政年鉴》和财政部官方网站“2018 年全国社会保险基金支出决算表”分别提供了 2017 年和 2018 年企业职工基本养老保险基本养老金支出。我们利用这些数据计算 2017 年和 2018 年企业离退休人员月人均基本养老金。为了检验结果是否可信，我们利用 2017 年度《中国统计年鉴》和 2017 年度《中国财政年鉴》相关数据计算 2016 年的企业离退休人员月人均养老金，得到的结果是 2 351 元，比官方公布的 2 362 元低 11 元，误差率为 0.47%，误差较小。因此，可以采用这一办法计算 2017 年和 2018 年企业离退休人员月人均养老金。

基础养老金的增长是城乡居民基本养老保险待遇增长的主要来源。

此外，如果考虑到各省在中央基础养老金提高后一般都会提高本省的基础养老金标准，并且在一省内部一些统筹地区也会同时提高自主确定的基础养老金标准，可以推论城乡居民基本养老保险待遇的提高主要是由于各级财政提高了基础养老金水平。从后文对城乡居民基本养老保险基金支出的分析可以看出，个人账户基金在整个基金支出中的占比仅约为 10%，不能担负起提高养老金待遇水平的责任。

这实际上是城乡居民基本养老保险制度设计所决定的。正如前文提及，公共财政承担一部分责任是城乡居民基本养老保险与“老农保”的显著区别，也是制度快速推广实施的重要因素。同时，制度确定了不同于其他社会保险制度强制缴费的自愿缴费原则，导致城乡居民基本养老保险制度实际上成为政府以基础养老金向广大城乡老年人提供福利、参保者以少量的个人缴费获得领取基础养老金资格的制度。甚至在一些经济发展水平不高、财政实力相对薄弱、人民收入水平总体较低，但公共财政转移支付规模较大的省份，其人均养老金水平还要更高一些。例如，2018 年西藏、内蒙古、青海、宁夏、新疆等西部省份的城乡居民养老保险月人均养老金分别为 280 元、203 元、201 元、199 元、162 元，分别高出全国平均水平 130 元、53 元、51 元、49 元、12 元。

但是总体来看，城乡居民基本养老保险的待遇水平较低是不争的事实。在未能改变以基础养老金为主、个人账户为辅的制度设计之前，试图提高城乡居民基本养老保险待遇水平，缩小与城镇职工基本养老保险差距的努力，最终会将绝大部分负担转嫁给各级财政。

由此也可以说，正如城镇职工基本养老保险制度可持续发展关心的不是个人账户是否可持续，而是社会统筹基金的可持续一样，城乡居民基本养老保险制度可持续发展研究的也不是个人账户是否可持续，而是财政负担的可持续问题。

三、分担机制

总体上，城乡居民基本养老保险筹资责任主要由参保者与公共财政共担，集体补助、社区补助或其他经济组织的资助因规模太小可以忽略不计。前文已经介绍了参保者的缴费规则，除了缴费档次不同外，各地在缴费流程、经办管理等方面基本做到了一致。

公共财政承担的主要有缴费补贴、困难群体代缴费和基础养老金，基础养老金包括一般基础养老金、高龄基础养老金和年限基础养老金。中央财政对中西部地区按中央确定的基础养老金标准给予全额补助，对东部地区给予50%的补助，其余由各地财政负担。而各地财政在分担机制的设计上存在较大差异（见表2-8）。

表2-8　各省份城乡居民基本养老保险财政责任分担机制

省份	一般基础养老金	高龄基础养老金	年限基础养老金	缴费补贴
安徽	省市县	省市县	市县	省市县
北京				
福建	省市县	市县	市县	省市县
甘肃	省市县	市县	省	省
广东	欠发达地区省负担，发达地区省市县负担	市县	市县	欠发达地区省市县，发达地区市县负担
广西	省市县	省市县	省市县	省市县
贵州	省市县	省市县		省市县
海南	省市县	省市县	无	省市县
河北	省市县	省市县	省	省市县
河南	省市县	省市县	县	省市
黑龙江	省市县	县	县	省县
湖北	省市县	决策地	决策地	
湖南	省市县		市县	省市县
吉林	省市县		省市县	省市县
江苏				

续表

省份	一般基础养老金	高龄基础养老金	年限基础养老金	缴费补贴
江西	省市县	县	县	省县
辽宁	省市县	省市县	市县	市县
内蒙古	自治区市县			
宁夏	自治区和县	自治区	县	自治区和县
青海	省市县	省	省市县	省市县
山东	省市县或市县	市县	市县	市县
山西	省市县或市县	市县	市县	市县
陕西	省市县或市县	市县	市县	省市县
上海	市区		市区	区
四川	省市县	省市县	市县	省市县
天津	市区	市区	市区	市
西藏	自治区市县	自治区市县	自治区市县	自治区市县
新疆	自治区市县	市县	市县	自治区市县分担50元，其余市县负担
云南	省	省市县	市县	省负担30元，超出部分省市县分担
浙江	省市县	市县	市县	省市县
重庆	市县	市县	市县	市县

注：

①上述责任分担情况系从书稿撰写阶段能检索到的各省最新文件中获取，可能存在因各地文件更新、办法调整导致当前分担机制与表中所列不一致的情况。

②空白处为未检索到明确的文件规定。

③为表格简洁，除直辖市外，表中的“市”指副省级城市或地级市（州），县包括县（区）、县级市、旗等县级行政区域。

④海南省未单独设立年限基础养老金，而是在计算一般基础养老金时考虑缴费年限并按照基础养老金分担机制分担。

⑤江苏省财政责任的分担根据《江苏省市县财政保障能力分类分档办法》执行。

在一般基础养老金的负担方面，多数省份采取省市县三级财政负担的机制。云南以及广东的欠发达地区则完全是由省级财政负担。山东、山西和陕西三省对于经济发达地区由市县财政负担，欠发达地区由省市县三级财政负担。

关于高龄基础养老金，由省市县财政分担的有10个省份，市县分担的有10个省份，省财政负担的有2个，县财政负担的有2个，未检索到政策的6个。湖北是由作出提供高龄基础养老金决策的地方财政负担。

关于年限基础养老金，共有15个省份采取市县分担的办法。甘肃和河北全部由省财政负担。广西、吉林、青海和西藏等4个省份由省市县财政负担。河南、黑龙江、江西、宁夏4省份由县财政负担。湖北是由作出提供年限基础养老金决策的地方财政负担。海南在计算一般基础养老金时即考虑了缴费年限，故没有专门的年限基础养老金分担方案。另外有4个省份未检索到具体方案。

关于缴费补贴，多数省份采取省市县三级财政负担的机制，福建和天津完全由省财政负担，河南由省市财政负担，采取省县负担的有黑龙江、江西、重庆，采取市县负担的有辽宁、山东和陕西。在分担额度上，多数省份采取的是固定比例分担，新疆则是固定省级财政负担额度，其余由市县分担。云南是由省级财政先固定额度负担一部分，剩余部分再由省市县财政分担。广东发达地区由市县财政负担，欠发达地区则由省市县财政负担。除了上海完全由区（县）财政负担缴费补贴外，其余省份均没有采取单独由区（县）财政负担的办法。

由于目前城乡居民基本养老保险仍主要是县级统筹，国家并未对各级财政的责任分担作出统一要求，而是允许各地根据实际情况设计具体的方案和标准。从实际执行来看，多数省份都没有采用完全由省财政负担责任的做法，即便个别项目由省财政负担，但同时也有另外一些项目在市县财政分担。这种做法固然可以体现地方统筹的责任，但由于各地经济发展水平与财政实力不同，不仅会造成各地养老金水平的差异，不利于制度公平，还会影响地方提高养老金水平的积极性。

四、基金收支

（一）基金收入

在进行数据分析和解读前，需要对本部分所采用的数据作出说明。关于城乡居民基本养老保险基金收支数据来源，主要有每年度的《人力资源和社会保障事业发展统计公报》《中国社会统计年鉴》和《中国财政年鉴》以及财政部官网的相关数据。但是，前两者并未提供个人缴费、财政补贴等来源的数据，因此我们采用《中国财政年鉴》和财政部官网的相关数据。

比较发现，《中国财政年鉴》和财政部官网相关数据与每年的《人力资源和社会保障事业发展统计公报》以及后文采用的《中国社会统计年鉴》中的数据略有出入，但差别不大。例如，2019 年国家财政部公布的全国城乡居民基本养老保险基金收入为 4 149 亿元，2019 年度《人力资源和社会保障事业发展统计公报》公布的基金收入为 4 107 亿元，二者相差 42 亿元，误差约为 1%。导致这一差异的原因可能是不同部门统计口径的差异。由于没有充分的资料用于支撑调整不同统计数据，且本部分主要是分析基金收入的构成，因此仍采用《中国财政年鉴》和财政部官网公布的社会保险基金收入决算信息。

此外，虽然从 2014 年 10 月 1 日开始我国开展了机关事业单位养老保险制度改革，在制度上实现了统一，但在基金管理上机关事业单位基本养老保险与企业职工基本养老保险仍然是分别建账、分别管理。在 2013—2018 年度《中国财政年鉴》公布的数据中，只有企业职工基本养老保险收支信息，并未提供机关事业单位基本养老保险的收支信息。在财政部公布的 2018 和 2019 年度全国社会保险基金收入决算中则是将企业职工基本养老保险与机关事业单位基本养老保险分列。

同样，《中国财政年鉴》和财政部公布的社会保险基金收入决算中的企业职工与机关事业单位基本养老保险基金收入总额与人力资源社会保障部公布的数据也有偏差，但偏差不大。例如，2019 年度《人力资源和社会保障事业发展统计公报》公布的城镇职工基本养老保险基金收入为52 919亿元，财政部公布的企业职工和机关事业单位基本养老保险基金收入合计为52 631亿元，二者相差288亿元，误差率为0.54%。并且，人力资源社会保障部并未公布基金收入不同来源的额度。因此，本部分关于城镇职工基本养老保险基金收入的分析同样也采用财政部公布的相关数据。为了保持数据的连贯性与统计口径的一致，便于比较，将企业职工基本养老保险与机关事业单位基本养老保险基金收入分列。

城乡居民基本养老保险基金收入总额从2012—2020年增长了1.48倍（见表2-9）。同一时期个人缴费收入与财政补贴收入分别增长了0.97倍和1.57倍。由此导致的结果就是个人缴费在基金收入中的占比从32.07%下降到25.53%，财政补贴占比从61.21%上升到63.40%。在2018年，财政补贴在基金收入中的占比达到了最高的71.72%。

从2018—2020年的数据来看，集体补助在城乡居民基本养老保险基金收入中的占比仅约为0.22%。这也进一步表明，在农村集体经济发展不平衡、不充分的情况下，集体补助还很难在城乡居民基本养老保险筹资中发挥较大作用。

委托投资收益在城乡居民基本养老保险基金收入中的占比也较小，但是2018—2020年，委托投资收益总额增长了131.29亿元，占比从0.07%上升为2.71%。这反映出在城乡居民基本养老保险基金中用于委托投资的规模在增大，投资收益增加，这有利于提升基金支付能力。

相比之下，2012—2020年企业职工基本养老保险基金收入增长了0.68倍。基金收入中，保费收入和财政补贴分别增长了0.39倍和1.58倍。反映到各项收入占比上，保费收入占比从82.12%下降到68.02%，但仍然是企业职工基本养老保险基金收入的主要来源。财政补贴占比从13.26%上升到20.42%，仍远小于城乡居民基本养老保险基金收入中财政补贴的占比。

此外，2018—2020年机关事业单位基本养老保险基金收入中，保费收入占比均高于城乡居民基本养老保险，但低于企业职工基本养老保险；财政补贴占比则低于城乡居民基本养老保险，但高于企业职工基本养老保险。

表 2-9 2012—2020 年城乡居民与城镇职工基本养老保险基金收入构成 亿元，%

险种	年份	基金收入	其中：									
			保费收入	占比	财政补贴	占比	利息收入	占比	委托投资	占比	集体补助	占比
城乡居民	2012	1 996	640	32.07	1 221	61.21	43	2.17				
	2013	2 173	647	29.75								
	2014	2 343	682	29.10								
	2015	2 879	708	24.58	2 044	70.99						
	2016	2 956	737	24.95	2 092	70.77						
	2017	3 339	830	24.84	2 319	69.45						
	2018	3 870	881	22.77	2 776	71.72	143	3.69	2.79	0.07	8.85	0.23
	2019	4 149	1 000	24.10	2 881	69.42	189	4.56	31.82	0.77	9.10	0.22
	2020	4 944	1 262	25.53	3 135	63.40	182	3.69	134.08	2.71	10.77	0.22
企业职工	2012	18 300	15 027	82.12	2 427	13.26	540	2.95				
	2013	20 790	17 002	81.78								
	2014	23 273	18 726	80.46								
	2015	26 554	21 096	79.45	3 893	14.66						
	2016	28 519	22 407	78.57	4 291	15.05						

续表

险种	年份	基金收入	其中：									
			保费收入	占比	财政补贴	占比	利息收入	占比	委托投资	占比	集体补助	占比
企业职工	2017	33 542	26 228	78. 20	4 955	14. 77						
	2018	37 521	29 507	78. 64	5 355	14. 27	1 008	2. 69	698. 87	1. 86		
	2019	38 175	30 009	78. 61	5 588	14. 64	1 149	3. 01	507. 70	1. 33		
	2020	30 706	20 887	68. 02	6 271	20. 42	1 129	3. 68	1 486. 40	4. 84		
机关事业单位	2018	13 445	9 306	69. 22	4 022	29. 91	48	0. 36				
	2019	14 456	9 506	65. 76	4 731	32. 73	52	0. 36				
	2020	13 927	8 081	58. 03	5 448	39. 12	61	0. 44				

资料来源：本表 2012—2017 年数据来源于 2013—2018 年度《中国财政年鉴》。2018—2020 年数据来源于国家财政部官网“全国社会保险基金收入决算表（2018—2020）”。

注：表中空白部分系数据缺失。但即便在上述各项数据完整的 2018—2020 年，各项收入之和与基金收入总额也并不完全相等，有较小的误差。例如，2018 年和 2019 年城乡居民基本养老保险各项收入之和分别为 3 812 亿元和 4 110 亿元，与当年基金收入总额的误差分别为 58 亿元和 38 亿元，误差率分别为 1. 51%和 0. 92%。原因可能在于公布的决算表并未涵盖全部项目或在对各地数据进行统计汇总过程中因数据处理如取整出现误差。鉴于该数据是财政部官方网站公布的全国社会保险基金决算表，且此处主要是为了比较基金主要收入的构成，因此对于总额与分项之和的细微误差不去探究，仍采信该决算表数据。

利息收入在三个险种基金收入中的占比都较低，主要原因在于投资收益率较低。未来在确保资金安全和支付需要的前提下，应该减少银行存款、购买国债等低息投资行为，增加委托投资，提高资金的收益率。

（二）基金支出

2012—2020 年（见表 2-10），城乡居民基本养老保险基金支出从 1 212 亿元增长到 3 391 亿元，增长了 1.80 倍。其中，基础养老金支出从 1 049 亿元增长到 2 927 亿元，增长了 1.80 倍。基础养老金支出在基金支出中的占比从 86.58%略降为 86.32%，其中，2014—2017 年，基础养老金支出占基金总支出的比例均超过 96%，2016 年甚至达到了 98.01%。这反映出由各级财政提供的基础养老金是城乡居民基本养老保险制度运行的关键，是保障广大城乡老年人基本养老金待遇与生活水平的主要资金来源。这种以国家财政补贴为主的设计弱化了制度的保险性质，使之成为一个社会福利制度，不仅不符合社会保险的基本原则，且未来如果要提高待遇水平也会将压力转嫁给公共财政，影响其稳定运行。

表 2-10　2012—2020 年城乡居民与城镇职工基本养老保险基金支出构成

亿元，%

类别	年份	基金支出	其中：		本年结余	累计结余	当年结余/支出	累计结余/当年支出
			基础/基本养老保险支出	占比				
城乡居民	2012	1 212	1 049	86.58	784	2 360	0.65	1.95
	2013	1 431	1 237	86.44	742	3 104	0.52	2.17
	2014	1 593	1 537	96.50	750	3 854	0.47	2.42
	2015	2 135	2 069	96.92	744	4 604	0.35	2.16
	2016	2 174	2 131	98.01	782	5 399	0.36	2.48
	2017	2 395	2 337	97.55	944	6 342	0.39	2.65
	2018	2 938	2 558	87.05	932	7 274	0.32	2.48

续表

类别	年份	基金支出	其中：		本年结余	累计结余	当年结余/支出	累计结余/当年支出
			基础/基本养老保险支出	占比				
城乡居民	2019	3 148	2 748	87.30	1 001	8 284	0.32	2.63
	2020	3 391	2 927	86.32	464	8 748	0.16	2.99
企业职工	2012	13 948	13 458	96.49	4 351	22 694	0.31	1.63
	2013	16 699	16 090	96.35	4 091	26 900	0.25	1.61
	2014	19 797	19 045	96.20	3 476	30 376	0.18	1.53
	2015	23 092	22 227	96.25	3 462	33 838	0.15	1.47
	2016	25 782	25 445	98.70	2 737	36 577	0.11	1.42
	2017	28 567	28 179	98.64	4 975	41 574	0.17	1.46
	2018	31 567	30 280	95.92	5 954	48 034	0.19	1.52
	2019	34 720	33 190	95.59	3 455	51 483	0.10	1.48
	2020	37 701	36 043	95.60	1 658	53 141	0.05	1.47
机关事业单位	2018	12 681	12 575	99.16	764	2 538	0.06	0.20
	2019	14 027	13 872	98.90	429	2 965	0.03	0.21
	2020	13 349	13 180	98.73	169	3 134	0.01	0.24

资料来源：本表2012—2017年数据来源于2013—2018年度《中国财政年鉴》。2018—2020年数据来源于国家财政部官网“全国社会保险基金支出决算表（2018—2020）”。

注：关于本表数据与人力资源社会保障部所公布数据的差异，相关说明与基金收入部分的说明相同，在此不再赘述。例如，在基金支出构成中，2018年和2019年的城乡居民基本养老保险增加了丧葬抚恤支出和个人账户支出两个类别，企业职工基本养老保险基金支出增加了医疗补助支出和丧葬抚恤支出两个类别。但是其他年份均只有基础养老金（城乡居民基本养老保险）或基本养老金（企业职工和机关事业单位基本养老保险），为了表格简洁没有列出个人账户支出、医疗补助支出和丧葬抚恤支出。

企业职工基本养老保险基金支出从13 948亿元增长到37 701亿元，增长了1.70倍。其中，绝大部分是基本养老金支出，此外还有一部分医疗补助支出和丧葬抚恤支出。2020年医疗补助支出和丧葬抚恤支出分别为12亿元和874亿元。需要指出的是，企业职工和机关事业单位基本养老保险基金支出中，基本养老保险支出包括社会统筹基金支出和个人账户支出，与城乡居民基本养老保险基础养老金支出和个人账户支出分列是不同的。因而，企业职工和机关事业单位基本养老保险支出占比与城乡居民基本养老保险基础养老金支出占比不可比。

从基金收支和结余看，城乡居民基本养老保险基金当年结余与当年支出的比值最大，机关事业单位基本养老保险当年结余与当年支出的比值最小，企业职工基本养老保险居中。从累计结余与当年支出的比值看，同样呈现出城乡居民基本养老保险大于企业职工基本养老保险大于机关事业单位基本养老保险的规律。这反映出城乡居民基本养老保险基金的收支压力相对较小。但这主要是因为城乡居民基本养老保险待遇较低，年度基金支出规模相对较小。如果提高城乡居民基本养老保险的待遇水平，由于累计结余规模相对较小，将会造成较大的支付压力。而如果继续维持现有的基础养老金在城乡居民基本养老保险中占主导的构成，提高待遇水平带来的支付压力将会转嫁给各级财政。

（三）收支比较

2020年全国城乡居民基本养老保险基金收入4 852.9亿元，支出3 355.1亿元（见表2-11）。当年收入是当年支出的1.45倍。分省来看，各省当年基金收入均超过基金支出，收入与支出比值最小的是广东（1.07），最大的是云南（3.34）。

表2-11　2020年城乡居民基本养老保险基金收支情况

单位：亿元

省份	收入	支出	累计结余	结余/支出
全国	4 852.9	3 355.1	9 758.6	2.91
北京	68.9	64.3	170	2.64
天津	66.2	49.1	296.4	6.04
河北	238.5	162.2	485	2.99

续表

省份	收入	支出	累计结余	结余/支出
山西	103.7	67.8	269.8	3.98
内蒙古	82.5	59.6	124.2	2.08
辽宁	84.8	76.5	88.2	1.15
吉林	51.8	38.6	85.7	2.22
黑龙江	63.2	46.6	116.3	2.50
上海	92.9	84	89.4	1.06
江苏	452.6	354.2	788.3	2.23
浙江	296.3	200.3	250.5	1.25
安徽	254	147.1	588.6	4.00
福建	130.8	95.3	231	2.42
江西	130.6	78.5	305.4	3.89
山东	505.5	340.3	1 290.7	3.79
河南	300.3	214.8	641.1	2.98
湖北	205.9	134.5	445.2	3.31
湖南	190.1	142.9	411	2.88
广东	283.1	265.3	475.1	1.79
广西	138.6	94.8	234.1	2.47
海南	32.2	20.3	113.5	5.59
重庆	79.6	61.7	171.7	2.78
四川	313.9	212.5	632.5	2.98
贵州	80.4	62.1	154	2.48
云南	276.1	82.6	487.3	5.90
西藏	11.7	6.7	33.9	5.06
陕西	137.4	94.4	300.1	3.18
甘肃	94.1	49.4	250	5.06

续表

省份	收入	支出	累计结余	结余/支出
青海	24.5	11.7	59.7	5.10
宁夏	17.2	11.3	43	3.81
新疆	45.7	25.5	127.1	4.98

资料来源：根据2021年度《中国社会统计年鉴》数据计算整理。

全国城乡居民基本养老保险基金累计结余9758.6亿元，相当于当年基金支出的2.91倍。分省来看，累计结余与当年基金支出比值最小的是上海（1.06），最大的是天津（6.04）。

全国城乡居民基本养老保险基金累计结余相当于当年基金收入的2.01倍。分省来看，除浙江（0.85）和上海（0.96）外，各省累计结余与当年收入的比值均大于1。最高的天津累计结余相当于当年收入的4.48倍。

从这些指标可以看出，目前城乡居民基本养老保险基金收支压力相对较小。无论是全国层面上还是分省比较，基金结余和基金收入都能满足基金支付的需要。但是，这并不能推论城乡居民基本养老保险没有或不会面临可持续发展的挑战。原因在于以下两方面。

其一，城乡居民基本养老保险待遇水平仍然较低，且基金收入主要依赖公共财政的缴费补贴和基础养老金，未来如果要提高养老金水平可能会造成基金支付压力。由于城乡居民基本养老保险并不存在参保人口内部的代际财富转移机制，且个人账户支付完毕后由基础养老金继续支付，基金支付压力就会转嫁给各级财政。

其二，目前城乡居民基本养老保险的统筹层次还比较低，即便是在全国和各省层面上不存在支付压力，也不能排除在有些统筹地区尤其是经济落后、财政实力薄弱的地区可能出现支付困难。当然，由于在制度设计时中央和各省在确定基础养老金水平和分担机制时考虑了区域差异，也并未强制各地提高待遇水平，而是允许各地基于当地实际确定合适的养老金水平，因而这一问题可能并不严重。但由于城乡居民基本养老保险统筹层次过低、统筹地区过多，又缺乏详细的数据资料，对此尚无法作出准确的估计。即便如此，参考城镇职工基本养老保险在整体无收支压力的情况下个别地区出现严重收支失衡现象，对于城乡居民基本养老保险基金收支失衡风险可能存在的区域性、结构性差异仍然不能掉以轻心。

（四）基金投资

按照城乡居民基本养老保险制度的设计，基础养老金由各级财政负担，一般不形成基金积累。个人缴费与政府补贴等会形成个人账户基金积累。由于养老保险需要在较长时期进行积累，如果不能实现基金保值增值，不仅失去了建立个人账户的价值，还会损害参保者的利益，甚至威胁制度的收支平衡与财务可持续。

在城乡居民基本养老保险建立与推广初期，受限于国家关于基本养老保险基金管理的规定，加上制度仍处于探索完善阶段，所形成的个人账户基金有超过99%以上的部分都存入银行，收益率较低，处于缩水状态。[152]

随着制度的推广实施，参保人口增加，基金规模扩大，提高基金投资收益率，实现保值增值进而保障和增进参保人群的利益显得更为紧迫。2015年，国务院出台《基本养老保险基金投资管理办法》，对基本养老保险基金投资范围、比例等进行了规范，为开展城乡居民基本养老保险基金投资活动提供了依据。

2018年8月，人力资源社会保障部、财政部印发了《关于加快推进城乡居民基本养老保险基金委托投资工作的通知》，并从当年开始分三批启动了委托投资工作。根据该通知的要求，2017年及之后年度新增结余的80%要用于开展委托投资，并且各省在2020年都要开展委托投资。

截至2019年末，城乡居民基本养老保险已经形成基金结余8 249亿元，开展委托投资的2 123亿元，占结余基金的比重达到25.74%，超过了城镇职工基本养老保险结余基金投资比例（16.13%）。[153] 未来，随着各省委托投资工作的全面开展以及委托投资规模的不断扩大，将可以更好地促进基金保值增值，维护广大参保人群的根本利益，为实现制度的可持续发展创造有利条件。

本章小结

从2006年劳动和社会保障部选择8个地方开展新型农村社会养老保险制度试点，到从国家层面上分别于2009年和2011年开展新型农村社会养老保险和城镇居民社会养老保险试点，并最终在2014年合并实施城乡居民基本养老保险，我国基本建成了符合经济社会发展尤其是农村实际、尊重和考虑广大参保人口认知水平与经济实力的城乡居民基本养老保险制度。

目前，城乡居民基本养老保险制度在全国范围内实现了资金筹集、待遇给付、经办管理等制度规范的统一。同时，考虑到各地实际，国家允许各地结合当地实际在筹资水平、待遇给付、责任负担等方面自主安排。这一做法对于调动各地积极性，在较短的时间内实现制度全覆盖发挥了积极作用，但各地在责任分担机制、待遇水平上的差异也造成了制度碎片化的问题。

就基金收支来看，目前无论是在全国层面还是各省层面上，城乡居民基本养老保险收支平衡的压力并不大，尚未出现收支缺口。但这是以养老金水平较低、公共财政负担较大为前提的。相比于城镇职工基本养老保险主要在参保人口内部进行财富的代际转移，城乡居民基本养老保险是由公共财政承担主要的给付责任。反映到可持续发展的压力上，城镇职工基本养老保险主要体现在对制度自身收支平衡的冲击，公共财政只承担间接的兜底责任，而城乡居民基本养老保险收支平衡的压力会最终转嫁给公共财政，影响公共财政的健康、稳定运行。

第三章 城乡居民基本养老保险制度可持续发展的理论基础

城乡居民基本养老保险制度属于现代社会养老保险制度的一种，研究其可持续发展必须立足于养老保险的一般理论。同时，可持续发展又不同于养老保险的其他议题，有其特殊规律，应该基于可持续发展尤其是养老保险可持续发展的理论成果进行探讨。此外，养老保险制度作为一项以代际财富转移为特征的社会制度，无论是基于可持续发展研究的一般要求，还是就养老保险制度的自身特征，都无法也不应该回避代际公平的议题。最后，相关政策的设计还必须考虑与经济社会发展的衔接协调。

第一节　养老保险一般理论

一、生命周期理论与代际交叠模型

生命周期理论由莫迪利安尼（Modigliani）等人提出，该理论认为一个人在某个时期的消费取决于对其一生收入的预期，而非当前的收入。[154] 理性的消费者需要将一生中的所有收入在生命周期的不同阶段进行分配，平滑各期的消费以期在整个生命周期内实现稳定的平均消费率，进而使一生固定的收入实现效用最大化。具体而言，在年轻时期收入较多，个体不会消费全部收入而是会形成一部分储蓄，用于应对年老时的消费，确保年轻和年老时的消费率基本稳定。

然而，个体并不是完全理性的，存在理性不足和短视的问题。即便个体有试图使一生收入效用最大化的理性，也尝试去平衡生命周期不同阶段的消费，但所掌握的信息有限，难以准确预知不同阶段的收入，也就无法真正实现效用的最大化。此外，个体以储蓄的形式来平衡生命周期不同阶段的收支，还会面临长期储蓄的风险，如通货膨胀。因此，由个体在生命周期不同阶段进行财富转移来实现效用最大化以及养老，面临着个体理性不足、信息局限以及长期储蓄风险等问题。

针对这一问题，出现了研究养老保险制度的另一个主要理论工具即代际交叠模型。该模型由阿莱（Allais）[155]、萨缪尔森（Samuelson）[156]和戴蒙德（Diamond）[157] 等人创立，将莫迪利安尼提出的个体生命周期不同阶段的财富转移扩展到处于生命周期不同阶段的各代人之间。该理论认为，在任何一个时期都存在着处于个体生命周期不同阶段的不同代人。不仅个体在自己生命周期不同阶段的收入和消费不同，同一时期存活的不同代人的收入与消费也不同。此时，就可以通过代际交换来满足不同代人在不同时期的需求[158]，即实现财富的代际转移。

事实上，代际转移一直存在于人类社会，这是人类社会延续的基本条件。在现代工业社会之前，以家庭为主要单位的小农生产是主要的经济活动形式，基于雇佣关系的工业生产尚未主导经济活动。[159,160] 不同社会成员之间的经济联系较少，包括抚养儿童和赡养老人在内的活动主要发生在家庭（或宗族，也可以理解为扩大了的家庭）内部。[161] 这一阶段，家庭内部不同代之间的财富转移是维系家庭繁衍与扩大的根本。

这种模式是在生产力水平低下、社会化的财富转移和保障机制建立之前，人类应对养老和育幼问题的必然选择。原因在于，这一时期并没有完备的资本市场供个人在年轻时期积累和储蓄财富以应对年老的风险，事实上在生产力条件极其落后的情况下，个体也没有可以积累的资本。那么此时，基于亲缘约束的家庭就成为一个理想的投资市场。在这一市场中，投资不必以资本的形式进行，而是能够以人力资本（抚养培育子代）和劳务（承担家务、照顾孙代）的形式进行。同时，在市场经济不发达、现代资本市场诸多制度尚未建立的情况下，亲缘关系的约束显然也更能保障各代参与者的利益，确保投资的安全。

到了现代社会，家庭作为一个经济单元在社会生活中的参与程度越来越低，而单个社会成员以独立的经济单元参与社会生活的程度越来越高。个体不再主要依赖家庭获得生活资料，而可以通过与其他社会成员的交换满足自己的需求。比较完备的市场制度使得不同家庭、不同代社会成员之间的交换成为可能。同时，生产力的进步使得人们的财富规模不断扩张，个体所能支配的财富或资本不再仅仅表现为家庭内部的劳动或劳务，更多地需要在社会和市场中体现其价值。此时，家庭内部的财富转移显然无法为个人资本性财富的积累或增值提供理想的途径，因此，便有了将个人生命周期不同阶段的财富积累通过社会成员间的转移实现增值的需要。从而，代际财富转移从家庭内部扩展到全社会的不同代之间，即公共代际转移。

现代社会养老保险作为国家强制建立的、通过筹集社会财富来保障老年人基本生活的一项社会制度，是一种典型的公共代际转移，避免了个体生命周期不同阶段以及家庭内部不同代之间财富转移的缺陷，更好地适应了现代经济社会发展环境，实现了养老保障和抚育下一代的目标。可以说，代际财富转移是现代养老保险制度的运行机制与基本功能。作为现代社会养老保险制度的城乡居民基本养老保险制度，其制度设计、完善以及可持续发展的实现也需要基于对代际财富转移规律的认识，设计好、发挥好代际财富转移机制的作用。

二、缴费型与非缴费型养老保险理论

缴费型养老保险是指通过个人或单位缴费形成养老保险基金，并在参保人达到领取条件后为其提供养老金，是现代社会养老保险制度最初采用的也是最普遍采用的模式。

缴费型养老保险制度通过强制个人缴费，既能够避免个人短视或理性不足导致的储蓄不足与养老风险，实现个人生命周期内的收入再分配，还可以采取公共养老金计划（社会统筹），通过缴费机制与待遇计算规则的设计，缩小劳动者与劳动者、劳动者与老年人、老年人与老年人之间的收入差距，促进社会公平，也可以在不同代之间分担养老风险，从而更好地实现社会养老保障的目标。

缴费型养老保险制度一般都以是否缴费、缴费时限作为领取养老金的条件，体现了不缴不得、多缴多得的原则，有利于激励参保人群长期缴费。并且，为了确保制度的长期可持续，减少个人短视和理性不足的影响，缴费型养老保险制度一般都采取强制缴费的模式，避免了自愿缴费模式下个人短期缴费、少缴费进而影响制度支付能力和可持续性的问题。

缴费型养老保险制度的缴费主体主要是劳动者个人和用人单位。公共财政会在制度运行、基金管理等方面提供支持，在基金遇到支付困难时也会承担相应的兜底责任。不过，就制度设计本身而言，缴费型养老保险制度仍然是社会成员内部的共同养老、互助养老，公共财政只是间接承担兜底责任而非直接参与筹资或给付。

由于强调权利与义务关系的缴费型养老保险并不适用那些灵活就业而无法长期稳定缴费以及收入较少而无多余资金缴费的人口，这就导致虽然缴费型养老保险制度在全世界范围内得到了快速推广，但在很多欠发达国家以及某些国家的落后地区，就业不稳定和收入较低的群体仍然没有被覆盖。世界银行2012年的统计数据显示，全世界劳动力被养老金计划覆盖的比例低于30%，老年人中领取养老金的比例低于20%。[162]

针对这一现象，一些国家建立了非缴费型养老保险制度①，并不要求

① 由于不要求个人缴费，没有体现社会保险制度参保者共同缴费、互助共济的一般规律，严格来讲这种非缴费型制度并不能称为“保险”，而应该称为“非缴费型养老金制度”。但是，为了表述统一，方便对照，本部分仍将其称为“非缴费型养老保险”。

个人缴费，只要满足年龄等条件即可领取，目的是给老年人提供最低水平保障和消除老年人的贫困。[163] 相比缴费型养老保险，非缴费型养老保险在扩大养老保险覆盖面以及保障低收入群体老年生活方面具有更加明显的优势，得到了许多国际组织和国家的重视与推广。根据国际助老会（HelpAge International）2015 年的统计，全世界有 102 个国家建立了非缴费型养老保险制度。其中，有 17 个国家除了年龄条件外，并不设置其他限制条件。另外 85 个国家除了年龄外，还通过区域、家计调查、住房等设置限制条件。[164]

与缴费型养老保险制度相比，非缴费型养老保险制度虽然同样也是为了满足老年人的基本生活需要，但无论在覆盖对象还是制度设计方面，二者都存在较大差距。从覆盖对象来看，非缴费型养老保险覆盖的主要是无法或无力参加缴费型养老保险制度的人口，如灵活就业、无业或低收入群体；从制度设计来看，缴费型养老保险制度遵循“权利义务关联”原则，只有参保缴费才有资格领取养老金，而在非缴费型养老保险制度下领取资格与是否缴费无关，福利性质更加突出；从基金收支来看，缴费型养老保险制度的基金来自参保人口的缴费，是参保人口内部的财富转移，而非缴费型养老保险制度的基金来自公共财政，是参保人口与其他人口的财富转移①；从保障水平来看，缴费型养老保险制度的保障水平要高于非缴费型养老保险制度；从可持续发展来看，缴费型养老保险制度可持续发展主要受到制度内部参保人口结构、基金投资收益、待遇计发规则等的影响，对公共财政的影响相对较小，而非缴费型养老保险制度的可持续发展压力会转嫁给公共财政，制度能否实现可持续发展的关键在于公共财政能否负担。

在城乡居民基本养老保险制度实施之前，我国广大农村人口以及部分城镇人口并未被社会养老保险制度覆盖。主要原因在于他们没有被纳入正规的就业体系，收入不固定且相对较低，不适应缴费型养老保险的制度设计，也无力承担缴费负担。正是在这一背景下，我国建立了城乡

① 严格来讲，非缴费型养老保险制度中的老年人并不能被视为“参保者”，因为他们并不是主动参加养老保险，而是被动地接受了养老金。

居民基本养老保险制度。其中的基础养老金就是一种非缴费型养老保险。但是，不同于完全不考虑个人缴费的非缴费型养老保险制度，我国城乡居民基本养老保险的基础养老金又适当考虑了参保人口的缴费情况。在制度实施之初，虽然对于已经年满60周岁的老年人不要求个人缴费，但有些地区实行了“捆绑式参保”的模式，即子女缴费后老年人才可以领取养老金。对于在制度实施时尚未达到60周岁的人口，只有按规定参保缴费才有资格获取一般基础养老金。有些地方为了激励长期缴费，还设定了年限基础养老金，根据个人缴费年限长短加发年限基础养老金。可见，虽然基础养老金本身并不来自参保人口的个人缴费，是一种非缴费型养老金，但在领取资格、待遇水平上又考虑了个人是否缴费以及缴费年限长短，既体现了公共财政的保障责任，又起到了督促个人参保和长期缴费的作用。

概而言之，我国城乡居民基本养老保险制度实行的是基础养老金加个人账户养老金的模式。基础养老金由政府提供，个人无须缴费，属于非缴费型养老保险；个人账户养老金由个人缴费和政府补贴构成，兼具缴费型和非缴费型养老保险的属性。

三、个人账户养老保险理论

个人账户养老保险是指通过建立个人账户，由参保人和其他主体缴费形成个人账户积累基金，并在参保人达到领取年龄后支付其养老金的一种模式。与个人账户养老保险模式相对应的是社会统筹模式，即不建立个人账户基金，所有参保者和其他主体缴费形成统一的养老基金，并用于支付所有达到领取条件的老年人的养老金。

相比之下，个人账户养老金的私有性质更强一些[165]，所形成的基金归个人所有，用于支付个人的养老需要，不在社会成员之间统筹，甚至在个人死亡后个人账户基金也可以由其指定受益人或法定继承人领取。个人账户养老保险严格来讲是一种个人养老模式，由于严格体现了权利义务关系，具有更强的激励性，但由于更多地强调自我养老责任，也就缺少社会成员之间的互助共济。

从筹资给付方式来看，个人账户养老保险可以采用基金积累和现收现付两种模式。基金积累模式是指做实个人账户，个人缴费沉淀在个人账户中，由于积累周期较长，对保值增值要求较高。如果投资收益率不高，就会出现即便能够确保养老金给付但无法真正保障老年人基本生活的问题。针对这一情况，出现了名义账户模式，个人账户仅起到记账功能，并不形成基金积累，而是以现收现付的模式开展筹资给付活动，可以避免因为形成基金积累而面临的贬值风险。这一模式事实上形成了不同代之间的财富转移，一代人名义账户下的养老金权益能否得到实现会受到后代人缴费能力的制约。

概括而言，个人账户养老保险模式下个人养老金权益由个人缴费形成，体现了个人养老责任。但个人养老金权益能否实现则取决于基金的投资收益或者后代的缴费能力。归根结底，无论选择何种模式，制度的可持续发展都取决于未来经济的发展。

我国城乡居民基本养老保险制度的个人账户由个人缴费和政府补贴组成。其中，个人缴费积累体现了个人的养老责任，与一般意义上的个人账户模式类似。政府补贴所形成的个人账户积累，从严格意义上来讲并不是个人账户模式。同时，由于这些补贴来自公共财政，而贡献形成公共财政的社会成员并不全部甚至并不主要是参加城乡居民基本养老保险的人群（参加城乡居民基本养老保险的人群收入相对较低，对公共财政的贡献较小），因而公共财政补贴所形成的个人账户又不同于社会统筹模式下参保职工或用人单位缴费形成的统筹基金，还存在着其他社会成员向城乡居民参保人群的转移。此外，虽然政府补贴形成个人账户不需要个人缴费就可以获得收益，具有非缴费型养老保险的特征，但一般意义上的非缴费型养老保险基金的所有权属于政府，在个人达到领取条件后才可以获得，而城乡居民基本养老保险个人账户政府补贴部分的所有权属于个人。

总之，城乡居民基本养老保险个人账户综合了个人账户养老保险、社会统筹、非缴费型养老保险等模式的特点，但又不属于其中的任何一种模式，是针对我国实际的一种特殊设计。

四、社会保险与经济发展关系理论

一般认为，社会保障制度与经济发展存在着辩证关系：经济发展水平决定了社会保障的水平和规模，而社会保障制度也对经济发展有反作用。[166] 同样，社会保险体系从其产生、发展到改革、完善的过程，也都体现了与经济发展的密切关联。

其一，现代社会保险制度是以工业化大生产为主要特征的现代经济模式发展并不断繁荣的产物。现代社会保险制度在德国诞生，其背景是德国工业化的快速推进使得劳动者从独立的个体变得更加依附于工厂，他们由于丧失了生产资料和生活资料，只能靠出卖自己的劳动力为生[167]，且无产阶级化的工人及其家庭无力应对因劳动机会或劳动能力丧失而导致的收入丧失[168]。一旦劳动者因为年老、疾病、伤害等失去或部分失去劳动能力，就会因此失去工作并陷入困境。在这一背景下，为了促进劳动力恢复再生产，免除劳动者的后顾之忧，德国建立了现代社会保险制度。

第二次世界大战之后，社会保险制度在世界各地推广开来，险种不断丰富，在很大程度上也都是各国逐步从落后的、以家庭为单位的农业经济转向以工厂生产为主要形式的现代经济的产物。因此，经济的发展、生产模式的变革对建立和发展社会保险制度提出了要求，从而促成了现代社会保险制度的建立。

其二，经济发展为社会保险提供必要的物质基础。就社会整体而言，“劳动产品超出维持劳动的费用而形成的剩余，……过去和现在都是一切社会的、政治的和智力的继续发展的基础”[169]。社会保险作为一种应对风险的制度安排，需要社会生产力发展达到一定的水平，劳动产品超出“维持劳动的费用”而形成“剩余”。就单个社会成员而言，社会保险制度本质上是基于社会风险的大数法则设计的人群之间的风险共担机制和收入延期支付制度[170]，只有经济发展达到使得社会成员有能力与他人共同分担风险的水平，才能建立起社会化的保险机制。总之，作为一项依赖社会成员间财富转移发挥作用的制度，社会养老保险存在和运行的关键在于经济发展提供可供转移的财富。

其三，社会保险制度的实施还会对经济发展产生反作用，主要体现为社会保险通过应对劳动者在生产过程中遇到的风险，保障其基本生活，促进劳动力恢复再生产和扩大再生产，解除劳动者的后顾之忧，促进劳动力的优化配置；有利于缩小收入差距，促进社会公平，为经济发展提供稳定有序的社会环境；有利于提高居民收入，促进居民消费进而推动经济发展。

在我国，长期以来并没有建立城乡居民基本养老保险制度。原因在于农村经济社会发展相对落后，广大农民主要从事农业生产，现代工业化生产方式尚未充分深入农村并影响农村人口的风险构成。农业生产模式下年龄并不会成为导致失去劳动能力的必然因素。并且，由于家庭仍然是农村参与经济活动的主要单元，即便因为年老无法参与农业生产劳动，也可以通过从事家务活动或对下一代人的劳务转移获得下一代人的财富或劳务转移（如赡养、照顾）来维持个人的基本生活。也就是说，长期以来农村人口的老年风险并不突出，并不会出现因年老而彻底失去基本收入并陷入困境的情况，且农村家庭依然可以较好地发挥养老的作用。

随着经济社会的发展，简单的粮食生产收入较低，老年人从事经济作物生产或其他非农业生产经营活动的能力较差，年老造成的风险越来越多地暴露并导致了贫困。同时，农村家庭的小型化、原子化也弱化了家庭的养老功能。此时，就对在农村建立社会养老保险体系以应对农村人口的老年风险提出了要求。

此外，近些年我国经济快速发展，居民收入不断提高，财政实力日渐雄厚，无论是居民自身参保缴费还是财政补贴都具备了相对充足的物质基础，为建立和实施城乡居民基本养老保险制度创造了条件。并且，制度的实施也确实发挥了提高广大城乡老年人收入、缩小收入差距[171]、促进消费[172]，进而助力经济转型升级、促进社会公平正义的作用。

可见，城乡居民基本养老保险制度的建立是我国经济发展到一定阶段的产物，又反过来促进了经济发展。研究城乡居民基本养老保险制度的可持续发展也必须要考虑其与经济发展的关系，既要立足经济发展水平，避免超出经济承受能力，又要考虑完善制度设计，更好地发挥其对经济发展的促进作用。

第二节 养老保险可持续发展理论

一、可持续发展理论

第二次世界大战后，世界经济高速增长，人民生活水平显著提高。但人们在享受经济高速增长带来的福利的同时，也开始遇到一些问题和挑战。特别是20世纪60年代以来，随着人口的增长、工业化进程的快速推进，消耗了大量资源，造成了环境污染。各类问题层出不穷，既有的经济增长模式遇到了挑战。人们开始思考如何才能确保经济持续增长，在享受当前经济福利的同时维持未来经济增长所需的资源、环境等。

1972年，《人类环境宣言》中首次提出“可持续发展”的概念，并逐步从自然领域扩展到经济、社会领域。1987年，世界环境与发展委员会在《我们共同的未来》一书中将可持续发展定义为“既满足当代人的需要，又不对后代人满足需要的能力构成危害的发展”。[173] 这也是使用最为普遍的“可持续发展”的概念。最初，可持续发展关注的是资源和环境问题，即自然资源能否在满足当代人发展的同时又为后代人留有足够的储备来实现他们的发展，满足基本的生存和生活需要。之后，人们将可持续发展的研究拓展到经济领域和社会领域，研究经济和社会的可持续发展。

对于可持续，学者们从不同的视角进行了阐释，可以概括为“能力论”“选择论”和“效用论”。“能力论”将可持续视作能力（资本）不可下降[174]，即每一代人都应该承担自己决策的成本，而不应损害后代的能力（资本），无论后代在他们自己的能力（资本）的基础上作出何种选择以及获得何种效用水平。“选择论”认为，可持续发展实质上是一个选择权利的问题。每一代人都应该坚守“不独裁”的原则[175]，尊重每一代人作出选择的机会和权利，避免因为当代人的选择对后代经济社会发展产生过大影响。“效用论”认为，可持续发展的基本准则是“福利不可下降”。只有当每个时期的效用等于或低于一个最大的效用水平，而不能最大化当前效用，才能实现可持续。[176]

“能力论”将前代不损害后代的能力视作可持续发展的充分条件，只关注不同代人所拥有的能力（资本）水平，无论后代作出何种选择和能够获得何种水平的效用；“选择论”要求前代不仅不能损害后代的能力，还应该确保他们进行选择的机会和权利；“效用论”则将前述二者视作可持续发展的必要条件，在此基础上关注最终的效用水平。三种观点在当代人对后代的责任义务的认定上存在从消极到积极的变化。而事实上，考虑到人类的连续性，一代人的作为不可避免地会对后代的能力、选择机会以及效用水平产生影响，无论这种影响是积极的还是消极的。

养老保险作为一项具有代际财富转移功能的社会制度，对后代人的选择、能力与福利都会产生影响，也面临着可持续发展的问题。实现其可持续发展既要平衡好各代人的收益与负担，实现代际均衡，也要获得各相关利益主体的支持，确保制度的稳定。前者聚焦于代际的资源分配，是可持续发展研究的最初内容与传统内容，我们将其概括为财务可持续；后者着眼于制度能否获得政治上的支持并存续下去，我们将其概括为政治可持续。

二、养老保险的财务可持续

从选择机会来看，养老保险制度是一个涉及代际财富转移的制度设计，需要各代人的持续参与才能确保制度的实施。而制度的设计却是由参加制度的第一代人完成的，后代并没有进行自白选择的权利。甚至，为了确保各代人的持续参与，从现代养老保险制度在德国建立开始，各国建立的社会养老保险制度均实行强制参与的原则。对于那些尚未出生的人而言，他们并没有退出这一制度的选择。因为，无论这一代人在多么遥远的未来出现，前一代人或几代人已经缴费，如果从某一代人开始退出这一制度，则先缴费的那些人的权益便无法实现，进而会反对任何一代人退出这一制度。

从能力（资本）来看，养老保险是一种从后代向前代的转移[177]，年轻人向其中缴费显然会削弱其能力（资本），可以说这是一个无法回避也无法化解的问题。但是，如果将这一问题放在更广的范围内来考虑，既有从后代向前代的代际转移，也有从前代向后代的代际转移。如果能够实现两个方向代际转移的平衡，就可以达到不损害后代能力（资本）的目的。这即是后文要提及的代际补偿机制。

从效用来看，任何一个国家的养老保险体系中都存在一批人没有缴费或没有完全缴费而领取养老金。例如，我国城乡居民基本养老保险制度开始实施时最初参保的一部人或者无须缴费，或者缴费没有达到15年就领取了养老金。虽然这部分资金是由公共财政提供的基础养老金，但也是年轻人（不仅仅是参加城乡居民基本养老保险的年轻人）以各种形式对公共财政的贡献。由此就会造成参保时期不同的人口所领取的养老金水平不同、收益率不同，进而影响他们的总体效用水平。

无论是选择机会还是能力（资本），最终都要落脚于人的效用水平。或者说尊重后代的选择机会、不损害他们的能力（资本），最终也只有体现为“社会总体福利水平没有随着时间的推移而下降”[178]才能视其为实现了可持续发展。这又回到了各代人对有限社会资源的分配上，即可持续发展就是要确保各代人都能够在有限的资源总量中获得能够满足他们发展需要的那部分资源。

养老保险作为一个以代际财富转移为基本特征的制度设计，就是要通过社会福利的再分配来实现保障人们老年生活的目标。在这一过程中，共同的资源是社会财富，参与的主体是人类社会在不同时期存在的各代人，满足的是各代人的养老需要。因而，养老保险可持续发展的核心内涵之一是财务可持续，即在满足一代人养老需要的同时，不给后代造成过重的财务负担，以致损害他们所能用于满足自我需要的财富。这实际上涉及两个层面上的代际财富分配。

一是在养老保险体系内部年轻人与老年人的财富分配。年轻人缴费、老年人领取养老金。一个可持续发展的制度应该在保障老年人养老金水平的同时避免年轻人缴费率过高，加重年轻人的负担，以致出现参保时间不同的不同代之间的代际负担差异。同时，还应该考虑到老年人的养老需要，维持养老金的适度增长。这不仅是社会繁衍以及代际抚养的要求，也是养老保险制度建立时政府对参保人的承诺。

二是在整个经济体系中生产性支出与消耗性支出的配置。养老保险作为一种消耗性支出并不直接产生财富，社会财富的增长主要依赖于生产性支出。因而，养老保险制度的可持续发展还必须要处理好养老金支出本身与其所赖以运行的经济基础之间的关系，既要维持养老金待遇水平，让广大老年人与年轻人一道分享经济发展的成果，还要避免过多挤占年轻人的生产性支出，削弱实现经济发展的能力，最终危及养老保险制度运行的物质基础。

三、养老保险的政治可持续

虽然可持续发展的经典定义中并没有单独区分出政治可持续，但协调当代人与后代人的利益分配本身就具有政治意蕴。布罗尼亚托夫斯基（Broniatowski）从平衡当前与未来政治目标的角度将政治可持续定义为“在不影响未来政治目标与需求的前提下实现当前政治目标与满足资源需要”，并进一步解释道，政治上可持续的行动会同时给政治议程上的其他项目提供支持，而政治上不可持续的行动则是以牺牲未来的支持来推进当前的行动[179]。

派特歇克（Patashnik）对于政治可持续的定义则更为具体，将其限定于政策领域，认为政治可持续就是“随着时间的推移，公共政策保持稳定性、连贯性和完整性的能力，在不可避免的政治变迁中实现其基本承诺的目标的能力”[180]。相比经典的可持续定义，这一界定突出了政治可持续与环境可持续、经济可持续、生态可持续等的区别。相比生态可持续、环境可持续中人们主要是协调对既有资源（环境）的保护和开发，政治可持续关注的是人的政治活动的产物即政策。

由于养老保险制度本质上是一种财富转移机制，能否实现收支平衡，协调不同代人的缴费负担与养老待遇，并与经济发展和社会财富增长实现协调，是最直接、最现实的可持续发展议题。因此，多数关于养老保险可持续发展的研究关注的主要是财务可持续。但是，养老保险作为一种社会制度，能否实现可持续又不仅仅是一个财务收支问题。极端来讲，延迟退休年龄、降低替代率就可以减轻收支压力，实现财务可持续。然而，这样一来，制度能否为社会成员所接受就变成一个值得怀疑的问题。在一些人口老龄化问题较为严重的国家，试图提高退休年龄的改革就遇到了很大的阻力。如果不能得到公众的认可与支持，任何政策方案都无法推行，也就谈不上实现制度的可持续。例如，同样是推进养老保险制度改革，意大利政府通过构建改革话语共识获得了公众的支持，而希腊政府由于公共信息匮乏没有得到公众认可则遭遇了失败。[181]

加拉索（Galasso）等具体研究了养老保险制度的政治可持续，认为作为一个以再分配为主要机制的社会制度，养老保险制度的政治可持续是指“制度或改革方案在政治上获得大多数人对其所有条款的支持，包括退休年龄、缴费率和待遇计算规则”[182]。如果当前旨在实现养老保险制度可持续发展的各项改革（包括财务可持续）在未来不能获得支持，便无法实现政治可持续。那么，最终财务可持续也就成了无本之木。

可见，养老保险制度及其改革绝不仅仅是一个财务问题、经济问题，还是一个政治问题。养老保险制度设计本身能否为公众所接受或认可，即在政治上是否可以实现可持续，是不应也不可被忽视的。这是养老保险制度自身的政治属性所决定的。

首先，养老保险所针对的老年贫困问题从表象上来看是一个经济问题，但本质上是社会财富分配机制的反映。养老保险制度不仅仅是对劳动者在职时期工作或缴费的偿还，或是一个公平交换的经济问题，还是具有治理老年贫困功能，反映一国价值选择的政治问题。

其次，养老保险具备调节利益分配的政治功能。“政治是一种社会的利益关系，是对社会价值的权威性分配”[183]。戴维·伊斯顿（David Easton）的这一定义不仅将“利益”界定为政治活动的核心内容，也揭示了政治的权威性特征。养老保险政策是国家通过立法确立的、以国家信誉为担保的、具备调节利益分配功能的制度，具有无可置疑的权威性。也正是由于政府的权威，社会养老保险制度才有可能实现大范围、强制性的利益调节。

最后，养老保险财务可持续也是一个政治议题。一方面，养老保险制度的财务可持续挑战是人口老龄化与制度设计双重因素共同作用的结果。应对财务可持续挑战只有继续现有制度或是改革现有制度模式两条路径。不同的制度模式蕴含着不同的利益调整与分配机制，因而是一个政治议题。另一方面，实现财务可持续归根结底要落在资金的筹集与给付上，面对收支缺口与支付压力，由谁来承担改革的负担，是降低老年人的待遇还是增加年轻人的缴费，是由个人来养老还是代内养老，或是代际养老，这些都是直接的利益分配议题，同样具备政治属性。

综上，养老保险制度本身就具有政治属性。养老保险制度的财务可持续归根结底也是如何设计合理的养老负担分配方案，同样是一个政治问题。因此，当我们研究养老保险制度可持续发展时，不应仅仅局限于财务可持续。

城乡居民基本养老保险制度的直接利益相关主体包括中央政府、地方政府和参保居民，间接利益相关主体包括通过纳税经由公共财政补贴为城乡居民基本养老保险制度提供资金支持的其他社会成员以及其他养老保险制度的参保人群。这些直接和间接利益相关者是否会支持制度以及改革方案，是影响制度政治可持续的关键因素，任何旨在推进可持续发展的改革方案和行动都应获得这些相关利益主体的支持。

第三节 代内公平、代际公平与代际补偿

党的十八届五中全会通过的《中共中央关于制定国民经济和社会发展第十三个五年规划的建议》提出，要建立更加公平更可持续的社会保障制度。可见，公平也是城乡居民基本养老保险制度可持续发展所应关注的议题。而且，无论是从社会保障制度的建立、改革和发展来看，还是就养老保险制度作为一种代际财富转移机制的特征而言，研究城乡居民基本养老保险制度的可持续发展不应也不能回避公平问题。

一、公平是现代社会保障制度的基本价值与功能

公平是现代社会保障制度的本质和核心。[184] 是否促进实现社会公平，是强的社会保障制度与弱的社会保障制度的分水岭。[185] 不仅社会保障制度产生于对不公的治理，在社会保障制度的发展过程中也始终将促进社会公平作为基本价值追求与实践目标。

其一，现代社会保障制度建立的一个主要目的就是要促进社会公平。随着工业化大生产方式替代自然经济的生产方式，因年老带来的生理机能衰退、技术水平落后给个人的就业造成了很大的冲击。年老之后，个人失去收入来源，又没有其他生产资料，不可避免地陷入贫困。尽管世界各国建立的包括养老保险在内的社会保障制度并不仅仅是为了应对老年贫困，或者还有其他目标，但在任何一个国家应对老年贫困都是建立养老保险制度最直接的目的之一，也确实发挥了治理老年贫困的作用。

罗斯福在签署《社会保障法案》时曾说，我们无法使百分之百的人百分之百地免于所有的风险，但是我们努力构建一个法律和制度，为他们以及他们的家人提供保护，来应对失业的损失和度过贫困的老年时期。《贝弗里奇报告》所得出的主要调查结论也是只有通过社会保险并根据家庭需要进行双重收入再分配才能摆脱贫困，指出贫困是英国战后需要解决的五大问题之一，并专门强调老年人养老金和丧偶者养老金的水平要比这些标准（基本生活标准，笔者根据前后文意得出）低得多。[186] 这最直接揭示了包括养老保险在内的社会保障制度的功能与初衷。

即便有些国家在建立社会保障制度之初并没有强调促进社会公平，或者仅仅将其作为调和阶级矛盾的工具，以期解决劳资对立，确保政权稳定和社会安宁[187]，却也反映了社会保障促进公平的功能。

其二，促进公平是社会保障制度改革发展的基本目标。随着社会保障制度在世界范围内的发展以及公平正义观念的深入人心，促进公平本身就被视为社会保障的重要目标。

社会保障制度的每一次改革、发展和推广都是对社会不公平的修正，是公平目标的进一步升华，也是对如何更好地实现社会保障公平以及通

过社会保障促进社会公平的不断探索。正如德国联邦劳动和社会事务部前部长布吕姆曾指出的，在我国的社会保障制度中，只要有可能，公平总是处于优先地位。[188] 也恰是因为社会保障制度契合了人们对公平正义这一价值的追求，促进了公平目标的实现，才能够在世界范围内得到普遍发展。

其三，从社会保障实践来看，该制度体现了公平、促进了公平。各国社会保障制度在参保权利、参保机会、缴费政策、待遇给付、管理运行等方面均对所有国民采取公平政策，体现了社会保障制度本身的公平。通过社会保障实践，也确实促进了不同区域、不同职业、不同性别、不同年龄等群体之间的公平。

可见，促进公平是社会保障改革发展的目标与功能。因而，养老保险制度的改革，无论是为了实现可持续发展，还是其他诉求，都不应脱离公平原则。

所谓公平其实就是利益分配的平等待人。[189] 养老保险作为一种财富转移机制，既涉及代际的财富分配，又涉及总体养老资源在老年人之间的分配以及养老负担在年轻人与老年人之间的分配。因而，养老保险制度的利益分配同时涉及代内公平与代际公平两个议题。

二、养老保险的代内公平

养老保险的代内公平包括一国公民参与社会养老保险制度的机会公平、参保缴费与管理中的过程公平以及获得养老保险待遇的结果公平。

机会公平是养老保险代内公平的基础，即每一位公民都拥有平等参与社会养老保险体系的机会，都应被社会养老保险体系覆盖。例如，德国 1919 年颁布的《魏玛宪法》规定，国家给予全体劳动者以通过经济性劳动获得生活来源的机会，如果一时没有这种机会，应考虑给予必要的生活保障。1948 年的《世界人权宣言》第一次将社会保障权作为一项国际人权提出，规定每个人，作为社会的一员，有权享受社会保障。也正是基于保障每一位公民享有公平的养老保险权利的考虑，国家建立并逐步推广了城乡居民基本养老保险制度。

过程公平是指公民在参与养老保险缴费以及制度的管理运营过程中应该被公平地对待。按照《贝弗里奇报告》中提及的统一原则，社会养老保险制度应该实施统一的保险计划、统一的缴费率以及统一的运营管理等。[190] 目前，我国社会养老保险体系虽然实现了制度的全覆盖，但还存在着不同的制度模式，同一制度模式下不同区域也存在差异。

结果公平是指养老保险待遇的公平。这也是人们评价一个养老保险制度是否公平时所主要关注的内容。待遇公平并不是待遇均等，而是要对所有人设定一视同仁的计发规则。在缴费型养老保险制度中，不缴不得、多缴多得，同时通过社会统筹互济缩小（但不是消除）因个人缴费差异导致的养老金待遇差异，促进老年人养老金待遇的公平。在非缴费型养老保险制度中，所有与缴费无关的养老金待遇对所有参保者一视同仁。目前，我国城乡居民基本养老保险制度兼具缴费型和非缴费型养老保险制度的特征，其中基础养老金水平对所有参保者都相同，例如全部参保老年人领取的中央确定的基础养老金相等，各统筹地区自主确定的基础养老金对所有参保老年人也相等，体现了待遇公平原则。但是，在城乡居民与城镇职工基本养老保险制度之间，以及城乡居民基本养老保险制度不同统筹地区之间还存在着养老金水平的差异。

在这三种形式的公平中，机会公平是根本，如果不能实现参与养老保险制度的权利，也就无从谈及后续的过程公平与结果公平。过程公平是关键，往往结果公平与过程公平直接关联。结果公平是核心，是人们感受最直接、最关心的。目前，我国建立的城乡居民基本养老保险制度，实现了参保机会的公平，并且在同一统筹地区内部基础养老金差异很小，甚至达到了均等。但在不同统筹地区之间，以及与城镇职工基本养老保险制度相比还存在差异。

三、养老保险的代际公平

代际公平是可持续发展无法回避的议题。可持续发展本身就是对后代福利的关注。正如米都斯（Meadows）指出的，均衡的社会将必须不仅考虑现在的人类价值，而且也考虑未来的人类价值。[191] 可见，可持续发展理论天然地蕴含了保障各代人利益、促进代际公平的价值取向。关于代际公平的内涵，1988 年佩基（Page）指出，代际公平问题就是当前决策的后果如何在当代人与后代人之间进行公平分配的问题。[192] 就养老保险制度而言，本身就是代际财富的转移，因而面临着协调各代人利益分配的问题。

城乡居民基本养老保险虽然由于没有建立像城镇职工基本养老保险制度那样的社会统筹基金，并不存在参保群体内部直接的代际财富转移，但在制度实施过程中，个人账户采用的是名义账户下的现收现付模式，基础养老金部分也是由作为劳动者的年轻一代财富积累形成的，具有代际财富转移的特征，也就涉及代际公平问题。特别是面临人口结构老龄化、老年人口抚养比上升等问题，如何促进代际公平将是养老保险可持续发展研究无法回避的重要议题。确保代际公平不仅是养老保险制度可持续发展的基本内涵，也是在不同代之间合理分配积累与消费，确保后代经济发展所需各类资本，进而厚植养老保险制度可持续发展的物质基础的必然要求。具体而言，养老保险代际公平的内涵可以从以下三个角度来理解。

其一，养老保险制度代际公平不是绝对公平而是相对公平。公平作为一种价值取向，是人类社会一直追求的目标。但是，绝对公平永远无法实现。在代内如此，在代际更是如此。特别是养老保险制度是一种代际交易行为，无法对各代人负担、收益的绝对水平作出恰当的测算和比较。因此，应该着眼于负担（缴费率）与收益（收益率、替代率）的相对公平。

其二，养老保险制度代际公平包括精算公平与伦理公平。作为一个以筹资给付为主要手段的财富再分配项目，其可持续发展有赖于精算的公平。但是，养老保险制度又是一个社会项目，是为了保障老年人的基本生活，具备对伦理价值的追求。现实中人们对养老保险的政治态度并不简单地受到他们私人偏好的影响，还包括了他们对公平、公正的偏好。[193] 并且，代际公平本身所蕴含的也是合作而非竞争的理念，并不严格追求成本收益的对等。因此，养老保险制度的代际公平要关注但不应仅仅关注精算公平，还要注重伦理公平。

其三，养老保险制度代际公平是财富共享与风险共担的公平。社会保险的内在哲学价值就是代际的互惠与相互依赖。[194] 人类的发展是各代人共同努力的结果，社会财富也是一代代积累下来的。当代人创造的财富不仅有当代人的努力，也有对前代的继承。前代人从事社会生产、经济建设等既给他们自身带来了收益，也给后代积累了财富，奠定了发展的基础，具有代际正外部性。从这个意义上讲，各代人的财富是共享的，自然也应该共同应对风险。因此，面对正在发生和将要持续下去的人口老龄化问题以及养老保险制度的可持续发展挑战，应该树立风险共担理念，即不能把老年人福利建在年轻人的痛苦之上，更不能让尚未出生的孩子背上沉重的包袱……也不能将年轻人的幸福建在老年人的牺牲上。[195]

四、养老保险代内公平与代际公平的对立统一关系

代内公平与代际公平是公平的两种形式。无论代内公平还是代际公平，都是对有限社会资源的分配，都是对公平正义的追求。考虑和要求实现代际公平，也就必然会涉及或逻辑地推及代内公平。[196] 对相同价值目标的追求决定了代内公平与代际公平的统一关系，而由于是对有限社会资源的分配，二者又是对立的。

（一）统一关系

其一，人类的延续性决定了代内公平与代际公平的统一。在人类的历史长河中，一代又一代人接连出现、生生不息。在任何一个时点都同时存在着几代人，他们尽管有着不同的生理年龄，却经历着共同的社会事件，遵循着共同的价值观念，践行着共同的生活方式。从这个层面上讲，代与代之间既是不同的，也存在共同点。尽管不同代人大都是相互割裂的，但每一代人又都与其前后代人存在重叠与交集，呈现出既分割又交叉、总体分割局部交叉的特征。这决定了社会保障代内公平与代际公平的相互联系。静态的代内公平包括在场各代，因而无法回避代际公

平的议题；动态的代际公平中也包含着先后出现的各代人内部的公平。

其二，代内公平与代际公平所代表的伦理价值是统一的。罗尔斯（Rawls）在《正义论》第一章写到，正义是社会制度的首要价值，并提出“作为公平的正义”的概念。[197] 无论是代内公平还是代际公平，都根源于人们对公平正义的追求，都是社会的善与美德。人类的延续以及文明的传递将对公平正义的追求传递到各代并成为每一代人共同秉持的价值观念。可以说，代内公平是公平的基本内涵和原始形态，代际公平是将这一原则应用于处理不同代关系的升华，他们共同蕴含着对公平价值的追求。

其三，代内公平与代际公平在保障人们基本生活的目标上是统一的。代内公平关注的是现有资源的公平分配，实现一代人内部的效用最大化，保障某一代社会成员的基本生活；代际公平关注的是长期的动态的资源分配，实现每一代人的效用最大化，确保每一代人都能够满足基本生活所需，最终实现制度的可持续发展。对于社会养老保险制度而言，代内公平是最初的目标，代际公平是发展的目标；代内公平是短期目标，代际公平是长远目标。

其四，代际公平的实现有赖于代内公平。不仅在养老保险领域，在其他一切涉及代际公平议题的领域，都存在着不同于一代人内部交易机制的代际交易模式。在大多数情况下不同代人之间是割裂的，即便是多代人同时存在的情况下，后代（如儿童）在表达自己偏好以及交易意愿方面也面临着现有以“民主投票”为主要形式的“公共偏好表达机制”下表达渠道、表达能力等的限制，无法与成年各代人进行公平的谈判和交易。可以说，代际财富转移机制实际上是一代人主导并代理后代人“与自己谈判”的交易模式，所作出的交易决策自然就受到一代人利益的左右，受到他们所感受到的公平的影响。只有实现或最大限度实现了代内公平，养老保险制度本身才能得到认可，当代人才愿意为了维持这一制度以降低自身待遇或提高自身负担的形式分担后代人可能要承担的不公平的负担。很难想象，人们会愿意为了一个自身在其中受到不公正对待的制度的延续而牺牲自己的利益来增进后代人的利益（或减轻他们的负担)。

其五，代际公平为代内公平提供新的理念基础与可持续的制度环境。不公平的根本原因在于资源的有限以及不同主体竞争能力的差异。竞争在提高生产效率的同时也不断扩大着人与人之间的差距。而代际公平所蕴含的是将人类作为一个相互依赖的整体合作的理念，或者也可以说恰是对竞争理念及其负面影响的反思以及对合作理念的推崇才推动了人们对代际公平议题的关注。这种合作理念将会对竞争的生产生活方式进行修正，有利于缩小代内不公平。此外，养老保险代内公平的实现根本上有赖于制度的持续与资金的稳定，在主要通过代际财富转移来实现其功能的养老保险制度中，这需要后代认可制度且愿意持续缴费。否则，如果每一代人都只顾追求自己的最大享受，那么，人类几乎就注定要完蛋。[198] 如果现有的制度因为得不到后代的认可而崩溃了，又怎能实现代内公平?

(二) 对立关系

分配不公是一个长期存在并且在相当长时期内都无法克服的问题。根本原因在于相比于人类的需求，社会财富在当期的规模和未来的增长都不是无限的。任何以缩小差距和促进公平为目的的调控和政策，都是对既有利益分配格局的打破与重建。这种调控以往主要体现为一代人内部的竞争与分配。随着现代公共财政体系的建立和金融业的发达，公共债务体系的运作使得资源的竞争与分配从代内延伸到代与代之间。在养老保险制度中，各代人共同加入到对有限社会资源的竞争中，代内公平和代际公平便对立起来。

其一，促进代内公平会导致代际不公平。无论是来自个人缴费还是来自公共财政，一个时期能够动用的养老资源的总量都会受到这一时期公共财政与社会财富总规模的限制，不能无限制地增长。为了促进代内养老保险待遇的公平，需要对养老保险资源进行再分配。而福利的刚性以及当代人所掌握的决策权使得这种再分配不能只是对当代人所拥有的养老资源的再分配。现收现付的养老保险制度提供了一条向“无力拒绝”

（也没有机会拒绝）的后代募集资金来促进代内公平的“绝佳”路径。世界各国在建立现收现付的社会养老保险制度时所形成的隐性债务大都没有得到妥善解决，而是一直传递下来并形成了巨额债务积累，成为后代的负担，导致代际不公平，就充分证明了这一点。

其二，促进代际公平会造成代内不公平。应对代际公平问题，无论是在自然资源开发领域，还是在社会财富分配领域，根本上都要求当代人做出一部分牺牲。这种牺牲本身就会减少可用于应对代内不公平的社会资源。同时，当代人在分配这种牺牲和负担时，也可能出现不公平。事实上，代际不公平是现收现付模式下必然会出现的问题。[199] 要从根本上避免或弥补代际不公平问题，就需要改革现收现付的筹资给付模式，建立代内自养（更准确地说是个体自养）的制度模式。尽管由于政治因素的影响，世界上只有少数国家如智利转向了完全积累制的筹资给付模式，但是几乎所有面临支付压力的国家都调低了现收现付制基础养老金的替代率，并通过积累制大力发展第二支柱、第三支柱。由于积累制并不具备在一代人内部进行统筹互济的功能，随着统筹制的弱化以及个人积累制的扩张，养老保险制度通过统筹互济促进公平的功能会不断弱化，进而导致代内不公平。

因此，研究养老保险制度的可持续发展以及其他一切可持续发展议题时，当涉及制度设计、利益调整时，要想以有限的资源实现各代人效用的最大化与制度的公平可持续，就必须要统筹代内公平与代际公平，以代际公平为约束，优先保证代内公平。

之所以要优先保证代内公平，是因为代内公平是人们感受最直接、最迫切的公平议题。个体的理性与自利性决定了如果没有很好地解决代内公平问题，人们也不会关注并促进代际公平。当一个人在现有制度中被不公平地对待时也很难要求他不索取更高的待遇甚至降低现有待遇来避免给后代造成负担。之所以要以代际公平为约束，原因在于这是养老保险制度可持续发展的条件。如果背离了代际公平，制度就很难运行下去。因而，要尽量避免可能加重后代负担的改革选项，更多地采取增强现有制度活力的改革措施。

五、代际补偿理论

1939年，卡尔多（Kaldor）提出了“虚拟的补偿原则”作为检验社会福利的标准，认为如果变革使得获益方对受损方补偿后仍然有余，则该项变革是可取的，如果那些从社会资源再分配中获利的人获得的利益足够补偿那些从中亏损的人的利益，社会资源的再分配就是有效率的。[200] 那么，将养老保险置于整个社会福利体系乃至公共代际转移中来考虑，在养老保险体系中受益的一代人如果能够在其他领域以代际转移的形式给予后代以适当的补偿来弥补他们要承担的过度的养老负担，则整个社会福利体系和公共代际转移就可以视为合理的、有成效的，作为其中一个组成部分的养老保险也能实现其可持续发展。

其一，养老保险是一种代际公共品，其外部性要求建立代际补偿机制。代际公共品是以代际交叠模型为基础提出的一个概念，即存在超过一代人使用的公共品。[177] 就养老保险制度而言，它既会给后代提供一个社会化的养老保障，也会给后代造成相比前代人更重的负担，是同时具有正外部性和负外部性的代际公共品。按照公共经济学理论，对于具有外部性的产品，需要将外部性内部化，从而恢复效率。[201] 因此，应该通过其他领域的代际补偿将前代经由养老保险制度给后代造成的负担内化为其成本，进而实现资源最优配置。

其二，养老保险代际交易的特殊性要求政府建立代际补偿机制加以调整。首先，在代际交易市场上，后代的规模、价值观念，甚至参与机会都会受到前代人的影响，二者存在信息不对称，是不平等的主体，无法通过相互谈判实现最优的交易。这就需要政府介入来调控不同代人之间的交易，在各代人之间建立一种都能接受的制度安排，确保每一代人都把公平地相等于正义储蓄原则所规定的实际资金的一份东西转留给下一代人。[197] 具体到公共转移领域，如果设计这样一种机制，t 代人以对 $t+1$ 代人的“补偿”和对 $t-1$ 代人的养老给付来交换他们从 $t+1$ 代人那里获得的养老给付，则处于“无知之幕”后的理性的 t 代人会认真履行他们的双重义务，而不仅只是“被迫地”承担对前代人的养老给付责任，从而维持制度的持续运行。其次，代际交易是不可逆的、不可追偿的。在养老保险领域，后代人尚未出生，或者不掌握全部信息，也没有机会退出这一体系（毁约）。同时，相比现实市场中交易一方可以向另一方追偿以弥补损失，后代人不可能也无法向已经死去的前代人“讨债”，而只能向后转移，从而债务越来越多地积累给后代，加重了后代的负担。在这种情况下，需要政府构建相应的补偿机制来弥补后代的损失。

其三，通过代际补偿可以实现公共代际转移的帕累托改进。帕累托改进的内涵是在不损害任何其他人利益的情况下，至少有一个人变得更好。可持续发展的内涵恰是指“既能满足当代人的需求，又不损害后代人满足其需求能力的发展”。因而，各代人之间的帕累托改进是可持续发展的重要特征。在公共代际转移领域，前代人对后代人的转移主要是人力资本的投入，会促进社会人力资本积累质量的提升，这既能够增进后代的利益，也有利于促进社会经济发展，为以养老保障为主的后代人对前代人的转移奠定物质基础，改善或者至少不会损害后代人的利益，从而在前代人与后代人之间实现帕累托改进。否则，如果没有一个完善的代际补偿机制，最终会损害后代人的利益，导致制度的崩溃，也就无法实现可持续发展。

总之，由于养老保险制度设计的因素以及人口结构的不断老龄化，代际不公平是不可避免的，也无法通过制度自身的改革来克服，需要在包括养老保险制度在内的整个公共转移领域进行代际补偿。这种补偿除了可以弥补代际不公平外，还有利于提升后代成长与发展的质量，促进经济发展以及他们赡养前代人的能力，反过来又增进了前代人的利益。后文我们将以儿童相对贫困为例来分析代际补偿问题。

第四节　发展型社会政策理论

第二次世界大战后，西方发达资本主义国家建立了福利国家体系，并成为许多国家建立包括养老保险制度在内的现代社会保障体系的参照。然而，福利水平的提升给西方国家的公共财政造成了极大压力，影响了经济活力，不仅导致福利制度本身不可持续，也威胁到整个国家的经济增长。

不同于西方发达资本主义国家基于雄厚的经济实力建立现代福利国家，发展中国家同时面临着提供社会福利与实现经济发展的任务。在这一背景下，米奇利（Midgley）提出了“发展型社会政策”来概括发展中国家社会福利政策，认为发展型社会政策强调的是增进人力资本与人们的社会参与，提高人们的自我依赖能力，进而提高社会发展水平。为了实现这一目标，适应发展中国家经济社会发展实际，需要将社会政策与经济政策结合起来，实现经济可持续发展与人们福利水平提高的协调。[202]

在发达国家，针对福利国家面临的诸多问题，尤其是凯恩斯主义主导下的“消费型福利政策”存在的诸多问题，西方学者对社会政策的定位、目标进行了重新思考。在欧洲，率先提出了社会投资理念，认为社会政策应该与经济政策相互整合、相互强化。[203] 社会政策特别是社会福利政策不应仅仅消耗社会财富，还应有利于促进经济发展，即“发展型社会政策”。吉登斯（Giddens）在《第三条道路：社会民主主义的复兴》中正式提出了“社会投资国家”的概念。[204] 2013 年，欧盟就启动了“社会投资政策方案”，把进行社会风险管理、促进经济发展、调和经济与社会矛盾作为社会投资的目标，重视人力资本投资、社区资本投资和社会资本投资。

总之，发展型社会政策理论认为，社会福利供给应该以社会投资为目的而不能以消费为目的，社会政策的设计应该有利于社会资产建设，有利于激发经济增长和社会发展，强调实现经济增长与福利供给的可持续。

社会投资的核心是人力资本投资。最早提出现代人力资本理论的舒尔茨（Schultz）利用美国 1929—1957 年的数据进行研究，得出了教育投资提高劳动生产率进而促进经济增长的结论[205]。之后，无论是乌扎华（Uzawa）涵盖教育部门和生产部门的人力资本增长模型[206]、罗默（Romer）将知识作为独立要素的内生经济增长模型[207]，还是卢卡斯

（Lucas）的人力资本积累增长模型[208]和斯科特（Scott）的资本投资决定技术进步模型[209]等，都从理论上论证了人力资本对经济增长的重要性。尤其是对发展中国家而言，要实现经济的快速发展，关键在于通过对教育的投资，提升人口质量。在社会政策的设计中，也只有通过促进人力资本投资，提升人力资本积累质量，才能发挥更多的“生产性因素”[210]，真正实现社会政策与经济增长的协调，避免出现“消费型”社会政策加重经济负担、“竭泽而渔”的不可持续问题。

此外，发展型社会政策还强调国家应该从被动的恩惠式福利转向主动的进取式福利，从事后补救型福利转向事前预防型福利[211]，认为社会政策应该在社会问题产生的源头上下功夫，而不应在社会问题出现之后试图通过社会福利政策加以弥补；不仅要关注已经陷入困境的社会成员，还要关注所有社会成员可能面临的风险。

对于单个社会成员而言，可以通过发展型社会政策的实施获得更多的发展机会，尤其是提升人力资本积累质量，更好地适应未来的社会竞争，降低陷入困境的风险，减少对社会的依赖。以养老保险为例，我国建立城乡居民基本养老保险制度所针对的主要是城乡老年人的低收入及由此导致的老无所养问题。如果个人能够更好地适应市场竞争而积累财富或者可以更多地缴费来积累个人账户养老金，就可以减少对社会养老保险制度尤其是基础养老金的依赖，从而减轻制度面临的收支压力与可持续发展挑战。

对社会而言，发展型社会政策既强调供给社会福利，也强调或者说更强调社会政策与经济发展协调，促进而不能危害经济发展。包括城乡居民基本养老保险制度在内的社会养老保险制度本质上就是一种“消耗性支出”。养老保险制度本身虽然可以通过积极养老、准市场模式部分实现与经济增长的协调，克服单纯的“消费型福利”的缺陷，但其作为一种从年轻生产者向年老消费者财富转移的本质并没有也无法得到改变，不可避免地挤占生产资源，影响经济增长。这就需要在更广的范围内综合考虑养老保险制度与其他社会政策，共同实现与经济发展的协调。

养老保险制度是后代人向前代人的财富转移，有赖于后代人实现经济增长、创造财富的能力。因而，实现养老保险制度的可持续发展，除了养老保险制度本身的优化外，还应该更加科学合理地统筹分配有限的社会福利资源，更加重视对下一代、对儿童的人力资本投资，提升社会人力资本积累质量。这样，可以促进经济增长，实现社会政策与经济发展的协调，为养老保险制度本身奠定物质基础，真正实现可持续。

特别是我国目前面临着较为严峻的人口老龄化问题，要实现养老保险制度的可持续发展，更不能仅仅着眼于现有社会福利资源的分配。事实上，如果仅仅把工作放在对现有社会资源的分配上，如调整缴费率、缴费年限、替代率、领取年龄等，也不可能很好地应对人口老龄化的挑战。更为有效的办法应该是从过去依赖以规模庞大的年轻劳动者为基础的“人口红利”实现经济发展的模式，转向更多依靠以高素质人才为基础的“人才红利”发展模式。这本质上还是需要增加人力资本的投入，即实施“发展型社会政策”。

本章小结

社会养老保险制度以不同代之间财富转移的形式化解了个体生命周期不同阶段财富转移可能面临的诸多问题。根据个人是否缴费可以把社会养老保险制度划分为缴费型与非缴费型两种模式。缴费型养老保险制度是社会养老保险制度的最初形式，也是应用范围最广的一种模式。非缴费型养老保险制度针对的主要是那些没有被缴费型养老保险制度覆盖或无力缴费的人群。我国城乡居民基本养老保险制度的个人账户养老金由个人缴费与政府补贴形成，基础养老金无须个人缴费，兼具缴费型与非缴费型养老保险双重特征。养老保险制度的建立、发展等都受到经济发展水平的制约，同时又会反作用于经济发展。因此，研究我国城乡居民基本养老保险制度的可持续发展需要立足于其作为一种代际财富转移机制的根本特征，关注其兼具缴费型与非缴费型制度双重特征的特殊性，与经济发展实现有序协调互动。

可持续发展的核心是协调有限的资源在当代人与后代人之间的分配，

满足当代人与后代人发展的需要。养老保险制度作为一项公共代际转移机制，要协调好当代人与后代人的利益，既要保障老年人的利益又要避免损害后代人的利益，也不能为了避免加重后代人的负担罔顾老年人的养老需要。除了体现为收支平衡、代际负担分配的财务可持续外，养老保险作为一项社会制度还要关心政治可持续问题，即制度在未来能否获得支持并实现其预定的目标。

公平是包括养老保险制度在内的现代社会保障制度的基本价值与功能。养老保险制度由于同时涉及一代人内部的财富再分配和代际的财富转移，需要同时关注代内公平与代际公平。养老保险制度的代内公平包括参与养老保险制度权利、参保缴费管理过程以及待遇给付结果的公平；养老保险的代际公平是相对公平而不是绝对公平，既要关心精算公平也要体现伦理公平，体现财富共享与风险共担的理念。养老保险的代内公平与代际公平既统一又对立。统一关系体现在二者有共同的价值追求、共同的目标，代际公平的实现有赖于代内公平又为代内公平提供了新的理念；对立体现在二者是对有限社会资源的分配，促进一种形式的公平必然会对另外一种形式公平造成冲击。养老保险的代际公共品特征、代际交易的特殊性都要求建立代际补偿机制。并且，养老保险制度自身无法克服代际不公平的问题。因而，研究城乡居民基本养老保险制度可持续发展要协调好代际公平与代内公平的关系，建立并完善代际补偿机制。

发展型社会政策的核心观点是强调社会福利政策与经济发展相协调，通过发展经济促进社会福利，在提供社会福利的过程中又促进经济发展。对于政府而言，要从被动的恩惠式福利转向主动的进取式福利，从事后补救型福利转向事前预防型福利。社会福利不仅要满足人们当前的、具有消费性质的福利需要，还应着眼于长远的、人力资本积累质量的提升，通过促进包括人力资本积累在内的社会资产建设来促进经济发展。研究城乡居民基本养老保险制度可持续发展，一方面要着眼于事前预防、主动进取，加强对制度覆盖人群（主要是农村人口和部分城镇低收入人口）的人力资本投资和资产建设，提升他们的缴费水平与自我养老能力，减轻对养老保险制度尤其是基础养老金的依赖；另一方面要着眼于有限社会资源的代际公平分配，优化代际补偿机制，加强对后代人尤其是儿童的投入，提升他们的人力资本积累质量，促进未来经济发展，为城乡居民基本养老保险制度的可持续发展奠定物质基础。

第四章
城乡居民基本养老保险制度财务可持续评估

城乡居民基本养老保险制度的财务可持续评估就是在对参保人口结构进行预测的基础上，根据制度的现有设计模式，评估未来运作过程中的收支情况，分析实现财务收支平衡所面临的压力与挑战。

城乡居民基本养老保险基金收支包括了个人账户与基础养老金。本部分我们分别针对个人账户养老金和包含了基础养老金在内的基本养老金水平进行预测，然后分别针对个人账户以及负担基础养老金的公共财政进行收支压力与可持续性评估。

第一节　基础数据预测

对城乡居民基本养老保险制度的财务可持续进行评估，需要首先对参保人口的规模、结构、缴费、待遇以及公共财政相关数据进行预测。这又涉及对全国人口结构与规模、城市化水平、东中西部人口分布、

GDP 等参数的预测。

一、全国总人口预测

本书使用国际人口预测软件（PADIS-INT）进行预测。PADIS-INT 是由中国人口与发展研究中心开发的国际化人口预测软件，在关于我国人口增长[212,213]、城市化[214,215]、经济增长[216-218]、养老保险[219-221]等各类涉及人口预测的文献中得到了广泛应用，显示出较强的科学性与适用性。相关参数设定如下。

（一）基年数据

根据《全国人口普查条例》，人口普查每 10 年进行一次，个位数逢 0 的年份为普查年度，在两次人口普查之间开展一次较大规模的人口调查，也就是 1%人口抽样调查。2010 年，我国进行了第六次人口普查。但是，该普查距今已有 10 年。2015 年，我国又进行了 1%人口抽样调查，相比而言该抽样调查的数据距今时间更短，且相关的必要指标在抽样调查中也都具备，适合作为本书的基础数据。因此，我们基于 2015 年 1%人口抽样调查的数据和国家统计局公布的 2015 年全国人口总数计算分年龄段、分性别人口规模，作为 2016—2053 年①全国人口预测的基年数据，并通过对比 2016—2019 年预测数据和实际人口数据来评估预测结果的准确性。

（二）预期寿命

本书使用联合国人口署公布的中国人口预期寿命数据。该数据每 5 年为一个分段，本书利用线性插值法计算每年的预期寿命（见表 4-1）。

① 之所以将预测终止年份设定为 2053 年，原因在于：2020 年我国初中升高中入学率已经达到 95.7%，可以假定未来我国初中升入高中升学率达到 100%，在高中毕业后（19 岁），符合条件的参加城乡居民基本养老保险；另，新型农村社会养老保险和城镇居民社会养老保险于 2012 年在全国实现了制度全覆盖，所以我们选择一个在 2012 年 19 岁参加城乡居民基本养老保险的人为标准人进行分析。他在 2053 年才开始领取养老金，因此预测终止年份设定为 2053 年。

表 4-1　2016—2053 年人口分性别预期寿命　单位：岁

年份	男性	女性	年份	男性	女性
2016	74.65	79.12	2035	78.08	81.85
2017	74.83	79.27	2036	78.27	81.98
2018	75.00	79.43	2037	78.45	82.11
2019	75.18	79.58	2038	78.64	82.25
2020	75.36	79.73	2039	78.82	82.38
2021	75.54	79.88	2040	79.01	82.51
2022	75.72	80.03	2041	79.20	82.64
2023	75.90	80.17	2042	79.38	82.76
2024	76.08	80.32	2043	79.57	82.89
2025	76.26	80.47	2044	79.75	83.01
2026	76.44	80.61	2045	79.94	83.14
2027	76.62	80.75	2046	80.13	83.27
2028	76.81	80.89	2047	80.31	83.39
2029	76.99	81.03	2048	80.50	83.52
2030	77.17	81.17	2049	80.68	83.64
2031	77.35	81.31	2050	80.87	83.77
2032	77.53	81.44	2051	81.06	83.90
2033	77.72	81.58	2052	81.24	84.02
2034	77.90	81.71	2053	81.43	84.15

资料来源：基于联合国人口署公布的中国人口预期寿命计算整理。

从后文的预测结果看，根据男性和女性的人口结构计算得到的2016—2019年我国人口平均预期寿命分别为76.8、76.9、77.2和77.3岁。国务院新闻办2017年发表的《中国健康事业的发展与人权进步》以及国家卫生健康委发布的2017—2019年《我国卫生健康事业发展统计公报》显示，2016—2019年我国人口平均预期寿命分别为76.5[222]、76.7[223]、77.0[224]和77.3岁[225]，与预测结果接近。另外，《国家人口发展规划（2016—2030年）》中提出的2020和2030年我国人口平均预期寿命分别为77.3岁和79岁[226]，根据本书人口性别结构预测结果和预期寿命得出的2020年和2030年平均预期寿命分别为77.4岁和79.1岁，二者十分接近。可见，采用该数据进行人口预测是可靠的。

（三）死亡模式

国际人口预测软件提供的死亡模式包括联合国生命表的智利、远东、一般、拉美和西亚，以及寇尔-德曼的东区、北区、南区和西区，共计9种。有学者研究发现，寇尔-德曼的西区模式对我国的预测结果相对准确[227]，且本书的主要工作并不是比较不同模型的优劣，故选用寇尔-德曼的西区模式。

（四）出生性别比

出生性别比是影响人口结构的重要因素。近年来，我国人口出生性别比逐年下降，从2004年的121.18下降到2019年的110.14，提前实现了《国家人口发展规划（2016—2030年）》提出的到2020年出生人口性别比低于112的目标。[228] 调查发现，在全面放开二孩之前，一些试点二孩政策的地区的出生性别比低于所在省市其他地区，基本保持在正常区间，如山西省翼城县。[229] 2014年，在全国范围内实施单独二孩政策之后，出生性别比出现了明显下降。当年就从2013年的117.6下降到了115.88。[230,231] 可见，“独生子女”政策叠加“重男轻女”的传统观念是导致出生性别比高的主要原因。未来，随着全面二孩政策的继续实施甚至全面放开生育，人口出生性别比将会逐渐趋于正常。一般认为全球性别比的无干扰正常水平在103~107。[232]《国家人口发展规划（2016—2030年）》提出，2030年出生人口性别比的目标为107。从2019年的情况来看，2020年的出生人口性别比也将维持在110左右，比预定目标小2。所以，我们将2030年的出生人口性别比设定为105，并且在2030—2053年均维持这一比例。假定出生人口性别比稳步下降，从2019年到2030年利用线性插值法计算每年的出生人口性别比。

（五）生育水平

《国家人口发展规划（2016—2030年）》设定的2015年总和生育率目标为1.5~1.6，2020年为1.8，2030年也为1.8。由于该规划为2016年发布，本书认为所设定的2015年的目标是对2015年数据的估算，那么2016年的总和生育率可以假设为1.6。但是，实际上在全面放开二孩之后人们的生育意愿并没有如预期被释放出来。2016年，也就是全面放开二孩政策实施当年，人口出生率由12.07‰上升到12.95‰，2017年即下降为12.43‰，2018—2020年则分别仅为10.94‰、10.48‰和8.2‰。可见对未来的生育率目标仍不能太乐观。但是，由于该规划着眼于未来我国经济社会发展的人口问题，目标的设定考虑了经济社会健康可持续发展的需要，也考虑了可行性，且为了实现这一目标国家会出台相应的政策。因此，本书谨慎地假定2030年总和生育率达到1.8且在之后的年份中维持下去。从2016年到2030年根据线性插值法对各年进行赋值。

（六）生育模式

2015年1%人口抽样调查提供了分年龄段育龄妇女的生育比例。据此可以计算当年我国育龄妇女的生育模式，并且假定该生育模式在2015—2053年保持不变（见表4-2）。

表 4-2　2015—2053 年育龄妇女分年龄生育比例

年龄	比例	年龄	比例	年龄	比例
15	0.000 605	27	0.085 278	39	0.009 868
16	0.001 939	28	0.078 051	40	0.007 866
17	0.004 261	29	0.063 060	41	0.006 297
18	0.008 043	30	0.050 728	42	0.005 316
19	0.015 418	31	0.044 088	43	0.004 478
20	0.024 825	32	0.040 865	44	0.004 050
21	0.035 275	33	0.035 828	45	0.003 713
22	0.046 427	34	0.027 956	46	0.003 394
23	0.056 814	35	0.023 393	47	0.003 206
24	0.077 207	36	0.019 742	48	0.003 029
25	0.091 353	37	0.014 763	49	0.003 183
26	0.088 136	38	0.011 568		

资料来源：根据 2015 年 1%人口抽样调查数据计算整理。

（七）预测结果

从 2016—2019 年预测结果与实际人口数据的比较来看，误差率在 0.2%左右（见表 4-3），误差较小。

表 4-3　2016—2019 年总人口实际值与预测值比较　万人，%

年份	预测值	实际值	误差率
2016	138 098.7	138 271	0.124 610
2017	138 705.5	139 008	0.217 613
2018	139 276.1	139 538	0.187 691
2019	139 801.2	140 005	0.145 566

资料来源：根据 2017—2020 年度《中国统计年鉴》数据与本书预测值计算整理。

按照这一模式预测，我国总人口将在2030—2033年达到14.28亿人的高峰后开始下降（见表4-4）。

表4-4　　2020—2053年人口规模预测结果　　单位：亿人

年份	人口	年份	人口	年份	人口
2020	14.03	2032	14.28	2044	14.01
2021	14.07	2033	14.28	2045	13.97
2022	14.11	2034	14.27	2046	13.92
2023	14.15	2035	14.26	2047	13.87
2024	14.18	2036	14.25	2048	13.82
2025	14.20	2037	14.23	2049	13.77
2026	14.22	2038	14.21	2050	13.71
2027	14.24	2039	14.19	2051	13.65
2028	14.26	2040	14.16	2052	13.59
2029	14.27	2041	14.13	2053	13.53
2030	14.28	2042	14.09		
2031	14.28	2043	14.05		

资料来源：利用国际人口预测软件（PADIS-INT）预测。

人口预测是一个极其复杂的工作，影响因素众多，尤其是我国长期实施计划生育的政策使得生育不仅仅是家庭内部的人口繁衍行为，还受到政策的影响。许多学者或机构的预测结果也存在较大差异，一个重要原因在于选择的总和生育率参数不同。从我国实施独生子女政策总和生育率快速下降，到逐步实施双独二孩、单独二孩直至全面放开二孩政策，总和生育率一直受到生育政策的影响。未来，为了实现人口与经济社会发展相适应，国家仍会实施相应的政策。因此，虽然与其他学者或机构的预测结果不尽相同，本书认为在未来仍然存在政策调整可能的情况下难以选定一个完全准确的总和生育率进行预测。并且，本书的主要工作在于评估城乡居民基本养老保险制度的可持续发展，在关于人口趋势的预测没有大的差异的情况下，对主要研究结论不会产生决定性影响。

二、城镇化率预测

时间序列法是城镇化水平预测的一个常用方法。目前可以获得的城镇化水平数据涵盖1949—2019年。① 对城镇化水平（CIT）的一阶差分序列进行单位根（ADF）检验，结果显示在1%水平上拒绝原假设（原假设为有单位根，非平稳序列），即CIT的一阶差分序列不具有单位根，为平稳序列（见图4-1）。

Null Hypothesis: D(CIT) has a unit root
Exogenous: Constant
Lag Length: 0 (Automatic - based on SIC, maxlag=11)

		t-Statistic	Prob.*
Augmented Dickey-Fuller test statistic		-3.923454	0.0031
Test critical values:	1% level	-3.528515	
	5% level	-2.904198	
	10% level	-2.589562	

*MacKinnon (1996) one-sided p-values.

图4-1 CIT一阶差分序列单位根检验结果

资料来源：基于城镇化率历史数据利用Eview10.0分析。

借助自相关系数和偏自相关函数对CIT一阶差分序列适用的时间序列模型进行识别（见图4-2）。自相关（ACF）图像呈拖尾状，偏自相关（PACF）在一期后就截尾了，虽然在3期又出现大于置信区间的情况，但根据简约原则，不宜建立太高滞后期的模型，可以认为CIT一阶差分序列服从AR（1）过程，应建立ARIMA（1，1，0）模型。

接下来建立CIT一阶差分序列的ARIMA（1，1，0）模型。估计结果见图4-3。

① 本书撰稿完成时所能获得的最新数据为2019年的数据。在书稿编辑出版过程中，又有一些年份的最新数据公布，但为保持书稿前后的一致性，未将2020年或2021年数据重新纳入计算。后文其他涉及预测的基础数据亦均采用撰写时所能获得的数据。

Date: 09/29/20 Time: 11:48
Sample: 1949 2053
Included observations: 70

Autocorrelation	Partial Correlation		AC	PAC	Q-Stat	Prob
		1	0.624	0.624	28.405	0.000
		2	0.350	-0.064	37.476	0.000
		3	0.371	0.294	47.847	0.000
		4	0.409	0.113	60.615	0.000
		5	0.419	0.168	74.217	0.000
		6	0.328	-0.052	82.705	0.000
		7	0.369	0.238	93.594	0.000
		8	0.312	-0.168	101.48	0.000
		9	0.195	-0.015	104.62	0.000
		10	0.206	0.004	108.19	0.000
		11	0.211	-0.009	112.00	0.000
		12	0.188	-0.048	115.08	0.000
		13	0.145	0.026	116.94	0.000
		14	0.140	0.001	118.70	0.000
		15	0.158	0.029	121.00	0.000
		16	0.082	-0.083	121.62	0.000
		17	0.046	0.010	121.82	0.000
		18	0.064	-0.025	122.21	0.000
		19	0.037	-0.046	122.34	0.000
		20	0.053	0.071	122.63	0.000
		21	-0.004	-0.124	122.63	0.000
		22	-0.031	0.016	122.73	0.000
		23	-0.017	-0.012	122.76	0.000
		24	-0.075	-0.075	123.38	0.000

图 4-2　CIT 一阶差分序列自相关和偏自相关图

资料来源：基于城镇化率历史数据利用 Eview10.0 分析。

Dependent Variable: D(CIT)
Method: ARMA Maximum Likelihood (OPG - BHHH)
Date: 07/24/20 Time: 12:42
Sample: 1950 2019
Included observations: 70
Convergence achieved after 13 iterations
Coefficient covariance computed using outer product of gradients

Variable	Coefficient	Std. Error	t-Statistic	Prob.
C	0.716445	0.184386	3.885574	0.0002
AR(1)	0.617255	0.077949	7.918759	0.0000
SIGMASQ	0.289765	0.030680	9.444756	0.0000

R-squared	0.390280	Mean dependent var	0.713671
Adjusted R-squared	0.372079	S.D. dependent var	0.694356
S.E. of regression	0.550218	Akaike info criterion	1.691760
Sum squared resid	20.28357	Schwarz criterion	1.788124
Log likelihood	-56.21159	Hannan-Quinn criter.	1.730037
F-statistic	21.44323	Durbin-Watson stat	1.905076
Prob(F-statistic)	0.000000		

Inverted AR Roots	.62

图 4-3　CIT 序列 ARIMA (1, 1, 0) 模型估计结果

资料来源：基于城镇化率历史数据利用 Eview10.0 分析。

各项解释变量的系数在1%水平下均显著。模型 F 检验值为21.443 23，对应的概率值 P 为0.000 0，表明模型显著。本模型样本容量为70，解释变量数为1，查 DW 检验临界值表，DL 和 DU 分别为1.583和1.641。本模型的 DW 值为1.905 076，即 $DU<DW<4-DU$，表明模型随机误差项无自相关。

相关图和Q统计量检验结果显示（见图4-4），模型Q统计量的 P 值均大于0.05，累积Q统计量为24.263，P 值为0.800，所以在5%的显著性水平下，不拒绝原假设，即残差为白噪声序列，可以认为模型较好地

Date: 09/29/20 Time: 13:01
Sample: 1949 2053
Included observations: 70
Q-statistic probabilities adjusted for 1 ARMA term

Autocorrelation	Partial Correlation		AC	PAC	Q-Stat	Prob
		1	0.047	0.047	0.1595	
		2	-0.214	-0.217	3.5596	0.059
		3	0.074	0.102	3.9752	0.137
		4	0.127	0.073	5.2062	0.157
		5	0.205	0.244	8.4621	0.076
		6	-0.052	-0.050	8.6721	0.123
		7	0.188	0.308	11.510	0.074
		8	0.137	0.031	13.039	0.071
		9	-0.079	0.005	13.560	0.094
		10	0.060	0.013	13.866	0.127
		11	0.080	0.028	14.417	0.155
		12	0.061	-0.054	14.740	0.195
		13	0.001	-0.000	14.740	0.256
		14	0.016	-0.020	14.762	0.322
		15	0.133	0.068	16.393	0.290
		16	-0.021	-0.048	16.434	0.354
		17	-0.042	-0.002	16.600	0.412
		18	0.063	-0.002	16.988	0.455
		19	-0.033	-0.085	17.095	0.517
		20	0.088	0.093	17.884	0.530
		21	-0.029	-0.078	17.970	0.589
		22	-0.046	-0.021	18.197	0.637
		23	0.070	0.021	18.728	0.662
		24	-0.098	-0.083	19.770	0.656
		25	0.045	0.031	20.000	0.697
		26	-0.043	-0.075	20.210	0.736
		27	-0.042	-0.007	20.419	0.771
		28	0.094	0.055	21.484	0.763
		29	-0.107	-0.059	22.879	0.739
		30	-0.062	-0.063	23.370	0.759
		31	-0.083	-0.083	24.260	0.760
		32	0.004	0.007	24.263	0.800

图4-4 CIT序列ARIMA（1，1，0）回归残差的白噪声检验

资料来源：基于城镇化率历史数据利用Eview10.0分析。

拟合了数据，已经充分提取了时间序列中的信息。

利用该模型对2017—2019年城镇化水平进行预测，来检验模型的预测精度（见图4-5）。Theil不等系数（Theil Inequality Coefficient）是衡量模型预测精度的指标之一，取值在0和1之间，取值为0表示预测值与实际值完全相同，取值越小表明预测精度越高。本模型的Theil不等系数为0.002 579，且2017—2019年的预测值与实际值误差均小于1%（见表4-5），表明预测准确度极高。

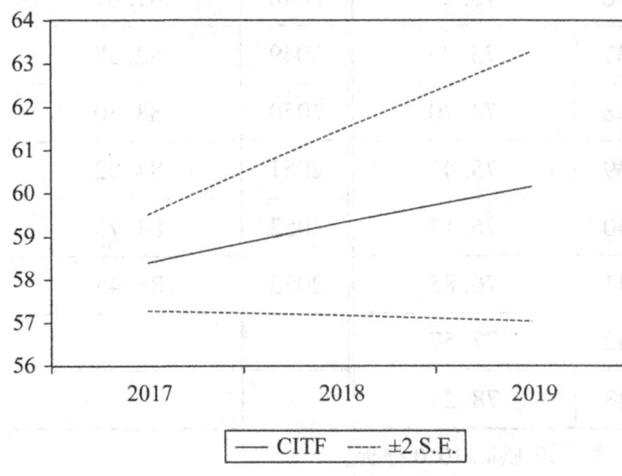

图4-5　CIT序列ARIMA（1，1，0）模型预测结果

资料来源：基于城镇化率历史数据利用Eview10.0分析。

表4-5　2017—2019年城镇化水平实际值与预测值比较　　%

年份	实际	预测	误差率
2017	58.519 7	58.395 4	0.212 4
2018	59.580 2	59.315 0	0.445 1
2019	60.600 0	60.156 9	0.731 2

资料来源：基于城镇化率历史数据与本书预测值计算整理。

2020—2053年间的城镇化水平预测结果见表4-6。

本书的预测结果与一些既有研究文献的预测结果接近。例如李善同等人运用多种方法预测2030年、2040年和2050年中国城镇化率分别为68.38%、75.37%和81.63%。[233] 本书预测的结果分别是68.97%、76.13%和83.30%，误差较小。这也表明，该模型预测效果较好。

表 4-6　　2020—2053 年城镇化水平预测结果　　%

年份	城镇化率	年份	城镇化率	年份	城镇化率
2020	61.50	2032	70.40	2044	79.00
2021	62.34	2033	71.12	2045	79.72
2022	63.12	2034	71.84	2046	80.43
2023	63.88	2035	72.55	2047	81.15
2024	64.63	2036	73.27	2048	81.87
2025	65.36	2037	73.99	2049	82.58
2026	66.09	2038	74.70	2050	83.30
2027	66.81	2039	75.42	2051	84.02
2028	67.53	2040	76.13	2052	84.73
2029	68.25	2041	76.85	2053	85.45
2030	68.97	2042	77.57		
2031	69.69	2043	78.28		

资料来源：基于城镇化率历史数据利用 Eview10.0 分析。

三、农村人口预测

预期寿命、死亡模式、生育水平、出生性别比等参数采用与全国相同的数据。农村生育模式同样利用 2015 年 1%人口抽样调查数据计算分年龄生育比例。此外，我国目前正处于城镇化水平不断提升的阶段，农村向城镇的人口迁移会影响农村的人口和结构。因此，需要考虑人口迁移因素的影响。

（一）生育模式

本书利用 2015 年 1%人口抽样调查数据计算得出我国农村育龄妇女分年龄生育比例，并且假设在 2015—2053 年，该生育模式保持不变（见表 4-7）。

表 4-7　2015—2053 年农村育龄妇女分年龄生育比例

年龄	比例	年龄	比例	年龄	比例
15	0.001 111	28	0.064 933	41	0.006 207
16	0.003 589	29	0.054 460	42	0.005 479
17	0.007 804	30	0.045 264	43	0.004 713
18	0.014 279	31	0.038 073	44	0.004 330
19	0.024 446	32	0.033 718	45	0.004 228
20	0.035 570	33	0.029 159	46	0.003 985
21	0.047 014	34	0.023 283	47	0.003 883
22	0.060 118	35	0.019 094	48	0.003 653
23	0.070 425	36	0.015 544	49	0.003 576
24	0.084 947	37	0.011 686		
25	0.092 048	38	0.009 745		
26	0.083 350	39	0.008 544		
27	0.074 550	40	0.007 191		

资料来源：根据 2015 年 1%人口抽样调查数据计算。

（二）分年度分性别农村人口净迁出率

基于前文预测的全国人口总数据、城镇化水平和每年的男女性别比计算每年农村男性和女性的净迁出率（见表 4-8）。在此，我们需要做一个假设，即在每个年份农村和城镇的男女性别比均和全国水平一样。实际上全国人口男女性别比与农村、城镇内部的男女性别比虽然不完全相同但差异并不大。例如，第六次人口普查数据显示，全国男女性别比为 51.194 7 : 48.805 3，当年农村男女性别比为 51.189 7 : 48.810 3；2015 年 1%人口抽样调查数据显示，全国男女性别比为 51.224 3 : 48.775 7，当年农村男女性别比为 51.225 7 : 48.774 3。因此，可以假设每一年度农村的男女性别比与全国水平一致。

表 4-8　　2016—2053 年农村分性别净迁出比例　　%

年份	男性	女性	年份	男性	女性
2016	2.55	2.28	2035	2.30	2.02
2017	2.46	2.20	2036	2.36	2.07
2018	2.29	2.05	2037	2.43	2.12
2019	2.26	2.02	2038	2.50	2.18
2020	2.06	1.84	2039	2.27	1.98
2021	1.94	1.73	2040	2.33	2.04
2022	1.88	1.67	2041	2.40	2.10
2023	1.85	1.65	2042	2.48	2.16
2024	1.85	1.64	2043	2.56	2.23
2025	1.87	1.65	2044	2.64	2.30
2026	1.89	1.67	2045	2.37	2.06
2027	1.92	1.70	2046	2.45	2.14
2028	1.96	1.73	2047	2.54	2.21
2029	2.00	1.76	2048	2.64	2.30
2030	2.04	1.80	2049	2.74	2.39
2031	2.09	1.84	2050	2.86	2.49
2032	2.14	1.88	2051	2.98	2.59
2033	2.19	1.92	2052	3.11	2.71
2034	2.25	1.97	2053	3.26	2.84

资料来源：根据前文测算数据与参数假定计算整理。

（三）分年龄迁移比例

假设我国的人口迁移主要是农村向城镇的迁移，不存在城镇向农村的反向迁移。在从农村向城镇的迁移中，不同年龄段、不同性别人口的迁移分布是不同的。我们利用 2015 年 1%人口抽样调查中人口迁移的数据来计算不同年龄段人口的迁移比例。在全部迁移人口①中男性占53.96%，女性占46.04%（见表4-9）。

表4-9　　　　农村分年龄分性别人口迁移比例　　　　%

年龄	男	女	年龄	男	女
0	0.281 7	0.303 4	21	3.019 8	3.403 8
1	0.765 2	0.780 9	22	2.794 7	2.852 2
2	0.812 1	0.827 2	23	2.496 5	2.572 8
3	0.917 2	0.927 8	24	2.484 3	2.491 9
4	0.828 4	0.817 2	25	3.516 3	3.758 8
5	0.660 1	0.648 1	26	3.277 9	3.458 7
6	0.685 5	0.641 3	27	3.036 1	3.205 0
7	0.678 4	0.659 4	28	3.200 9	3.327 7
8	0.634 1	0.623 9	29	2.817 8	2.908 4
9	0.618 0	0.594 8	30	2.364 6	2.404 1
10	0.641 2	0.616 7	31	2.205 6	2.269 2
11	0.606 3	0.582 1	32	2.128 7	2.142 9
12	0.536 1	0.503 8	33	2.396 1	2.351 9
13	0.533 9	0.515 2	34	2.000 4	1.991 0
14	0.626 9	0.633 2	35	1.931 4	1.859 4
15	0.951 4	0.809 8	36	2.037 4	1.902 0
16	1.419 9	1.496 1	37	1.905 9	1.795 1
17	1.782 3	1.886 6	38	1.714 8	1.637 5
18	1.754 4	1.828 0	39	1.961 3	1.802 2
19	2.141 5	2.508 8	40	1.970 7	1.813 3
20	3.467 5	4.303 3	41	2.026 5	1.858 7

① 迁移人口是指户口登记在外乡镇的人口减去其中市区内人户分离的人口。

续表

年龄	男	女	年龄	男	女
42	2.008 1	1.831 5	67	0.242 5	0.262 9
43	1.983 0	1.819 8	68	0.224 7	0.245 7
44	1.938 2	1.761 2	69	0.200 8	0.220 6
45	1.999 4	1.793 1	70	0.181 7	0.197 4
46	1.727 4	1.580 2	71	0.157 0	0.169 8
47	1.796 8	1.648 9	72	0.142 8	0.154 7
48	1.335 9	1.201 3	73	0.132 3	0.152 4
49	1.457 4	1.288 4	74	0.126 9	0.138 3
50	1.356 8	1.165 9	75	0.119 5	0.135 3
51	1.227 1	1.064 5	76	0.094 5	0.101 1
52	1.337 8	1.154 1	77	0.096 6	0.106 7
53	0.938 1	0.805 8	78	0.086 3	0.096 7
54	0.464 1	0.433 5	79	0.075 5	0.085 1
55	0.539 9	0.480 2	80	0.060 5	0.076 6
56	0.476 1	0.416 3	81	0.050 8	0.062 4
57	0.596 3	0.550 8	82	0.051 6	0.064 3
58	0.615 0	0.567 4	83	0.039 3	0.052 2
59	0.538 1	0.526 3	84	0.028 7	0.039 7
60	0.518 8	0.562 5	85	0.028 7	0.040 1
61	0.487 4	0.518 9	86	0.019 6	0.029 1
62	0.427 7	0.459 5	87	0.017 7	0.030 8
63	0.407 9	0.454 1	88	0.015 0	0.024 8
64	0.321 6	0.361 5	89	0.009 7	0.014 9
65	0.333 7	0.357 4	90	0.007 7	0.014 0
66	0.307 0	0.326 3	91	0.005 1	0.010 9

续表

年龄	男	女	年龄	男	女
92	0.004 3	0.008 4	97	0.000 5	0.002 0
93	0.003 6	0.006 5	98	0.000 2	0.000 5
94	0.002 2	0.005 5	99	0.000 2	0.000 7
95	0.001 9	0.002 8	100+	0.000 2	0.001 4
96	0.000 8	0.002 6			

资料来源：根据2015年1%人口抽样调查中人口迁移数据计算。

(四) 预测结果

结合前述参数设置，对2020—2053年农村人口规模进行预测，并结合前文对全国人口规模的预测计算当年城镇人口规模。同样，也可以利用这一办法预测2020—2053年城乡内部分性别、各年龄段人口的分布。限于篇幅，此处仅呈现各年份城乡人口总规模（见表4-10）。

表4-10 2020—2053年城乡人口规模 单位：万人

年份	农村	城镇	年份	农村	城镇
2020	54 799	85 484	2030	45 098	97 693
2021	53 827	86 893	2031	44 056	98 776
2022	52 881	88 232	2032	42 994	99 842
2023	51 941	89 520	2033	41 911	100 893
2024	50 999	90 766	2034	40 808	101 926
2025	50 048	91 978	2035	39 687	102 944
2026	49 087	93 160	2036	38 548	103 946
2027	48 112	94 320	2037	37 391	104 930
2028	47 124	95 461	2038	36 214	105 897
2029	46 120	96 585	2039	35 121	106 745

续表

年份	农村	城镇	年份	农村	城镇
2040	34 010	107 575	2047	26 297	112 440
2041	32 882	108 386	2048	25 246	112 971
2042	31 745	109 176	2049	24 196	113 474
2043	30 601	109 944	2050	23 150	113 949
2044	29 452	110 685	2051	22 106	114 399
2045	28 401	111 300	2052	21 068	114 823
2046	27 349	111 883	2053	20 037	115 218

资料来源：利用国际人口预测软件（PADIS-INT）预测。

四、参保缴费人口预测

由于城乡居民基本养老保险制度在农村和城镇实施的时间不同，城乡居民的参保缴费能力、保险制度备选项等不同，因而在参保人口结构、参保比例上存在城乡差异。

在农村，城乡居民基本养老保险制度覆盖面较广，我们假设农村所有 60 岁以下应参保的人口均参保，所有 60 岁及以上的老年人均能领取待遇。

在城镇，居民可以以灵活就业的身份参加城镇职工基本养老保险，或者购买商业养老保险，故不能简单假设 100%全覆盖，需要基于历史数据进行测算。

（一）城镇应就业未就业人口规模

在国家统计局公布的年度数据中，对就业人员的定义是：（1）职工；（2）再就业的离退休人员；（3）私营业主；（4）个体户主；（5）私营企业和个体就业人员；（6）乡镇企业就业人员；（7）农村就业人员；（8）其他就业人员。虽然个体户主、个体就业人员和其他就业人员可以选择参加城乡居民基本养老保险，但由于城乡居民基本养老保险保障待遇较低，且这部分人群的收入能够负担参加城镇职工基本养老保险或购买商业养老保险的支出，而我们又没有充分可靠的数据来推算其中参加城镇职工基本养老保险的比例，为分析简便只能假设城镇所有就业人员均参加城镇职工基本养老保险或购买商业养老保险。城乡居民基本养老保险在城镇覆盖的主要是未就业人口。

根据教育统计数据，2020 年我国初中升高中升学率达到 95.7%。随着教育事业的发展，初中升高中的升学率将会进一步提高。为了便于分析，可以假设初中升高中的升学率为 100%。

接下来要考虑的是大学和研究生在读学生规模。2019 年度《全国教育事业发展统计公报》显示，全国各类高等教育在学总规模为 4 002 万人，高等教育毛入学率为 51.6%，相比 2010 年的 26.5%上升了 25.1 个百分点，年均上涨 2.79 个百分点。虽然影响高等教育毛入学率的因素有很多，如高等教育政策等，但经济发展水平无疑是重要影响因素。[234-236] 并且，政策的因素很难预测，加之近些年来我国高等教育规模稳步扩大，未来也很难再实施类似于高校扩招的政策，因此我们主要根据经济增长因素来估计未来高等教育毛入学率。

我国确定的第二个百年目标是到本世纪中叶把我国建设成为富强民主文明和谐美丽的社会主义现代化强国。从收入层面来理解，可以假设到本世纪中叶我国将成为高收入国家。根据世界银行的数据计算，2018 年高收入国家高等教育毛入学率为 75.10%，OECD 国家为 74.23%，我国香港地区为 76.92%。因此，假设我国高等教育毛入学率到 2050 年将达到 75%并维持下去，且在 2050 年之前保持稳定增长。此外，由于无法获取区分城乡的高等教育毛入学率统计数据，加之未来我国城镇化水平会不断提升，同时考虑到国家在不断强化包括教育在内的公共服务的城乡统筹，所以假设城乡高等教育毛入学率相同（见表 4-11）。

表 4-11　　2019—2053 年高等教育毛入学率　　%

年份	毛入学率	年份	毛入学率	年份	毛入学率
2019	51.6	2031	60.7	2043	69.7
2020	52.4	2032	61.4	2044	70.5
2021	53.1	2033	62.2	2045	71.2
2022	53.9	2034	62.9	2046	72.0
2023	54.6	2035	63.7	2047	72.7
2024	55.4	2036	64.4	2048	73.5
2025	56.1	2037	65.2	2049	74.2
2026	56.9	2038	65.9	2050	75.0
2027	57.6	2039	66.7	2051	75.0
2028	58.4	2040	67.5	2052	75.0
2029	59.1	2041	68.2	2053	75.0
2030	59.9	2042	69.0		

资料来源：根据 2019 年数据与对 2050 年入学率的假定利用线性插值法计算。

另外一个影响城镇未就业人口规模的因素是残疾人口规模。目前，关于我国残疾人口构成的最新数据来自 2006 年第二次全国残疾人抽样调查。从性别划分来看，全国残疾人口中男性为 4 277 万人，占 51.55%；女性为 4 019 万人，占 48.45%。同年，全国总人口中男女性别比为 51.52∶48.48。可见，残疾人口的性别比例与总人口性别比例并不存在明显的差异。

从年龄划分来看，0~14 岁的残疾人口为 387 万人，占残疾人口的 4.66%；15~59 岁的残疾人口为 3 493 万人，占 42.10%；60 岁及以上的残疾人口为 4 416 万人，占 53.24%。相应地，2006 年这三个年龄段人口占总人口的比重分别为 18.47%、68.23%和 13.30%。结合 2006 年分年龄段人口规模，可以得出不同年龄段人口的残疾发生率（见表 4-12）。

表 4-12　第二次全国残疾人抽样调查残疾人口年龄构成

万人，%

	总人口	残疾人口	残疾发生率
0~14 岁	24 277.85	387	1.59
15~59 岁	89 692.26	3 493	3.89
60 岁及以上	17 477.89	4 416	25.27

资料来源：根据第二次全国残疾人抽样调查数据与 2006 年人口统计数据计算整理。

可见，随着年龄提升，残疾比例会随之提升。然而，第二次全国残疾人抽样调查公布的数据中并没有提供 15~59 岁人口中不同年龄的残疾人口规模，只能假设在全国层面上，15~59 岁所有年龄人口的残疾发生率均为 3.89%。

从城乡来看，城镇残疾人口为 2 071 万人，占 24.96%；农村残疾人口为 6 225 万人，占 75.04%。当年城镇和农村人口的比例为 44.84∶55.16。由此得出结论，农村人口的残疾率比城镇要高。这可能与城乡居民的生产生活条件、健康意识与医疗卫生条件等相关。因此，需要考虑城乡人口残疾率的差异，特别是今后相当长时期我国仍将处于城镇化水平不断提升的阶段，如果忽略城乡差异将会导致估计的残疾人口规模出现较大偏差。需要说明的是，虽然经济发展水平会影响生产生活条件、医疗卫生条件与健康意识等，但从第二次全国残疾人口抽样调查的结果来看，在经济发展水平不同的省份残疾人口比例差异并不大（见表 4-13），且也缺少关于残疾人口与经济发展水平关系的调查数据和研究文献。为了简化分析，此处不考虑未来经济发展水平变化对残疾人口比例的影响，即假设城乡、各年龄段残疾人口的比例均维持在第二次残疾人抽样调查的水平。

为了计算城乡不同年龄段的残疾发生率，还需要假设在城镇和农村内部不同年龄段人口残疾发生率的相对水平与全国层面一致，即 15~59 岁、60 岁及以上人口残疾发生率分别是 0~14 岁人口残疾发生率的 2.44 倍、15.85 倍。以农村为例，假设农村 0~14 岁人口的残疾发生率为 x，则 15~59 岁和 60 岁及以上人口的残疾发生率分别为 $2.44x$ 和 $15.85x$，

表 4-13　　各省（自治区、直辖市）残疾人口占总人口的比例　　%

省份	占比	省份	占比	省份	占比
北京	6.5	安徽	5.9	重庆	6.1
天津	5.5	福建	6.3	四川	7.6
河北	7.2	江西	6.4	贵州	6.4
山西	6.0	山东	6.2	云南	6.5
内蒙古	6.4	河南	7.2	西藏	7.0
辽宁	5.3	湖北	6.6	陕西	6.7
吉林	7.0	湖南	6.4	甘肃	7.2
黑龙江	5.7	广东	5.9	青海	5.5
上海	5.3	广西	7.2	宁夏	6.8
江苏	6.4	海南	6.0	新疆	5.3
浙江	6.4				

资料来源：2006 年第二次全国残疾人抽样调查。

根据 2017 年度《中国就业和人口统计年鉴》中 2006 年农村各年龄段抽样人口数据，即可将 2006 年农村残疾人口规模表示为：

$$15\ 219.12x + 48\ 295.73 \times 2.44x + 10\ 227.04 \times 15.85x = 6\ 225$$

解方程结果为 $x = 0.021\ 09$。

按照同样的方法可以计算城镇 0~14 岁人口残疾发生率为 0.009 207。进而可以推算其他年龄段残疾发生率（见表 4-14）。

表 4-14　　城乡各年龄段残疾人口发生率与规模　　%，万人

年龄段	残疾发生率		残疾人口规模			全国各年龄段残疾人口占比
	农村	城镇	农村	城镇	全国	
0~14 岁	2.11	0.92	321	83	404	4.87
15~59 岁	5.15	2.25	2 485	931	3 416	41.18
60 岁及以上	33.43	14.59	3 419	1 057	4 476	53.95
总计			6 225	2 071	8 296	

资料来源：根据第二次全国残疾人抽样调查与前文假设计算。

根据推算的城乡各年龄段残疾发生率，计算全国 0~14 岁、15~59 岁、60 岁及以上残疾人口占全部残疾人口的比重分别为 4.87%、41.18%和 53.95%。与第二次全国残疾人抽样调查的三个年龄段的残疾人口占比（4.66%、42.1%和 53.23%）相比较，结果略有差异但差异不大。因此，在后续对各年份城乡残疾人口规模的推算中可以采用上述推算的残疾人口发生率数据（见表 4-14）。并且，由于无法获知不同年龄人口的残疾人口发生率数据，与上文关于全国层面的假设一致，本书假设城乡内部在 0~14 岁、15~59 岁、60 岁及以上三个年龄段各个年龄的残疾人口发生率是相同的。

虽然残疾人口受教育比例要低于非残疾人口，但随着国家加大对残疾人口教育的投入力度，同时考虑到残疾人口的规模总体较小，为了避免过于复杂的分析，我们假设 18 周岁以下的残疾人口在义务教育和高中阶段均能入学，在高等教育阶段均不入学。虽然实际上 16~18 岁残疾人口中仍有相当部分人口未能入学，19~22 岁人口中也有部分残疾人口入学，但二者相互抵消之后与实际情况的差异会缩小。为了便于分析，可以作此假设。那么城镇应就业人口的规模可以表示为：

城镇 16~59 岁人口-该年龄段义务教育阶段就读人口（16~18 岁）-该年龄段高等教育阶段就读人口-城镇 19~59 岁残疾人口

=城镇 16~59 岁人口-该年龄段义务教育阶段就读人口（16~18 岁）-（城镇 19~22 岁人口-城镇 19~22 岁残疾人口）×高等教育毛入学率-城镇 19~59 岁残疾人口

=城镇 19~59 岁人口-城镇 19~59 岁残疾人口-（城镇 19~22 岁人口-城镇 19~22 岁残疾人口）×高等教育毛入学率

由此计算出城镇应就业人口，与每年城镇就业人口比较即可计算出每年城镇应就业人口的就业率。城镇应就业未就业人口加上城镇 19~59 岁残疾人口即为城镇未就业人口，即在城镇符合城乡居民基本养老保险参保条件的人口（见表 4-15）。

表 4-15　　2012—2019 年城镇居民就业数据　　万人，%

年份	就业人口	毛入学率	应就业人口	就业率	未就业人口
2012	37 102	28.73	43 185	85.91	6 083
2013	38 240	32.43	44 127	86.66	5 887
2014	39 310	42.43	44 572	88.19	5 262
2015	40 410	46.04	45 589	88.64	5 179
2016	41 428	48.02	46 492	89.11	5 064
2017	42 462	49.07	47 227	89.91	4 765
2018	43 419	50.60	47 879	90.68	4 460
2019	44 247	51.50	48 828	90.62	4 581

资料来源：根据 2013—2020 年度《中国统计年鉴》相关数据及前文假设计算。

由上表可以看出，城镇应就业人口的就业率每年维持在 90%左右。所以我们假设未来城镇应就业人口的就业率为 90%，据以计算城镇应就业未就业人口，并与城镇残疾人口数据加总计算城镇符合城乡居民基本养老保险参保条件的人口规模。

根据 2016—2019 年的数据，可以估计城镇符合城乡居民基本养老保险参保条件的人口（应就业未就业人口与残疾人口之和）占城镇 19~59 岁人口的比例，均值为 11.50%（见表 4-16）。

表 4-16　2016—2019 年城镇符合参保条件人口占比　万人，%

年份	城镇 19~59 岁人口	城镇符合参保条件人口	占比
2016	49 491	6 140	12.41
2017	50 220	5 856	11.66
2018	50 872	5 566	10.94
2019	51 916	5 709	11.00
均值			11.50

资料来源：根据相关统计数据与前述测算数据计算整理。

（二）农村参保人口规模

目前可以获得的城乡居民参保数据没有区分城镇和农村。但农村参保水平总体上较高，为了能够进行下一步分析，假定农村应参保居民全部参保。与城镇类似，预测农村参保人口规模同样受到升学人口与残疾人口的影响。农村应参保人口规模为：农村 19~59 岁人口-（农村 19~22 岁人口-农村 19~22 岁残疾人口）×高等教育毛入学率。

（三）城镇参保率

2016—2019 年的数据显示（见表 4-17），近几年城镇居民参加城乡居民基本养老保险的参保率逐年上升，近两年年均增长 20~30 个百分点。随着城乡居民基本养老保险制度的推进实施，可以假设自 2020 年开始城镇应参保人口参保比例达到 100%并维持下去。

表 4-17　　2016—2019 年城镇参加城乡居民基本养老保险情况　　万人，%

年份	城镇应参保人口	城镇实际参保人口	参保率
2016	6 140	155	2. 52
2017	5 856	1 365	23. 31
2018	5 566	3 221	57. 87
2019	5 709	4 548	79. 66

资料来源：根据前文测算数据与参数假定计算整理。

注：由于缺少城镇缴费人口的统计数据，将当年城乡居民基本养老保险参保人口减去当年领待人数，再减去农村应参保人口的结果视为城镇参加城乡居民基本养老保险的人口。

（四）代缴保费人口预测

《国务院关于建立统一的城乡居民基本养老保险制度的意见》规定，“对重度残疾人等缴费困难群体，地方人民政府为其代缴部分或全部最低标准的养老保险费”。从实际执行情况看，多数地区将代缴费群体确定为

“建档立卡贫困人口、低保对象、特困人员、重度残疾人群”。根据《2019 年度人力资源和社会保障事业发展统计公报》，2019 年全年共为 2 529.4 万建档立卡贫困人口、1 278.7 万低保对象、特困人员等贫困群体代缴城乡居民基本养老保险费近42 亿元。随着2020 年底全面脱贫目标的实现，由政府代缴养老保险费的群体将主要是低保对象、特困人员和重度残疾人等。

根据我国《社会救助暂行办法》，低保对象应以户为单位。但考虑到重度残疾人的特殊困难，2015 年民政部与中国残联出台了《关于加强残疾人社会救助工作的意见》，明确要求将生活困难、靠家庭供养且无法单独立户的成年无业重度残疾人，按照单人户纳入最低生活保障范围。2018 年 7 月，民政部与财政部、国务院扶贫办印发《关于在脱贫攻坚三年行动中切实做好社会救助兜底保障工作的实施意见》，要求对未脱贫建档立卡贫困户中靠家庭供养且无法单独立户的重度残疾人、重病患者等完全丧失劳动能力和部分丧失劳动能力的贫困人口，经个人申请，可参照单人户纳入农村低保范围。在国家政策的推动下，各地也都制定了本地针对重度残疾人按照单人户纳入最低生活保障的办法。考虑到重度残疾人在全国人口中所占比例本就不大，即便有部分残疾人因为个人意愿、家庭收入高于标准等因素未能被纳入最低生活保障，其规模也较小，所以本书在估计代缴费群体规模时假定低保群体也包括了重度残疾人。

关于特困供养人员，根据民政部《特困人员认定办法》，主要指城乡老年人、残疾人以及未满 16 周岁的未成年人中同时具备无劳动能力，无生活来源，无法定赡养、抚养、扶养义务人或者其法定义务人无法履行义务能力等条件的人员。从统计数据来看，2017 年农村和城镇特困供养人员中成年人规模分别为 657 733 人和 62 092 人[237]，2018 年分别为 678 225 人和 71 537 人[238]，相比城乡居民基本养老保险的参保人口占比较小，对参保结构影响不大，且政府代缴费标准为最低缴费档次，对基金收支的影响不大。

综合以上考虑，在估计代缴保费时仅考虑城乡最低生活保障覆盖群体。

根据《国务院关于在全国建立农村最低生活保障制度的通知》和《城市居民最低生活保障条例》，最低生活保障标准的确定应当按照当地维持居民基本生活所必需的衣、食、住费用，并适当考虑水电燃煤（燃气）费用以及未成年人的义务教育费用，且要随当地生活必需品价格变化和人民生活水平提高适时进行调整。在经济增长和国民收入分配结构不发生大的变化的情况下，居民收入水平和物价水平均受到经济增长的影响，因而参照居民收入水平的最低生活标准和基于此确定的低保人群的比例将会基本保持稳定。

从对历年城乡最低生活保障覆盖对象的统计数据来看（见表4-18），从2007年到2018年，农村成年人中低保对象占比基本保持稳定，波动较小；城镇成年人中低保对象的占比从3.68%下降到1.26%，降幅明显。随着2020年全面实现现行标准下贫困人口全部脱贫的目标，针对低收入人口的增收工作将从一个短期集中快速脱贫工作转变为常态化增收工作，城乡成年人中低保对象的比例也会保持稳定。

表4-18　2007—2018年城乡成年人中低保对象占比　　%

年份	农村	城镇	年份	农村	城镇
2007	5.29	3.68	2013	7.59	2.70
2008	6.04	3.57	2014	7.40	2.42
2009	6.23	3.48	2015	7.19	2.13
2010	6.87	3.17	2016	6.91	1.86
2011	7.12	3.03	2017	6.32	1.61
2012	7.33	2.86	2018	5.56	1.26

资料来源：根据2007—2019年度《中国民政统计年鉴》和《中国统计年鉴》相关数据计算。

当然，如果经济增长形势和居民收入分配结构发生大的变化，或者财政保障能力以及最低生活保障政策发生大的变化，最低生活保障标准和低保人群比例都会发生变化。如果考虑这些因素，会使问题复杂化以致无法进行下一步的研究。因此，本书假设城乡低保人群的比例稳定在

2018 年的水平，且不存在年龄结构的差异。尽管这一假设有些理想化，但鉴于城乡居民基本养老保险制度代缴人口规模较大，这一假设相比简单忽略低保人口的做法更为可取。

鉴于低保人口收入较低，无力承担以灵活就业身份参加城镇职工基本养老保险的缴费，也无力购买其他商业养老保险，可以假设所有符合条件的城乡低保成年人均参加城乡居民基本养老保险并由政府代为缴费。以 2018 年为例，根据 2018 年度《人力资源和社会保障事业发展统计公报》，2018 年全国实际享受代缴保费的人口为 2 741 万人，当年城镇和农村低保成年人口为 2 353 万人，二者约 400 万人的缺口可能是由于部分人口如重度残疾人未被纳入最低生活保障，但却需要由政府代为缴纳保费。

结合前文对人口的预测，可以计算 2020—2053 年城乡居民基本养老保险参保人口及代缴费人口规模（见表 4-19）。

表 4-19　2020—2053 年城乡居民基本养老保险参保与代缴费人口　单位：万人

年份	农村		城镇		全国	
	参保人口	其中：代缴费人口	参保人口	其中：代缴费人口	参保人口	其中：代缴费人口
2020	28 194	1 566	6 545	707	34 739	2 273
2021	27 542	1 530	6 648	717	34 190	2 247
2022	26 517	1 473	6 682	720	33 199	2 193
2023	25 331	1 407	6 662	719	31 993	2 126
2024	24 307	1 350	6 672	720	30 979	2 070
2025	23 267	1 293	6 672	720	29 939	2 013
2026	22 214	1 234	6 669	720	28 883	1 954
2027	21 349	1 186	6 687	723	28 036	1 909
2028	20 338	1 130	6 665	721	27 003	1 851
2029	19 445	1 080	6 646	719	26 091	1 799
2030	18 476	1 026	6 624	719	25 100	1 745

续表

年份	农村		城镇		全国	
	参保人口	其中：代缴费人口	参保人口	其中：代缴费人口	参保人口	其中：代缴费人口
2031	17 643	980	6 618	721	24 261	1 701
2032	16 847	936	6 606	721	23 453	1 657
2033	16 070	893	6 595	722	22 665	1 615
2034	15 309	851	6 593	721	21 902	1 572
2035	14 677	815	6 616	723	21 293	1 538
2036	14 031	780	6 634	726	20 665	1 506
2037	13 447	747	6 666	731	20 113	1 477
2038	12 830	713	6 676	734	19 506	1 446
2039	12 298	683	6 685	735	18 983	1 418
2040	11 793	655	6 702	737	18 495	1 392
2041	11 261	626	6 712	738	17 973	1 364
2042	10 652	592	6 695	737	17 347	1 329
2043	10 140	563	6 698	737	16 838	1 300
2044	9 608	534	6 698	737	16 306	1 271
2045	9 127	507	6 681	736	15 808	1 243
2046	8 629	479	6 632	730	15 261	1 209
2047	8 043	447	6 556	723	14 599	1 170
2048	7 525	418	6 489	716	14 014	1 134
2049	6 970	387	6 410	708	13 380	1 095
2050	6 368	354	6 319	699	12 687	1 053
2051	5 979	332	6 296	696	12 275	1 028
2052	5 642	313	6 273	694	11 915	1 007
2053	5 359	298	6 240	691	11 599	989

资料来源：根据前文测算数据与参数假定计算整理。

五、领待人口预测

（一）城镇领待人口测算

将城镇领待的老年人分两部分来估算。一部分是正在领待的老年人。正如前文分析，城乡居民基本养老保险制度在城镇的覆盖面相对较小，而我们又无法了解领待老年人的缴费数据，即有多少是在制度实施的时候因年龄达到了60岁而获得了领取基础养老金的资格，有多少是因为在制度实施之后参保缴费并获得了领待的资格，因此对于已经领待的老年人只能通过估算其在城镇60岁及以上老年人中的比例并在今后根据每年这批人存世的规模来计算其中领待的人口数量。另一部分是2019年仍在缴费或今后将开始缴费的人口，这批人则根据缴费人口数据来推算领待人口的规模。

在能检索到的资料中并没有区分城镇和农村领待人口的分布情况。鉴于前文分析，我们假设农村60岁及以上老年人均领取养老金，那么与总的领待人数的差额即为城镇领待老年人的数量，继而通过与当年城镇老年人进行比较即可获得城镇老年人中领待比例。正如前文述及，城镇人口中的就业比例基本保持稳定，且其可以选择的其他养老保险渠道较多，可以假设在制度实施初期受个人既有养老保险险种、个人保险偏好等的影响，城镇老年人在城乡居民基本养老保险中领待比例基本保持稳定。

从计算结果看（见表4-20），从2015年到2018年城镇老年人中领取城乡居民基本养老保险待遇的占比基本保持在33.5%左右，虽略有波动但幅度较小。那些没有领待的或者是参加了城镇职工基本养老保险，或者是出于其他原因，对此我们不做探讨。由于无法获得这些人的年龄结构和缴费数据，我们假定这些人（2019年已经领取养老金的人，定义为A类人口）在未来仍然占到城镇同年龄段人口的33.5%。即2020年61岁及以上的城镇人口、2021年62岁及以上的城镇人口中有33.5%的人领取城乡居民基本养老保险金，以此类推。

表 4-20　2015—2018 年城乡居民基本养老保险领待人口

万人，%

年份	领待人口	农村老年人数	城镇领待人口	城镇老年人数	城镇领待人口占比（%）
2015	14 800	11 134	3 666	11 048	33.18
2016	15 270	11 355	3 915	11 505	34.03
2017	15 598	11 549	4 049	11 956	33.87
2018	15 898	11 721	4 177	12 398	33.69

资料来源：根据 2015—2018 年度《中国统计年鉴》《人力资源和社会保障事业发展统计公报》计算整理。

对于 2020 年开始领取养老金的人口（定义为 B 类人口），从表 4-17 中仅可以获得当年城镇参保人口规模，并没有分年龄的详细数据。即便是城镇总的参保人口规模也是基于城乡居民基本养老保险参保总人口与农村参保人口推算得来的。在此，只能假定在城镇参保人口中不存在年龄结构的差异，即在 2019 年 59 岁的城镇人口中参加城乡居民基本养老保险的人口等于城镇 59 岁人口在城镇 19～59 岁人口中所占比重乘以 2019 年城镇城乡居民基本养老保险参保人口。2019 年城镇人口中参加城乡居民基本养老保险的人口为 4 548 万人，当年城镇 15～59 岁人口为 55 626 万人，59 岁人口约为 911 万人，估计 2019 年城镇 59 岁人口中参加城乡居民基本养老保险的约为 74.5 万人。到 2021 年，这批人的年龄增长到 61 岁，2022 年增长为 62 岁，以此类推。同时，还要假定 2019 年城镇 59 岁人口中参加城乡居民基本养老保险的人与其他人的死亡模式没有区别，因此就可以利用 2019 年城镇 59 岁人口在后续各年的存活情况计算其中领待人口的存活规模。

对于 2020 年后开始领取养老金的人（在 2020 年仍然缴费的人，定义为 C 类人口），由于前文假定 2020 年在城镇实现了应参保人口全部参保，因此他们中的所有应参保人都领取养老金待遇。同样，假定城镇居民参加城乡居民基本养老保险人口的年龄结构和死亡模式与整体没有差别。那么，根据历年城镇19~59岁人口中参加城乡居民基本养老保险的人口占比乘以2020年后每年城镇60岁及以上老年人的数量即为该年度C类人口数量。

根据上述假定，可以估计2020—2053年城镇领取城乡居民基本养老保险待遇人口的规模（见表4-21）。

表4-21　2020—2053年城镇领取城乡居民基本养老保险待遇人口　单位：万人

年份	A类	B类	C类	合计
2020	4 221	74		4 295
2021	4 087	74	72	4 233
2022	3 948	74	197	4 219
2023	3 807	74	370	4 251
2024	3 662	73	518	4 253
2025	3 515	73	668	4 256
2026	3 366	72	819	4 257
2027	3 215	71	952	4 238
2028	3 062	70	1 125	4 257
2029	2 908	69	1 289	4 266
2030	2 753	68	1 465	4 286
2031	2 598	67	1 630	4 295
2032	2 442	65	1 792	4 299
2033	2 287	64	1 950	4 301
2034	2 132	62	2 106	4 300
2035	1 978	60	2 252	4 290
2036	1 827	58	2 391	4 276
2037	1 678	56	2 513	4 247
2038	1 532	54	2 639	4 225
2039	1 389	51	2 771	4 211

续表

年份	A类	B类	C类	合计
2040	1 251	49	2 891	4 191
2041	1 118	46	3 013	4 177
2042	992	43	3 155	4 190
2043	872	40	3 273	4 185
2044	760	37	3 386	4 183
2045	655	34	3 499	4 188
2046	560	31	3 637	4 228
2047	473	28	3 791	4 292
2048	395	25	3 929	4 349
2049	325	22	4 072	4 419
2050	264	19	4 218	4 501
2051	206	16	4 300	4 522
2052	160	14	4 377	4 551
2053	122	12	4 457	4 591

资料来源：根据前文测算数据与参数假定计算整理。

(二) 农村领待人口测算

根据前文假定，城乡居民基本养老保险在农村实现了全覆盖。农村60岁及以上老年人全部领取养老金（见表4-22）。

表4-22　　2020—2053年农村领取城乡居民基本养老保险待遇人口　　单位：万人

年份	人口	年份	人口	年份	人口
2020	12 199	2023	13 056	2026	14 311
2021	12 149	2024	13 468	2027	14 592
2022	12 485	2025	13 886	2028	15 028

续表

年份	人口	年份	人口	年份	人口
2029	15 327	2038	15 336	2047	12 634
2030	15 660	2039	15 069	2048	12 331
2031	15 880	2040	14 754	2049	12 063
2032	16 034	2041	14 451	2050	11 841
2033	16 110	2042	14 209	2051	11 418
2034	16 118	2043	13 856	2052	10 942
2035	16 012	2044	13 511	2053	10 417
2036	15 862	2045	13 183		
2037	15 594	2046	12 866		

资料来源：根据前文测算数据与参数假定计算整理。

六、东中西部人口预测

从历史数据看（见表4-23），无论是农村人口还是城镇人口，在中西部地区和东部地区的分布比例基本保持稳定。从2000年到2018年，城镇人口中东部地区占比从48.65%下降到46.93%，仅下降了1.72个百分点；农村人口中东部地区占比从33.24%上升为33.58%，仅增长了0.34个百分点。

表4-23　　2000—2018年东部和中西部地区城镇和农村人口占比　　%

年份	城镇		农村	
	东部	中西部	东部	中西部
2000	48.65	51.35	33.24	66.76
2001	45.34	54.66	33.19	66.81
2002	45.40	54.60	32.94	67.06
2003	46.26	53.74	31.90	68.10

续表

年份	城镇		农村	
	东部	中西部	东部	中西部
2004	46.12	53.88	32.10	67.90
2005	48.42	51.58	32.54	67.46
2006	48.36	51.64	32.58	67.42
2007	48.17	51.83	32.83	67.17
2008	47.82	52.18	33.00	67.00
2009	47.58	52.42	33.15	66.85
2010	49.16	50.84	33.27	66.73
2011	48.81	51.19	33.40	66.60
2012	48.47	51.53	33.46	66.54
2013	48.25	51.75	33.45	66.55
2014	47.95	52.05	33.54	66.46
2015	47.68	52.32	33.48	66.52
2016	47.45	52.55	33.45	66.55
2017	47.19	52.81	33.51	66.49
2018	46.93	53.07	33.58	66.42

资料来源：根据历年《中国统计年鉴》《中国人口和就业年鉴》数据计算整理。

本书以近10年（2009—2018年）各项比例的均值作为预测未来东部地区和中西部地区城镇与农村人口规模的参考。城镇人口东部和中西部地区占比分别为47.95%和52.05%，农村人口东部和中西部地区占比分别为33.43%和66.57%。

此外，还要假定东部和中西部地区城镇和农村人口中不存在年龄结构、性别、残疾率、入学率等的差异，即可以在计算全国城乡人口、参保与代缴人口的基础上按照东部地区和中西部地区的人口占比分别计算相应人口的规模（见表4-24）。

表 4-24　　2020—2053 年东部和中西部地区参保与代缴人口　　单位：万人

年份	东部		中西部	
	参保	其中：代缴	参保	其中：代缴
2020	12 564	862	22 176	1 410
2021	12 395	855	21 795	1 392
2022	12 069	838	21 131	1 355
2023	11 662	815	20 330	1 311
2024	11 325	797	19 654	1 273
2025	10 977	777	18 962	1 236
2026	10 624	758	18 259	1 196
2027	10 344	743	17 693	1 166
2028	9 995	723	17 008	1 128
2029	9 687	706	16 404	1 093
2030	9 353	688	15 747	1 057
2031	9 072	673	15 190	1 028
2032	8 800	659	14 654	998
2033	8 534	645	14 130	970
2034	8 279	630	13 623	942
2035	8 079	619	13 214	919
2036	7 871	609	12 793	897
2037	7 692	600	12 421	878
2038	7 490	590	12 016	857
2039	7 317	581	11 666	837
2040	7 156	572	11 339	820
2041	6 983	563	10 990	801

续表

年份	东部		中西部	
	参保	其中：代缴	参保	其中：代缴
2042	6 771	551	10 576	778
2043	6 601	542	10 236	758
2044	6 423	532	9 882	739
2045	6 255	522	9 554	721
2046	6 064	510	9 196	699
2047	5 832	496	8 767	674
2048	5 627	483	8 387	651
2049	5 404	469	7 976	626
2050	5 159	453	7 528	599
2051	5 018	445	7 257	583
2052	4 894	438	7 021	570
2053	4 784	431	6 815	558

资料来源：根据前文测算数据与参数假定计算整理。

七、缴费参数预测

按照规定，城乡居民基本养老保险属于自愿参保，本质上可以视为居民的一种储蓄行为。根据经济学的一般假设，居民收入要么用于消费，要么用于储蓄。储蓄是居民可支配收入减去支出后的数额，养老保险缴费作为储蓄的一种会受到居民收支差额的影响。因此，我们首先对城乡居民收入与支出进行预测，继而预测收支差额，再根据缴费水平和收支差额的关系预测参保缴费水平。

从现有的关于城乡居民基本养老保险的缴费历史数据来看，并没有区分城镇居民和农村居民，在制度设计上也没有针对城镇或农村区分缴费档次。而且，城乡居民基本养老保险的制度设计是自愿参保，在待遇构成中政府提供的基础养老金占较大比重，因此很多居民参保的初衷并不仅仅或主要不是为了形成个人的养老积累（如果是为了养老积累的话就不会出现大多数人即便在能够负担的情况下仍然选择最低缴费档次的情况），而是为了甚至主要是为了通过参保获得领取基础养老金的资格。也即缴费档次的选择与居民收入的城乡差异关系不大，加之在城乡居民基本养老保险中参保人口主要是农村居民，因此我们选择以农村居民的历史收入数据、支出数据和平均缴费水平进行分析。

（一）历史数据与口径调整

国家统计局公布了1978年以来的城乡居民收入数据。但在1978—1987年改革开放最初的几年中，我国经济发展相对滞后，经济结构、分配政策都处于调整阶段，城乡居民收入处于恢复性增长阶段，增速较快，较为特殊。1987年，党的十三大提出社会主义有计划的商品经济体制应该是计划与市场内在统一的体制。关于计划与市场的关系，从十二大时以计划经济为主、市场调节为辅，到十三大转为计划与市场平起平坐，并且逐渐把重点向商品经济、市场经济倾斜。由此开始，我国进入建设和逐步完善社会主义市场经济体制的阶段，经济建设工作、城乡居民收入分配机制逐步规范。因此，我们选择1988年以来的数据进行预测。

在国家统计局公布的数据中，2013年前后城乡居民收入的统计口径发生了变化。要使用历史数据进行预测就需要将2013年前后的收入调整成统一口径。由于农村居民收入的统计只是口径发生了变化，而各项收入的构成具有一定的规律，因此新旧口径的收入比较理应有规律可循。

国家统计局在2013—2015年同时公布了新旧口径的农村居民收入数据，通过对两个口径数据的比较确实发现了二者之间相对稳定的关系（见表4-25），新旧口径下收入的比值约为1.0603，且各年变化很小。因此，利用该比值将1988—2012年的数据调整为新口径下农村居民人均可支配收入数据并用于预测。

表 4-25　　2013—2015 年新旧口径农村居民人均收入比较　　单位：元

年份	旧口径	新口径	新口径/旧口径
2013	8 895	9 430	1.060 1
2014	9 892	10 489	1.060 4
2015	10 772	11 422	1.060 3
均值			1.060 3

资料来源：根据 2014—2016 年度《中国统计年鉴》数据计算整理。

国家统计局公布的农村居民年度支出数据口径也发生了变化，也需要将旧口径的统计数据调整为新口径。参考收入新旧口径比较的结论，假定农村居民人均支出新旧口径的比值在各年基本保持稳定，可以用 2013 年新旧口径的比值（7 485/6 625.5＝1.129 7）来调整历史数据。

（二）农村居民人均可支配收入预测

为了验证模型的预测精度，我们将 2019 年列为样本外数据，仅以 1988—2018 年的数据构建模型，并对样本内 2015—2018 年和样本外的 2019 年进行预测，与实际值进行比较来评估预测精度。将农村居民人均可支配收入确定为变量 INC。

采用单位根方法对 INC 序列进行平稳性检验。结果发现，INC 原序列及其一阶差分序列都有单位根，是非平稳序列。对 INC 的二阶差分序列进行单位根检验的结果显示（见图 4-6），单位根检验的 t 值为-5.95，小于 1%的临界水平-3.70，相应的概率 P 值为 0.000 0，可以拒绝 INC 的二阶差分序列非平稳的原假设，即经过二次差分后的 INC 序列是平稳的，可以建立 ARIMA 模型。

接下我们利用 Eview 软件的自动 ARIMA 预测（Automatic ARIMA Forecasting）功能进行模型识别与选择（见图 4-7）。

Null Hypothesis: D(INC,2) has a unit root
Exogenous: Constant
Lag Length: 1 (Automatic - based on SIC, maxlag=7)

		t-Statistic	Prob.*
Augmented Dickey-Fuller test statistic		-5.948474	0.0000
Test critical values:	1% level	-3.699871	
	5% level	-2.976263	
	10% level	-2.627420	

*MacKinnon (1996) one-sided p-values.

图 4-6 INC 二阶差分序列单位根检验结果

资料来源：基于农村居民收入历史数据利用 Eview10.0 分析。

Model Selection Criteria Table
Dependent Variable: D(INC, 2)
Date: 01/29/21 Time: 14:34
Sample: 1988 2053
Included observations: 29

Model	LogL	AIC*	BIC	HQ
(3,2)(0,0)	-186.561319	13.349056	13.679093	13.452420
(3,3)(0,0)	-186.527771	13.415708	13.792893	13.533838
(4,2)(0,0)	-186.543727	13.416809	13.793994	13.534938
(4,3)(0,0)	-185.751503	13.431138	13.855471	13.564034
(2,3)(0,0)	-187.756811	13.431504	13.761541	13.534868
(2,0)(0,0)	-190.784737	13.433430	13.622023	13.492495
(0,1)(0,0)	-192.029957	13.450342	13.591786	13.494640
(0,2)(0,0)	-191.272772	13.467088	13.655680	13.526153
(1,1)(0,0)	-191.374783	13.474123	13.662715	13.533188
(2,4)(0,0)	-187.391960	13.475308	13.852493	13.593437
(4,4)(0,0)	-185.469663	13.480666	13.952148	13.628328
(3,1)(0,0)	-189.495741	13.482465	13.765354	13.571062
(3,0)(0,0)	-190.595163	13.489322	13.725062	13.563153
(2,1)(0,0)	-190.684334	13.495471	13.731212	13.569302
(4,0)(0,0)	-189.927612	13.512249	13.795138	13.600846
(4,1)(0,0)	-188.976985	13.515654	13.845691	13.619018
(0,0)(0,0)	-194.079656	13.522735	13.617031	13.552267
(3,4)(0,0)	-187.204786	13.531365	13.955698	13.664260
(0,3)(0,0)	-191.205116	13.531387	13.767128	13.605218
(0,4)(0,0)	-190.247242	13.534293	13.817181	13.622890
(1,2)(0,0)	-191.247771	13.534329	13.770070	13.608160
(1,0)(0,0)	-193.298447	13.537824	13.679268	13.582123
(2,2)(0,0)	-190.335834	13.540402	13.823291	13.629000
(1,4)(0,0)	-189.349170	13.541322	13.871359	13.644685
(1,3)(0,0)	-191.190308	13.599332	13.882220	13.687929

图 4-7 INC 二阶差分序列模型估计对比结果

资料来源：基于农村居民收入历史数据利用 Eview10.0 分析。

根据赤池信息量（AIC）最小准则，ARIMA（3，2，2）模型最佳。为了更准确比较和选择模型，我们对所提供的20个模型均进行检验和比较。结果显示，ARIMA（3，2，2）、ARIMA（3，2，3）和ARIMA（4，2，2）三个模型的拟合优度较高、预测精度较高。接下来通过调整R^2、赤池信息量、施瓦兹量（SC）、残差序列检验结果、预测Theil不等系数和预测误差比较三个模型，并选择其中最优的一个。模型结果见表4-26。

表4-26　　农村居民人均可支配收入预测模型比较

		ARIMA（3，2，2）	ARIMA（3，2，3）	ARIMA（4，2，2）
拟合优度指标	R^2	0.515 6	0.521 4	0.518 0
	调整R^2	0.383 5	0.361 8	0.357 3
模型选择准则	AIC	13.35	13.42	13.42
	SC	13.68	13.79	13.79
残差检验	累积Q统计量	4.27	4.26	4.26
	*P*值	0.748	0.641	0.642
预测精度指标	Theil不等系数	0.002 9	0.002 6	0.002 7
预测误差（%）	2015	0.96	0.77	0.85
	2016	0.77	0.50	0.60
	2017	−0.29	−0.57	−0.47
	2018	0.02	−0.24	−0.15
	2019	−2.24	−2.69	−2.51

资料来源：基于农村居民收入历史数据利用Eview10.0分析整理。

模型诊断结果显示，ARIMA（3，2，2）模型累积Q统计量为4.27，*P*值为0.748；ARIMA（3，2，3）模型累积Q统计量为4.26，*P*值为0.641；ARIMA（4，2，2）模型累积Q统计量为4.26，*P*值为0.642，均不能拒绝原假设，表明残差不存在序列相关性，可以认为模型较好地拟合了数据。

从预测精度指标来看，也显示出三个模型的预测精度较高。Theil不等系数的取值在0~1，取值为0表示预测值与实际值完全相同，取值越小表明预测精度越高。三个模型的Theil不等系数值分别为0.002 9、0.002 6和0.002 7，表明三个模型对2015—2019年的预测准确度极高。

从预测误差率来看，对样本内2015—2018年的预测误差率均在1%以内，对样本外2019年的预测误差也在3%以内，表明三个模型的预测精度非常高。

三个模型比较来看，ARIMA（3，2，2）调整R^2略高，赤池信息量和施瓦兹量也低于另外两个模型，且对样本外2019年的预测误差率要小于另外两个模型。因此，我们选择ARIMA（3，2，2）模型。限于篇幅，下面仅给出ARIMA（3，2，2）模型估计结果（见图4-8）、诊断结果（见图4-9）和预测结果（见图4-10）。

Dependent Variable: D(INC,2)
Method: ARMA Maximum Likelihood (OPG - BHHH)
Date: 01/29/21 Time: 14:44
Sample: 1990 2018
Included observations: 29
Convergence not achieved after 500 iterations
Coefficient covariance computed using outer product of gradients

Variable	Coefficient	Std. Error	t-Statistic	Prob.
C	34.03085	27.74674	1.226481	0.2330
AR(1)	-1.325365	0.197559	-6.708707	0.0000
AR(2)	-1.288009	0.220618	-5.838183	0.0000
AR(3)	-0.590224	0.215411	-2.739998	0.0120
MA(1)	1.276743	22.57688	0.056551	0.9554
MA(2)	0.998721	35.31499	0.028280	0.9777
SIGMASQ	18437.43	645206.6	0.028576	0.9775

R-squared	0.515573	Mean dependent var	38.77890
Adjusted R-squared	0.383457	S.D. dependent var	198.5437
S.E. of regression	155.8970	Akaike info criterion	13.34906
Sum squared resid	534685.4	Schwarz criterion	13.67910
Log likelihood	-186.5613	Hannan-Quinn criter.	13.45242
F-statistic	3.902415	Durbin-Watson stat	1.932911
Prob(F-statistic)	0.008348		

Inverted AR Roots	-.32+.87i	-.32-.87i	-.69
Inverted MA Roots	-.64+.77i	-.64-.77i	

图4-8 INC序列ARIMA（3，2，2）模型估计结果

资料来源：基于农村居民收入历史数据利用Eview10.0分析。

Date: 07/16/20 Time: 15:45
Sample: 1988 2050
Included observations: 29
Q-statistic probabilities adjusted for 5 ARMA terms

Autocorrelation	Partial Correlation		AC	PAC	Q-Stat	Prob
		1	0.012	0.012	0.0048	
		2	-0.058	-0.058	0.1167	
		3	-0.137	-0.136	0.7671	
		4	0.029	0.029	0.7983	
		5	-0.054	-0.072	0.9071	
		6	0.049	0.036	1.0009	0.317
		7	0.022	0.022	1.0199	0.601
		8	-0.216	-0.236	3.0169	0.389
		9	-0.066	-0.045	3.2145	0.523
		10	0.037	0.012	3.2787	0.657
		11	-0.098	-0.181	3.7627	0.709
		12	-0.098	-0.103	4.2734	0.748

图 4-9　INC 序列 ARIMA (3, 2, 2) 模型残差序列相关性结果

资料来源：基于农村居民收入历史数据利月 Eview10. 0 分析。

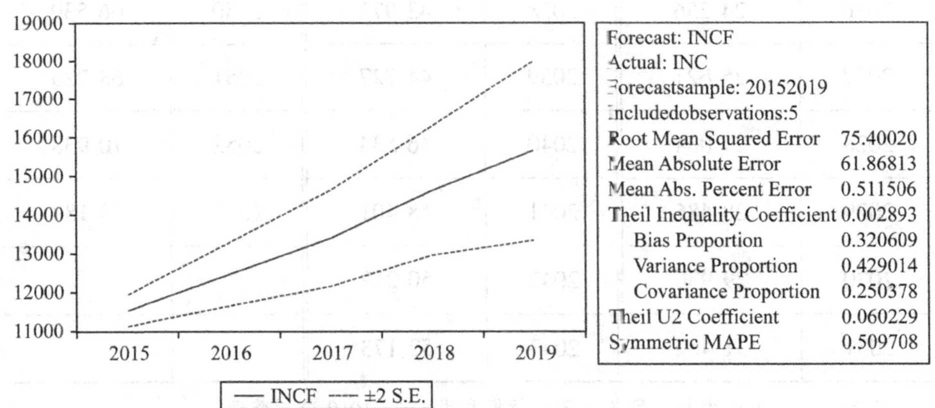

图 4-10　INC 序列 ARIMA (3, 2, 2) 模型预测结果

资料来源：基于农村居民收入历史数据利用 Eview10. 0 分析。

接下来对 2020—2053 年的农村居民人均可支配收入进行预测，预测结果见表 4-27。

(三) 农村居民人均消费支出预测

一般认为人均消费支出受到收入水平的影响，且长期边际消费倾向相对稳定。[239] 从 1988—2019 年我国农村居民人均可支配收入 (incrural)

表 4-27　2020—2053 年农村居民人均可支配收入预测结果　单位：元

年份	预测值	年份	预测值	年份	预测值
2020	16 712	2032	33 016	2044	54 136
2021	17 960	2033	34 553	2045	56 119
2022	19 187	2034	36 189	2046	58 121
2023	20 324	2035	37 843	2047	60 179
2024	21 634	2036	39 487	2048	62 270
2025	22 986	2037	41 206	2049	64 377
2026	24 256	2038	42 971	2050	66 530
2027	25 621	2039	44 727	2051	68 725
2028	27 084	2040	46 534	2052	70 938
2029	28 486	2041	48 401	2053	73 189
2030	29 930	2042	50 272		
2031	31 482	2043	52 173		

资料来源：基于农村居民收入历史数据利用 Eview10.0 分析整理。

与人均消费支出（conrural）的散点图也可以看出这一点（见图 4-11）。

利用 1988—2019 年的农村居民人均可支配收入和人均消费支出数据对二者的关系模型进行估计。结果显示（见图 4-12），该模型的 R^2 为 0.997 4，调整后 R^2 为 0.997 3，接近于 1，说明该模型的拟合优度很好，模型合理。模型的 F 统计量是 11 654.86，相应的伴随概率是 0.000 0，小于显著性水平 0.05，表明回归方程显著。自变量系数显著性检验结果显示，t 值为 107.96，对应的概率是 0.000，拒绝自变量 incrural 系数与 0 无显著性差异的原假设，即自变量系数不为 0。

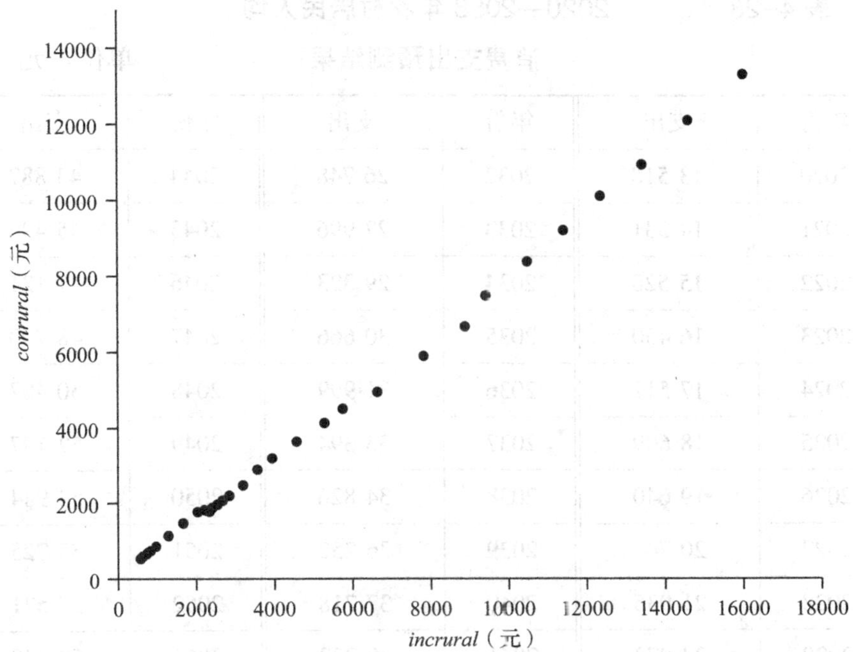

图 4-11　1988—2019 年农村居民人均可支配收入与支出散点图

资料来源：基于农村居民收入与支出历史数据绘制。

Source	SS	df	MS
Model	427724307	1	427724307
Residual	1100976.8	30	36699.2265
Total	428825284	31	13833073.7

Number of obs	=	32
F(1, 30)	=	11654.86
Prob > F	=	0.0000
R-squared	=	0.9974
Adj R-squared	=	0.9973
Root MSE	=	191.57

conrural	Coef.	Std. Err.	t	P>|t|	[95% Conf. Interval]	
incrural	.8114675	.0075165	107.96	0.000	.7961167	.8268183
_cons	-43.07366	51.36525	-0.84	0.403	-147.9755	61.82818

图 4-12　农村居民人均可支配收入与支出回归模型估计结果

资料来源：基于农村居民收入与支出历史数据利用 Stata 15.0 分析。

由此，农村居民人均消费支出与人均可支配收入的关系可以表示为：

$$conrural = 0.8114675 \times incrural - 43.07366$$

结合前文对 2020—2053 年农村居民人均可支配收入的预测，利用上式可以对 2020—2053 年的农村居民人均消费支出作出预测（见表 4-28）。

表 4-28　　2020—2053 年农村居民人均消费支出预测结果　　单位：元

年份	支出	年份	支出	年份	支出
2020	13 518	2032	26 748	2044	43 887
2021	14 531	2033	27 996	2045	45 496
2022	15 526	2034	29 323	2046	47 121
2023	16 450	2035	30 666	2047	48 790
2024	17 512	2036	31 999	2048	50 487
2025	18 609	2037	33 394	2049	52 197
2026	19 640	2038	34 826	2050	53 944
2027	20 748	2039	36 252	2051	55 725
2028	21 935	2040	37 718	2052	57 521
2029	23 073	2041	39 233	2053	59 348
2030	24 244	2042	40 751		
2031	25 504	2043	42 294		

资料来源：根据前文对农村居民人均收入的预测结果估计整理。

（四）城乡居民基本养老保险人均缴费水平预测

城乡居民基本养老保险缴费可以视为居民储蓄（收入减支出）的一部分。通过比较个人缴费水平与农村居民收支余额可以揭示二者之间的规律（见表 4-29）。①

① 撰稿之际仅可获得 2014—2017 年的个人缴费数据。在人力资源社会保障部公布的 2014—2017 年统计公报中公布了个人缴费总收入但缺少准确的缴费人口数据，也无法通过所提供的数据来推算。我们通过检索 2015—2016 年度《中国社会保险发展年度报告》和 2017—2018 年度《中国人力资源和社会保障年鉴》获取了准确的个人缴费水平数据。

表 4-29　2014—2017 年城乡居民基本养老保险人均缴费水平与农村居民人均收支余额比较　元，%

年份	人均缴费水平	农村居民收支余额	缴费占收支余额比重
2017	282	2 477.43	11.38
2016	231	2 233.41	10.34
2015	222	2 198.71	10.10
2014	216	2 105.88	10.26
均值			10.52

资料来源：根据历年农村居民缴费数据与收支余额计算。

2014—2016 年城乡居民基本养老保险人均缴费水平约占当年农村居民收入与支出差额的 10.23%。2014—2017 年的均值约为 10.52%，原因在于 2017 年有 8 个省份提高了缴费档次，从而使 2017 年全国范围内个人缴费占农村居民收支差额的占比略有提高，达到 11.38%。虽然按照城乡居民基本养老保险的制度设计，缴费档次应该根据居民收入的增长而调整，但实际操作中并不是即时调整，而是几年调整一次。因此，既不宜仅仅采用调整当年的比例，也不宜仅采用非调整年份的比例。所以，我们以 2014—2017 年的均值作为计算城乡居民基本养老保险人均缴费的依据，约为当年农村居民人均可支配收入减去人均支出差额的 10.50%。结合前述对 2020—2053 年农村居民人均可支配收入和人均支出的预测，可以计算未来城乡居民基本养老保险人均缴费水平（见表 4-30）。

表 4-30　2020—2053 年城乡居民基本养老保险人均缴费预测结果　单位：元

年份	人均收入	人均支出	收支差额	人均缴费
2020	16 712	13 518	3 194	335
2021	17 960	14 531	3 429	360
2022	19 187	15 526	3 661	384
2023	20 324	16 450	3 874	407

续表

年份	人均收入	人均支出	收支差额	人均缴费
2024	21 634	17 512	4 122	433
2025	22 986	18 609	4 377	460
2026	24 256	19 640	4 616	485
2027	25 621	20 748	4 873	512
2028	27 084	21 935	5 149	541
2029	28 486	23 073	5 413	568
2030	29 930	24 244	5 686	597
2031	31 482	25 504	5 978	628
2032	33 016	26 748	6 268	658
2033	34 553	27 996	6 557	689
2034	36 189	29 323	6 866	721
2035	37 843	30 666	7 177	754
2036	39 487	31 999	7 488	786
2037	41 206	33 394	7 812	820
2038	42 971	34 826	8 145	855
2039	44 727	36 252	8 475	890
2040	46 534	37 718	8 816	926
2041	48 401	39 233	9 168	963
2042	50 272	40 751	9 521	1 000
2043	52 173	42 294	9 879	1 037
2044	54 136	43 887	10 249	1 076
2045	56 119	45 496	10 623	1 115
2046	58 121	47 121	11 000	1 155
2047	60 179	48 790	11 389	1 196
2048	62 270	50 487	11 783	1 237

续表

年份	人均收入	人均支出	收支差额	人均缴费
2049	64 377	52 197	12 180	1 279
2050	66 530	53 944	12 586	1 322
2051	68 725	55 725	13 000	1 365
2052	70 938	57 521	13 417	1 409
2053	73 189	59 348	13 844	1 453

资料来源：根据前文测算数据与参数假定计算整理。

（五）代缴费水平预测

2014 年，国务院印发《关于建立统一的城乡居民基本养老保险制度的意见》，将个人缴费标准统一归并调整为每年 100 元至 2 000 元共 12 个档次，允许省级政府根据实际情况增设缴费档次。同时要求，地方政府对于困难群体代缴部分或全部最低标准养老保险费，即每人每年 100 元。

随着城乡居民收入水平的提高，也基于提高城乡居民基本养老保险待遇水平的考量，2018 年人力资源社会保障部、财政部印发了《关于建立城乡居民基本养老保险待遇确定和基础养老金正常调整机制的指导意见》，要求各地要根据城乡居民收入增长情况，合理确定和调整城乡居民基本养老保险缴费档次标准，供城乡居民选择。对重度残疾人等缴费困难群体，可保留现行最低缴费档次标准。即针对政府代缴群体仍允许按照每年 100 元的标准为其代缴养老保险费。

从各地实践来看，有些地区为缴费困难群体保留了 100 元/年的缴费标准并由政府代缴，如江苏省、辽宁省；有些地区在提高整体缴费档次的同时也提高了困难群体的缴费标准，同样由政府代缴，如深圳市将困难群体政府代缴标准提高至 180 元/年、广东省将困难群体的政府代缴标准提高到 120 元/年、安徽省将困难群体的政府代缴标准提高到 200 元/年。根据 2019 年度《人力资源和社会保障事业发展统计公报》，2019 年全国共为 3 808.1 万建档立卡贫困户或低保对象代缴保费，代缴总额 42 亿元，人均代缴 110 元，相当于当年农村居民人均可支配收入与支出差额（2 693 元）的 4. 08%。

按照人力资源社会保障部等部门的要求，各地要根据城乡居民收入水平的增长情况调整缴费档次，虽然目前针对困难群体保留了 100 元/年的缴费标准，但着眼于提高城乡居民基本养老保险保障水平，更好地实现保障目标，以及避免造成困难群体与正常缴费群体待遇差距过大的考量，未来针对缴费困难群体的代缴标准也应该适当提高。并且，从现实操作来看，有些地方已经提高了代缴费标准。因此，与估计一般缴费档次一样，我们同样假设政府的代缴水平与农村居民人均收支差额保持稳定的比例关系，即 4. 08%。由此可以预测 2020—2053 年城乡居民基本养老保险政府代缴标准（见表 4-31）。

表 4-31　2020—2053 年城乡居民基本养老保险政府代缴标准预测结果　　单位：元

年份	人均收入	人均支出	收支差额	人均代缴
2020	16 712	13 518	3 194	130
2021	17 960	14 531	3 429	140
2022	19 187	15 526	3 661	149
2023	20 324	16 450	3 874	158
2024	21 634	17 512	4 122	168
2025	22 986	18 609	4 377	179
2026	24 256	19 640	4 616	188
2027	25 621	20 748	4 873	199
2028	27 084	21 935	5 149	210
2029	28 486	23 073	5 413	221
2030	29 930	24 244	5 686	232
2031	31 482	25 504	5 978	244
2032	33 016	26 748	6 268	256
2033	34 553	27 996	6 557	268

续表

年份	人均收入	人均支出	收支差额	人均代缴
2034	36 189	29 323	6 866	280
2035	37 843	30 666	7 177	293
2036	39 487	31 999	7 488	305
2037	41 206	33 394	7 812	319
2038	42 971	34 826	8 145	332
2039	44 727	36 252	8 475	346
2040	46 534	37 718	8 816	360
2041	48 401	39 233	9 168	374
2042	50 272	40 751	9 521	388
2043	52 173	42 294	9 879	403
2044	54 136	43 887	10 249	418
2045	56 119	45 496	10 623	433
2046	58 121	47 121	11 000	449
2047	60 179	48 790	11 389	465
2048	62 270	50 487	11 783	481
2049	64 377	52 197	12 180	497
2050	66 530	53 944	12 586	514
2051	68 725	55 725	13 000	530
2052	70 938	57 521	13 417	547
2053	73 189	59 348	13 841	565

资料来源：根据前文测算数据与参数假定计算。

八、缴费补贴预测

《国务院关于建立统一的城乡居民基本养老保险制度的意见》提出，地方人民政府应当对参保人缴费给予补贴。对选择最低档次标准缴费的，补贴标准不低于每人每年30元；对选择较高档次标准缴费的，适当增加补贴金额。从实际操作来看，城乡居民基本养老保险参保人口多数选择最低缴费档次，政府缴费补贴主要也是最低补贴。因此，本书暂不考虑对选择较高缴费档次参保人口的高额补贴，而是假定政府对所有参保人员的缴费补贴均为最低补贴标准。

关于最低缴费补贴，人力资源社会保障部、财政部《关于建立城乡居民基本养老保险待遇确定和基础养老金正常调整机制的指导意见》提出要建立缴费补贴调整机制。各地要建立城乡居民基本养老保险缴费补贴动态调整机制，根据经济发展、个人缴费标准提高和财力状况，合理调整缴费补贴水平，对选择较高档次缴费的人员可适当增加缴费补贴，引导城乡居民选择高档次标准缴费。该意见下发后，有些省份在调整缴费档次的同时也提高了缴费补贴标准。例如，辽宁省[240]、福建省[241]均将最低缴费档次提高为每年200元，对应的缴费补贴也从30元提高到40元。我们以对200元缴费档次补贴40元为基础，根据缴费水平的变化对应调整补贴标准，并假定未来政府对于参保人员缴费补贴的增速与参保人员人均缴费水平的增速保持一致。

九、给付参数预测

城乡居民基本养老保险养老金由基础养老金和个人账户养老金构成。其中，基础养老金由中央确定最低标准，各地基于地方实际确定地方标准。从实际执行情况来看，各地都在中央确定的最低标准基础上适当提高标准。可以把基础养老金分成中央确定的中央基础养老金和地方自主提高的地方基础养老金两部分。

（一）个人账户养老金按照个人账户计发方法给付待遇

根据《国务院关于建立统一的城乡居民基本养老保险制度的意见》，个人账户包括个人缴费、政府缴费补贴、集体补助及其他缴费资助，并按规定计息积累。个人账户养老金月计发标准为个人账户全部储存额除以139。

关于个人账户计息，利率由各地确定。有些地区参照中国人民银行规定的一年期定期存款基准利率执行，如黑龙江省参照这一标准将2019年城乡居民基本养老保险个人账户记账利率确定为1.5%[242]；有些地方参照当地金融机构存款利率执行，如广西根据广西农村信用社公布的广西农村合作金融机构人民币存款利率将2019年个人账户记账利率确定为2.25%[243]；还有些地方参照城镇职工基本养老保险个人账户记账利率执行，如江苏[244]。

为了提高城乡居民基本养老保险个人账户养老金水平和支付能力，《国务院关于印发基本养老保险基金投资管理办法的通知》以及《关于建立城乡居民基本养老保险待遇确定和基础养老金正常调整机制的指导意见》均强调，要开展城乡居民基本养老保险基金委托投资，实现基金保值增值。并且，城镇职工基本养老保险基金在开展委托投资方面已经做了探索，取得了良好收益，未来城乡居民基本养老保险也会提高记账利率。故本书拟选择1.5%（2019年人民银行公布的一年期定期存款利率）、2.5%、5%和7.5%（约等于城镇职工基本养老保险个人账户记账利率）等利率水平估计城乡居民基本养老保险养老金水平与基金支付压力。

（二）基础养老金根据城乡居民基本收入增长情况调整

2009年试点实施新型农村社会养老保险时，中央基础养老金标准为55元。2014年该标准提高到70元。2018年，人力资源社会保障部、财政部《关于建立城乡居民基本养老保险待遇确定和基础养老金正常调整机制的指导意见》要求，建立基础养老金正常调整机制，统筹考虑城乡居民收入增长、物价变动和职工基本养老保险等其他社会保障标准调整情况来调整城乡居民全国基础养老金最低标准。同年，中央基础养老金标准由70元提高到88元。

鉴于对未来物价变动的预测较为复杂，且居民收入增长也会受到物价变化的影响，本书仅比较居民收入增长与中央基础养老金的关系。由于城乡居民基本养老保险覆盖群体主要是农村居民，因此主要参照农村居民人均可支配收入来比较中央基础养老金水平。同时，虽然我们可以获得2009年试点实施新型农村社会养老保险时的基础养老金标准，但这是在制度尚未大范围推广的摸索阶段确定的。当时的主要工作是推动制度在全国范围内的推广与实施，尚未建立起基础养老金标准的调整机制，不宜作为评估中央基础养老金标准与农村居民人均可支配收入关系的依据。2014年开始，城乡居民基本养老保险合并实施，制度的规范化程度进一步提升，因此我们选择2014—2018年的农村居民人均可支配收入和中央基础养老金标准进行比较。

2014—2018年我国农村居民人均可支配收入从10 489元增长到14 617元，年均增速为8.65%。同一时段的城乡居民基本养老保险中央基础养老金从70元增长到88元，年均增速为5.89%。中央基础养老金的年均增速约为农村居民人均可支配收入增速的0.68倍。这一数字一方面体现了城乡居民基本养老保险领待老年人能够分享改革发展的成果，另一方面又体现了多劳多得的原则，即在职劳动者从经济发展中获得更高的收入增速。

关于地方基础养老金，目前并没有全国性的覆盖所有省份的详细统计数据，不仅各省份之间标准不一、各省份内部标准也存在差异，而且从各省的标准来看，地方基础养老金与地方经济发展水平、人民收入水平的关系又不十分密切。为了避免使问题复杂化以致难以研究，本书基于全国层面来分析地方基础养老金水平，假定地方基础养老金也按照农村居民人均可支配收入增速的0.68倍增长。事实上，2015—2017年全国城乡居民月人均基础养老金分别为每月100元、105元和111元，增速分别为5.0%和5.7%，相当于当年农村居民人均纯收入增速的0.61和0.66倍，接近于中央基础养老金增速与农村居民人均可支配收入增速的比例关系。

需要说明的是，上述估计的增速为年均增速。但是，现实中无论是中央基础养老金还是地方基础养老金均不是每年调整一次，国家标准和各省标准也不是同时调整，有的省份调整频次高，有的省份调整频次低，所以无法确定统一的调整周期。鉴于未来城乡居民基本养老保险待遇调整机制将会不断完善，也是为了更好地体现让城乡居民基本养老保险参保人口分享改革发展成果的原则，可以假定基础养老金每年都按照农村居民人均可支配收入增速的0.68倍做调整。2018年我国城乡居民人均基础养老金为124元，结合对基础养老金增速的假定可以估计到2053年我国各年城乡居民基本养老保险人均基础养老金水平见表4-32。

表4-32　　2018—2053年城乡居民基本养老保险基础养老金水平

单位：元

年份	基础养老金	其中：		年份	基础养老金	其中：	
		中央	地方			中央	地方
2018	124	88	36	2036	245	174	71
2019	132	94	38	2037	252	179	73
2020	135	96	39	2038	259	184	75
2021	142	101	41	2039	268	190	78
2022	149	106	43	2040	275	195	80
2023	155	110	45	2041	282	200	82
2024	162	115	47	2042	289	205	84
2025	169	120	49	2043	297	211	86
2026	176	125	51	2044	304	216	88
2027	182	129	53	2045	312	221	91
2028	189	134	55	2046	320	227	93
2029	196	139	57	2047	327	232	95
2030	203	144	59	2048	335	238	97
2031	210	149	61	2049	342	243	99
2032	217	154	63	2050	351	249	102
2033	224	159	65	2051	358	254	104
2034	231	164	67	2052	366	260	106
2035	238	169	69	2053	374	265	109

资料来源：根据前文测算数据与参数假定计算。

十、全国 GDP 与财政收入预测

公共财政在城乡居民基本养老保险制度中承担了重要角色，不仅为贫困户、低保群体和其他缴费困难群体代缴费用，还对选择较高缴费档次的参保人口给予激励补贴，更主要的是为所有参保人口提供基础养老金。例如，2016 年城乡居民基本养老保险基金收入中财政补助收入占到了 70.4%。其中，有 1 890 亿元是基础养老金支出。这部分支出占到当年城乡居民基本养老保险基金支出总额的 87.9%。可见，财政补贴在城乡居民基本养老保险基金收支中占有重要角色，财政能否提供充足的补贴直接影响制度的可持续发展，评判制度是否能够实现可持续发展亦无法回避对财政负担水平和可持续性的评估。因此，需要对体现经济发展水平的 GDP 和政府财政收入进行预测。

（一）2020—2053 年我国人均 GDP 增速预测

关于未来我国人均 GDP 的增长情况，不同机构或学者给出了不完全一致的预测结果（见表 4-33）。

表 4-33 部分学者关于我国人均 GDP 增速的预测结果 %

预测者（年份）	时间区间	预测增速	平均增速
Hawksworth、Cookson（2006）[245]	2007—2050	4.6	
汇丰银行（2011）[246]	2020—2030	5.5	4.67
	2030—2040	4.4	
	2040—2050	4.1	
经济合作与发展组织（2012）[247]	2011—2030	6.4	4.2
	2030—2060	2.8	
中国社会科学院经济研究所课题组（2012）[248]	2021—2030	5.4~6.3	5.4~6.3

续表

预测者（年份）	时间区间	预测增速	平均增速
Pritchett、Summers（2014）	2013—2023	5.01	4.15
	2023—2033	3.28	
陆旸、蔡昉（2016）[249]	2021—2025	5.77	5.47
	2026—2030	5.17	
普华永道（2017）	2016—2050	3.0	3.00
白重恩、张琼（2017）[250]	2021—2025	5.57	4.03
	2026—2030	4.82	
	2031—2035	3.94	
	2036—2040	3.40	
	2041—2045	3.46	
	2046—2050	2.98	
清华大学中国与世界经济研究中心（2017）[251]	2017—2025	6.0	4.09
	2026—2035	4.0	
	2036—2050	3.0	
李标（2018）[252]	2021—2025	6.02	4.89
	2026—2030	5.52	
	2031—2035	5.05	
	2036—2040	4.56	
	2041—2045	4.16	
	2046—2049	4.02	
盛来运等（2018）[253]	2021—2035	5.1	4.20
	2036—2050	3.3	
易信（2018）[254]	2020—2025	5.5~6.5	4.95
	2026—2035	4.4~5.5	
	2035—2050	3.7~4.4	

续表

预测者（年份）	时间区间	预测增速	平均增速
刘伟（2019）[255]	2021—2025	7.29	6.92
	2026—2030	6.97	
	2031—2035	6.49	

总体来看学者们均认为未来我国经济增速将会逐年下降。这既是经济增长的一般规律，也是我国经济从高速增长阶段转向高质量发展阶段的基本要求与主要体现。事实上，影响经济增长的因素有很多，如人口增长、资源环境、经济政策、国际国内环境甚至突发事件等，要对经济增长做出准确的预测十分困难。也正是因为这一原因，不同机构或学者基于不同的参数和模型设定才得出了不同的预测结论。本书的核心议题并不是要对未来经济增长进行预测，因而拟从上述预测结论选择一个作为本书的参考。

党的十九大报告提出的我国第二个百年目标是建成富强民主文明和谐美丽的社会主义现代化强国。清华大学中国与世界经济研究中心发布的《十九大后的中国经济 2018、2035、2050》从三种情形来理解社会主义现代化强国在收入水平上的含义，分别是达到高收入国家三分之一分位数、中位数和三分之二分位数的水平，对 2018—2050 年的经济增速要求分别是 3.4%、4.1%和 4.6%。考虑到我国经济总体上从高速增长向高质量发展的转变，谨慎起见本书拟采用 2050 年达到高收入国家中位数这一方案，分阶段而言需要人均 GDP 在 2017—2025 年保持年均 6%的增速、2026—2035 年保持年均 4%的增速、2036—2053 年保持年均 3%的增速。假设在每一阶段的人均 GDP 增速年均变化相同，利用插值法可以得到 2020—2053 年每年的人均 GDP 增速，见表 4-34。

（二）人均财政收入

影响人均财政收入的因素有很多，包括经济发展水平、公共财政政策等，但财政收入作为国民收入分配的一部分，根本上取决于经济发展

表 4-34 2020—2053 年人均 GDP 增速预测 %

年份	人均 GDP 增速	年份	人均 GDP 增速	年份	人均 GDP 增速
2020	6.22	2032	3.78	2044	3.00
2021	6.00	2033	3.56	2045	3.00
2022	5.78	2034	3.33	2046	2.99
2023	5.56	2035	3.11	2047	2.98
2024	5.33	2036	3.10	2048	2.96
2025	5.11	2037	3.09	2049	2.95
2026	4.89	2038	3.08	2050	2.94
2027	4.67	2039	3.06	2051	2.93
2028	4.44	2040	3.05	2052	2.91
2029	4.22	2041	3.04	2053	2.90
2030	4.00	2042	3.03		
2031	4.00	2043	3.01		

资料来源：参考《十九大后的中国经济 2018、2035、2050》相关预测估计。

水平，可以通过分析人均 GDP 与人均财政收入的关系对未来人均财政收入做出预测。鉴于我国 1994 年开始在 50 个城市试点“金税一期”工程，2000 年开始实施“金税二期”工程，并在全国范围内开通增值税防伪税控发票开票、认证、交叉稽核、协查四个子系统，税收征管工作得到改进和强化，如果使用 2000 年以前的财政收入数据进行分析会受到征管等因素的影响，而实际上又没有足够的信息来剥离和控制这些因素。因此，我们选择 2000—2019 年的数据进行分析，首先做人均 GDP 和人均财政收入的散点图（见图 4-13）。

从散点图看，人均 GDP 和人均财政收入接近线性关系。对人均财政收入和人均 GDP 进行回归，模型估计结果如下（见图 4-14）。

模型检验 F 值为 1 775.61，对应的概率为 0.000 0，表明拟合的模型通过显著性检验。模型的 R^2 为 0.990 0，调整后 R^2 为 0.989 4，表明模

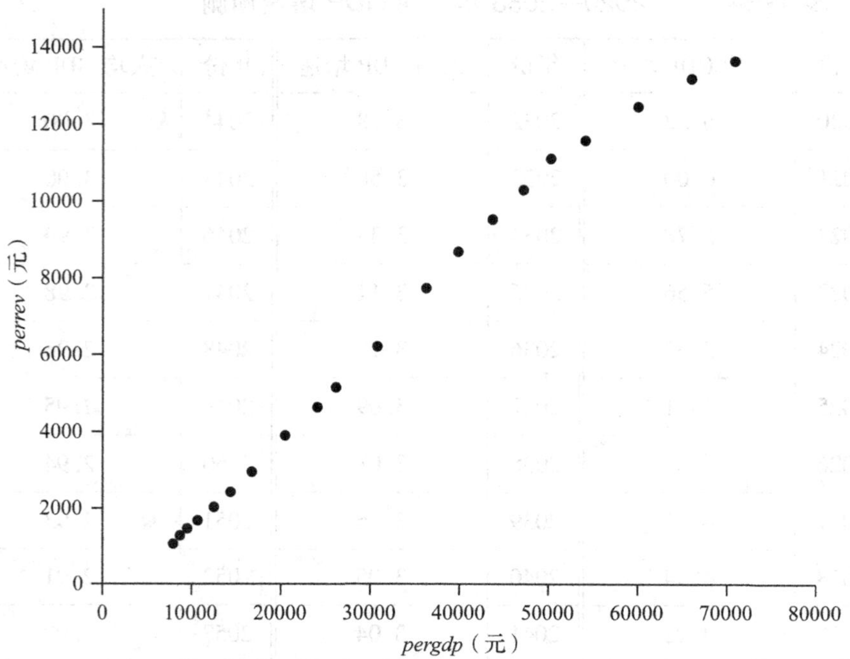

图 4-13　2000—2019 年人均 GDP 与人均财政收入散点图

资料来源：根据历年人均 GDP 与人均财政收入数据绘制。

Source	SS	df	MS			
				Number of obs	=	20
				F(1, 18)	=	1775.61
Model	368281967	1	368281967	Prob > F	=	0.0000
Residual	3733399.46	18	207411.081	R-squared	=	0.9900
				Adj R-squared	=	0.9894
Total	372015367	19	19579756.1	Root MSE	=	455.42

perrev	Coef.	Std. Err.	t	P>|t|	[95% Conf.	Interval]
pergdp	.2151631	.0051062	42.14	0.000	.2044355	.2258908
_cons	-464.8794	194.7759	-2.39	0.028	-874.0883	-55.67055

图 4-14　人均 GDP 与人均财政收入回归模型估计结果

资料来源：根据历年人均 GDP 与人均财政收入数据统计分析。

型拟合优度很高。常数与自变量系数显著性检验 *P* 值均小于 0.05，拒绝了系数为 0 的假设，可以将拟合结果表示为：

$$perrev = 0.2151631 \times pergdp - 464.8794$$

根据这一公式，结合前文对人均 GDP 的估计结果，计算 2020—2053 年人均财政收入并根据预测的人口规模计算财政收入总规模（见表 4-35）。

表 4-35　　2020—2053 年 GDP 与财政收入预测

单位：元，万亿元

年份	人均 GDP	人均财政收入	GDP	财政收入
2020	75 301	15 737	105. 64	22. 08
2021	79 820	16 709	112. 32	23. 51
2022	84 433	17 702	119. 15	24. 98
2023	89 128	18 712	126. 08	26. 47
2024	93 878	19 734	133. 09	27. 98
2025	98 675	20 766	140. 14	29. 49
2026	103 501	21 805	147. 23	31. 02
2027	108 334	22 845	154. 30	32. 54
2028	113 144	23 880	161. 33	34. 05
2029	117 919	24 907	168. 28	35. 54
2030	122 635	25 922	175. 11	37. 01
2031	127 541	26 977	182. 17	38. 53
2032	132 362	28 015	189. 06	40. 01
2033	137 074	29 028	195. 75	41. 45
2034	141 639	30 011	202. 17	42. 84
2035	146 044	30 958	208. 30	44. 16
2036	150 571	31 932	214. 55	45. 50
2037	155 220	32 933	220. 91	46. 87
2038	159 993	33 960	227. 37	48. 26
2039	164 893	35 014	233. 93	49. 67
2040	169 922	36 096	240. 58	51. 11
2041	175 083	37 207	247. 34	52. 56
2042	180 379	38 346	254. 19	54. 04

续表

年份	人均 GDP	人均财政收入	GDP	财政收入
2043	185 813	39 515	261. 15	55. 54
2044	191 388	40 715	268. 21	57. 06
2045	197 129	41 950	275. 39	58. 60
2046	203 019	43 217	282. 67	60. 17
2047	209 058	44 517	290. 04	61. 76
2048	215 252	45 849	297. 51	63. 37
2049	221 602	47 216	305. 08	65. 00
2050	228 111	48 616	312. 74	66. 65
2051	234 783	50 052	320. 49	68. 32
2052	241 622	51 523	328. 34	70. 02
2053	248 629	53 031	336. 28	71. 73

资料来源：根据前文测算数据与参数假定计算。

十一、中央与地方财政收入预测

针对城乡居民基本养老保险的补贴既有中央财政补贴，也有地方财政补贴。并且，针对东中西部地区中央和地方财政的补贴责任也有不同。因此，在评估城乡居民基本养老保险对财政收支的影响以及财政的支付能力时，既要在预测财政总收入的基础上估计未来中央和地方财政收入的规模，也需要区分东部和中西部地区各自的财政收入规模。

（一）中央和地方财政收入分配

我国自 1994 年实行分税制改革以来，中央和地方财政收入的占比虽然个别年份有小的波动，但总体比例关系相对比较稳定（见表 4-36）。党的十八大以来，党中央着力推动财税体制改革，理顺中央地方财权和事权。2013—2019 年，中央财政收入与地方财政收入的比例关系平均为

46.27∶53.73。我们假定2020—2053年中央与地方财政收入的占比仍保持这一水平。

表4-36　1995—2019年中央与地方财政收入占比　%

年份	中央	地方	年份	中央	地方
1995	52.17	47.83	2008	53.29	46.71
1996	49.42	50.58	2009	52.42	47.58
1997	48.86	51.14	2010	51.13	48.87
1998	49.53	50.47	2011	49.41	50.59
1999	51.11	48.89	2012	47.91	52.09
2000	52.18	47.82	2013	46.59	53.41
2001	52.38	47.62	2014	45.95	54.05
2002	54.96	45.04	2015	45.49	54.51
2003	54.64	45.36	2016	45.34	54.66
2004	54.94	45.06	2017	47.00	53.00
2005	52.29	47.71	2018	46.61	53.39
2006	52.78	47.22	2019	46.91	53.09
2007	54.07	45.93			

资料来源：根据1996—2020年度《中国统计年鉴》数据计算整理。

（二）东中西部财政收入占比

反映地方财政收入水平既可以采用财政收入总规模也可以采用人均财政收入。从2000—2018年的数据来看，基于财政总收入东部与中西部地区财政收入之比的变异系数比基于人均财政收入的变异系数要小，即更稳定（见表4-37）。因此，我们以2000—2018年东部和中西部地区财政总收入关系为参照，假定2020—2053年二者的比值依然保持1.62∶1，即东部地区财政总收入是中西部的1.62倍。

表4-37　2000—2018年东部地区与中西部地区财政收入比较

年份	人均财政收入之比	财政总收入之比	年份	人均财政收入之比	财政总收入之比
2000	2.52	1.61	2011	2.10	1.48
2001	2.96	1.79	2012	2.00	1.41
2002	2.94	1.79	2013	1.96	1.39
2003	2.99	1.82	2014	1.95	1.38
2004	2.89	1.76	2015	1.99	1.41
2005	2.81	1.83	2016	2.10	1.49
2006	2.67	1.76	2017	2.11	1.50
2007	2.71	1.79	2018	2.10	1.50
2008	2.57	1.71	均值	2.43	1.62
2009	2.49	1.67	标准差	0.3748	0.159 3
2010	2.28	1.60	变异系数	0.1543	0.098 6

资料来源：根据2001—2019年度《中国统计年鉴》数据计算整理。

根据上文对财政收入的预测及对中央与地方、东部与中西部地区财政收入比例关系的假定，可以估计2020—2053年我国财政收入的分配情况（见表4-38）。

表4-38　2020—2053年财政收入情况预测　单位：万亿元

年份	财政总收入	其中：			
		中央	地方	其中：	
				东部	中西部
2020	22.07	10.21	11.86	7.33	4.53
2021	23.51	10.88	12.63	7.81	4.82

续表

年份	财政总收入	其中：			
		中央	地方	其中：	
				东部	中西部
2022	24.98	11.56	13.42	8.30	5.12
2023	26.47	12.25	14.22	8.79	5.43
2024	27.97	12.94	15.03	9.29	5.74
2025	29.50	13.65	15.85	9.80	6.05
2026	31.01	14.35	16.66	10.30	6.36
2027	32.54	15.06	17.48	10.81	6.67
2028	34.04	15.75	18.29	11.31	6.98
2029	35.55	16.45	19.10	11.81	7.29
2030	37.02	17.13	19.89	12.30	7.59
2031	38.53	17.83	20.70	12.80	7.90
2032	40.01	18.51	21.50	13.29	8.21
2033	41.45	19.18	22.27	13.77	8.50
2034	42.83	19.81	23.02	14.23	8.78
2035	44.16	20.43	23.73	14.67	9.06
2036	45.50	21.05	24.45	15.12	9.33
2037	46.87	21.69	25.18	15.57	9.61
2038	48.26	22.33	25.93	16.03	9.90
2039	49.67	22.98	26.69	16.50	10.19
2040	51.11	23.65	27.46	16.98	10.48
2041	52.56	24.32	28.24	17.46	10.78
2042	54.03	25.00	29.03	17.95	11.08
2043	55.54	25.70	29.84	18.45	11.39
2044	57.06	26.40	30.66	18.96	11.70

续表

年份	财政总收入	其中：			
		中央	地方	其中：	
				东部	中西部
2045	58.61	27.12	31.49	19.47	12.02
2046	60.17	27.84	32.33	19.99	12.34
2047	61.77	28.58	33.19	20.52	12.67
2048	63.37	29.32	34.05	21.05	13.00
2049	65.01	30.08	34.93	21.60	13.33
2050	66.65	30.84	35.81	22.14	13.67
2051	68.32	31.61	36.71	22.70	14.01
2052	70.02	32.40	37.62	23.26	14.36
2053	71.73	33.19	38.54	23.83	14.71

资料来源：根据前文测算数据与参数假定计算整理。

第二节　个人账户养老金预测

基于前文设定的各年缴费水平，假设记账利率为1.5%、2.5%、5.0%和7.5%，分别测算有无财政缴费补贴情况下个人账户待遇水平，包括养老金水平、替代率和收益率。

一、基本假定

由于城乡居民基本养老保险制度统筹层次较低，加上各地在经办管理中做法不同，可能存在不同区域、不同年龄甚至不同年份参保缴费、待遇领取的差异。为便于分析，作出如下假定。

（1）假定参保人年初缴费，各级财政对个人缴费的补贴也在年初进入个人账户，并且选定记账利率后在整个缴费周期不发生变化。

（2）在全体参保居民中，从某一年龄中选定一人作为“标准人”。

该“标准人”一旦参保，便持续缴费，不存在中途退出的情况。

（3）不考虑集体补助、社区补助及其他经济组织的资助。

（4）养老金从达到60岁当年的第一个月开始领取。

（5）在进行折现时，对于缴费按年折现；对于养老金待遇则根据基于平均预期寿命计算的实际领取月数折现。

二、个人账户养老金水平

参保人个人账户积累总额 T 可以表示为：

$$T = \sum_{i=1}^{60-age} (w_i + sub_i)(1 + r)^{(60-age-i+1)}$$

其中，i 为参保年份序号，初次参保为第1年，直至缴费的最后一年（59岁）；age 为参保时的年龄；w_i 为第 i 年个人缴费；sub_i 为第 i 年政府对个人缴费的补贴；r 为个人账户记账利率。

表4-39显示，对同一年龄段人口，记账利率越高，个人账户月养老金水平越高。并且，2012年参保时年龄越小，复利效应越明显，由利率差异导致的个人账户养老金差异就越大。例如，对2012年参保时59岁的人口，记账利率为7.5%时的个人账户养老金是记账利率为1.5%时个人账户养老金的1.06倍。而对于2012年参保时19岁的人群而言，这一差距扩大到3.38倍。

表4-39　　不同记账利率下不同年龄标准人个人账户月养老金水平　　单位：元

初次领待年份	2012年年龄	无缴费补贴				有缴费补贴			
		r=1.5%	r=2.5%	r=5%	r=7.5%	r=1.5%	r=2.5%	r=5%	r=7.5%
2013	59	1.46	1.47	1.51	1.55	1.75	1.77	1.81	1.86
2014	58	2.97	3.02	3.13	3.24	3.57	3.62	3.75	3.89
2015	57	4.59	4.68	4.92	5.15	5.51	5.62	5.90	6.18
2016	56	6.28	6.44	6.84	7.26	7.54	7.73	8.21	8.71
2017	55	8.06	8.30	8.92	9.59	9.68	9.96	10.71	11.51

续表

初次领待年份	2012年年龄	无缴费补贴				有缴费补贴			
		r=1.5%	r=2.5%	r=5%	r=7.5%	r=1.5%	r=2.5%	r=5%	r=7.5%
2018	54	10.25	10.59	11.50	12.49	12.29	12.71	13.80	14.99
2019	53	12.59	13.07	14.34	15.75	15.11	15.68	17.21	18.89
2020	52	15.10	15.74	17.46	19.39	18.12	18.89	20.95	23.26
2021	51	17.77	18.60	20.87	23.43	21.33	22.32	25.04	28.12
2022	50	20.67	21.72	24.63	27.97	24.80	26.07	29.55	33.57
2023	49	23.78	25.10	28.76	33.04	28.54	30.12	34.51	39.65
2024	48	27.11	28.73	33.27	38.66	32.53	34.47	39.93	46.40
2025	47	30.68	32.64	38.21	44.91	36.82	39.16	45.85	53.90
2026	46	34.50	36.84	43.59	51.84	41.40	44.21	52.31	62.21
2027	45	38.56	41.34	49.44	59.48	46.27	49.61	59.32	71.37
2028	44	42.87	46.15	55.78	67.90	51.45	55.38	66.93	81.48
2029	43	47.47	51.29	62.65	77.18	56.96	61.55	75.18	92.61
2030	42	52.33	56.77	70.07	87.36	62.79	68.12	84.09	104.83
2031	41	57.47	62.59	78.09	98.52	68.97	75.10	93.71	118.23
2032	40	62.92	68.78	86.74	110.77	75.50	82.54	104.08	132.93
2033	39	68.67	75.35	96.04	124.17	82.40	90.42	115.25	149.00
2034	38	74.73	82.32	106.05	138.81	89.68	98.78	127.26	166.57
2035	37	81.12	89.69	116.80	154.80	97.34	107.63	140.16	185.76
2036	36	87.84	97.50	128.33	172.24	105.41	116.99	154.00	206.68
2037	35	94.90	105.73	140.69	191.23	113.87	126.87	168.83	229.48
2038	34	102.31	114.42	153.92	211.92	122.77	137.30	184.70	254.30
2039	33	110.08	123.58	168.07	234.42	132.10	148.30	201.69	281.31
2040	32	118.24	133.24	183.20	258.89	141.88	159.88	219.84	310.67
2041	31	126.77	143.40	199.35	285.47	152.12	172.08	239.22	342.56

续表

初次领待年份	2012年年龄	无缴费补贴				有缴费补贴			
		r=1.5%	r=2.5%	r=5%	r=7.5%	r=1.5%	r=2.5%	r=5%	r=7.5%
2042	30	135.70	154.08	216.60	314.32	162.84	184.90	259.91	377.19
2043	29	145.04	165.31	234.98	345.63	174.05	198.37	281.97	414.76
2044	28	154.79	177.09	254.56	379.58	185.75	212.51	305.47	455.49
2045	27	164.97	189.45	275.42	416.36	197.96	227.34	330.50	499.64
2046	26	175.58	202.41	297.61	456.22	210.70	242.89	357.13	547.46
2047	25	186.65	215.99	321.22	499.36	223.98	259.18	385.46	599.24
2048	24	198.19	230.20	346.31	546.07	237.82	276.25	415.57	655.28
2049	23	210.19	245.08	372.97	596.59	252.23	294.10	447.57	715.91
2050	22	222.68	260.64	401.28	651.22	267.22	312.77	481.54	781.47
2051	21	235.68	276.90	431.33	710.29	282.81	332.29	517.60	852.35
2052	20	239.21	283.83	452.90	763.56	287.06	340.59	543.48	916.27
2053	19	242.80	290.92	475.54	820.83	291.36	349.11	570.65	984.99

资料来源：根据前文测算数据与参数假定计算整理。

由于我们假定初始缴费补贴水平为缴费200元补贴40元，且在后续年份缴费补贴增速与缴费水平增速保持一致，即缴费补贴是个人所选择缴费水平的0.2倍。所以，对于任一年龄段人口而言，有缴费补贴时个人账户月养老金水平均相当于无缴费补贴时的1.2倍。

比较不同年龄段人口，2012年开始参保时年龄越小，个人缴费时间越长，再叠加个人缴费水平的提高、复利效应等，个人账户养老金水平越高。例如，在记账利率为1.5%的情况下，2012年参保时59岁人口的个人账户养老金水平为1.46元/月，19岁人口的个人账户养老金水平则达到了242.80元/月，后者是前者的166倍。随着记账利率的提高，复利效应更大，不同年龄群体的养老金差异更大。当记账利率为7.5%时，2012年参保时19岁人口的个人账户养老金达到820.83元/月，是59岁人口（1.55元/月）的530倍。

可见，在城乡居民基本养老保险制度下越早参保，未来个人账户养老金水平越高。为了提高保障水平，应该提高个人账户基金的投资收益率，提高记账利率，从而提高制度对参保人口的吸引力。

此外，从有无缴费补贴的对比可以看出，财政提供的缴费补贴将个人账户养老金水平提升20%，对于2012年参保时年龄为19岁的人口，在记账利率达到7.5%时，其个人账户养老金可以达到985元/月。如果缴费补贴进一步提高，个人账户养老金水平将会进一步提升。可见，财政提供的缴费补贴在提高城乡居民基本养老保险制度保障水平，提高制度对参保人口的吸引力方面发挥了积极作用。但是，在提高财政缴费补贴水平时，还应该考虑财政的负担能力。这是后文基于财政负担评估制度可持续性所要考虑的问题。

由于参保缴费和待遇领取都要持续较长时期，仅仅测量个人账户养老金水平还不能全面准确地评估个人账户待遇。而且，养老保险的根本目的在于保障参保人口的基本生活水平，因此接下来评估个人账户养老金替代率。

三、个人账户养老金替代率

以当年农村居民人均可支配收入为参照，比较不同年龄人口在开始领取养老金的年份其个人账户养老金的替代率（见表4-40）。总体来看，对于同一年龄群体，记账利率越高个人账户养老金替代率越高。对于不同年龄群体，在同一记账利率下基本上呈现出年龄越小（缴费年限越长），替代率越高的规律。但是，当记账利率为1.5%和2.5%时，参保时20岁人口的替代率小于21岁，且19岁人口替代率小于20岁。原因在于，我们预测的农村居民人均可支配收入增速在整个预测期内均大于1.5%和2.5%，人均支出增长率又略高于人均可支配收入。从而基于人均可支配收入差额固定比例计算缴费水平增速小于居民人均可支配收入增速。对于19岁和20岁群体，由于在制度内的缴费时间更长，当记账利率无法抵消个人缴费与居民人均可支配收入增速的差异时，个人养老金的替代率就会变小。当记账利率为5%和7.5%时，则完全抵消了个人缴费与居民人均可支配收入增速的差异，完全呈现出年龄越小（缴费年限越长)，替代率越高的规律。

表 4-40　不同记账利率下个人账户养老金替代率　　%

初次领待年份	2012 年年龄	无缴费补贴				有缴费补贴			
		r=1.5%	r=2.5%	r=5%	r=7.5%	r=1.5%	r=2.5%	r=5%	r=7.5%
2013	59	0.19	0.19	0.19	0.20	0.22	0.23	0.23	0.24
2014	58	0.34	0.35	0.36	0.37	0.41	0.41	0.43	0.44
2015	57	0.48	0.49	0.52	0.54	0.58	0.59	0.62	0.65
2016	56	0.61	0.62	0.66	0.70	0.73	0.75	0.80	0.85
2017	55	0.72	0.74	0.80	0.86	0.86	0.89	0.96	1.03
2018	54	0.84	0.87	0.94	1.03	1.01	1.04	1.13	1.23
2019	53	0.96	1.00	1.10	1.21	1.16	1.20	1.32	1.45
2020	52	1.08	1.13	1.25	1.39	1.30	1.36	1.50	1.67
2021	51	1.19	1.24	1.39	1.57	1.43	1.49	1.67	1.88
2022	50	1.29	1.36	1.54	1.75	1.55	1.63	1.85	2.10
2023	49	1.40	1.48	1.70	1.95	1.68	1.78	2.04	2.34
2024	48	1.50	1.59	1.85	2.14	1.80	1.91	2.21	2.57
2025	47	1.60	1.70	1.99	2.34	1.92	2.04	2.39	2.81
2026	46	1.71	1.82	2.16	2.56	2.05	2.19	2.59	3.08
2027	45	1.81	1.94	2.32	2.79	2.17	2.32	2.78	3.34
2028	44	1.90	2.04	2.47	3.01	2.28	2.45	2.97	3.61
2029	43	2.00	2.16	2.64	3.25	2.40	2.59	3.17	3.90
2030	42	2.10	2.28	2.81	3.50	2.52	2.73	3.37	4.20
2031	41	2.19	2.39	2.98	3.76	2.63	2.86	3.57	4.51
2032	40	2.29	2.50	3.15	4.03	2.74	3.00	3.78	4.83
2033	39	2.38	2.62	3.34	4.31	2.86	3.14	4.00	5.17
2034	38	2.48	2.73	3.52	4.60	2.97	3.28	4.22	5.52
2035	37	2.57	2.84	3.70	4.91	3.09	3.41	4.44	5.89
2036	36	2.67	2.96	3.90	5.23	3.20	3.56	4.68	6.28

续表

初次领待年份	2012年年龄	无缴费补贴				有缴费补贴			
		$r=1.5\%$	$r=2.5\%$	$r=5\%$	$r=7.5\%$	$r=1.5\%$	$r=2.5\%$	$r=5\%$	$r=7.5\%$
2037	35	2.76	3.08	4.10	5.57	3.32	3.69	4.92	6.68
2038	34	2.86	3.20	4.30	5.92	3.43	3.83	5.16	7.10
2039	33	2.95	3.32	4.51	6.29	3.54	3.98	5.41	7.55
2040	32	3.05	3.44	4.72	6.68	3.66	4.12	5.67	8.01
2041	31	3.14	3.56	4.94	7.08	3.77	4.27	5.93	8.49
2042	30	3.24	3.68	5.17	7.50	3.89	4.41	6.20	9.00
2043	29	3.34	3.80	5.40	7.95	4.00	4.56	6.49	9.54
2044	28	3.43	3.93	5.64	8.41	4.12	4.71	6.77	10.10
2045	27	3.53	4.05	5.89	8.90	4.23	4.86	7.07	10.68
2046	26	3.63	4.18	6.14	9.42	4.35	5.01	7.37	11.30
2047	25	3.72	4.31	6.41	9.96	4.47	5.17	7.69	11.95
2048	24	3.82	4.44	6.67	10.52	4.58	5.32	8.01	12.63
2049	23	3.92	4.57	6.95	11.12	4.70	5.48	8.34	13.34
2050	22	4.02	4.70	7.24	11.75	4.82	5.64	8.69	14.10
2051	21	4.12	4.84	7.53	12.40	4.94	5.80	9.04	14.88
2052	20	4.05	4.80	7.66	12.92	4.86	5.76	9.19	15.50
2053	19	3.98	4.77	7.80	13.46	4.78	5.72	9.36	16.15

资料来源：根据前文测算数据与参数假定计算整理。

从替代率也可以看出，早参保群体保障水平更高，记账利率高时保障水平更高，有缴费补贴时保障水平更高。在记账利率为7.5%时，2012年参保时19岁人口有缴费补贴的情况下在领取养老金当年的替代率达到16.15%，比记账利率为1.5%、无缴费补贴、2012年参保时年龄为59岁人口的替代率（0.19%）高出接近16个百分点，是其85倍。

但是，总体来看城乡居民基本养老保险个人账户养老金的替代率还比较低。尤其是目前很多省份设定的记账利率仅为1.5%。在这一记账利率下，即便是2012年参保时19岁的群体，其个人账户替代率在有缴费补贴的情况下也仅能达到4.78%。如果没有缴费补贴，替代率仅为3.98%。这导致不得不依赖政府提供的基础养老金才能进一步提高保障水平。当然，也可以说制度最初关于个人账户养老金与基础养老金的设计定位导致了这一状况。但是无论如何，个人账户养老金保障水平较低，将会导致或是无法实现保障目的，或是需要严重依赖基础养老金。这不仅与城乡居民基本养老保险作为一项社会保险制度本应具备的基本特征不符，也不利于制度本身的可持续发展。

对于同一年龄群体，个人账户记账利率越高，替代率越高。以2012年19岁群体为例（见图4-15），随着记账利率提高，个人账户养老金替代率呈快速上涨趋势。

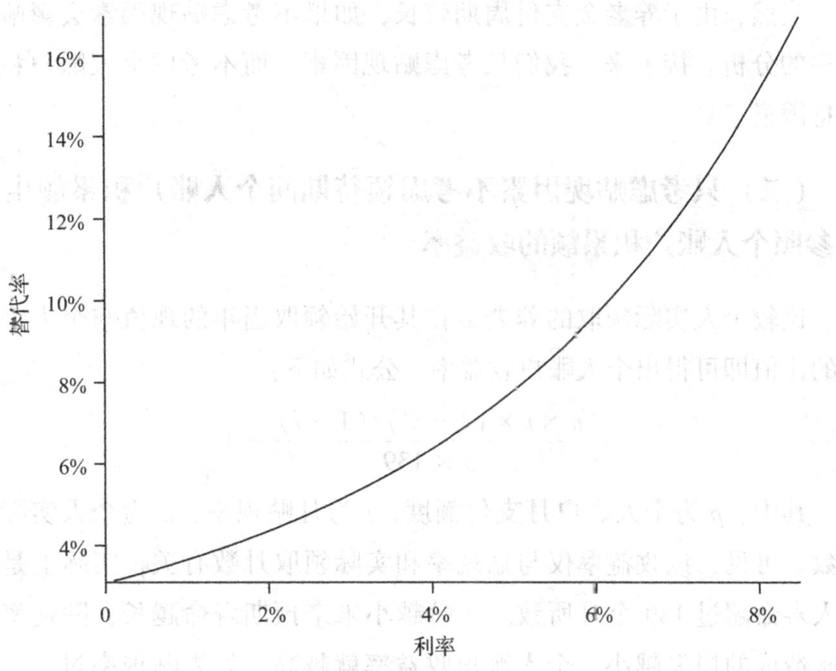

图4-15　不同记账利率下城乡居民基本养老保险个人账户养老金替代率

资料来源：根据前文测算数据与参数假定计算绘制。

四、个人账户养老金收益率

个人参加城乡居民基本养老保险的收益率也是衡量待遇水平的一个

指标。在本部分我们仅基于个人账户养老金待遇来测量收益率。

（一）不考虑贴现和领待期间个人账户积累生息因素参照个人累计缴费额度的收益率

不考虑贴现和利息，仅考虑个人缴费与领取金额的名义值，比较个人累计领取养老金待遇和累计缴费（见表4-41）。总体来看，城乡居民基本养老保险个人账户收益率较高。尤其是低龄参保人口，即便是记账利率仅为1.5%，个人账户收益率也超过100%。这其中既有长寿因素（实际领取时间超过139个月），也有复利和财政补贴因素。比较不同方案，呈现出个人账户记账利率越高，收益率越高的规律，且参保时年龄越小，缴费时间越长，收益率越高。女性收益率高于男性。

当然，由于养老金支付周期较长，如果不考虑贴现因素会影响对收益率的分析。接下来，我们只考虑贴现因素，而不考虑个人账户积累额生息因素。

（二）只考虑贴现因素不考虑领待期间个人账户积累额生息因素参照个人账户积累额的收益率

比较个人实际领取的养老金在其开始领取当年的现值与个人账户积累的比值即可得出个人账户收益率。公式如下：

$$\frac{p \times i \times (1 - i^{n})/(1 - i)}{p \times 139} - 1$$

其中，p 为个人账户月支付额度，i 为月贴现率，n 为个人实际领取月数。可见，该收益率仅与贴现率和实际领取月数有关，实际上是由于个人寿命超过139个月所致。年龄越小未来预期寿命越长，贴现率越低通胀造成的损失越小，个人账户收益率就越高。如果贴现率过高，收益率就会变小甚至有损失，抵消长寿带来的收益。当年度贴现率为4.4%时，2012年参保时年龄为59岁的人口的个人账户收益率即为负值。当贴现率为6.8%时，包括2012年参保时年龄为19岁的人口在内的所有人群的个人账户收益率均为负值（见图4-16）。

表 4-41 2012 年初次参保时不同年龄人口个人账户收益率

（参照个人累计缴费，不考虑利息和贴现） %

初次领待年份	2012 年年龄	个人累计缴费	$r=1.5\%$			$r=2.5\%$			$r=5\%$		
			全国	男性	女性	全国	男性	女性	全国	男性	女性
2013	59	200	69.99	46.34	93.65	71.67	47.78	95.56	75.86	51.38	100.33
2014	58	404	74.79	50.95	97.74	77.38	53.19	100.67	83.92	58.84	108.08
2015	57	620	78.71	54.71	102.72	82.23	57.75	106.71	91.22	65.54	116.91
2016	56	842	81.80	57.62	105.98	86.27	61.49	111.04	97.83	71.52	124.15
2017	55	1 073	84.90	60.55	109.25	90.35	65.28	115.42	104.62	77.67	131.57
2018	54	1 355	87.81	64.22	112.31	94.13	69.75	119.46	110.85	84.36	138.35
2019	53	1 655	90.78	67.05	114.51	98.02	73.38	122.65	117.35	90.31	144.39
2020	52	1 973	93.79	69.91	117.66	101.98	77.09	126.86	124.09	96.48	151.71
2021	51	2 308	96.83	72.80	120.85	106.01	80.86	131.16	131.08	102.87	159.28
2022	50	2 668	99.87	75.70	124.04	110.05	84.65	135.46	138.16	109.36	166.96
2023	49	3 052	102.91	78.60	127.23	114.13	88.47	139.78	145.39	115.99	174.79
2024	48	3 459	105.98	81.52	129.49	118.24	92.33	143.16	152.79	122.78	181.65

续表

初次领待年份	2012年年龄	个人累计缴费	r=1.5%			r=2.5%			r=5%		
			全国	男性	女性	全国	男性	女性	全国	男性	女性
2025	47	3 892	109.05	85.40	132.70	122.38	97.23	147.54	160.35	130.89	189.80
2026	46	4 352	112.13	88.35	135.91	126.55	101.15	151.95	168.05	138.00	198.10
2027	45	4 837	115.23	91.31	138.19	130.77	105.13	155.39	175.95	145.29	205.39
2028	44	5 349	118.34	94.30	141.43	135.03	109.14	159.87	184.04	152.76	214.07
2029	43	5 890	121.47	97.29	144.68	139.32	113.19	164.40	192.30	160.39	222.93
2030	42	6 458	124.61	101.27	147.95	143.66	118.34	168.97	200.78	169.53	232.03
2031	41	7 055	126.79	104.31	150.26	146.98	122.49	172.52	208.14	177.60	240.02
2032	40	7 683	129.96	107.36	153.55	151.39	126.68	177.17	217.00	185.85	249.52
2033	39	8 341	133.15	110.43	155.87	155.85	130.91	180.78	226.09	194.31	257.87
2034	38	9 030	136.36	113.51	159.20	160.36	135.20	185.52	235.41	203.00	267.83
2035	37	9 751	139.58	116.62	162.54	164.91	139.53	190.30	244.97	211.91	278.03
2036	36	10 505	142.82	120.75	164.90	169.52	145.01	194.02	254.77	222.52	287.02
2037	35	11 291	146.08	123.90	168.27	174.18	149.46	198.90	264.84	231.94	297.73

续表

初次领待年份	2012年年龄	个人累计缴费	r=1.5%			r=2.5%			r=5%		
			全国	男性	女性	全国	男性	女性	全国	男性	女性
2038	34	12 111	149.37	127.07	170.66	178.89	153.95	202.70	275.17	241.61	307.19
2039	33	12 966	152.67	130.26	174.07	183.65	158.49	207.67	285.76	251.54	318.43
2040	32	13 856	155.99	134.49	177.50	188.47	164.24	212.71	296.65	263.33	329.97
2041	31	14 782	158.31	137.73	179.92	192.19	168.90	216.63	306.20	273.84	340.19
2042	30	15 745	161.67	140.98	183.39	197.11	173.62	221.77	317.65	284.63	352.31
2043	29	16 745	165.05	144.26	185.84	202.09	178.39	225.78	329.40	295.72	363.08
2044	28	17 782	168.46	148.61	189.35	207.13	184.42	231.03	341.50	308.86	375.85
2045	27	18 858	171.89	151.94	191.83	212.23	189.33	235.14	353.92	320.62	387.22
2046	26	19 973	175.34	155.29	195.38	217.40	194.29	240.51	366.69	332.72	400.66
2047	25	21 128	178.81	158.67	197.90	222.63	199.32	244.71	379.82	345.15	412.66
2048	24	22 324	182.31	162.07	201.49	227.92	204.41	250.19	393.31	357.94	426.82
2049	23	23 561	184.76	166.56	204.03	232.03	210.81	254.50	405.30	373.00	439.49
2050	22	24 840	188.31	170.02	207.67	237.45	216.04	260.11	419.53	386.58	454.43

续表

初次领待年份	2012年年龄	个人累计缴费	$r=1.5\%$			$r=2.5\%$			$r=5\%$		
			全国	男性	女性	全国	男性	女性	全国	男性	女性
2051	21	26 162	191. 87	173. 49	210. 25	242. 93	221. 34	264. 52	434. 18	400. 54	467. 81
2052	20	27 527	183. 65	165. 92	201. 37	236. 55	215. 51	257. 58	437. 02	403. 46	470. 59
2053	19	28 936	175. 89	159. 78	192. 01	230. 58	211. 27	249. 88	440. 36	408. 81	471. 91

资料来源：根据前文测算数据与参数假定计算整理。

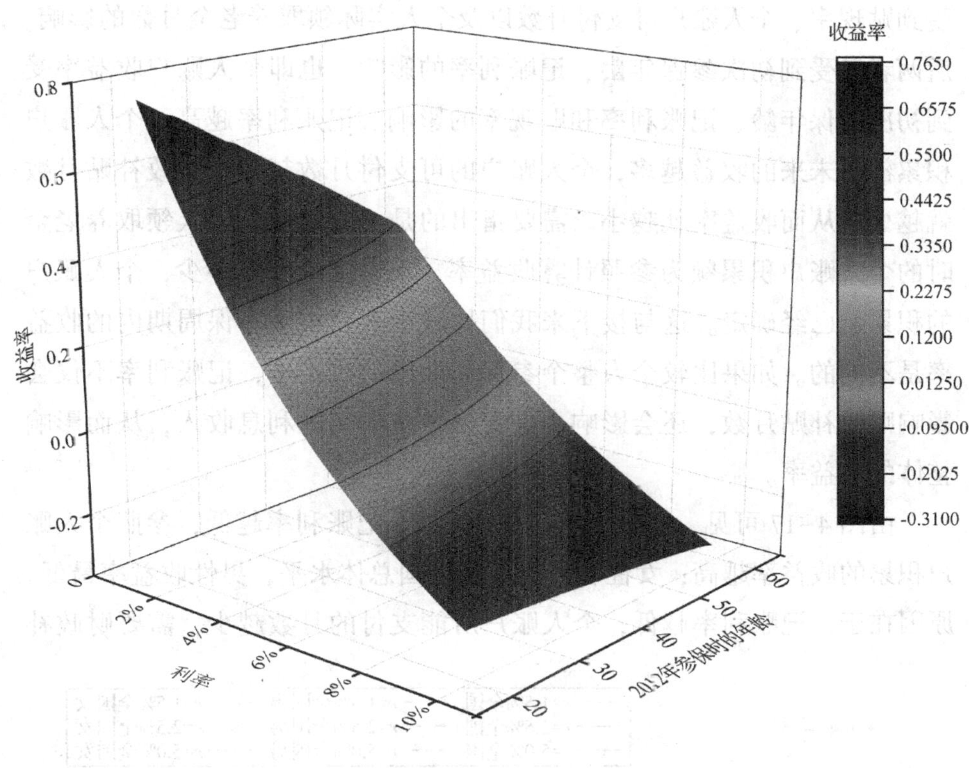

图 4-16　参照个人账户积累规模的个人账户收益率

资料来源：根据前文测算数据与参数假定计算绘制。

注：不考虑 60 岁后个人账户积累生息。

（三）考虑贴现和个人账户积累额生息因素参照个人账户积累规模的收益率

考虑到个人账户在 60 岁之后仍然以某一记账利率在生息，个人缴费的投资收益实际上会一直维持到个人账户支付完毕，个人账户的收益率应该表示为：

$$\frac{p \times i \times (1 - i^{n})/(1 - i) - p \times i \times (1 - i^{m})/(1 - i)}{p \times 139}$$

其中，n 为实际领取月数，m 为个人账户的可支付月数。可见，如果以开始领取养老金时的个人账户积累额为参照，个人参加城乡居民基本养老保险个人账户的收益率实际上与个人账户月养老金水平无关，而是受到贴现率、个人账户可支付月数以及个人实际领取养老金月数的影响。后两者又受到初次参保年龄、记账利率的影响。也即个人账户收益率受到初次参保年龄、记账利率和贴现率的影响。记账利率越高，个人账户积累额在未来的收益越多，个人账户的可支付月数越多，财政补贴月数就越少，从而收益率就越小。需要指出的是，此处是以个人领取养老金时的个人账户积累额为参照计算收益率，无论记账利率多少，个人账户的积累额已经确定。这与接下来我们比较个人在整个参保周期内的收益率是不同的。如果比较个人整个参保周期内的收益率，记账利率不仅会影响财政补贴月数，还会影响个人参保缴费期间的利息收入，从而影响整体的收益率。

由图 4-17 可见，年贴现率为 1.5%时，记账利率越低，参照个人账户积累的收益率越高；女性收益率高于全国总体水平，男性收益率最低。原因在于，记账利率越低，个人账户所能支付的月数越少，需要财政补

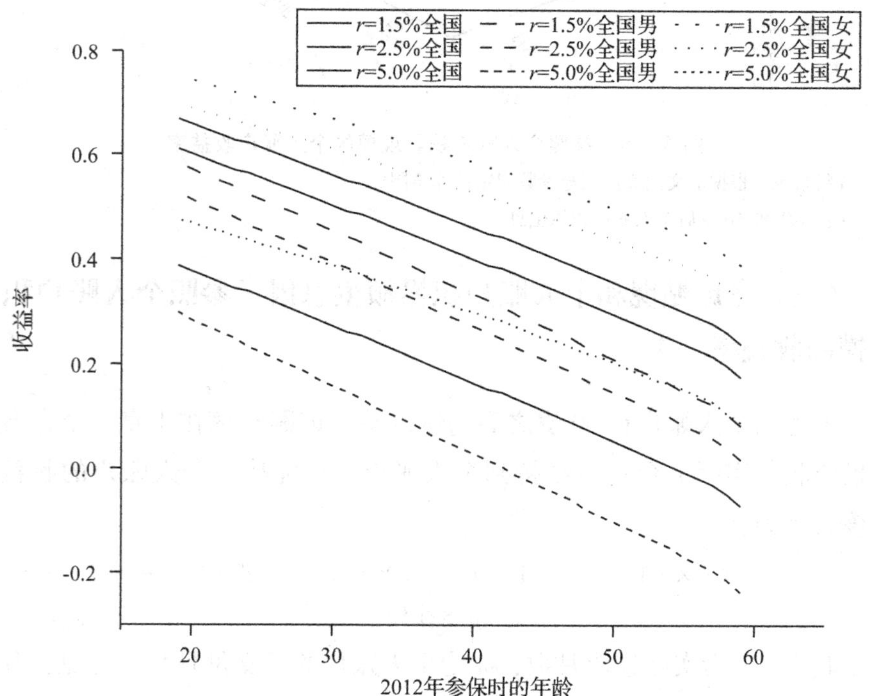

图 4-17　贴现率 $i=1.5\%$ 不同记账利率下不同人群个人账户收益率

资料来源：根据前文测算数据与参数假定计算绘制。

贴的月数越多，从而收益率越高；女性寿命长于男性，需要财政补贴的月数多于男性，从而收益率更高。此外，当记账利率达到5%时，就全国总体水平而言，2012年参保时年龄为55~59岁的人口由于不需要财政补贴，在贴现因素的影响下个人账户的实际收益率为负数；仅考虑男性，2012年参保时年龄为43~59岁人口的实际收益率也为负数。虽然个人账户余额会由指定受益人或法定继承人继承，但这属于家庭内部的财富转移，对于参保者个人而言仍然是利益受损了。

由图4-18可见，除了女性个人账户收益率高于男性的规律外，在记账利率保持在1.5%不变的情况下，贴现率越大个人账户收益率越小。原因在于，贴现率越大，意味着资金延期支付造成的损失越大。

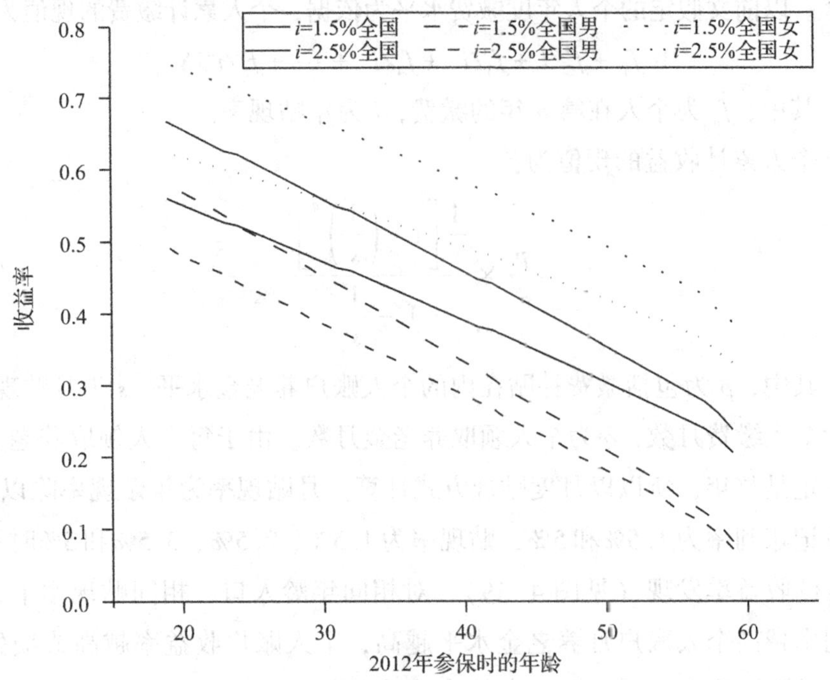

图4-18　记账利率 r=1.5%不同贴现率下不同人群个人账户收益率

资料来源：根据前文测算数据与参数假定计算绘制。

（四）比较个人账户可支付月数与财政补贴月数的收益率

在个人账户积累支付完毕后，财政会继续承担个人账户的支付责任。

比较个人账户可支付月数与财政补贴月数，也可以衡量参加城乡居民基本养老保险制度的收益率。结果发现，收益率同样呈现出女性高于男性，早参保高于晚参保的规律。但是，记账利率越高，个人账户可支付月数就越多，所需财政补贴月数越少，基于财政补贴月数的收益率越低（见表4-42）。

（五）考虑贴现和利息因素参照个人缴费的收益率

上述四个收益率在测算个人账户积累额时并未区分个人缴费与政府财政补贴。而实际上，财政补贴在个人账户中同样占有较大比重。此处我们比较个人累计缴费与累计收益在初次参保年份的现值来衡量个人账户的收益率。以前文假定的个人年度缴费水平为依据，个人累计缴费的现值为：

$$f_1 + f_2/i + f_3/i^2 + f_4/i^3 + \cdots + f_n/i^{n-1}$$

其中，f_n 为个人在第 n 年的缴费，i 为年贴现率。

个人累计收益的现值为：

$$\frac{p}{s^m} \times \frac{\frac{1}{s}\left[1 - \left(\frac{1}{s}\right)^q\right]}{1 - \frac{1}{s}}$$

其中，p 为包括缴费补贴在内的个人账户养老金水平，s 为月贴现率，m 为个人缴费月数，q 为个人领取养老金月数。由于每个人领取养老金并不一定是整年，所以以月度贴现方式计算。月贴现率为年贴现率除以12。比较记账利率为1.5%和5%，贴现率为1.5%、2.5%、3.5%和5%时不同人群的收益率发现（见图4-19），对相同年龄人口，相同贴现率下，记账利率越高个人账户月养老金水平越高，个人账户收益率越高或损失较少；相同记账利率下，贴现率越小造成的损失越小，收益率越高。对不同年龄人口，当记账利率高出贴现率较多时，如记账利率为5%，贴现率为1.5%时，参保时年龄越小，个人账户的收益率越高；而如果记账利率高出贴现率不多甚或小于贴现率，参保者越年轻，参与制度的时间越长，所要承担的因折现造成的损失就越大，个人收益率就越小。

表 4-42　　2012 年初次参保时不同年龄人口个人账户收益率（参照财政补贴月数）　　%

初次领待年份	2012 年年龄	$r=1.5\%$			$r=2.5\%$			$r=5\%$		
		全国	男	女	全国	男	女	全国	男	女
2013	59	26.80	9.15	44.44	18.29	1.83	34.76			7.28
2014	58	29.41	11.76	46.41	20.73	4.27	36.59			8.74
2015	57	31.37	13.73	49.02	22.56	6.10	39.02			10.68
2016	56	32.68	15.03	50.33	23.78	7.32	40.24			11.65
2017	55	33.99	16.34	51.63	25.00	8.54	41.46			12.62
2018	54	35.29	18.30	52.94	26.22	10.37	42.68	0.49		13.59
2019	53	36.60	19.61	53.59	27.44	11.59	43.29	1.46		14.08
2020	52	37.91	20.92	54.90	28.66	12.80	44.51	2.43		15.05
2021	51	39.22	22.22	56.21	29.88	14.02	45.73	3.40		16.02
2022	50	40.52	23.53	57.52	31.10	15.24	46.95	4.37		16.99
2023	49	41.83	24.84	58.82	32.32	16.46	48.17	5.34		17.96
2024	48	43.14	26.14	59.48	33.54	17.68	48.78	6.31		18.45
2025	47	44.44	28.10	60.78	34.76	19.51	50.00	7.28		19.42
2026	46	45.75	29.41	62.09	35.98	20.73	51.22	8.25		20.39

续表

初次领待年份	2012年年龄	r=1.5%			r=2.5%			r=5%		
		全国	男	女	全国	男	女	全国	男	女
2027	45	47.06	30.72	62.75	37.20	21.95	51.83	9.22		20.87
2028	44	48.37	32.03	64.05	38.41	23.17	53.05	10.19		21.84
2029	43	49.67	33.33	65.36	39.63	24.39	54.27	11.17		22.82
2030	42	50.98	35.29	66.67	40.85	26.22	55.49	12.14	0.49	23.79
2031	41	51.63	36.60	67.32	41.46	27.44	56.10	12.62	1.46	24.27
2032	40	52.94	37.91	68.63	42.68	28.66	57.32	13.59	2.43	25.24
2033	39	54.25	39.22	69.28	43.90	29.88	57.93	14.56	3.40	25.73
2034	38	55.56	40.52	70.59	45.12	31.10	59.15	15.53	4.37	26.70
2035	37	56.86	41.83	71.90	46.34	32.32	60.37	16.50	5.34	27.67
2036	36	58.17	43.79	72.55	47.56	34.15	60.98	17.48	6.80	28.16
2037	35	59.48	45.10	73.86	48.78	35.37	62.20	18.45	7.77	29.13
2038	34	60.78	46.41	74.51	50.00	36.59	62.80	19.42	8.74	29.61
2039	33	62.09	47.71	75.82	51.22	37.80	64.02	20.39	9.71	30.58
2040	32	63.40	49.67	77.12	52.44	39.63	65.24	21.36	11.17	31.55

续表

初次领待年份	2012年年龄	r=1.5%			r=2.5%			r=5%		
		全国	男	女	全国	男	女	全国	男	女
2041	31	64.05	50.98	77.78	53.05	40.85	65.85	21.84	12.14	32.04
2042	30	65.36	52.29	79.08	54.27	42.07	67.07	22.82	13.11	33.01
2043	29	66.67	53.59	79.74	55.49	43.29	67.68	23.79	14.08	33.50
2044	28	67.97	55.56	81.05	56.71	45.12	68.90	24.76	15.53	34.47
2045	27	69.28	56.86	81.70	57.93	46.34	69.51	25.73	16.50	34.95
2046	26	70.59	58.17	83.01	59.15	47.56	70.73	26.70	17.48	35.92
2047	25	71.90	59.48	83.66	60.37	48.78	71.34	27.67	18.45	36.41
2048	24	73.20	60.78	84.97	61.59	50.00	72.56	28.64	19.42	37.38
2049	23	73.86	62.75	85.62	62.20	51.83	73.17	29.13	20.87	37.86
2050	22	75.16	64.05	86.93	63.41	53.05	74.39	30.10	21.84	38.83
2051	21	76.47	65.36	87.58	64.63	54.27	75.00	31.07	22.82	39.32
2052	20	77.78	66.67	88.89	65.85	55.49	76.22	32.04	23.79	40.29
2053	19	79.08	68.63	89.54	67.07	57.32	76.83	33.01	25.24	40.78

资料来源：根据前文测算数据与参数假定计算整理。

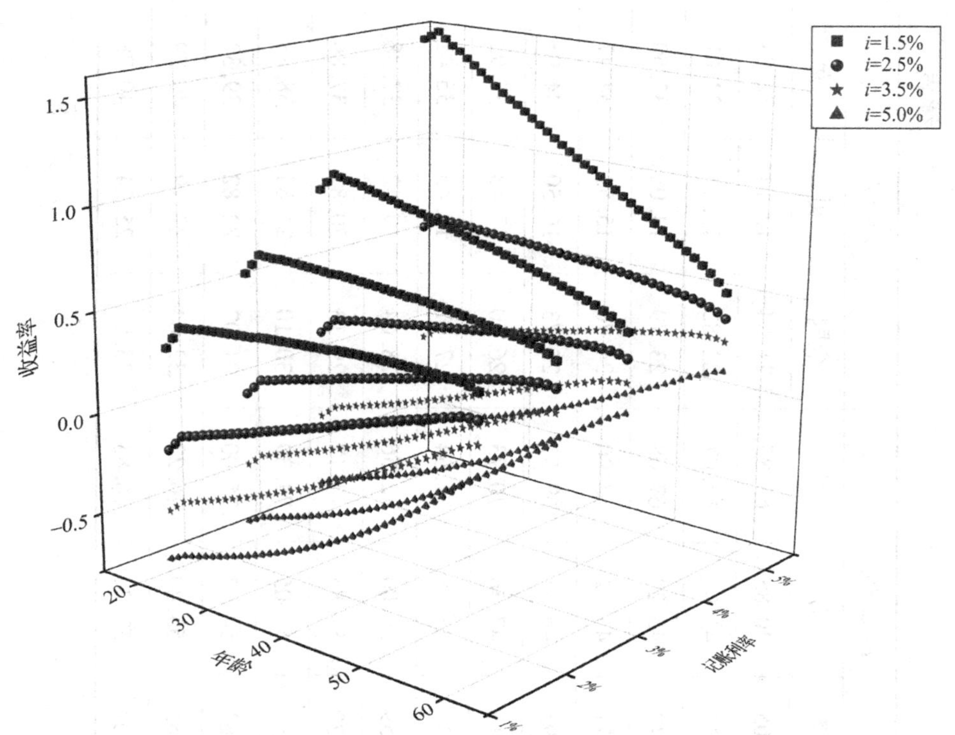

图 4-19　参照个人缴费现值（初次参保年份）的个人账户收益率

资料来源：根据前文测算数据与参数假定计算绘制。

比较记账利率和贴现率同为 5%以及同为 1.5%的情况可以发现，即便记账利率和贴现率相等，不同情况下的个人账户收益率也不同。无论是哪个年龄段，记账利率和贴现率均为 5%时个人账户收益率均小于记账利率和贴现率均为 1.5%时的个人账户收益率。原因在于，由于参保者在城乡居民基本养老保险制度中要经历较长的缴费和领待时间，贴现率越高对个人待遇现值的影响越大，会较大程度上抵消高记账利率带来的收益，导致实际收益率变小。

比较不同年龄人口发现，参保时年龄较大的人口不同方案间的收益率差异小于年轻参保者不同方案间的收益率差异。原因也在于年轻人在制度中的停留时间较长，要承担的折现损失高于年长者。这导致在贴现率较小时（$i=1.5\%$），参保时更年轻的群体的收益率要高于年龄大的群体的收益率，且记账利率越高，二者的差异越明显。随着贴现率变大，年轻参保者收益率高出年长参保者的幅度变小，收益率曲线变得更加平缓。当贴现率 $i=5\%$时，年轻参保者要承担的折现损失更大，收益率要低于年长参保者。此时，不同记账利率下收益率曲线的斜率差异与贴现率较小时所呈现的记账利率越大斜率越大的规律正好相反。在记账利率较高时（$r=5\%$），由于复利可以更多地抵消较高的贴现率造成的折现损失，年轻人与年长者的收益率差异反而更小，收益率曲线的斜率相比记账利率较小时（$r=1.5\%$）要小。

第三节　基本养老金待遇预测

鉴于前文已经比较了缴费补贴对个人账户养老金的影响，为了分析简洁，本部分只考虑政府提供缴费补贴时的基本养老金情况。

一、基本养老金水平与构成

从初次领取养老金时的基本养老金水平看（见表 4-43），相比前文测算的个人账户养老金有明显提高。例如，在记账利率为 1.5%时，2012 年参保时 54 岁的人口在其初次领取养老金的 2018 年，包括缴费补贴在内的个人账户月养老金为 12.29 元，加上基础养老金之后达到 136.29 元，增幅达 10.09 倍。但是，在记账利率较高的情况下，由于个人账户月养老金水平较高，同样的基础养老金所带来的个人基本养老金增幅变小。例如，在记账利率为 7.5%时，个人账户月养老金为 14.99 元，基本养老金为 138.99 元，由基础养老金带来的增幅为 8.27 倍。

表 4-43　不同年龄段人口初次领待时月基本养老金水平

单位：元

初次领待年份	2012 年年龄	记账利率			
		1.5%	2.5%	5%	7.5%
2018	54	136.29	136.71	137.80	138.99
2019	53	147.21	147.78	149.31	150.99

续表

初次领待年份	2012年年龄	记账利率			
		1.5%	2.5%	5%	7.5%
2020	52	154.09	154.86	156.93	159.24
2021	51	164.21	165.20	167.92	170.99
2022	50	174.32	175.58	179.07	183.08
2023	49	184.08	185.66	190.05	195.19
2024	48	194.89	196.83	202.29	208.76
2025	47	206.07	208.42	215.11	223.15
2026	46	217.02	219.83	227.93	237.82
2027	45	228.61	231.95	241.66	253.71
2028	44	240.87	244.80	256.35	270.90
2029	43	253.05	257.64	271.27	288.69
2030	42	265.64	270.96	286.93	307.67
2031	41	278.96	285.10	303.70	328.23
2032	40	292.46	299.49	321.04	349.88
2033	39	306.22	314.25	339.07	372.82
2034	38	320.70	329.81	358.29	397.60
2035	37	335.55	345.84	378.37	423.96
2036	36	350.65	362.24	399.25	451.93
2037	35	366.38	379.38	421.33	481.98
2038	34	382.63	397.16	444.56	514.16
2039	33	399.18	415.38	468.77	548.39
2040	32	416.30	434.30	494.26	585.08
2041	31	434.03	453.98	521.13	624.47
2042	30	452.16	474.21	549.23	666.50

续表

初次领待年份	2012年年龄	记账利率			
		1.5%	2.5%	5%	7.5%
2043	29	470.80	495.12	578.73	711.51
2044	28	490.09	516.85	609.82	759.84
2045	27	509.89	539.27	642.43	811.57
2046	26	530.20	562.38	676.63	866.95
2047	25	551.17	586.37	712.65	926.42
2048	24	572.74	611.16	750.49	990.20
2049	23	594.85	636.72	790.19	1 058.53
2050	22	617.64	663.18	831.95	1 131.88
2051	21	641.09	690.56	875.87	1 210.62
2052	20	653.18	706.72	909.60	1 282.40
2053	19	665.38	723.13	944.68	1 359.02

资料来源：根据前文测算数据与参数假定计算整理。

注：鉴于前文对未来基础养老金水平的设定从2018年开始，故此处呈现的是2018年及之后的个人基本养老金水平。

对于参保时较年轻的群体而言，基础养老金带来的增幅要小于年长群体。在记账利率为1.5%时，2012年参保时19岁人口在初次领取养老金当年其个人账户养老金为291.36元/月，基本养老金为665.38元/月，由基础养老金带来的增幅为1.28倍。如果记账利率为7.5%，个人账户养老金可以达到985.00元/月，基本养老金为1 359.02元/月，由基础养老金带来的增幅仅为37.97%，均小于年长群体。

图4-20直观地呈现出不同记账利率下，不同年龄段人口在初次领取养老金年份基本养老金的构成情况。无论记账利率高低，初次领待年份较早者的基本养老金中个人账户养老金的占比都很小，在10%左右，中央基础养老金占比最大。随着初次领待年份的推后，个人账户养老金占

比逐步提高，且记账利率越高增幅越大。当记账利率为 1.5%时，2053 年初次领待人口的个人账户养老金在基本养老金中占 43.79%，当记账利率为 7.5%时这一比例可以到达到 72.48%。

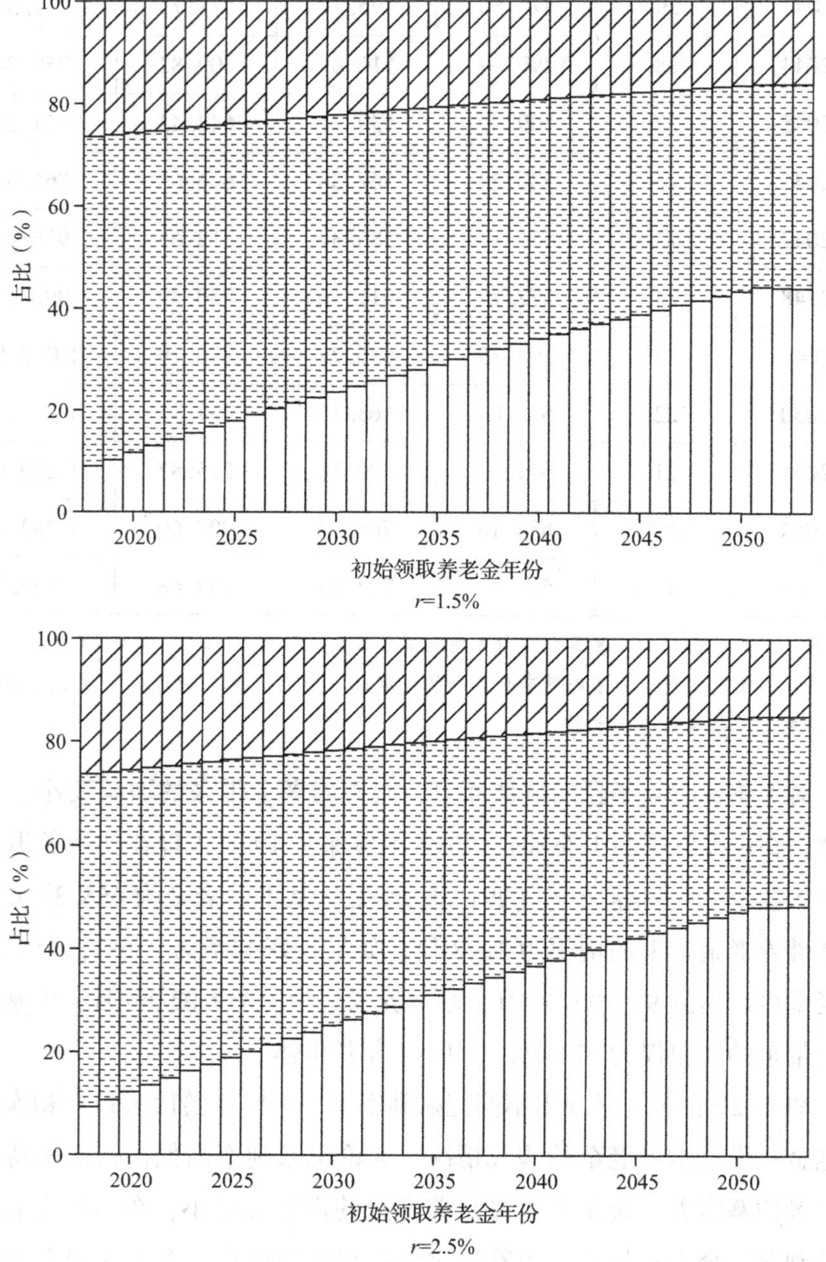

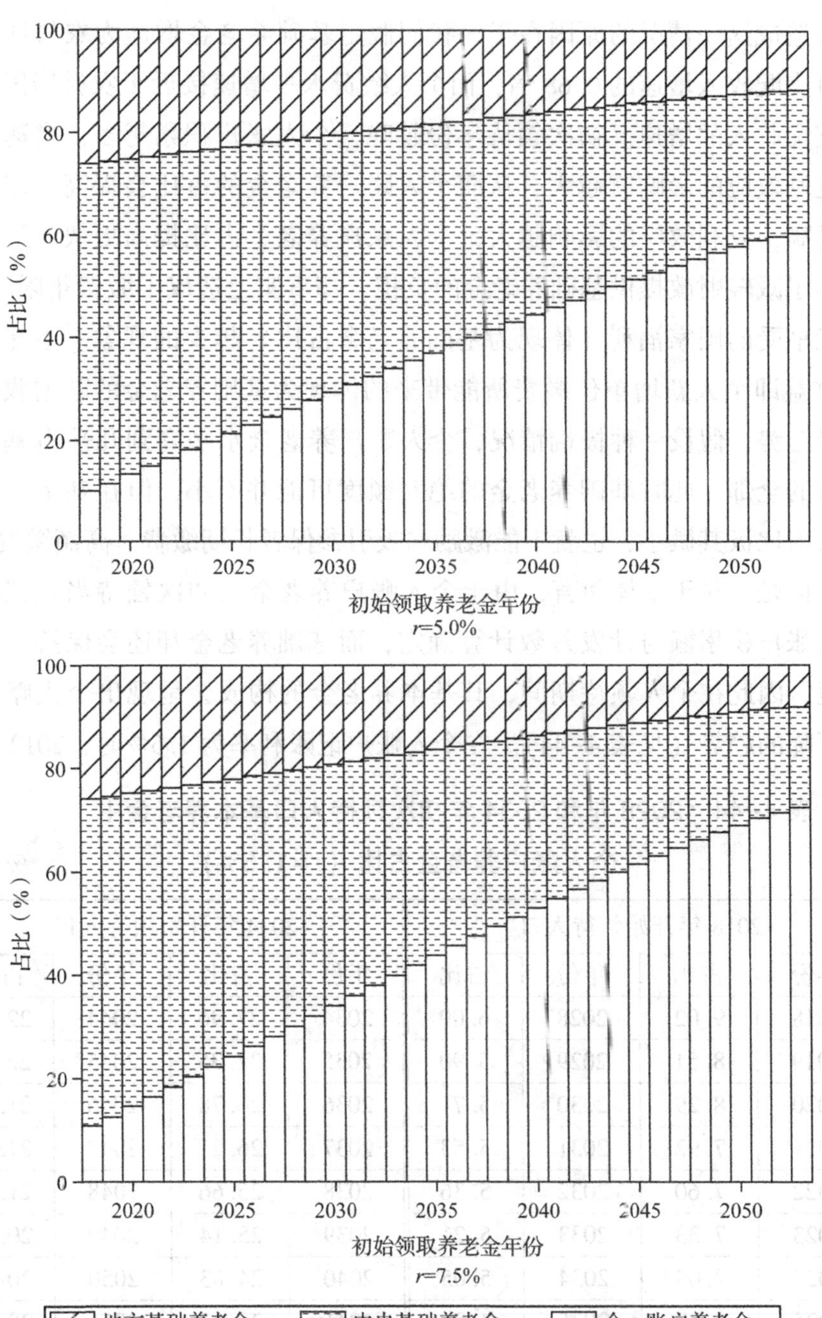

图 4-20　不同记账利率下城乡居民基本养老保险基本养老金构成

资料来源：根据前文测算数据与参数假定计算绘制。

造成这一情况的原因在于，我们假定基础养老金增速为农村居民人均可支配收入增速的 0.68 倍，而个人缴费水平增速接近于农村居民人均可支配收入的增速。初次领待年份越晚，个人账户积累越多，增速差异和复利效应的影响就越大，从而个人账户养老金的占比会提高。记账利率越高，复利效应的影响越大，个人账户养老金占比提高更快。虽然这有利于减轻财政提供基础养老金的负担，却事实上造成了缴费年限越长、所能享受的国家福利（体现为基础养老金占比）越少的现象。参保的边际收益即个人新增单位缴费所能带来的体现为基础养老金的新增收益呈下降趋势。假设一种极端情况，个人账户养老金水平高到几乎占基本养老金的全部，此时基础养老金的绝对额度可能并不小，但在基本养老金中的占比极其微小，也就不能激励和吸引参保者长期缴费、高额缴费。

但是，对于个体而言，由于个人账户养老金在初次领待当年就根据个人账户积累额与计发月数计算确定，而基础养老金却还会保持一定的增速，因此在个人领待期间，其基本养老金的构成会呈现出个人账户占比下降的趋势（见表 4-44）。在个人账户记账利率为 1.5%时，2012 年参

表 4-44　2028 年和 2034 年初次领待人口基本养老金中个人账户养老金占比（r=1.5%）

%

2018 年开始领待人口				2034 年开始领待人口			
年份	占比	年份	占比	年份	占比	年份	占比
2018	9.02	2028	6.09	2034	27.96	2044	22.76
2019	8.51	2029	5.90	2035	27.35	2045	22.33
2020	8.29	2030	5.71	2036	26.78	2046	21.92
2021	7.92	2031	5.53	2037	26.21	2047	21.51
2022	7.60	2032	5.36	2038	25.66	2048	21.12
2023	7.33	2033	5.21	2039	25.14	2049	20.74
2024	7.04	2034	5.05	2040	24.63	2050	20.38
2025	6.77	2035	4.91	2041	24.13	2051	20.02
2026	6.54			2042	23.66	2052	19.67
2027	6.32			2043	23.21	2053	19.34

资料来源：根据前文测算数据与参数假定计算。

保时54岁的人口在2018年开始领取养老金。当年，个人账户养老金在基本养老金中的占比为9.02%。到2035年（领取养老金最后一年，根据初次领待年份平均预期寿命推算），其个人账户养老金的占比降为4.91%。对于2012年参保时38岁的人口而言，其在2034年初次领待时个人账户养老金的占比为27.96%，到测算周期的最后一年（2053年）个人账户的占比降为19.34%。即便是在记账利率为7.5%时，虽然2012年参保时38岁人口在初次领待时个人账户的占比可以达到41.89%，到2053年这一比例也会下降为30.81%。

由上述分析可见，按照目前的制度设计和前文的参数设定，虽然当前基础养老金在基本养老金中占比较高，但随着制度的实施，个人账户养老金的占比会逐步提升。当然，这需要满足如下两个前提条件，一是要做到应参保尽参保，无论年龄大小，只要符合参保条件都应当参保缴费，而不能仅仅缴费15年。但实际上，由于是自愿参保，可能会存在部分人群为了以最小的个人投入获得领取基础养老金的资格而选择最低缴费年限。这种情况下，基本养老金的构成中就会更多地依赖政府提供的基础养老金。二是要提高投资收益率和个人账户记账利率。不然，个人账户积累额度有限，所能提供的保障水平较低，最终仍然要依赖基础养老金。

然而，这又存在一个悖论。在制度试点和推广实施阶段，国家提供基础养老金既是为了提高保障水平，也是为了提升制度的吸引力。事实上，制度之所以能够迅速在全国推广开来，一个不可忽视的原因是有相当部分参保者为了以有限的个人缴费获得领取基础养老金的资格。[256,257]如果基础养老金在个人待遇构成中占比较小，可能会降低制度的吸引力。而如果继续保持基础养老金在基本养老金中的主导地位，那么随着缴费周期延长，复利效应影响下的个人账户养老金水平不断提升，基础养老金就需要更大幅度地提升，就会给财政造成较大负担。并且，还会进一步固化城乡居民基本养老保险制度的福利特征。

一个折中的选择是，基础养老金水平不再对所有人采取相同的支付标准，而是结合缴费年限区别对待。这样既能够体现对长期缴费的激励，避免参保人口选择最低年限缴费，将保障责任甩给公共财政，也能同时避免制度福利性质的固化及沦为个人保险的可能。

二、基本养老金替代率

由于增加了基础养老金，基本养老金的替代率相较个人账户养老金替代率有较大幅度的提高。例如，参照当年农村居民人均可支配收入，在记账利率为1.5%时，2018年开始领待人口的个人账户养老金替代率仅为1.01%，基本养老金的替代率则达到了11.19%。但是，正如前文分析，随着初次领待年份的推后，基础养老金在基本养老金中所占比重下降，对替代率的影响也相应变小。例如，同样是记账利率为1.5%的情况下，2053年开始领待人口的基本养老金替代率为10.91%（见表4-45），仅比个人账户养老金替代率（4.78%）高出6.13个百分点。

表4-45　初次领待年份不同人口初次领待时基本养老金替代率　%

初次领待年份	2012年年龄	记账利率			
		1.5%	2.5%	5%	7.5%
2018	54	11.19	11.22	11.31	11.41
2019	53	11.28	11.32	11.44	11.57
2020	52	11.06	11.12	11.27	11.43
2021	51	10.97	11.04	11.22	11.43
2022	50	10.90	10.98	11.20	11.45
2023	49	10.87	10.96	11.22	11.52
2024	48	10.81	10.92	11.22	11.58
2025	47	10.76	10.88	11.23	11.65
2026	46	10.74	10.88	11.28	11.77
2027	45	10.71	10.86	11.32	11.88
2028	44	10.67	10.85	11.36	12.00
2029	43	10.66	10.85	11.43	12.16

续表

初次领待年份	2012年年龄	记账利率			
		1.5%	2.5%	5%	7.5%
2030	42	10.65	10.86	11.50	12.34
2031	41	10.63	10.87	11.58	12.51
2032	40	10.63	10.89	11.67	12.72
2033	39	10.63	10.91	11.78	12.95
2034	38	10.63	10.94	11.88	13.18
2035	37	10.64	10.97	12.00	13.44
2036	36	10.66	11.01	12.13	13.73
2037	35	10.67	11.05	12.27	14.04
2038	34	10.69	11.09	12.41	14.36
2039	33	10.71	11.14	12.58	14.71
2040	32	10.74	11.20	12.75	15.09
2041	31	10.76	11.26	12.92	15.48
2042	30	10.79	11.32	13.11	15.91
2043	29	10.83	11.39	13.31	16.37
2044	28	10.86	11.46	13.52	16.84
2045	27	10.90	11.53	13.74	17.35
2046	26	10.95	11.61	13.97	17.90
2047	25	10.99	11.69	14.21	18.47
2048	24	11.04	11.78	14.46	19.08
2049	23	11.09	11.87	14.73	19.73
2050	22	11.14	11.96	15.01	20.42
2051	21	11.19	12.06	15.29	21.14
2052	20	11.05	11.95	15.39	21.69
2053	19	10.91	11.86	15.49	22.28

资料来源：根据前文测算数据与参数假定计算整理。

从基本养老金的替代率来看，城乡居民基本养老保险的保障水平还比较低。对于2012年19岁且一直缴费的人群而言，在其开始领取养老金的年份，当记账利率为1.5%时，基本养老金的替代率也仅为10.91%。即便是记账利率提高到7.5%，替代率也仅能达到22.28%。而从多数省份的记账利率看，鲜有省份能够达到7.5%的记账利率。如果按照全国社保基金的年化平均收益率（8.4%）计算，2053年开始领取养老金人口的基本养老金替代率也仅能达到26.48%。

这一替代率水平不仅低于劳工组织要求的替代率（55%）①，难以真正发挥保障广大城乡老年人基本生活的作用，也低于我国城镇职工基本养老保险2018年的替代率水平（45.92%，见表5-10）②，是社会养老保险制度不公平的表现之一。

要实现更好地保障广大城乡老年人基本生活的目标，缩小与城镇职工基本养老保险替代率的差异，促进建立更加公平的社会养老保险体系，就需要提高个人账户养老金或基础养老金水平。前者有赖于提高个人缴费档次和记账利率，后者有赖于财政加大投入。如何通过科学的制度设计平衡好个人与财政的责任，直接关系到制度的公平与可持续运行。

三、基本养老金收益率

比较个人所能领取的基本养老金与个人全部缴费在其开始缴费当年的现值，可以评估个人参加城乡居民基本养老保险制度的收益。由于前文仅设定了2018—2053年的基础养老金数据，结合前文对预期寿命参数的设定，只有初次领待年份在2018—2034年的人口可以在2053年前全部领取基本养老金。因此，此处我们仅测算2018—2034年开始领取养老金人口的基本养老保险收益率。鉴于前文已经基于个人账户名义养老金待遇和个人名义缴费总额测量了收益率，此处我们仅测量考虑记账利率和

① 国际劳工组织曾提出过三个替代率：1952年《社会保障（最低标准）公约》要求一个有配偶的已婚男性缴费30年后应获得的养老金替代率不低于40%；1967年《残疾、老年和遗属津贴公约》将这一标准提高到45%；1967年《残疾、老年和遗属津贴建议书》进一步提高至55%。

② 后文根据2018年城镇职工基本养老保险养老金数据以及当年城镇非私营单位就业人员平均工资计算。

贴现因素，参照个人累计缴费现值的基本养老金收益率（见表4-46）。

表4-46　初次领待年份不同人口的基本养老金收益率　%

初次领待年份	i=1.5%				i=5%			
	r=1.5%	r=2.5%	r=3.5%	r=5%	r=1.5%	r=2.5%	r=3.5%	r=5%
2018	2 211.80	2 216.90	2 222.17	2 230.40	1 296.24	1 299.41	1 302.68	1 307.79
2019	1 882.77	1 888.53	1 894.50	1 903.90	1 056.54	1 059.99	1 063.58	1 069.21
2020	1 638.69	1 645.10	1 651.81	1 662.42	879.23	882.94	886.81	892.96
2021	1 452.81	1 459.89	1 467.34	1 479.22	744.61	748.56	752.71	759.35
2022	1 301.69	1 309.42	1 317.60	1 330.76	636.28	640.45	644.86	651.95
2023	1 177.36	1 185.74	1 194.66	1 209.11	547.96	552.32	556.95	564.47
2024	1 073.99	1 083.02	1 092.68	1 108.45	475.10	479.63	484.48	492.40
2025	985.75	995.41	1 005.82	1 022.93	413.63	418.32	423.36	431.65
2026	909.50	919.79	930.94	949.41	361.18	365.99	371.20	379.84
2027	843.54	854.46	866.35	886.22	316.27	321.20	326.56	335.53
2028	785.63	797.18	809.83	831.11	277.33	282.36	287.87	297.14
2029	734.27	746.44	759.84	782.56	243.25	248.37	254.00	263.56
2030	688.77	701.55	715.71	739.90	213.39	218.58	224.33	234.15
2031	644.57	657.92	672.79	698.38	186.07	191.30	197.14	207.17
2032	607.86	621.82	637.45	664.56	162.63	157.91	173.84	184.10
2033	574.62	589.18	605.59	634.24	141.71	147.03	153.03	163.51
2034	544.38	559.54	576.73	606.96	122.96	128.31	134.37	145.04

资料来源：根据前文测算数据与参数假定计算整理。

测算结果显示，基本养老金待遇相对于个人缴费现值的收益率比较高。例如，对于2018年初次领待的参保者，在当年记账利率为5%、年贴现率为1.5%时，个人累计领取基本养老金待遇的现值是个人累计缴费现值的23.30倍，收益率达到2 230.40%；即便是记账利率为1.5%，年贴现率为5%时，个人累计缴费的收益率也达到了1 296.24%。

在同一贴现率下，记账利率越高收益率越高，这主要是复利效应所导致的。在同一记账利率下，贴现率越高收益率越低。原因在于，个人缴费折现的时长较短，而所领取养老金的折现时长较长，个人缴费的折现损失小于所领取养老金的折现损失。贴现率越小，这一差异越小，贴现率越大，这一差异越大。从而，在贴现率较高时，相对于个人缴费，所领取的养老金因折现造成的损失更大，收益率相对较低。

对于不同的贴现率和记账利率，均呈现出领取养老金年份越早（参保时越年长）收益率越高，领取养老金年份越晚（参保时越年轻）收益率越低的规律。例如，当年记账利率和年贴现率均为 1.5%时，2018 年初次领待人口（2012 年参保时年龄为 54 岁）的基本养老金收益率为 2 211.80%，而 2034 年初次领待人口（2012 年参保时年龄为 38 岁）的基本养老金收益率为 544.38%，前者是后者的 4.06 倍。

出现这一差异的原因在于参保时年长的人群缴费时间较短，个人缴费少于参保时年轻的人群，而我们此处计算的基础养老金并未考虑年限基础养老金，无论个人缴费多少所能获得的基础养老金都相同。这也就出现了参保时年长的群体以较少的个人缴费获得了同样的基础养老金待遇，因而收益率更高。同样，选择更高的缴费档次除了可以获得更多的缴费补贴外，在基础养老金上如果没有差异，也会导致个人缴费越多收益率越低的现象。

这显然不利于激励人们尽早参保、长期缴费、高额缴费。正是基于这一考虑，国家和各地在城乡居民基本养老保险制度相关文件中也都明确并逐步实施了年限基础养老金制度。但是，各地在计算方式、激励标准上还存在差异。

接下来，我们以年记账利率和贴现率均为 5%为例，比较不同年限基础养老金方案下参保人口基本养老金的收益率。以 2012 年开始参保计算，在 2027 年开始领待的人口正好缴满 15 年（2012—2026 年）。只有在 2028 年之后开始领待的人才有资格获得年限基础养老金。因此，初次领待年份在 2018—2027 年的，各个年限基础养老金方案下的基本养老金收益率均相同。

总体来看，提供年限基础养老金后，年轻参保群体的基本养老金收益率有了提升。年限基础养老金水平越高，基本养老金收益率提升幅度越大。例如，在每多缴费 1 年每月加发 1 元的方案下，2034 年首次领待人口的基本养老金收益率为 149.17%，相比没有年限基础养老金的情况仅提高了 4.13 个百分点。如果每多缴费 1 年加发 10 元，2034 年首次领待人口的基本养老金收益率则达到 186.34%，相比没有年限基础养老金的情况提高了 41.30 个百分点（见表 4-47）。

比较不同方案可以看出，目前各省主要采取的加发 1%、2%或加发 1 元、2 元的方案，对于年轻参保群体基本养老金收益率的提升幅度较小。以 2034 年首次领取养老金群体为例，四种方案的提升幅度分别为 11.92、23.84、4.13 和 8.26 个百分点。在表 4-47 的 8 种方案中，2034 年首次领取养老金人口的基本养老金收益率提升幅度从大小分别为每月加发 4%、10 元、3%、2%、5 元、1%、2 元和 1 元。而对于 2028 年首次领取养老金的群体，这 8 种方案的排序则是加发 10 元、4%、3%、5 元、2%、1%、2 元和 1 元。其中，4%和 10 元、2%和 5 元两对方案的大小关系发生了变化。由此可以得出结论，根据缴费年限按照一定比例加发基础养老金要比按照固定额度加发基础养老金能够在更大幅度上提升长期缴费的年轻参保群体的基本养老金收益率，激励作用更大。

事实上，随着基础养老金支付标准的提高，固定额度年限基础养老金在基础养老金中的占比会不断下降，对参保年龄小、缴费时间长、领待时间晚的群体的激励效应会不断弱化。例如，根据前文参数设定，2028 年的基础养老金为 189 元，到 2053 年基础养老金提升为 374 元，每月加发的 5 元在基础养老金中的占比从 2.65%下降为 1.34%。从这个意义上讲，按照一定的比例加发基础养老金可以将激励机制固定下来，使参保群体有更明确的预期，能够更好地发挥激励作用。

此处测算之所以将加发基础养老金的上限设定为 4%，原因在于如果按照 19 岁开始参保，最长缴费年限为 41 年，超出最低缴费年限 26 年。按照每多缴 1 年加发 4%的方案，对于最长缴费者加发的基础养老金略微超过 100%。如果进一步提高加发比例，就会造成年限基础养老金超过一般基础养老金的现象，此时年限基础养老金不仅仅起到激励作用，还会取代一般基础养老金的主导地位。

表 4-47　　不同年限基础养老金方案下初次领待年份不同人口基本养老金收益率　　%

初次领待年份	0	1%	2%	3%	4%	1 元	2 元	5 元	10 元
2018	1 307. 79	1 307. 79	1 307. 79	1 307. 79	1 307. 79	1 307. 79	1 307. 79	1 307. 79	1 307. 79
2019	1 069. 21	1 069. 21	1 069. 21	1 069. 21	1 069. 21	1 069. 21	1 069. 21	1 069. 21	1 069. 21
2020	892. 96	892. 96	892. 96	892. 96	892. 96	892. 96	892. 96	892. 96	892. 96
2021	759. 35	759. 35	759. 35	759. 35	759. 35	759. 35	759. 35	759. 35	759. 35
2022	651. 95	651. 95	651. 95	651. 95	651. 95	651. 95	651. 95	651. 95	651. 95
2023	564. 47	564. 47	564. 47	564. 47	564. 47	564. 47	564. 47	564. 47	564. 47
2024	492. 40	492. 40	492. 40	492. 40	492. 40	492. 40	492. 40	492. 40	492. 40
2025	431. 65	431. 65	431. 65	431. 65	431. 65	431. 65	431. 65	431. 65	431. 65
2026	379. 84	379. 84	379. 84	379. 84	379. 84	379. 84	379. 84	379. 84	379. 84
2027	335. 53	335. 53	335. 53	335. 53	335. 53	335. 53	335. 53	335. 53	335. 53
2028	297. 14	300. 26	303. 37	306. 49	309. 60	298. 43	299. 71	303. 57	309. 99
2029	263. 56	269. 15	274. 75	280. 34	285. 94	265. 80	268. 03	274. 75	285. 94
2030	234. 15	241. 71	249. 28	256. 84	264. 41	237. 08	240. 02	248. 83	263. 51
2031	207. 17	216. 26	225. 35	234. 44	243. 53	210. 60	214. 03	224. 31	241. 45
2032	184. 10	194. 40	204. 69	214. 99	225. 28	187. 87	191. 64	202. 96	221. 82
2033	163. 51	174. 73	185. 95	197. 17	208. 40	167. 50	171. 50	183. 49	203. 48
2034	145. 04	156. 96	168. 88	180. 80	192. 72	149. 17	153. 30	165. 69	186. 34

资料来源：根据前文测算数据与参数假定计算整理。

应该注意的是，按照相应比例加发基础养老金相比固定额度加发基础养老金给财政造成的负担更大。固定额度方案下，无论一般基础养老金怎么变化，加发的年限基础养老金基本可控。而固定比例方案下，随着基础养老金水平的提高，所要加发的年限基础养老金也会大幅提升。尤其是年轻参保群体，一方面领待时间晚，基础养老金标准高；另一方面缴费时间长，加发比例也更高，会给财政造成更大的负担。因此，选择何种年限基础养老金方案，需要综合考虑方案的激励作用和财政负担能力。

第四节　个人账户支付能力评估

根据《关于建立统一的城乡居民基本养老保险制度的意见》，新型农村社会养老保险或城镇居民社会养老保险实施时已年满 60 周岁的不用缴费，可以按月领取养老金；距规定领取年龄不足 15 年的，应逐年缴费，也允许补缴，累计缴费不超过 15 年；距规定领取年龄超过 15 年的，应按年缴费，累计缴费不少于 15 年。

新型农村社会养老保险在 2012 年实现了全国范围内的全覆盖。假定以 2012 年为分界，在 2012 年已经达到 60 岁的老年人无需缴费即可领取养老金；2012 年尚未达到 60 岁的按照实际年龄差距缴纳费用，且不补缴也不断缴。

前文测算发现，城乡居民基本养老保险人均缴费额约相当于当年农村居民人均收支差额的 10.5%。根据 2012 年和 2013 年的城乡居民收支差额计算得到的人均缴费额分别为 233 元和 204 元。显然，2012 年的缴费水平不应该高于 2013 年。所以我们假定 2012 年和 2013 年的人均缴费分别为 200 元和 204 元。另外，假定 2017—2020 年每年平均增长，利用线性插值法获取 2018—2019 年的缴费水平分别为 300 元和 318 元。关于个人账户记账利率，我们仍然选用 1.5%、2.5%、5%、7.5%四个方案。

一、个人账户积累可支付月数

根据《关于建立统一的城乡居民基本养老保险制度的意见》，个人账户养老金的月计发标准为个人账户全部储存额除以 139。在开始领取养老金后，个人账户余额仍然计息。但是，却没有明确规定城乡居民基本养老保险 60 岁以上人员个人账户余额的利息计算方法，在此我们参照城镇职工基本养老保险退休人员个人账户余额利息计算办法计算。根据劳动部办公厅《职工基本养老保险个人账户管理暂行办法》，退休人员个人账户余额利息计算方法包括年度计算法和月积数法。我们采用其中的年度计算法，即：

年利息=(个人账户年初余额-当年支付养老金总额）×本年记账利率+当年支付养老金总额×本年记账利率×1. 083×1/2

个人账户年终余额=个人账户年初余额-当年支付养老金总额+年利息

可见，可支付月数与缴费额无关而与所选择的记账利率有关。

以 2012 年 19 岁参保人口为例，基于前述推算的个人参保缴费水平，假定在整个参保期间记账利率不变，计算 0. 1%~8. 5%利率水平下个人账户积累额的支付月数（见图 4-21）。

随着记账利率的提高，参保人个人账户积累额的可支付月数逐步增加且增速加快。原因在于，在个人缴费期间个人账户积累额度逐步增加，生息本金规模较小，不同记账利率对个人账户月支付养老金造成的差异较小。而在领待期间，每一年度的计息本金是个人账户余额，生息本金规模较大，不同记账利率对个人账户利息规模的影响较大，体现在支付月数上并不是直线上升，而是有更大的弹性。

对于 2012 年初次参保的 19 岁群体而言，在他们于 2053 年首次领取养老金时，我国的人口平均预期寿命约为 82. 7 岁，要实现参保者个人账户积累额满足整个领取期间的支付需要（273 个月），记账利率需要达到 7%。

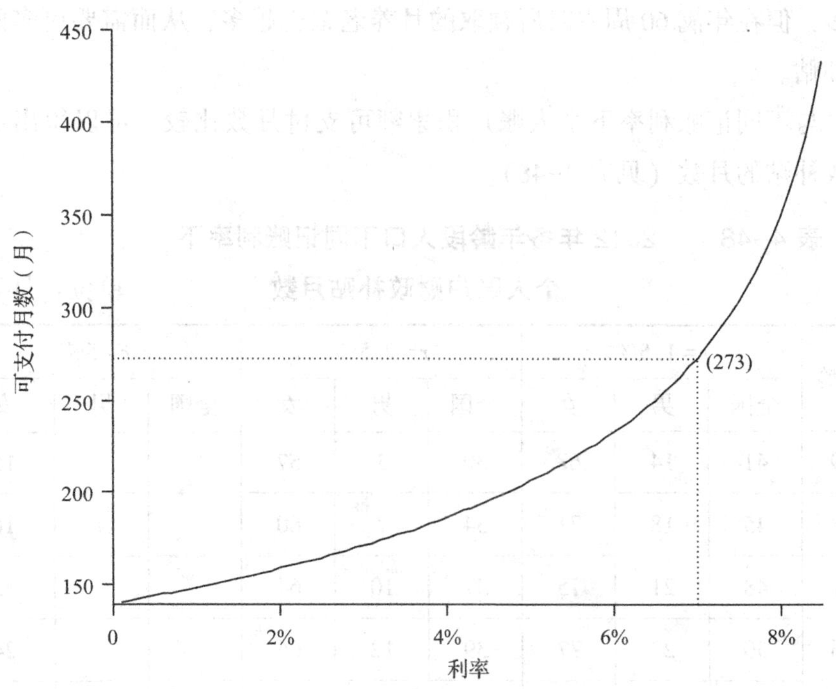

图 4-21　不同记账利率下城乡居民基本养老保险个人账户积累可支付月数

资料来源：根据前文测算数据与参数假定计算绘制。

二、个人账户财政补贴月数

以参保人领取养老金时的全国人口、男性、女性平均预期寿命为依据四舍五入取整计算领取月数。记账利率为1.5%、2.5%、5%和7.5%对应的可支付月数（遇小数向下取整）分别为153、164、206和304个月。当记账利率为7.5%时，个人账户积累额可以满足个人在预期寿命中的全部支付需要。当记账利率为1.5%和2.5%时，所有在2012年开始参保人口的个人账户积累额都不能满足预期寿命内的支付需要。当记账利率为5%时，从全国平均水平来看，2012年55~59岁的人口其个人账户积累额能够满足支付需要。男性中43~55岁人口的个人账户积累额可以满足支付需要，而女性由于寿命较长，均需要国家财政给予补贴。

任一记账利率下，在2012年年龄越小，其个人账户养老金需要财政补贴的月数越多，原因在于虽然年龄越小个人账户缴费时间越长、积累越多，但在年满60周岁时所领取的月养老金也越多，从而需要更多的财政补贴。

与不同记账利率下个人账户积累额可支付月数比较，可以得出需要财政补贴的月数（见表4-48）。

表4-48　2012年各年龄段人口不同记账利率下个人账户财政补贴月数

单位：月

年龄	r=1.5%			r=2.5%			r=5%		
	全国	男	女	全国	男	女	全国	男	女
59	41	14	68	30	3	57			15
58	45	18	71	34	7	60			18
57	48	21	75	37	10	64			22
56	50	23	77	39	12	66			24
55	52	25	79	41	14	68			26
54	54	28	81	43	17	70	1		28
53	56	30	82	45	19	71	3		29
52	58	32	84	47	21	73	5		31
51	60	34	86	49	23	75	7		33
50	62	36	88	51	25	77	9		35
49	64	38	90	53	27	79	11		37
48	66	40	91	55	29	80	13		38
47	68	43	93	57	32	82	15		40
46	70	45	95	59	34	84	17		42
45	72	47	96	61	36	85	19		43
44	74	49	98	63	38	87	21		45

续表

年龄	r=1.5%			r=2.5%			r=5%		
	全国	男	女	全国	男	女	全国	男	女
43	76	51	100	65	40	89	23		47
42	78	54	102	67	43	91	25	1	49
41	79	56	103	68	45	92	26	3	50
40	81	58	105	70	47	94	28	5	52
39	83	60	106	72	49	95	30	7	53
38	85	62	108	74	51	97	32	9	55
37	87	64	110	76	53	99	34	11	57
36	89	67	111	78	56	100	36	14	58
35	91	69	113	80	58	102	38	16	60
34	93	71	114	82	60	103	40	18	61
33	95	73	116	84	62	105	42	20	63
32	97	76	118	86	65	107	44	23	65
31	98	78	119	87	67	108	45	25	66
30	100	80	121	89	69	110	47	27	68
29	102	82	122	91	71	111	49	29	69
28	104	85	124	93	74	113	51	32	71
27	106	87	125	95	76	114	53	34	72
26	108	89	127	97	78	116	55	36	74
25	110	91	128	99	80	117	57	38	75
24	112	93	130	101	82	119	59	40	77

续表

年龄	r=1.5%			r=2.5%			r=5%		
	全国	男	女	全国	男	女	全国	男	女
23	113	96	131	102	85	120	60	43	78
22	115	98	133	104	87	122	62	45	80
21	117	100	134	106	89	123	64	47	81
20	119	102	136	108	91	125	66	49	83
19	121	105	137	110	94	126	68	52	84

资料来源：根据前文测算数据与参数假定计算整理。

第五节　财政负担评估

城乡居民基本养老保险制度实施中财政需要承担的责任包括对缴费人群的缴费补贴、对困难人群的代缴费、领取养老金人群的基础养老金以及对个人账户积累领取完毕后仍然健在人群的个人账户养老金支付。虽然有些地区针对长期缴费参保者实施了年限基础养老金激励计划，针对高龄老年人推出了高龄基础养老金，但各地的做法还存在差异且很难预测。因此，在测量财政总负担、中央和地方财政负担构成时暂不考虑年限基础养老金和高龄基础养老金，而是单独对不同方案的年限基础养老金负担进行测量。

一、财政总负担

（一）缴费补贴规模

根据前文假设，利用预测得到的农村居民人均收支余额计算城乡居民基本养老保险人均缴费水平。关于补贴标准，假定 2020 年人均补贴为 40 元，并且补贴标准也与人均缴费水平保持相同增速。结合对参保人口规模的预测，计算得到 2020—2053 年的缴费补贴（见表 4-49）。

表 4-49　　2020—2053 年城乡居民基本养老保险缴费补贴规模　　单位：亿元

年份	农村	城镇	全国	年份	农村	城镇	全国
2020	106.51	23.35	129.86	2037	124.35	58.11	182.46
2021	111.81	25.49	137.30	2038	123.70	60.66	184.36
2022	114.83	27.34	142.17	2039	123.43	63.23	186.66
2023	116.26	28.88	145.14	2040	123.15	65.95	189.10
2024	118.69	30.77	149.46	2041	122.29	68.69	190.98
2025	120.69	32.69	153.38	2042	120.12	71.14	191.26
2026	121.50	34.45	155.95	2043	118.58	73.81	192.39
2027	123.27	36.46	159.73	2044	116.58	76.59	193.17
2028	124.08	38.40	162.48	2045	114.76	79.15	193.91
2029	124.55	40.20	164.75	2046	112.40	81.39	193.79
2030	124.39	42.09	166.48	2047	108.48	83.30	191.78
2031	124.95	44.22	169.17	2048	104.97	85.27	190.24
2032	125.01	46.24	171.25	2049	100.53	87.08	187.64
2033	124.86	48.32	173.18	2050	94.93	88.71	183.66
2034	124.47	50.55	175.02	2051	92.04	91.27	183.31
2035	124.80	53.05	177.85	2052	89.65	93.86	183.51
2036	124.36	55.45	179.81	2053	87.80	96.27	184.07

资料来源：根据前文测算数据与参数假定计算整理。

（二）困难人群代缴费规模

根据前文假定，政府为困难人群代缴费标准约为当年农村居民人均收支差额的 4.08%，结合对代缴费人群规模的预测，测算 2020—2053 年财政需要承担的代缴费规模（见表 4-50）。

表 4-50　　2020—2053 年城乡居民基本养老保险财政代缴规模　　单位：亿元

年份	代缴总额	年份	代缴总额	年份	代缴总额	年份	代缴总额
2020	29.55	2029	39.78	2038	48.01	2047	54.36
2021	31.46	2030	40.48	2039	49.06	2048	54.55
2022	32.68	2031	41.50	2040	50.11	2049	54.42
2023	33.59	2032	42.42	2041	51.01	2050	54.07
2024	34.78	2033	43.26	2042	51.57	2051	54.48
2025	36.03	2034	43.99	2043	52.39	2052	55.08
2026	36.75	2035	45.09	2044	53.13	2053	55.82
2027	37.99	2036	45.93	2045	53.82		
2028	38.87	2037	47.15	2046	54.33		

资料来源：根据前文测算数据与参数假定计算整理。

（三）基础养老金补贴规模

结合前文对城镇和农村领待人口规模、基础养老金水平的预测以及基础养老金构成的划分，测算 2020—2053 年城乡居民基本养老保险基础养老金规模（见表 4-51）。

表 4-51　　2020—2053 年城乡居民基本养老保险基础养老金规模　　单位：亿元

年份	领待人数	基础养老金	其中：		年份	领待人数	基础养老金	其中：	
			中央	地方				中央	地方
2020	16 495	2 691	1 910	781	2024	17 722	3 452	2 450	1 002
2021	16 383	2 808	1 993	815	2025	18 142	3 685	2 615	1 070
2022	16 705	2 997	2 127	870	2026	18 568	3 913	2 777	1 136
2023	17 307	3 230	2 292	938	2027	18 830	4 120	2 924	1 196

续表

年份	领待人数	基础养老金	其中：		年份	领待人数	基础养老金	其中：	
			中央	地方				中央	地方
2028	19 286	4 384	3 111	1 273	2041	18 628	6 301	4 472	1 829
2029	19 593	4 610	3 272	1 338	2042	18 399	6 388	4 533	1 855
2030	19 946	4 856	3 446	1 410	2043	18 041	6 424	4 559	1 865
2031	20 174	5 084	3 608	1 476	2044	17 694	6 462	4 586	1 876
2032	20 333	5 294	3 757	1 537	2045	17 372	6 503	4 615	1 888
2033	20 410	5 482	3 890	1 592	2046	17 093	6 554	4 651	1 903
2034	20 418	5 660	4 017	1 643	2047	16 925	6 645	4 716	1 929
2035	20 302	5 803	4 118	1 685	2048	16 680	6 703	4 757	1 946
2036	20 138	5 927	4 206	1 721	2049	16 482	6 776	4 809	1 967
2037	19 841	6 012	4 267	1 745	2050	16 342	6 872	4 877	1 995
2038	19 560	6 100	4 329	1 771	2051	15 941	6 854	4 864	1 990
2039	19 280	6 179	4 385	1 794	2052	15 493	6 807	4 831	1 976
2040	18 945	6 238	4 427	1 811	2053	15 007	6 735	4 780	1 955

资料来源：根据前文测算数据与参数假定计算整理。

（四）个人账户补贴规模

对个人账户支付完毕后的补贴受到多种因素的影响。记账利率会影响个人账户的可支付月数及财政补贴开始的年龄；参保年份与参保时的年龄影响初始领待年份与补贴开始的年份；缴费水平、记账利率与缴费年限会影响个人账户的月补贴额度。由于采取城镇职工基本养老保险记账利率的省份还很少，为了分析简洁，我们分别将个人账户记账利率设定为1.5%、2.5%和5%进行比较。

关于参保年份和参保时的年龄，由于城镇和农村实现制度全覆盖的年份不同，需要分别测算。

对于农村人口，假定 2012 年已经做到了应参保人口全覆盖①，影响个人账户可支付月数、补贴开始年份以及月补贴额度的因素主要是参保时的年龄。2012 年 59 岁参保人口在 2013 年开始领取养老金，1.5%记账利率下个人账户约可支付 13 年（60~72 岁），即参保人口在 2026 年达到 73 岁开始获得财政对个人账户的补贴。2027 年获得补贴的人口在 2012 年参保时的年龄为 58 岁和 59 岁，依此类推。根据前文预测的各年份农村人口规模和结构，就可以获得未来各年需要财政给予补贴的人口数。结合基于缴费水平和缴费年限计算的个人账户月养老金水平，即可测算不同记账利率下财政需要对农村老年人提供的个人账户补贴规模（见表 4-52）。

表 4-52　2026—2053 年不同记账利率下农村老年人个人账户补贴规模　单位：亿元

年份	r=1.5%	r=2.5%	r=5%	年份	r=1.5%	r=2.5%	r=5%
2026	1.26			2037	116.32	91.87	29.04
2027	3.97	1.23		2038	144.54	117.19	36.08
2028	7.99	3.88		2039	176.61	146.13	41.92
2029	13.03	7.84		2040	205.76	179.11	58.38
2030	19.90	12.81		2041	246.31	209.14	84.21
2031	27.18	19.63	1.06	2042	283.44	251.21	108.52
2032	33.36	26.86	3.36	2043	326.76	289.76	136.49
2033	41.27	32.99	6.82	2044	366.63	334.96	168.68
2034	47.93	40.89	11.20	2045	405.59	376.69	197.83
2035	65.15	47.54	17.25	2046	442.04	417.53	239.82
2036	91.51	64.99	23.67	2047	475.98	455.83	278.16

① 从各地报告和统计来看，在 2012 年和 2013 年各地的城乡居民基本养老保险的参保率就已经较高，多数达到或超过了 90%。考虑到城镇推进较慢、参保率较低，可以假定农村做到了 100%参保。

续表

年份	r=1.5%	r=2.5%	r=5%	年份	r=1.5%	r=2.5%	r=5%
2048	502.22	491.58	323.93	2051	556.99	558.90	446.16
2049	526.63	519.16	366.02	2052	574.34	576.93	482.45
2050	540.04	544.92	407.38	2053	587.19	595.63	509.79

资料来源：根据前文测算的数据与参数假定计算整理。

对于城镇人口，由于2016年的参保率仍然较低（仅为2.53%），所以我们不计算城镇居民在2012—2015年参保人口的待遇。相比农村人口在2012年实现应参保人口全覆盖，城镇人口的参保情况较为复杂，测算财政对个人账户的补贴也相对烦琐。

一是要考虑城镇人口中符合参加城乡居民基本养老保险条件的人口比例。前文提到，城镇人口中有正规单位就业的需要参加城镇职工基本养老保险，未就业或灵活就业的人员也可以选择以灵活就业身份参加城镇职工基本养老保险。因此，不同于农村所有老年人都领取城乡居民基本养老保险待遇，在测算城镇老年人领取城乡居民基本养老保险待遇的人口规模时需要考虑符合条件的比例（11.5%，见表4-16）。在此，我们还要假定19~59岁各年龄人口中符合参加城乡居民基本养老保险制度条件的比例相同。

二是要考虑城镇符合条件人口的参保率问题。前文资料显示，2016—2019年城镇人口参加城乡居民基本养老保险的比例逐年提高，但直到2020年才达到100%参保。因此，在测算2016—2019年的参保人口中享受个人账户补贴的人口规模时，需要以当年该年龄段人口乘以11.5%，再乘以当年符合条件人口中新参保的比例（约为当年的参保率提高幅度）①。此外，同样还需要假定各个年龄段符合参保条件的人口参保率都相同。

① 由于各年人口规模会发生变化，当年的参保率提高幅度并不严格等于所有符合条件人口中新参保人口的比例，但由于每年总人口的变动幅度不大，可以假定新增参保比例约为参保率的提高幅度。

三是同样需要考虑参保年份与参保人口的年龄。在记账利率相同的情况下，这两个因素会影响开始享受个人账户补贴的年份，从而影响各年度需要财政提供补贴的人口规模。例如，记账利率为 1.5%时 2016 年参保的 59 岁人口，在 2030 年即开始享受财政对个人账户提供的补贴；而 2017 年参保的 59 岁人口（2016 年初次参保时 58 岁），则要在 2031 年开始享受财政补贴。

基于上述假定，可以测算不同记账利率下财政需要为个人账户积累支付完毕的人口提供的个人账户补贴规模（见表 4-53）。

表 4-53　　2030—2053 年不同记账利率下城镇老年人个人账户补贴规模　　单位：亿元

年份	r=1.5%	r=2.5%	r=5%	年份	r=1.5%	r=2.5%	r=5%
2030	0.01			2042	30.95	24.33	6.81
2031	0.07	0.01		2043	39.04	31.02	9.76
2032	0.25	0.07		2044	47.69	39.18	13.37
2033	0.64	0.24		2045	57.21	48.13	17.11
2034	1.18	0.63		2046	67.60	57.96	22.94
2035	2.49	1.17	0.00	2047	78.53	68.74	29.31
2036	4.89	2.37	0.06	2048	90.05	80.18	37.37
2037	7.47	4.69	0.21	2049	102.46	92.26	46.07
2038	10.64	7.33	0.56	2050	114.50	105.28	55.77
2039	14.48	10.51	1.04	2051	128.67	118.17	66.49
2040	18.44	14.37	2.23	2052	144.61	132.92	77.90
2041	24.44	18.45	4.43	2053	160.66	149.72	90.07

资料来源：根据前文测算数据与参数假定计算整理。

注：由于没有考虑 2012—2015 年城镇人口的参保，所以测算起始年份为 2030 年。

综合城镇和农村的数据，可以获得 2026—2053 年财政需要对城乡居民基本养老保险领待人口提供的个人账户补贴规模（见表 4-54）。随着记账利率的提高，补贴规模会相对减小。原因在于，虽然记账利率提高，个人账户给付水平也会提高，但个人账户积累所能支付的时间也会延长，从而需要财政提供的补贴会减少。

表 4-54　2026—2053 年不同记账利率城乡居民基本养老保险个人账户补贴规模　　单位：亿元

年份	r=1.5%	r=2.5%	r=5%	年份	r=1.5%	r=2.5%	r=5%
2026	1.26	0.00	0.00	2040	224.20	193.48	60.61
2027	3.97	1.23	0.00	2041	270.75	227.59	88.64
2028	7.99	3.88	0.00	2042	314.39	275.54	115.33
2029	13.03	7.84	0.00	2043	365.80	320.78	146.25
2030	19.91	12.81	0.00	2044	414.32	374.14	182.05
2031	27.25	19.64	1.06	2045	462.80	424.82	214.94
2032	33.61	26.93	3.36	2046	509.64	475.49	262.76
2033	41.91	33.23	6.82	2047	554.51	524.57	307.47
2034	49.11	41.52	11.20	2048	592.27	571.76	361.30
2035	67.64	48.71	17.25	2049	629.09	611.42	412.09
2036	96.40	67.36	23.73	2050	654.54	650.20	463.15
2037	123.79	96.56	29.25	2051	685.66	677.07	512.65
2038	155.18	124.52	36.64	2052	718.95	709.85	560.35
2039	191.09	156.64	42.96	2053	747.85	745.35	599.86

资料来源：根据前文测算数据与参数假定计算整理。

（五）财政总负担规模

综合前述测算的缴费补贴、代缴费、基础养老金和个人账户补贴，可以测算财政负担规模。以 2019 年中国人民银行公布的一年期存款利率作为记账利率（1.5%）①，测算得到财政总负担规模和构成（见表4-55）。

表4-55　2020—2053年城乡居民基本养老保险运行的财政负担　亿元，%

年份	缴费补贴	代缴费	基础养老金	个人账户补贴	财政总负担	财政总负担占当年财政收入比重
2020	129.86	29.55	2 691.46		2 850.87	1.29
2021	137.31	31.46	2 808.93		2 977.70	1.27
2022	142.17	32.68	2 997.19		3 172.04	1.27
2023	145.14	33.59	3 230.33		3 409.06	1.29
2024	149.46	34.78	3 452.77		3 637.01	1.30
2025	153.38	36.03	3 684.80		3 874.21	1.31
2026	155.94	36.75	3 913.02	1.26	4 106.97	1.32
2027	159.73	37.99	4 120.08	3.97	4 321.77	1.33
2028	162.47	38.87	4 383.71	7.99	4 593.04	1.35
2029	164.74	39.78	4 610.26	13.03	4 827.81	1.36
2030	166.48	40.48	4 855.10	19.91	5 081.97	1.37
2031	169.17	41.50	5 083.75	27.25	5 321.67	1.38
2032	171.24	42.42	5 293.59	33.60	5 540.85	1.38
2033	173.18	43.26	5 481.84	41.91	5 740.19	1.38
2034	175.03	43.99	5 660.56	49.11	5 928.69	1.38
2035	177.84	45.09	5 803.32	67.64	6 093.89	1.37
2036	179.81	45.93	5 926.49	96.40	6 248.63	1.36

① 未来，随着委托投资工作的进一步开展，基金投资收益率与个人账户记账利率会进一步提高。但是，记账利率主要影响个人账户积累支付完毕后的财政补贴规模，且从上表分析来看，不同利率下个人账户补贴差异在财政总负担中所占比重较小。故此处以记账利率为1.5%为例进行分析。

续表

年份	缴费补贴	代缴费	基础养老金	个人账户补贴	财政总负担	财政总负担占当年财政收入比重
2037	182.46	47.15	6 011.94	123.79	6 365.34	1.34
2038	184.37	48.01	6 099.43	155.18	6 486.99	1.33
2039	186.66	49.06	6 179.18	191.08	6 605.98	1.31
2040	189.10	50.11	6 238.62	224.20	6 702.03	1.29
2041	190.99	51.01	6 301.59	270.75	6 814.34	1.27
2042	191.26	51.57	6 387.73	314.39	6 944.95	1.25
2043	192.39	52.39	6 424.49	365.80	7 035.07	1.23
2044	193.17	53.13	6 462.13	414.32	7 122.75	1.20
2045	193.92	53.82	6 502.57	462.81	7 213.12	1.18
2046	193.76	54.33	6 553.34	509.64	7 311.07	1.16
2047	191.79	54.36	6 645.17	554.51	7 445.83	1.15
2048	190.24	54.55	6 703.72	592.27	7 540.78	1.13
2049	187.61	54.42	6 776.55	629.09	7 647.67	1.11
2050	183.66	54.07	6 871.79	654.54	7 764.06	1.10
2051	183.31	54.48	6 853.54	685.66	7 776.99	1.07
2052	183.51	55.08	6 806.83	718.95	7 764.37	1.04
2053	184.09	55.82	6 735.57	747.85	7 723.33	1.01

资料来源：根据前文测算数据和参数假定计算整理。

结果显示，城乡居民基本养老保险制度运行给财政造成的负担会逐年增加，到2051年达到最高值7 776.99亿元。之后由于领待人口减少，负担规模会略有下降。财政总负担占当年财政收入的比重最大值出现在2033年，约为1.38%，之后便逐年下降。到2053年，财政负担占当年财政收入的比重下降为约1.01%。从这一数字来看，城乡居民基本养老保险对财政总体可持续运行的挑战较小。但这是以较低的记账利率和较低的养老金水平为前提的。

二、中央财政负担

根据国务院《关于建立统一的城乡居民基本养老保险制度的意见》，中央财政对中西部地区按中央确定的基础养老金标准给予全额补助，对东部地区给予50%的补助。除此之外，个人缴费补贴、困难群体代缴费等由地方人民政府负担。因此，在测算中央财政负担时仅考虑对按中央确定的基础养老金的补助。这里需要假定城镇和农村领待人口在东部和中西部地区的分布与总人口的分布相同，即城镇人口东部和中西部地区占比分别为47.95%和52.05%，农村人口东部和中西部地区占比分别为33.43%和66.57%。

测算结果显示（见表4-56），由于中西部地区领待人口多于东部地区且中央财政对中西部地区的中央基础养老金全额补助，在各个年份中央财政对中西部地区的补贴在总补贴中所占比例均在75%以上。这充分考虑了东部和中西部地区经济发展、财政实力的差异，既有利于减轻中西部地区财政压力，提高中西部地区推动实施城乡居民基本养老保险制度的积极性，也为中西部地区提高地方基础养老金水平留下了空间，有利于提高中西部地区城乡老年人的养老待遇水平。这是在制度尚未实现全国统筹情况下尽量缩小区域差距，促进制度公平的一个重要举措。

表4-56　2020—2053年中央负担基础养老金与占财政收入比重　亿元，%

年份	补贴规模	其中：		占比
		东部	中西部	
2020	1 554.68	355.38	1 199.30	1.52
2021	1 622.82	370.60	1 252.22	1.49
2022	1 732.49	394.54	1 337.95	1.50

续表

年份	补贴规模	其中：		占比
		东部	中西部	
2023	1 868.42	424.07	1 444.35	1.53
2024	1 998.07	452.28	1 545.79	1.54
2025	2 133.38	481.64	1 651.74	1.56
2026	2 266.58	510.39	1 756.19	1.58
2027	2 387.42	536.51	1 850.91	1.59
2028	2 541.15	569.87	1 971.28	1.61
2029	2 673.20	598.60	2 074.60	1.63
2030	2 815.88	629.68	2 186.20	1.64
2031	2 949.02	658.80	2 290.22	1.65
2032	3 071.13	685.60	2 385.53	1.66
2033	3 180.56	709.77	2 470.79	1.66
2034	3 284.28	732.89	2 551.39	1.66
2035	3 366.90	751.59	2 615.31	1.65
2036	3 438.04	767.85	2 670.19	1.63
2037	3 487.08	779.45	2 707.63	1.61
2038	3 537.23	791.39	2 745.84	1.58
2039	3 582.70	802.53	2 780.17	1.56
2040	3 616.26	811.15	2 805.11	1.53
2041	3 651.78	820.31	2 831.47	1.50
2042	3 700.55	832.68	2 867.87	1.48
2043	3 720.44	838.87	2 881.57	1.45
2044	3 740.77	845.27	2 895.50	1.42
2045	3 762.59	852.14	2 910.45	1.39
2046	3 789.88	860.87	2 929.01	1.36

续表

年份	补贴规模	其中：		占比
		东部	中西部	
2047	3 840.86	875.07	2 965.79	1.34
2048	3 872.21	885.27	2 986.94	1.32
2049	3 911.70	897.46	3 014.24	1.30
2050	3 964.09	912.66	3 051.43	1.29
2051	3 950.62	913.17	3 037.45	1.25
2052	3 920.19	910.46	3 009.73	1.21
2053	3 874.95	905.13	2 969.82	1.17

资料来源：根据前文测算数据与参数假定计算整理。

从中央财政负担规模看，每年中央财政需要提供的基础养老金补贴占当年中央财政收入的比例在1.70%以下。最高值为2032年的1.66%，到2053年则下降到1.20%以下。这表明，在目前的制度安排下，城乡居民基本养老保险制度的运行对中央财政造成的负担较小，不会影响中央财政的可持续。

三、东部与中西部财政负担

接下来，以个人账户记账利率 $r=1.5\%$ 为例对地方财政负担进行划分。其中，个人缴费补贴、代缴费、个人账户补贴均按照东中西部人口占比进行划分；基础养老金部分，地方基础养老金部分按照人口占比进行划分①，中央基础养老金部分东部地区还需要负担50%。

结果显示（见表4-57），无论是东部还是中西部地区，城乡居民基

① 由于各省自主确定的基础养老金水平不一致，简单根据人口占比划分确实与实际情况不完全符合。但是，一方面由于城乡居民基本养老保险统筹层次太低，也无法确定某一省份全省范围内准确的基础养老金水平；另一方面，从实际执行情况来看，并不是东部地区的地方基础养老金都高于中西部地区，所以也无法根据地方人均收入、经济发展水平等来估计。加上东部地区和中西部地区地方基础养老金水平在不同省份间还可以部分实现高低互补，因而以人口占比来分配地方基础养老金负担规模是可取的。

本养老保险制度运行给财政造成的负担占当年财政收入的比重都较小。东部地区最高值出现在 2033 年；中西部地区最高值出现在 2042 年。之后，均呈下降趋势。到 2053 年，东部地区为城乡居民基本养老保险提供的财政补贴占当年财政收入的比重下降为 0.87%，中西部的这一数值下降为 1.32%。

表 4-57　　2020—2053 年东部与中西部地区财政负担与占财政收入比重　　亿元，%

年份	负担规模		占比	
	东部	中西部	东部	中西部
2020	704.17	592.02	0.96	1.31
2021	735.40	619.46	0.94	1.28
2022	781.33	658.21	0.94	1.28
2023	836.63	704.01	0.95	1.30
2024	890.14	748.79	0.96	1.31
2025	945.65	795.19	0.97	1.31
2026	999.37	839.74	0.97	1.32
2027	1 050.28	884.07	0.97	1.32
2028	1 113.89	938.01	0.98	1.34
2029	1 169.23	985.37	0.99	1.35
2030	1 229.24	1 036.85	1.00	1.37
2031	1 286.36	1 086.35	1.00	1.37
2032	1 338.73	1 131.24	1.01	1.38
2033	1 387.00	1 173.28	1.01	1.38
2034	1 433.01	1 212.60	1.01	1.38
2035	1 475.63	1 253.84	1.01	1.38
2036	1 517.40	1 298.08	1.00	1.39
2037	1 550.73	1 334.98	1.00	1.39

续表

年份	负担规模		占比	
	东部	中西部	东部	中西部
2038	1 585.92	1 374.50	0.99	1.39
2039	1 621.63	1 416.13	0.98	1.39
2040	1 652.00	1 452.21	0.97	1.39
2041	1 688.59	1 498.40	0.97	1.39
2042	1 729.56	1 545.78	0.96	1.39
2043	1 763.09	1 590.58	0.96	1.40
2044	1 796.15	1 633.52	0.95	1.40
2045	1 830.43	1 677.30	0.94	1.40
2046	1 867.52	1 721.25	0.93	1.39
2047	1 913.34	1 770.20	0.93	1.40
2048	1 949.96	1 808.65	0.93	1.39
2049	1 989.85	1 848.59	0.92	1.39
2050	2 030.69	1 883.82	0.92	1.38
2051	2 049.33	1 905.70	0.90	1.36
2052	2 063.97	1 924.82	0.89	1.34
2053	2 072.61	1 936.49	0.87	1.32

资料来源：根据前文测算数据与参数假定计算整理。

相比之下，东部地区财政负担的绝对规模要大于中西部地区，但在当年财政收入中的占比相对较小。但无论东部还是中西部地区，城乡居民基本养老保险制度运行给财政造成的压力都较小，不会影响财政的可持续。

如果中央财政对中西部地区同样按照50%的标准提供中央基础养老金补助或不提供补助，中西部地区财政的负担会明显加重（见表4-58）。相比中央财政全额补助的情况，如果中央财政只提供50%的补助，中西部地区财政负担占当年财政收入之比会提高 0.77～1.06 倍，最高值达到 2.83%，最小值为 2.33%。如果中央财政不提供任何补贴，中西部地区财政负担占当年财政收入之比最高值达到 4.29%，最小值也达到 3.34%。这种情况下，中西部地区财政负担的压力显然是比较重的。相比之下，如果中央财政不提供补助，东部地区财政负担占当年财政收入的比重也一直维持在 1.25%～1.52%。

表 4-58 2020—2053 年不同方案东部与中西部财政负担占财政收入比重

%

年份	中央均补助 50%		中央均不补助	
	东部	中西部	东部	中西部
2020	0.96	2.63	1.44	3.96
2021	0.94	2.58	1.42	3.88
2022	0.94	2.59	1.42	3.90
2023	0.95	2.63	1.43	3.96
2024	0.96	2.65	1.44	4.00
2025	0.97	2.68	1.46	4.05
2026	0.97	2.70	1.47	4.08
2027	0.97	2.71	1.47	4.10
2028	0.98	2.75	1.49	4.17
2029	0.99	2.77	1.50	4.20
2030	1.00	2.81	1.51	4.25
2031	1.00	2.82	1.52	4.27
2032	1.01	2.83	1.52	4.29
2033	1.01	2.83	1.52	4.29
2034	1.01	2.83	1.52	4.28
2035	1.01	2.83	1.52	4.27
2036	1.00	2.82	1.51	4.25

续表

年份	中央均补助 50%		中央均不补助	
	东部	中西部	东部	中西部
2037	1.00	2.80	1.50	4.21
2038	0.99	2.78	1.48	4.16
2039	0.98	2.75	1.47	4.12
2040	0.97	2.72	1.45	4.06
2041	0.97	2.70	1.44	4.02
2042	0.96	2.69	1.43	3.98
2043	0.96	2.66	1.41	3.93
2044	0.95	2.63	1.39	3.87
2045	0.94	2.61	1.38	3.82
2046	0.93	2.58	1.36	3.77
2047	0.93	2.57	1.36	3.74
2048	0.93	2.54	1.35	3.69
2049	0.92	2.52	1.34	3.65
2050	0.92	2.49	1.33	3.61
2051	0.90	2.44	1.31	3.53
2052	0.89	2.39	1.28	3.44
2053	0.87	2.33	1.25	3.34

资料来源：根据前文测算数据与参数假定计算整理。

可见，中央财政对中央确定的基础养老金提供补助减轻了地方财政尤其是中西部地区财政的压力。在东部和中西部地区之间采取不同的补助标准，考虑了不同地区财政实力的差异，在缩小东部和中西部地区养老金待遇差距的同时又实现了地方财政负担的基本一致（体现为财政负担占财政收入的比重），体现了中央财政在统筹互济、缩小差距、促进公平方面扮演的关键角色。此外，在任一年度中西部地区财政负担水平又均略高于东部地区，这又体现了地方政府在城乡居民基本养老保险制度运行以及保障城乡老年人养老待遇方面的主体责任，能够督促地方政府发展经济、增加财政收入，从而提高养老金待遇。

四、年限基础养老金负担

人力资源社会保障部、财政部《关于建立城乡居民基本养老保险待遇确定和基础养老金正常调整机制的指导意见》中明确，各地提高基础养老金和加发年限基础养老金标准所需资金由地方负担。我们同样按照东部和中西部地区城镇与农村人口的占比计算不同年限基础养老金方案下的财政负担情况。

根据前文参数设定，农村所有应参保群体在2012年即实现了100%参保，城镇应参保群体分别在2016—2020年参保，并于2020年实现全部参保。

对于农村参保人口，最早领取年限基础养老金的人口是2028年60岁的人口，他们从2012年缴费直至2027年共计缴费16年，超出最低缴费年限1年（假定最低缴费年限一直维持在15年）。年龄在61岁及以上的则或者正好缴纳15年或者不足15年，没有资格领取年限基础养老金。到2029年，61岁人口的缴费时间为2012—2027年，超出最低缴费年限1年；年龄为60岁的人口，缴费时间为2012—2028年，超出最低缴费年限2年。依此类推，可以计算2028—2053年各年应领取年限基础养老金人口的年龄分布（见表4-59）、缴费年限及多缴年限，进而根据相应的规则计算所应领取的年限基础养老金。

表4-59　2028—2053年各年份享受年限基础养老金人口年龄分布　单位：岁

年份	年龄上限					
	农村	城镇（参保年份）				
		16	17	18	19	20
2028	60					

续表

年份	年龄上限					
	农村	城镇（参保年份）				
		16	17	18	19	20
2029	61					
2030	62					
2031	63					
2032	64	60				
2033	65	61	60			
2034	66	62	61	60		
2035	67	63	62	61	60	
2036	68	64	63	62	61	60
2037	69	65	64	63	62	61
2038	70	66	65	64	63	62
2039	71	67	66	65	64	63
2040	72	68	67	66	65	64
2041	73	69	68	67	66	65
2042	74	70	69	68	67	66
2043	75	71	70	69	68	67
2044	76	72	71	70	69	68
2045	77	73	72	71	70	69
2046	78	74	73	72	71	70
2047	79	75	74	73	72	71
2048	80	76	75	74	73	72
2049	81	77	76	75	74	73
2050	82	78	77	76	75	74
2051	83	79	78	77	76	75

续表

年份	年龄上限					
	农村	城镇（参保年份）				
		16	17	18	19	20
2052	84	80	79	78	77	76
2053	85	81	80	79	78	77

资料来源：根据前文测算数据与参数设定计算整理。

在城镇，2016年开始参保的人口中，2032年及之后开始领取养老金的人口才有资格领取年限基础养老金。在2032年，年满60岁的人缴费时间为2016—2031年，共缴费16年，超出最低缴费年限1年。在2033年，年满60岁和61岁的人口分别缴费17年（2016—2032）和16年（2016—2031），分别超出最低缴费年限2年和1年。依此类推，可以计算初次参保年份分别为2016—2020年的城镇人口中在2032—2053年有资格领取年限基础养老金的人口的年龄分布（见表4-59，年龄下限均为60岁）、缴费年限及多缴年限，并进而根据相应的规则计算所应领取的年限基础养老金。

接下来，根据前文预测的城乡各年龄段人口规模、参保比例，按照每多缴1年加发基础养老金1%、2%、3%、4%、1元、2元、5元和10元八种方案计算2028—2053年各年份需要加发的年限基础养老金规模（见表4-60）。

表4-60　2028—2053年不同方案下需加发年限基础养老金规模　单位：亿元

年份	1%	2%	3%	4%	1元	2元	5元	10元
2028	2.23	4.46	6.69	8.92	1.18	2.36	5.89	11.78
2029	6.31	12.62	18.93	25.24	3.22	6.44	16.09	32.18
2030	13.03	26.05	39.08	52.10	6.42	12.84	32.11	64.22
2031	21.37	42.75	64.12	85.49	10.18	20.36	50.89	101.78

续表

年份	1%	2%	3%	4%	1元	2元	5元	10元
2032	31.48	62.96	94.44	125.92	14.51	29.02	72.55	145.11
2033	43.06	86.12	129.18	172.23	19.24	38.48	96.19	192.38
2034	56.20	112.40	168.60	224.80	24.33	48.65	121.63	243.27
2035	69.64	139.27	208.91	278.54	29.23	58.47	146.17	292.33
2036	84.53	169.05	253.58	338.10	34.47	68.93	172.33	344.66
2037	98.42	196.85	295.27	393.70	38.98	77.96	194.90	389.79
2038	115.09	230.19	345.28	460.37	44.29	88.58	221.45	442.90
2039	133.76	267.52	401.28	535.03	50.08	100.16	250.41	500.82
2040	152.79	305.57	458.36	611.15	55.68	111.35	278.38	556.76
2041	174.90	349.80	524.70	699.60	62.04	124.08	310.21	620.42
2042	203.31	406.62	609.93	813.24	70.27	140.55	351.37	702.73
2043	227.75	455.51	683.26	911.01	76.75	153.50	383.74	767.48
2044	255.16	510.32	765.49	1 020.65	83.84	167.68	419.20	838.39
2045	286.17	572.33	858.50	1 144.67	91.74	183.48	458.71	917.41
2046	321.99	643.99	965.98	1 287.98	100.78	201.56	503.91	1 007.82
2047	368.58	737.17	1 105.75	1 474.33	112.65	225.30	563.26	1 126.52
2048	412.30	824.60	1 236.90	1 649.20	123.10	246.21	615.52	1 231.05
2049	462.81	925.63	1 388.44	1 851.25	135.08	270.16	675.40	1 350.79
2050	521.97	1 043.93	1 565.90	2 087.86	148.96	297.91	744.78	1 489.56
2051	559.20	1 118.41	1 677.61	2 236.82	156.08	312.16	780.41	1 560.82
2052	592.04	1 184.09	1 776.13	2 368.17	161.71	323.41	808.53	1 617.06
2053	620.58	1 241.15	1 861.73	2 482.31	165.92	331.84	829.59	1 659.19

资料来源：根据前文测算数据与参数假定计算整理。

从计算结果可以看出，每月加发1元基础养老金的方案给财政造成的负担最轻，在各个年份的年限基础养老金规模均小于其他方案。每月加发2元的方案除了2028年和2029年的年限基础养老金略高于每月加发1%外，其余年份的年限基础养老金规模均位居倒数第二。负担规模倒数第三的是每月加发1%的方案。比较每月加发2%和每月加发5元的方案，在2037年及之前，每月加发2%的方案下年限基础养老金低于每月加发5元的方案。但是从2038年开始，由于基础养老金水平的提高，加发2%方案下年限基础养老金规模大于每月加发5元的方案。每月加发3%的方案下年限基础养老金规模始终多于加发5元的方案。每月加发10元方案下的年限基础养老金规模在2047年和2036年之前分别大于每月加发3%和4%的方案，但之后随着基础养老金水平的提高则小于另外两个方案。

从年限基础养老金规模来看，在初始年份有资格领取的人口少，加发标准也相对较低，因而负担较轻。随着时间的推移，有资格领取的人口规模变大，标准也在不断提升，从而负担规模不断扩大。由于无论是定比加发还是定额加发，不同方案间的比例关系是固定的，因此定比加发和定额加发内部各方案的增长幅度是相同的。以每多缴费1年每月加发4%的方案为例，2028年的年限基础养老金规模为8.92亿元，相当于当年基础养老金总额的0.20%；到2053年，需要加发的规模达到2 482.31亿元，相当于当年基础养老金总额的36.85%。绝对规模和相对占比分别增长了277倍和183倍。相比之下，每月加发10元的方案下，年限基础养老金绝对规模与相对规模分别增长了140倍和91倍（见表4-60）。

也即是说，定比方案下领取人数增加叠加标准提升会带来更大规模的年限基础养老金支出需求。相比之下，定额方案下年限基础养老金规模仅受符合条件人口规模的影响，增长幅度相对较小（见图4-22）。以加发4%和10元方案为例进行比较，在开始的几年里，4%方案的年限基础养老金规模略小于10元方案，但增速更快，在多数年份均超出10元方案。同样，在起始年份，由于领取人数较少，年限基础养老金增速小于一般基础养老金增速。随着制度的全覆盖和逐步稳定，一般基础养老金增速放缓并在最后几年里由于领待人数减少出现下降。相比之下，年限基础养老金尤其是4%方案下的年限基础养老金规模一直保持较高增速，

且在多数年份超过了一般基础养老金增速。

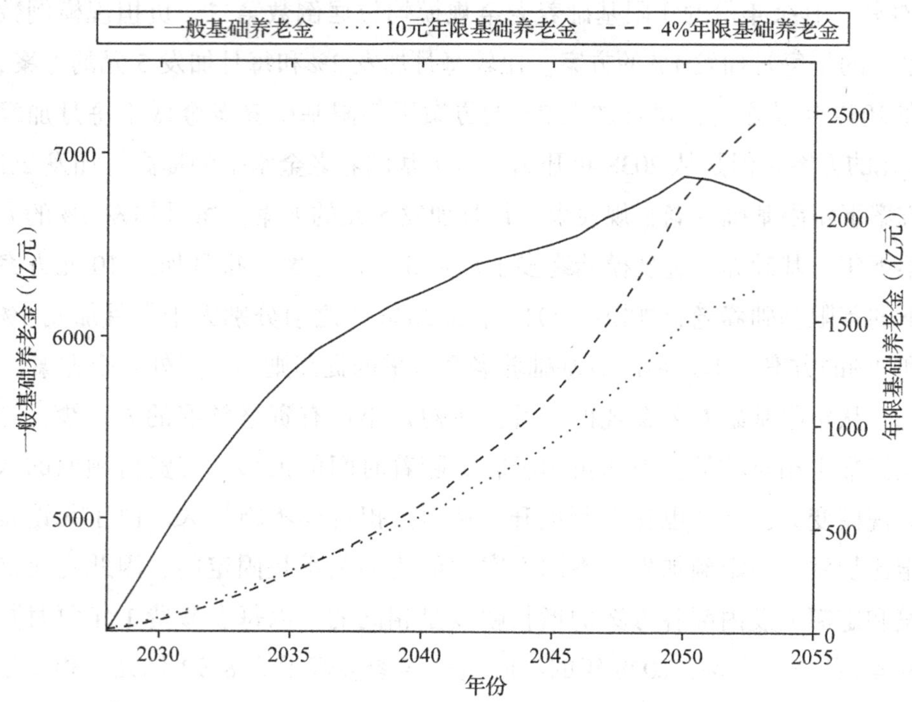

图 4-22　2028—2053 年一般基础养老金与年限基础养老金规模

资料来源：根据前文测算数据与参数假定计算绘制。

反映到对公共财政造成的负担上，在初始年份各方案的负担都比较小。随着制度的实施，年限基础养老金给公共财政造成的负担逐步加大。以加发 4%方案为例，在 2028 年年限基础养老金占全国公共财政收入的比重为 0.002 6%，到 2053 年在上升为 0.346 1%。2053 年在其余各方案下年限基础养老金占财政收入比重由大到小依次为 3%、10 元、2%、5 元、1%、2 元和 1 元，占比分别为 0.259 6%、0.231 3%、0.173 0%、0.115 7%、0.086 5%、0.046 3%和 0.023 1%。

接下来，按照人口占比将每月加发 4%方案下的年限基础养老金在东部和中西部地区间进行划分。人口分布依然采用前文的设定，即城镇人口东部和中西部地区占比分别为 47.95%和 52.05%，农村人口东部和中西部地区占比分别为 33.43%和 66.57%。

结果显示（见表 4-61），由于中西部地区人口多于东部地区，因此其年限基础养老金规模大于东部地区。2028 年，中西部地区负担规模是东部地区的接近 2 倍。随着时间的推移，城镇化水平不断提升，而中西部地区农村人口较城镇人口多，从而中西部地区与东部地区的负担规模差距在缩小。到 2053 年，中西部地区年限基础养老金总额约相当于东部地区的 1.66 倍。

表 4-61　　2028—2053 年东部与中西部年限基础养老金与占财政收入比重　　亿元，%

年份	东部		中西部	
	负担	占比	负担	占比
2028	2.98	0.002 6	5.94	0.008 5
2029	8.44	0.007 1	16.80	0.023 1
2030	17.42	0.014 2	34.69	0.045 7
2031	28.58	0.022 3	56.91	0.072 0
2032	42.10	0.031 7	83.82	0.102 1
2033	57.66	0.041 9	114.58	0.134 8
2034	75.47	0.053 0	149.33	0.170 0
2035	93.91	0.064 0	184.63	0.203 9
2036	114.62	0.075 8	223.49	0.239 5
2037	134.25	0.086 2	259.45	0.269 9
2038	158.02	0.098 6	302.35	0.305 5
2039	184.91	0.112 1	350.12	0.343 7
2040	212.61	0.125 2	398.54	0.380 3
2041	244.95	0.140 3	454.64	0.421 8
2042	286.63	0.159 7	526.62	0.475 2
2043	323.17	0.175 2	587.84	0.516 1
2044	364.25	0.192 2	656.39	0.561 0

续表

年份	东部		中西部	
	负担	占比	负担	占比
2045	410. 85	0. 211 0	733. 82	0. 610 6
2046	465. 37	0. 232 8	822. 60	0. 666 6
2047	535. 78	0. 261 1	938. 55	0. 741 0
2048	602. 91	0. 286 4	1 046. 29	0. 805 1
2049	680. 39	0. 315 1	1 170. 86	0. 878 3
2050	770. 80	0. 348 1	1 317. 06	0. 963 6
2051	830. 18	0. 365 7	1 406. 64	1. 003 9
2052	884. 40	0. 380 2	1 483. 77	1. 033 4
2053	934. 18	0. 392 0	1 548. 13	1. 052 5

资料来源：根据前文测算数据与参数假定计算整理。

反映到占财政收入的比重上，中西部地区财政收入少但年限基础养老金规模大，导致年限基础养老金占财政收入比重大于东部地区，不过差距呈现下降趋势。2028 年，东部和中西部地区年限基础养老金占当年财政收入的比重分别为 0. 002 6%和 0. 008 5%，后者是前者的 3. 27 倍；到 2053 年，这两个数值分别达到 0. 392 0%和 1. 052 5%，二者差距下降为 2. 68 倍。

第六节　提高养老金水平的财政负担评估

虽然从前述测算来看，城乡居民基本养老保险制度不会给公共财政造成过重的负担，但这是以较低的养老金水平为前提的。接下来我们评估提高养老金水平对于城乡居民基本养老保险制度未来运行造成的财务压力。

前文测算表明（见表 4-45），当个人账户记账利率提高到 7. 5%时，

2012 年参保时 19 岁人口基本养老金的替代率为 22.28%。而实际上，很少有省份将个人账户记账利率提高到这一水平。另外，2018 年城镇职工基本养老保险的替代率为 45.92%。所以，此处我们分别测算将城乡居民基本养老保险养老金替代率提高到 22.28%和 45.92%会给公共财政造成的支出负担，从而评估制度的可持续发展压力。

要提高养老金水平，或者提高个人缴费水平，或者提高基础养老金水平。我们选择以下两种模式进行比较，一种是不提高个人缴费水平，即个人账户养老金水平保持不变①；另一种是将个人账户缴费标准从目前占农村居民人均收支差额的 10.52%提高到 20%②，即灵活就业人员参加城镇职工基本养老保险的缴费比例，测算由此给公共财政造成的压力。

个人账户记账利率会影响个人账户养老金水平，进而影响达到同样替代率所需要的基础养老金，还会影响个人账户积累额支付月数与财政补贴月数，最终影响公共财政负担。本部分我们首先按照人民银行公布的 2019 年一年期定期存款利率（1.5%）进行估计，最后再估计记账利率为 7.5%③的情况。

一、只提高基础养老金的财政负担

根据前文测算的 2020—2053 年农村居民人均可支配收入，按照替代率 22.28%计算需要达到的养老金水平，减去根据前文缴费数据计算的个人账户养老金得到新的基础养老金水平，并按照前文确定的规则划分中央和地方基础养老金标准（见表 4-62）。相比替代率未提高时，所需基础养老金大幅提高。2020 年的一般基础养老金从 136 元提高到 292 元，增幅为 114.7%，翻了一番还多；2053 年的一般基础养老金从 374 元提高到 1 043 元，增幅为 178.9%，接近翻了两番。

① 相应地，政府针对个人缴费、困难群体代缴以及个人账户补贴的标准也保持不变。

② 由于假定记账利率保持不变，待遇提升幅度与缴费提升幅度一致。相应地政府提供的个人账户缴费补贴、困难群体代缴费标准也要提高。

③ 约相当于城镇职工基本养老保险个人账户记账利率（2019 年为 7.61%）。

表 4-62　个人缴费不变替代率提至 22.28%的城乡居民基本养老保险养老金构成（r=1.5%） 单位：元

年份	养老金	其中：			
		个人账户	基础养老金	其中：	
				中央	地方
2020	310	18	292	207	85
2021	333	21	313	222	91
2022	356	25	331	235	96
2023	377	29	349	248	101
2024	402	33	369	262	107
2025	427	37	390	277	113
2026	450	41	409	290	119
2027	476	46	430	305	125
2028	503	51	451	320	131
2029	529	57	472	335	137
2030	556	63	493	350	143
2031	585	69	516	366	150
2032	613	76	537	381	156
2033	642	82	559	397	162
2034	672	90	582	413	169
2035	703	97	606	430	176
2036	733	105	627	445	182
2037	765	114	651	462	189
2038	798	123	675	479	196
2039	830	132	699	496	203

续表

年份	养老金	其中：			
		个人账户	基础养老金	其中：	
				中央	地方
2040	864	142	722	512	210
2041	899	152	747	530	217
2042	933	163	771	547	224
2043	969	174	795	564	231
2044	1 005	186	820	582	238
2045	1 042	198	844	599	245
2046	1 079	211	868	616	252
2047	1 117	224	893	634	259
2048	1 156	238	919	652	267
2049	1 195	252	943	669	274
2050	1 235	267	968	687	281
2051	1 276	283	993	705	288
2052	1 317	299	1 019	723	296
2053	1 359	316	1 043	740	303

资料来源：根据前文测算数据与参数假定计算整理。

根据前文测算的人口规模与财政收入数据，可以估计替代率提高后的公共财政负担情况（见表 4-63）。相比第五节的测算结果，各级财政的绝对负担与占比均增长了一倍左右。2020 年中央财政、东部和中西部财政负担占财政收入的比重分别从 1.52%、0.96%、1.31% 提高到 3.27%、1.97% 和 2.55%。各级财政补贴占全国财政收入的比重在 2035 年达到最高的 3.41%，最低的 2020 年也达到 2.70%。

表 4-63 个人缴费不变替代率提至 22.28% 各级财政负担（r=1.5%） 亿元，%

年份	中央		东部		中西部	
	负担	占比	负担	占比	负担	占比
2020	3 341	3.27	1 446	1.97	1 156	2.55
2021	3 545	3.26	1 534	1.96	1 226	2.54
2022	3 840	3.32	1 654	1.99	1 324	2.58
2023	4 190	3.42	1 795	2.04	1 438	2.65
2024	4 543	3.51	1 937	2.08	1 554	2.71
2025	4 915	3.60	2 087	2.13	1 676	2.77
2026	5 278	3.68	2 232	2.17	1 794	2.82
2027	5 623	3.73	2 372	2.19	1 910	2.86
2028	6 056	3.84	2 547	2.25	2 053	2.94
2029	6 434	3.91	2 700	2.29	2 179	2.99
2030	6 843	4.00	2 866	2.33	2 316	3.05
2031	7 240	4.06	3 029	2.37	2 450	3.10
2032	7 609	4.11	3 180	2.39	2 573	3.14
2033	7 945	4.14	3 320	2.41	2 688	3.16
2034	8 277	4.18	3 459	2.43	2 799	3.19
2035	8 555	4.19	3 581	2.44	2 903	3.21
2036	8 800	4.18	3 695	2.44	3 002	3.22
2037	8 993	4.15	3 788	2.43	3 084	3.21
2038	9 189	4.12	3 885	2.42	3 169	3.20
2039	9 368	4.08	3 978	2.41	3 253	3.19
2040	9 516	4.02	4 058	2.39	3 324	3.17

续表

年份	中央		东部		中西部	
	负担	占比	负担	占比	负担	占比
2041	9 670	3.98	4 147	2.37	3 407	3.16
2042	9 856	3.94	4 248	2.37	3 497	3.16
2043	9 962	3.88	4 322	2.34	3 568	3.13
2044	10 071	3.81	4 397	2.32	3 638	3.11
2045	10 180	3.75	4 473	2.30	3 708	3.09
2046	10 301	3.70	4 557	2.28	3 780	3.06
2047	10 487	3.67	4 666	2.27	3 870	3.06
2048	10 617	3.62	4 754	2.26	3 937	3.03
2049	10 767	3.58	4 849	2.25	4 009	3.01
2050	10 951	3.55	4 955	2.24	4 084	2.99
2051	10 952	3.46	4 992	2.20	4 108	2.93
2052	10 901	3.36	5 012	2.15	4 117	2.87
2053	10 806	3.26	5 016	2.11	4 110	2.79

资料来源：根据前文测算数据与参数假定计算整理。

虽然从占比上单独来看，这一支出占各级财政的负担并不高，但这仅仅是城乡居民基本养老保险一项支出，除此之外公共财政还要负担其他社会保障支出，提供其他公共产品和公共服务，承担基本建设支出等。

事实上，根据国家统计局数据，2021 年包括各类社会保险、社会福利、社会救助与就业等在内的国家财政社会保障和就业支出占全部财政收入的比例也仅为 16.72%。如果仅仅面向城乡居民基本养老保险的支出占比达到甚至超过 3%，无疑将会给公共财政的稳定运行造成巨大压力，甚至出现西方福利国家曾经面临的困境。

如果将替代率提高到 45.92%（见表 4-64），中央财政负担占财政收入的最高值将达到 9.36%（2036 年），最低值达到 6.95%（2021 年）。东部地区最高值和最低值分别为 5. 37%（2036 年）和 4. 10%（2021 年），中西部地区最高值和最低值分别为 6. 93%（2036 年）和 5. 17%（2021 年）。这显然是各级财政所无法承受的。

表 4-64　　个人缴费不变替代率提至 45. 92%
各级财政负担（r=1. 5%）　　亿元，%

年份	中央		东部		中西部	
	负担	占比	负担	占比	负担	占比
2020	7 105	6. 96	3 011	4. 11	2 343	5. 18
2021	7 564	6. 95	3 202	4. 10	2 495	5. 17
2022	8 220	7. 11	3 468	4. 18	2 708	5. 29
2023	9 000	7. 35	3 780	4. 30	2 959	5. 45
2024	9 788	7. 56	4 096	4. 41	3 214	5. 60
2025	10 623	7. 78	4 430	4. 52	3 484	5. 76
2026	11 445	7. 98	4 757	4. 62	3 749	5. 89
2027	12 232	8. 12	5 072	4. 69	4 006	6. 00
2028	13 214	8. 39	5 466	4. 83	4 325	6. 19
2029	14 084	8. 56	5 815	4. 92	4 608	6. 32
2030	15 028	8. 77	6 194	5. 04	4 915	6. 48
2031	15 950	8. 95	6 567	5. 13	5 217	6. 60
2032	16 816	9. 08	6 918	5. 20	5 499	6. 70
2033	17 618	9. 19	7 245	5. 26	5 762	6. 78
2034	18 412	9. 29	7 571	5. 32	6 020	6. 85
2035	19 093	9. 34	7 858	5. 36	6 251	6. 90
2036	19 705	9. 36	8 123	5. 37	6 467	6. 93
2037	20 203	9. 32	8 344	5. 36	6 645	6. 91

续表

年份	中央		东部		中西部	
	负担	占比	负担	占比	负担	占比
2038	20 712	9. 28	8 572	5. 35	6 829	6. 90
2039	21 187	9. 22	8 792	5. 33	7 005	6. 88
2040	21 596	9. 13	8 985	5. 29	7 158	6. 83
2041	22 022	9. 06	9 191	5. 26	7 325	6. 80
2042	22 523	9. 01	9 430	5. 25	7 513	6. 78
2043	22 848	8. 89	9 605	5. 21	7 651	6. 72
2044	23 180	8. 78	9 782	5. 16	7 789	6. 66
2045	23 516	8. 67	9 964	5. 12	7 928	6. 60
2046	23 883	8. 58	10 166	5. 09	8 074	6. 54
2047	24 404	8. 54	10 431	5. 08	8 266	6. 53
2048	24 800	8. 46	10 649	5. 06	8 413	6. 47
2049	25 246	8. 39	10 889	5. 04	8 574	6. 43
2050	25 778	8. 36	11 162	5. 04	8 753	6. 40
2051	25 880	8. 19	11 266	4. 96	8 803	6. 28
2052	25 864	7. 98	11 330	4. 87	8 817	6. 14
2053	25 744	7. 76	11 360	4. 77	8 793	5. 98

资料来源：根据前文测算数据与参数假定计算整理。

可见，要提高城乡居民基本养老保险养老金水平和替代率，仅仅提高基础养老金几乎是不可能的，会给公共财政造成沉重的负担，威胁其稳定运行。接下来我们估计将个人缴费标准提高到农村居民收支差额20%的情况下，提高替代率会造成的公共财政负担。

二、提高个人缴费与基础养老金的财政负担

个人账户积累额提高后，同样的替代率所需要的基础养老金有所下降，但是由于个人账户养老金基数较小，虽然缴费比例增长近一倍但绝对额增长不大，因此在较近的年份基础养老金下降幅度不大（见表 4-65）。以 2020 年为例，所需基础养老金为 276 元，相比未提高替代率的情况（136 元）增长了 102.9%，相比替代率同为 22.28%但个人缴费没有增加的情况（292 元）仅下降了 16 元（5.48%）。但是，随着时间的推移，个人缴费周期延长，积累额变化幅度较大，基础养老金相比缴费没有提高的情况下会有较大变化。2053 年，替代率达到 22.28%所需的基础养老金为 758 元，相比未提高替代率的情况（374 元）增长了 102.7%，比替代率同为 22.28%但个人缴费没有增加的情况（1 043 元）下降了 285 元（27.33%）。

表 4-65　按照收支差额 20%缴费替代率提至 22.28%的城乡居民基本养老保险养老金构成（r=1.5%）

单位：元

年份	养老金	其中：			
		个人账户	基础养老金	其中：	
				中央	地方
2020	310	34	276	196	80
2021	333	41	293	208	85
2022	356	47	309	219	90
2023	377	54	323	229	94
2024	402	62	340	241	99
2025	427	70	357	253	104
2026	450	79	372	264	108
2027	476	88	388	275	113

续表

年份	养老金	其中：			
		个人账户	基础养老金	其中：	
				中央	地方
2028	503	98	405	287	118
2029	529	108	420	298	122
2030	556	119	437	310	127
2031	585	131	454	322	132
2032	613	144	469	333	136
2033	642	157	485	344	141
2034	672	170	502	356	146
2035	703	185	517	367	150
2036	733	200	533	378	155
2037	765	216	548	389	159
2038	798	233	565	401	164
2039	830	251	579	411	168
2040	864	270	595	422	173
2041	899	289	610	433	177
2042	933	310	624	443	181
2043	969	331	638	453	185
2044	1 005	353	652	463	189
2045	1 042	376	665	472	193
2046	1 079	401	679	482	197
2047	1 117	426	692	491	201
2048	1 156	452	704	500	204
2049	1 195	480	716	508	208
2050	1 235	508	727	516	211

续表

年份	养老金	其中：			
		个人账户	基础养老金	其中：	
				中央	地方
2051	1 276	538	738	524	214
2052	1 317	568	748	531	217
2053	1 359	600	758	538	220

资料来源：根据前文测算数据与参数假定计算整理。

体现到公共财政的负担上，要达到22.28%的替代率，将个人缴费标准提至收支差额的20%后公共财政负担相比个人缴费不变的情况会有所下降（见表4-66）。以中央财政为例，提高缴费标准后2020年的负担占财政收入的比重为3.09%，相比不提高缴费标准时的负担比重（3.27%）下降了0.18个百分点。2053年的负担占比则从3.26%下降到2.37%，下降了0.89个百分点，降幅较大。如果将替代率提高到45.92%（见表4-67），缴费提高后2020年中央财政负担占财政收入的比重从提高前的6.96%下降为6.77%，2053年则从7.76%下降到6.87%。东部地区、中西部地区财政负担的占比亦有下降。

表4-66　按照收支差额20%缴费替代率提至22.28%的公共财政负担（r=1.5%）　亿元，%

年份	中央		东部		中西部	
	负担	占比	负担	占比	负担	占比
2020	3 154	3.09	1 369	1.87	1 097	2.42
2021	3 327	3.06	1 443	1.85	1 157	2.40
2022	3 581	3.10	1 547	1.86	1 242	2.43
2023	3 881	3.17	1 667	1.90	1 341	2.47
2024	4 182	3.23	1 789	1.92	1 440	2.51
2025	4 497	3.30	1 916	1.96	1 544	2.55

续表

年份	中央		东部		中西部	
	负担	占比	负担	占比	负担	占比
2026	4 797	3. 34	2 035	1. 98	1 642	2. 58
2027	5 077	3. 37	2 149	1. 99	1 737	2. 60
2028	5 434	3. 45	2 293	2. 03	1 856	2. 66
2029	5 734	3. 49	2 415	2. 05	1 957	2. 69
2030	6 057	3. 54	2 547	2. 07	2 066	2. 72
2031	6 367	3. 57	2 675	2. 09	2 172	2. 75
2032	6 645	3. 59	2 790	2. 10	2 267	2. 76
2033	6 890	3. 59	2 892	2. 10	2 352	2. 77
2034	7 128	3. 60	2 993	2. 10	2 434	2. 77
2035	7 315	3. 58	3 078	2. 10	2 509	2. 77
2036	7 469	3. 55	3 154	2. 09	2 579	2. 76
2037	7 576	3. 49	3 212	2. 06	2 634	2. 74
2038	7 683	3. 44	3 272	2. 04	2 691	2. 72
2039	7 771	3. 38	3 327	2. 02	2 746	2. 70
2040	7 831	3. 31	3 371	1. 99	2 790	2. 66
2041	7 895	3. 25	3 421	1. 96	2 844	2. 64
2042	7 979	3. 19	3 480	1. 94	2 902	2. 62
2043	7 996	3. 11	3 516	1. 91	2 945	2. 59
2044	8 014	3. 04	3 552	1. 87	2 987	2. 55
2045	8 029	2. 96	3 587	1. 84	3 027	2. 52
2046	8 049	2. 89	3 627	1. 81	3 068	2. 49

续表

年份	中央		东部		中西部	
	负担	占比	负担	占比	负担	占比
2047	8 118	2. 84	3 685	1. 80	3 121	2. 46
2048	8 139	2. 78	3 724	1. 77	3 155	2. 43
2049	8 172	2. 72	3 767	1. 74	3 191	2. 39
2050	8 227	2. 67	3 815	1. 72	3 226	2. 36
2051	8 141	2. 58	3 811	1. 68	3 224	2. 30
2052	8 016	2. 47	3 793	1. 63	3 211	2. 24
2053	7 857	2. 37	3 764	1. 58	3 185	2. 17

资料来源：根据前文测算数据与参数假定计算整理。

表 4-67　　按照收支差额 20%缴费替代率提至45. 92%的公共财政负担（r=1. 5%）　　亿元，%

年份	中央		东部		中西部	
	负担	占比	负担	占比	负担	占比
2020	6 918	6. 77	2 933	4. 00	2 285	5. 05
2021	7 345	6. 75	3 112	3. 98	2 426	5. 03
2022	7 961	6. 89	3 360	4. 05	2 626	5. 13
2023	8 691	7. 10	3 652	4. 15	2 862	5. 27
2024	9 427	7. 28	3 947	4. 25	3 100	5. 40
2025	10 205	7. 48	4 259	4. 35	3 352	5. 54
2026	10 964	7. 64	4 560	4. 43	3 597	5. 65
2027	11 686	7. 76	4 849	4. 49	3 833	5. 74
2028	12 592	7. 99	5 212	4. 61	4 128	5. 91

续表

年份	中央		东部		中西部	
	负担	占比	负担	占比	负担	占比
2029	13 385	8.14	5 530	4.68	4 386	6.02
2030	14 242	8.32	5 875	4.78	4 666	6.15
2031	15 077	8.46	6 212	4.85	4 939	6.25
2032	15 853	8.56	6 527	4.91	5 193	6.33
2033	16 563	8.64	6 817	4.95	5 426	6.38
2034	17 263	8.71	7 105	4.99	5 655	6.44
2035	17 853	8.74	7 355	5.01	5 857	6.47
2036	18 374	8.73	7 582	5.02	6 044	6.48
2037	18 786	8.66	7 768	4.99	6 195	6.44
2038	19 206	8.60	7 960	4.96	6 350	6.42
2039	19 591	8.52	8 141	4.93	6 498	6.38
2040	19 911	8.42	8 298	4.89	6 623	6.32
2041	20 246	8.32	8 466	4.85	6 762	6.27
2042	20 646	8.26	8 662	4.83	6 918	6.24
2043	20 882	8.13	8 799	4.77	7 028	6.17
2044	21 122	8.00	8 937	4.71	7 137	6.10
2045	21 364	7.88	9 078	4.66	7 247	6.03
2046	21 631	7.77	9 236	4.62	7 362	5.97
2047	22 035	7.71	9 450	4.61	7 517	5.94

续表

年份	中央		东部		中西部	
	负担	占比	负担	占比	负担	占比
2048	22 322	7. 61	9 619	4. 57	7 631	5. 87
2049	22 651	7. 53	9 807	4. 54	7 756	5. 82
2050	23 053	7. 48	10 022	4. 53	7 895	5. 78
2051	23 070	7. 30	10 085	4. 44	7 919	5. 65
2052	22 979	7. 09	10 112	4. 35	7 911	5. 51
2053	22 795	6. 87	10 108	4. 24	7 869	5. 35

资料来源：根据前文测算数据与参数假定计算整理。

由前述分析可以看出，如果不能提高个人缴费，提高替代率必会给公共财政造成较重的负担。即便提高个人缴费标准，由于个人账户基数较小，所能减轻的公共财政负担也十分有限。但是，相比之下，积累周期越长提高个人缴费标准对公共财政的“减负效应”就越明显。这就启示我们，在提高个人缴费绝对数额的同时还需要依赖长期积累过程中的复利效应来提高个人账户的支付能力。而且正如前文分析，当记账利率提高后不仅会提高个人账户养老金水平，减轻基础养老金的压力，还能够延长个人账户的可支付月数，减少公共财政的补贴月数，甚至不需要公共财政进行补贴，进而减轻公共财政负担。

我们以个人缴费提至收支差额的20%、替代率达到45. 92%为例，比较记账利率为1. 5%（见表4-67）和7. 5%（见表4-68）时的公共财政负担。以中央财政为例，2020年在记账利率为1. 5%的情况下，中央财政负担为6 918亿元，占财政收入的比重为6. 77%，如果记账利率提高到7. 5%，负担将会减少112亿元至6 806亿元，占财政收入的比重将会下降0. 11个百分点。随着时间的推移，较高的记账利率带来的复利效应会更加明显。2053年，负担将会从22 795亿元下降为9 090亿元，降幅达到60%，占比则从6. 87%下降为2. 74%。

表 4-68　　按照收支差额 20%缴费替代率提至 45.92%的公共财政负担（r=7.5%）　　亿元，%

年份	中央		东部		中西部	
	负担	占比	负担	占比	负担	占比
2020	6 806	6.66	2 939	4.01	2 341	5.17
2021	7 199	6.62	3 106	3.98	2 476	5.14
2022	7 768	6.72	3 338	4.02	2 665	5.20
2023	8 437	6.89	3 606	4.10	2 883	5.31
2024	9 102	7.03	3 875	4.17	3 102	5.41
2025	9 795	7.18	4 154	4.24	3 330	5.50
2026	10 453	7.28	4 416	4.29	3 544	5.57
2027	11 061	7.35	4 659	4.31	3 744	5.61
2028	11 826	7.51	4 965	4.39	3 993	5.72
2029	12 461	7.58	5 219	4.42	4 199	5.76
2030	13 133	7.67	5 487	4.46	4 417	5.82
2031	13 762	7.72	5 741	4.48	4 622	5.85
2032	14 307	7.73	5 961	4.48	4 799	5.85
2033	14 764	7.70	6 147	4.46	4 947	5.82
2034	15 185	7.66	6 320	4.44	5 083	5.79
2035	15 477	7.58	6 444	4.39	5 180	5.72
2036	15 674	7.44	6 530	4.32	5 244	5.62
2037	15 751	7.26	6 570	4.22	5 271	5.48
2038	15 802	7.08	6 599	4.12	5 289	5.34
2039	15 785	6.87	6 603	4.00	5 285	5.19
2040	15 683	6.63	6 573	3.87	5 254	5.01

续表

年份	中央		东部		中西部	
	负担	占比	负担	占比	负担	占比
2041	15 556	6.40	6 534	3.74	5 214	4.84
2042	15 434	6.17	6 496	3.62	5 173	4.67
2043	15 145	5.89	6 393	3.46	5 080	4.46
2044	14 819	5.61	6 274	3.31	4 975	4.25
2045	14 446	5.33	6 137	3.15	4 854	4.04
2046	14 037	5.04	5 986	2.99	4 720	3.83
2047	13 660	4.78	5 847	2.85	4 594	3.63
2048	13 147	4.48	5 653	2.69	4 425	3.41
2049	12 587	4.18	5 438	2.52	4 240	3.18
2050	11 994	3.89	5 206	2.35	4 043	2.96
2051	11 131	3.52	4 864	2.14	3 767	2.69
2052	10 156	3.13	4 477	1.92	3 455	2.41
2053	9 090	2.74	4 050	1.70	3 116	2.12

资料来源：根据前文测算数据与参数假定计算整理。

为了更直观地比较不同方案下的财政负担，以中央财政负担为例，呈现各方案下财政负担占财政收入比重的曲线（见图 4-23）。负担较重的两个方案（L_2 和 L_4）替代率最高（45.92%），替代率为 22.28%的 L_1 和 L_3 两个方案中财政负担占财政收入的比重远低于替代率较高的方案。在记账利率均为 1.5%的四个方案中，负担曲线的变动趋势基本一致，均是先呈上升趋势然后在 2036 年左右开始下降。原因在于虽然基础养老金水平提高了，但是领待人口规模下降了。

需要着重指出的是 L_5 方案（替代率为 45.92%）。在 2032 年之前，该方案的负担与 L_2 和 L_4 类似略有增长，但是从 2032 年开始负担急速下降。到 2052 年，L_5 方案的财政负担甚至比 L_1 方案（替代率为 22.28%）还低。

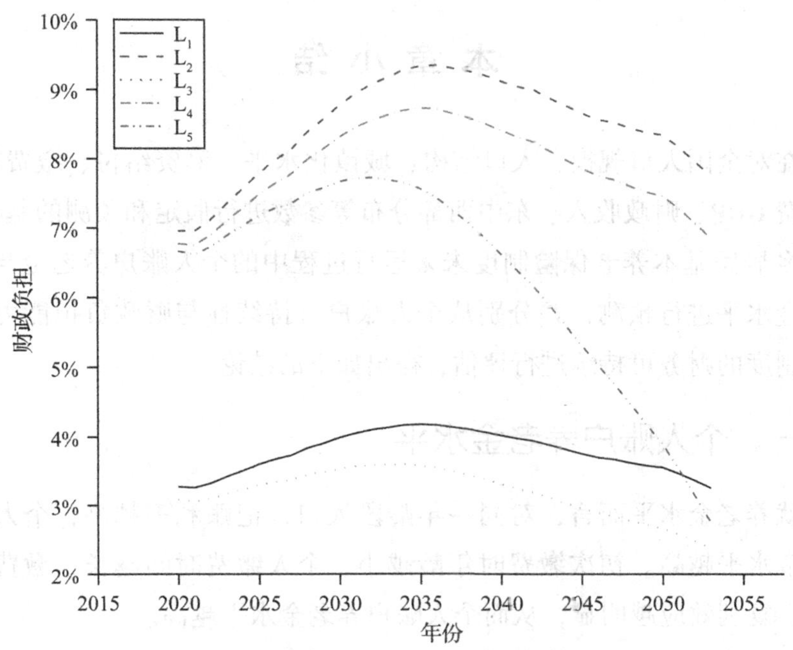

图 4-23　不同方案下城乡居民基本养老保险中央财政负担占财政收入比重

资料来源：根据前文测算数据与参数假定计算绘制①。

由此可以得出结论，替代率越高公共财政负担越重，提高个人缴费虽然可以减轻公共财政负担，但在记账利率不高的情况下幅度有限。只有同时提高个人缴费标准与个人账户记账利率，才能在较大程度上减轻公共财政的负担。

总之，在现有制度设计模式与养老金水平下，短期内公共财政的负担不重，尚不会造成明显的可持续发展压力。但如果提高养老金替代率，又不能同时提高个人缴费标准与记账利率，将会加重公共财政负担，威胁公共财政的稳定运行，对可持续发展造成严峻挑战。

① L_1：替代率 22.28%，缴费标准 10.52%，记账利率 1.5%；L_2：替代率 45.92%，缴费标准 10.52%，记账利率 1.5%；L_3：替代率 22.28%，缴费标准 20%，记账利率 1.5%；L_4：替代率 45.92%，缴费标准 20%，记账利率 1.5%；L_5：替代率 45.92%，缴费标准 20%，记账利率 7.5%。

本 章 小 结

在对全国人口规模、人口结构、城镇化水平、筹资给付、缴费补贴、代缴费 GDP、财政收入、东中西部分布等参数进行假定和预测的基础上，对城乡居民基本养老保险制度未来运行过程中的个人账户养老金与基本养老金水平进行预测，并分别从个人账户可持续性与财政负担能力的角度对制度的财务可持续进行评估，得出如下的结论。

一、个人账户养老金水平

就养老金水平而言，对同一年龄段人口，记账利率越高，个人账户养老金水平越高。初次缴费时年龄越小、个人缴费时间越长、缴费水平越高、复利效应越明显，从而个人账户养老金水平越高。

就替代率而言，总体来看城乡居民基本养老保险个人账户养老金替代率还比较低。对于同一年龄群体，记账利率越高个人账户养老金替代率越高。对于不同年龄群体，在同一记账利率下初次缴费年龄越小，替代率越高。但是，如果记账利率无法抵消个人缴费水平与居民人均可支配收入增速的差异，替代率就会变小。

就收益率而言，呈现以下规律。(1) 如果不考虑贴现和领待期间个人账户积累生息，呈现出个人账户记账利率越高、参保时年龄越小、缴费时间越长，收益率越高以及女性收益率高于男性的规律。(2) 考虑贴现因素但不考虑领待期间个人账户积累生息因素，收益率仅与贴现率和实际领取月数有关系，呈现出参保年龄越小（预期寿命越长）、贴现率越低收益率越高的规律。(3) 考虑贴现和个人账户积累额生息因素参照个人账户积累规模计算收益率，呈现出贴现率固定时记账利率越低收益率越高、记账利率固定时贴现率越大收益率越低、女性收益率高于男性的规律。(4) 比较个人账户可支付月数与财政补贴月数计算收益率，呈现出女性高于男性，早参保高于晚参保以及记账利率越高收益率越低的规律。(5) 考虑贴现与个人账户积累额生息因素参照个人缴费现值计算收益率，呈现出对相同年龄人口在相同贴现率下记账利率越高收益率越高，在相同记账利率下贴现率越小收益率越高的规律。当记账利率高出贴现率较多时参保时年龄越小收益率越高，而如果记账利率高出贴现率不多甚或小于贴现率，参保者越年轻收益率就越小。

在现有制度模式下，要提高个人账户养老金水平需要参保者早参保、长期缴费、高额缴费，需要提高政府缴费补贴水平和个人账户记账利率。考虑到贴现因素，个人账户记账利率只有高出贴现率较多时才能确保个人收益率较高或不受损失。虽然提高政府缴费补贴可以提高个人账户养老金水平，却不符合城乡居民基本养老保险作为一项社会保险制度的基本特征，也会受到财政负担能力的制约。

二、基本养老金待遇水平

基础养老金会在很大程度上提高个人养老金水平，甚至占据主导地位，对于领取养老金年份较早的人口而言，其基本养老金中个人账户养老金占比较小。随着初次领待年份的推后，个人账户养老金占比逐步提高，且记账利率越高增幅越大。

相比个人账户养老金替代率，基本养老金替代率有大幅提高，但总体上仍处于较低的水平。就收益率而言，考虑贴现与个人账户积累额生息因素，参照个人累计缴费现值的收益率，呈现出同一贴现率下记账利率越高收益率越高，同一记账利率下贴现率越高收益率越低的规律。对于不同的贴现率和记账利率，呈现出领取养老金年份越早（参保时越年长）收益率越高，领取养老金年份越晚（参保时越年轻）收益率越低的规律。

提供年限基础养老金后，年轻参保群体的基本养老金收益率有了提升。年限基础养老金水平越高，基本养老金收益率提升幅度越大。根据缴费年限按照一定比例加发基础养老金要比按照固定额度加发基础养老金能够在更大幅度上提升长期缴费的年轻参保群体的收益率，激励作用更大。选择何种年限基础养老金方案，需要综合考虑方案的激励作用和财政的负担能力。

三、个人账户支付能力

随着记账利率的提高，参保人口个人账户积累额可支付月数逐步增加。要实现参保人口个人账户积累额满足整个领取期间的支付需要（273个月），记账利率需要达到7%。

当记账利率为1.5%和2.5%时，在2012年所有参保人口的个人账户积累额都不足以支付在整个生命周期的个人账户养老金。当记账利率为5%时，男性中43~55岁人口的个人账户积累额可以满足支付需要，女性由于寿命较长，均需要国家财政给予补贴。在任一记账利率下，在2012年年龄越小，其个人账户养老金需要财政补贴的月数越多。若要确保个人账户积累额满足发放需要，需要着力提高个人账户记账利率，否则就需要公共财政在个人账户积累支付完毕后提供补贴。

四、公共财政负担

以中国人民银行公布的2019年一年期定期存款利率为个人账户记账利率测算得到的财政负担总规模相对较小。东部地区财政负担的绝对规模要大于西部地区，但在当年财政收入中的占比较小。无论东部地区还是中西部地区，城乡居民基本养老保险制度运行给财政造成的压力都较小。如果中央政府对中西部地区同样按照中央基础养老金的50%进行补贴或不提供补贴，中西部地区财政负担会明显上升。

就年限基础养老金而言，定比方案下年限基础养老金规模增速较快，定额方案下年限基础养老金规模仅受符合条件的人口规模的影响，增幅相对较小。随着制度覆盖范围的扩大、参保人口缴费年限的延长，年限基础养老金的绝对规模及在总支出中的占比都会提升。由于人口较多，中西部地区的年限基础养老金规模大于东部地区，负担较重。

未来，如果提高养老金替代率，在不能同时提高个人缴费水平与个人账户记账利率的情况下，会给公共财政造成较重的负担，威胁公共财政的稳定运行与城乡居民基本养老保险制度的可持续发展。

第五章
城乡居民基本养老保险制度政治可持续评估

前文已经对政治可持续理论以及养老保险制度的政治可持续作了简要介绍。在城乡居民基本养老保险制度的运行中，直接涉及的利益主体包括参保人口、提供财政补贴的各级政府以及通过缴纳税负承担基础养老金责任的纳税人（部分是城镇职工基本养老保险参保人口）。他们的支持与否会影响制度的政治可持续。

城乡居民基本养老保险当期参保人口的支持度受到其在制度中所能获得的收益以及制度公平性的影响。后代参保人口的支持度主要受到制度代际公平程度的影响。对于城镇职工基本养老保险参保群体而言，他们未来是否愿意继续以缴纳税负的形式来支持城乡居民基本养老保险制度的运行并维持两个制度体系的和谐，主要受到两种制度相对收益公平性以及税负水平的影响。对于各级政府而言，他们的支持度主要受财政负担能力的影响。

前文已经对城乡居民基本养老保险参保人口的收益作了详尽的分析，

结果显示，在现有制度设计模式下虽然绝对收益水平不高，但相对收益率较高。因此，这一部分将不再对参保人口的收益情况进行分析，而着重从城乡居民基本养老保险制度内部公平性和代际公平性，包括城乡居民和城镇职工基本养老保险在内的整个社会养老保险体系的公平性，以及地方政府的负担能力等方面来进行评估。

第一节 城乡居民基本养老保险养老金公平性评估

本部分所采用的数据来自 2015—2019 年度《中国社会统计年鉴》。① 该年鉴提供了领待人数和基金支出数据，但未说明“基金支出总额”的构成。通过与其他统计资料的对比可以推断基金支出总额约相当于支付给所有领待人口的养老金数额。

根据 2016 年度《中国社会统计年鉴》，2015 年全国城乡居民基本养老保险基金支出总额为 2 166.7 亿元，2015 年度《中国社会保险发展年度报告》中统计的当年城乡居民基本养老保险基金支出总额为 2 167 亿元，且将基金支出总额分成基础养老金、个人账户养老金以及转移和其他。[258] 因此，《中国社会统计年鉴》中的基金支出总额也应该可以划分为基础养老金、个人账户养老金、转移和其他。其中，转移和其他支出在基金支出总额中所占的比例在 2014—2016 年分别为 2.5%[259]、2.0%[258] 和 2.3%[260]，占比较小。

另外，从各年度《中国社会保险发展年度报告》关于个人待遇的数据也可以推论基金支出总额约为当年发放给领待人口的养老金总额。例如，2015 年和 2016 年领待人口分别为 14 800 万人和 15 270 万人，月人均养老金分别为 116.7 元和 117.2 元，据此计算的全年养老金支出总额分别为 2 073 亿元和 2 148 亿元，与当年基金支出总额（2 117 亿元和 2 151 亿元）的误差率分别为 2.10% 和 0.16%。误差率不同的原因在于，在 2015 年度《中国社会保险发展年度报告》中没有将转移和其他纳入计算

① 本章采用的数据均为书稿撰写时所能获得的最新数据。虽然在书稿编辑出版时有一些年份的最新数据公布，但为保持与前文可持续评估的一致，仍采用书稿撰写时获得的数据分析。

人均养老金待遇，而2016年度《中国社会保险发展年度报告》中则将转移和其他用于计算人均养老金待遇。

可见，城乡居民基本养老保险基金支出中基础养老金和个人账户养老金占绝大部分。同时由于转移和其他的内涵并不清楚，且各省的情况可能存在差异，我们假设城乡居民基本养老保险基金支出总额全部是发放给实际领待人口的养老金，以基金支出总额除以领待人数即可得到人均养老金水平。

为更准确地呈现和比较不同年份的养老金水平，本书利用居民消费价格指数进行调整，以2014年为基年（1.00），2015—2018年的居民消费价格指数分别为1.014 0、1.034 3、1.050 8、1.072 9。

一、城乡居民基本养老保险养老金待遇水平与变化

从2014年到2018年，城乡居民基本养老保险养老金水平总体呈上升趋势（见表5-3）。但是，从2015年到2016年经消费价格指数调整后的养老金水平在全国范围内和东中西各个地区均有下降。未经消费价格指数调整的养老金水平也仅有东部地区略有增长。原因可能是在制度推广的过程中，增加了一些个人账户积累少或没有积累的老年人，尤其是如果这些人口集中在基础养老金较低的地区，就会拉低整体的养老金水平。但是，这也反映出一个问题，即有些年份养老金水平的名义增幅并没有充分抵消物价涨幅，导致参保老年人的实际待遇水平反而下降了。

从各省养老金水平看，差距十分明显。2014—2018年，养老金水平最高的省份（均为上海市）的人均养老金水平分别是养老金水平最低省份的12.6、9.5、11.3、12.7、11.6倍。从各年份比较来看，除2015—2016年外，其余如2014—2015年、2016—2017年和2017—2018年中，多数省份的人均养老金水平均保持增长。未经CPI调整前，从2015年到2016年有19个省份的人均养老金水平下降，降幅最大的是北京市，从2015年的每人每年6 709元下降为2016年的每人每年3 536元，原因可能是从2015年到2016年正处于城乡居民基本养老保险合并实施以及在城镇扩大覆盖面的阶段，有些城镇人口并未全年领取养老金，从而影响了

计算结果。不过，由于缺少具体到月份的数据，对此难以作出准确解释（见表 5-1）。

表 5-1　2014—2018 年各省城乡居民基本养老保险年人均养老金　单位：元

省份	CPI 调整前					CPI 调整后				
	2014	2015	2016	2017	2018	2014	2015	2016	2017	2018
北京	5 950	6 709	3 536	4 342	5 321	5 950	6 616	3 419	4 132	4 959
福建	994	1 326	1 356	1 474	1 759	994	1 308	1 311	1 403	1 639
广东	1 268	1 892	1 924	2 013	2 373	1 268	1 866	1 860	1 915	2 212
海南	1 335	1 905	1 834	1 882	2 391	1 335	1 878	1 773	1 791	2 229
河北	717	1 062	1 069	1 211	1 401	717	1 048	1 033	1 153	1 306
江苏	1 778	2 087	2 150	2 356	2 530	1 778	2 058	2 078	2 242	2 358
辽宁	997	1 504	1 389	1 377	1 660	997	1 483	1 343	1 311	1 547
山东	1 163	1 355	1 431	1 564	1 813	1 163	1 336	1 384	1 488	1 690
上海	8 512	9 938	10 994	12 584	13 804	8 512	9 801	10 630	11 976	12 867
天津	2 740	3 591	3 961	4 553	5 049	2 740	3 542	3 830	4 333	4 706
浙江	2 182	2 602	2 673	2 956	3 212	2 182	2 566	2 585	2 813	2 994
安徽	747	1 069	1 021	1 055	1 508	747	1 054	987	1 004	1 406
河南	766	1 180	1 076	1 141	1 431	766	1 164	1 040	1 086	1 333
黑龙江	732	1 046	969	1 140	1 434	732	1 032	937	1 085	1 337
湖北	815	1 122	1 130	1 301	1 450	815	1 107	1 093	1 238	1 351
湖南	714	1 066	1 062	1 167	1 733	714	1 051	1 027	1 111	1 615
吉林	690	1 147	1 079	1 091	1 355	690	1 131	1 043	1 038	1 263
江西	673	1 117	1 010	1 044	1 368	673	1 102	977	993	1 275
山西	897	1 208	1 114	1 139	1 462	897	1 191	1 077	1 084	1 363

续表

省份	CPI 调整前					CPI 调整后				
	2014	2015	2016	2017	2018	2014	2015	2016	2017	2018
甘肃	836	1 223	1 202	1 212	1 456	836	1 206	1 162	1 153	1 357
广西	931	1 234	1 142	1 150	1 456	931	1 217	1 104	1 095	1 357
贵州	716	1 065	972	989	1 243	716	1 050	940	941	1 159
内蒙古	1 445	1 796	1 781	2 050	2 401	1 445	1 771	1 722	1 951	2 238
宁夏	1 301	1 840	1 875	2 096	2 494	1 301	1 815	1 813	1 995	2 325
青海	1 363	1 755	1 902	2 362	2 430	1 363	1 731	1 839	2 248	2 265
陕西	1 131	1 479	1 415	1 459	1 722	1 131	1 459	1 368	1 388	1 605
四川	981	1 316	1 271	1 419	1 774	981	1 298	1 229	1 350	1 654
西藏	1 489	1 673	2 026	1 873	14 444	1 489	1 650	1 959	1 782	13 464
新疆	914	1 646	1 629	1 652	1 956	914	1 623	1 575	1 573	1 823
云南	779	1 063	983	1 003	1 396	779	1 048	951	954	1 301
重庆	1 073	1 429	1 354	1 404	1 677	1 073	1 409	1 309	1 336	1 563
全国水平	1 066	1 430	1 408	1 521	1 828	1 066	1 410	1 362	1 447	1 704
各省均值	1 504	1 950	1 882	2 066	2 823	1 504	1 923	1 819	1 967	2 631

资料来源：根据 2015—2019 年度《中国社会统计年鉴》计算整理。

注：

①全国水平是基于人口加权计算的值，即全国城乡居民基本养老保险基金支出总额除以全国领待人数。各省均值是各省城乡居民基本养老保险人均养老金数据在未经人口加权情况下计算的均值。在后文会分别利用加权和未加权数据进行比较。

②关于西藏自治区的数据，2017 年领待人口 25.1 万人，基金支出 4.7 亿元；2018 年领待人口 3.6 万人，基金支出 5.2 亿元，导致人均养老金大幅度提升。对 2018 年各省领待人口、基金支出数据累加，并与《2018 年度人力资源和社会保障事业发展统计公报》对照，并没有发现数据错误。至于为何会发生如此大幅变化并未找到相关解释。由于西藏自治区参保和领待人数较少，对后文基于人口加权评估公平性影响不大，故本书对此不作过多考证。

③在统计数据中，有些年份单列出新疆生产建设兵团数据，有些年份没有列出，为了测算的一致性，将各年份新疆生产建设兵团的数据与新疆维吾尔自治区数据合并计算。

从2015年到2016年有23个省份经CPI调整后的人均养老金水平出现下降。特别需要指出的是，广东、河北、湖北和宁夏在经CPI调整前为正增长但调整后却下降了，说明这些省份虽然人均养老金名义水平增长了但并没有抵消物价上涨的影响，领待人口的实际生活水平不仅没有提高反而下降了。这也进一步反映出建立养老金正常调整机制的必要性。

接下来通过配对样本 t 检验来检验各年份各省CPI调整后养老金水平变化的显著性。考虑到西藏自治区数据的特殊变化，而我们又无法对这一变化作出解释或修正，为更准确客观地比较不同省份不同年度的变化，在对全国和西部地区进行配对样本 t 检验时除了呈现基于西藏自治区原始值的检验结果外，还呈现以2017—2018年其他西部省份均值增速(19.11%)替代西藏自治区原始增速的检验结果（见表5-2）。

表5-2 2014—2018年全国与各区域城乡居民基本养老保险年人均养老金变动情况 元，%

		CPI调整后养老金		
		均值差	增幅	*P*值
全国	2014—2015	419	27.84	0.000 0
	2015—2016	-104	-5.39	0.346 2
	2016—2017	147	8.10	0.006 6
	2017—2018	664	33.79	0.081 5
	2014—2018	1127	74.92	0.006 9
	2017—2018 *	247	16.66	0.000 0
	2014—2018 *	760	50.50	0.000 0
东部	2014—2015	533	21.23	0.000 2
	2015—2016	-205	-6.74	0.522 8
	2016—2017	301	10.60	0.035 7
	2017—2018	359	11.43	0.001 1
	2014—2018	988	39.34	0.031 1

续表

		CPI 调整后养老金		
		均值差	增幅	P 值
中部	2014—2015	350	46.36	0.000 0
	2015—2016	-81	-7.36	0.001 0
	2016—2017	57	5.59	0.034 0
	2017—2018	288	26.68	0.000 2
	2014—2018	614	81.35	0.000 0
西部	2014—2015	360	33.33	0.000 0
	2015—2016	-26	-1.78	0.479 9
	2016—2017	66	4.69	0.153 5
	2017—2018	1 195	80.74	0.236 0
	2014—2018	1 596	147.80	0.119 5
	2017—2018 *	297	15.11	0.000 0
	2014—2018 *	647	59.94	0.000 0

资料来源：2015—2019 年度根据《中国社会统计年鉴》计算整理。

注：* 表示西藏自治区 2018 年数据基于当年其他西部省份平均增速计算。

2014—2018 年，各省城乡居民基本养老保险平均养老金待遇增长了 1 127 元，增幅达 74.92%。如果对西藏自治区的数据进行替换，则从 2014 年到 2018 年，平均养老金待遇增长了 760 元，增幅为 50.50%。分年度看，2015—2016 年，全国人均养老金降低了 104 元，降幅约为 5.39%，但配对样本 t 检验结果显示这一差异不具有统计学意义（P= 0.346 2）。其余年份均呈增长趋势，如果不对西藏自治区的数据进行调整，增幅最大的是 2017—2018 年，但差异不具有统计学意义（P= 0.081 5）。

分区域看，从 2014 年到 2018 年东部、中部和西部年人均养老金分别增长了 988 元、614 元和 1 596 元（西藏自治区调整后为 647 元）。若不对西藏自治区进行调整，西部地区增幅最大（147.80%），若对西藏自治区进行调整则中部地区增幅最大（81.35%）。东部和中部地区2014年到2018年的变化均具有统计学意义，西部地区在对西藏自治区的数据进行调整后这一变化才具有统计学意义。

2014—2015年，东部地区增长绝对额最大，但中部地区的增幅最大，且差异均具有统计学意义。2015—2016年，东中西部地区平均养老金水平均呈下降趋势，西部地区下降的绝对额和相对幅度均最小，但配对样本 t 检验结果显示东部地区和西部地区2015—2016年的差异均不具有统计学意义（$P>0.05$）。2016—2017年，东部地区平均养老金增长的绝对额与相对幅度均最大。2017—2018年，如不调整西藏自治区数据，西部地区增长的绝对额和相对幅度均最大，但是这一差异不具有统计学意义（$P>0.05$）；对西藏自治区进行调整之后，增长绝对额最大的是东部地区，相对增幅最大的是中部地区，且均具有统计学意义。

由于不同省份人口规模不同，还需要通过人口加权做进一步的分析。虽然西藏自治区在2018年的人均养老金水平较高，但由于领取人数较少，加权后对西部地区或全国整体水平的影响不大，故在这部分采用2019年度《中国社会统计年鉴》中西藏自治区的原始数据，不再单独呈现对西藏自治区养老金水平进行调整后的结果。

从区域间比较来看，各个年份养老金水平均呈现出东部地区高于西部地区、西部地区高于中部地区的规律（见表5-3）。2014年，东部地区养老金水平比中部地区高出接近90%，在2016—2017年高出70%多，即便是差距较小的2015年东部地区养老金水平比中部地区也要高出接近60%。西部地区养老金水平比中部地区高出接近20%。原因在于西部地区虽然经济发展水平相对中部地区落后一些，但其从中央政府获得的转移支付较多，尤其是民族地区，从而确定了较高的基础养老金水平。例如，2018年西藏自治区和青海省的基础养老金分别为180元和175元，比全国最低基础养老金高出1倍多，也高于除北京、上海和天津三个直辖市外的其他省份。这也反映出，地方财政收入无论是地方自己组织的财政收入还是中央政府的转移支付，是决定当地所能提供的基础养老金水平进而影响甚至决定整体养老金水平的关键因素。

表 5-3　　2014—2018 年全国与各区域城乡居民基本养老保险年人均养老金　　单位：元

	年份	东部	中部	西部	全国
CPI 调整后	2014	1 412	755	967	1 066
	2015	1 763	1 105	1 296	1 410
	2016	1 760	1 027	1 215	1 362
	2017	1 891	1 086	1 267	1 447
	2018	2 058	1 384	1 540	1 704
CPI 调整前	2014	1 412	755	967	1 066
	2015	1 787	1 121	1 314	1 430
	2016	1 821	1 063	1 257	1 408
	2017	1 987	1 141	1 331	1 521
	2018	2 208	1 485	1 652	1 828

资料来源：根据 2015—2019 年度《中国社会统计年鉴》数据计算整理。

接下来对不同年份（见表 5-4）、不同区域（见表 5-5）城乡居民基本养老保险养老金水平差异进行显著性检验。结果显示，全国层面以及东中西部 2014 年到 2018 年的城乡居民基本养老保险养老金差异在 5%水平上均具有统计学意义。不同区域的比较显示，除了 2018 年中部-西部地区的差异在 5%水平上不具有统计学意义外，其余年份各区域的养老金水平差异在 5%水平上均具有统计学意义。

表 5-4　　2014—2018 年城乡居民基本养老保险养老金差异显著性检验　　单位：元

		养老金	标准差	t 值	P 值	[95%置信区间]	
全国	2014	1 066	88.79	12.00	0.000 0	891.01	1 240.45
	2018	1 704	100.74	16.91	0.000 0	1 505.32	1 901.75
	变动	638	134.28	4.75	0.000 0	373.57	902.03

续表

		养老金	标准差	t 值	P 值	[95%置信区间]	
东部	2014	1 412	181.62	7.78	0.000 0	1 054.75	1 769.48
	2018	2 058	230.34	8.93	0.000 0	1 604.55	2 511.02
	变动	646	293.33	2.20	0.028 5	68.49	1 222.84
中部	2014	755	17.00	44.43	0.000 0	721.93	788.84
	2018	1 384	37.60	36.80	0.000 0	1 309.86	1 457.83
	变动	629	41.27	15.23	0.000 0	547.26	709.66
西部	2014	967	48.27	20.04	0.000 0	872.31	1 062.27
	2018	1 540	76.34	20.18	0.000 0	1 389.93	1 690.34
	变动	573	90.32	6.34	0.000 0	395.13	750.56

资料来源：根据 2015—2019 年度《中国社会统计年鉴》数据统计整理。

表 5-5　2014—2018 年各区域城乡居民基本养老保险养老金差异显著性检验

单位：元

年份	比较区域	养老金	标准差	t 值	P 值	[95%置信区间]	
2014	中部-东部	-657	182.41	-3.60	0.000 4	-1 015.66	-297.81
	西部-东部	-445	187.92	-2.37	0.018 5	-814.60	-75.06
	西部-中部	212	51.18	4.14	0.000 0	111.20	312.61
2015	中部-东部	-657	205.17	-3.20	0.001 5	-1 061.14	-253.74
	西部-东部	-467	210.82	-2.22	0.027 5	-881.86	-52.23
	西部-中部	190	57.17	3.33	0.001 0	77.91	302.88
2016	中部-东部	-733	201.48	-3.64	0.000 3	-1 129.50	-336.59
	西部-东部	-545	209.08	-2.61	0.009 6	-956.30	-133.49
	西部-中部	188	59.14	3.18	0.001 6	71.78	304.51

续表

年份	比较区域	养老金	标准差	t 值	F 值	[95%置信区间]	
2017	中部-东部	-805	218.01	-3.69	0.000 3	-1 234.28	-376.33
	西部-东部	-624	228.52	-2.73	0.006 7	-1 073.53	-174.25
	西部-中部	181	77.95	2.33	0.020 6	28.04	334.79
2018	中部-东部	-674	233.39	-2.89	0.004 2	-1 133.17	-214.71
	西部-东部	-518	242.66	-2.13	0.033 7	-995.12	-40.17
	西部-中部	156	85.09	1.84	0.067 2	-11.15	323.73

资料来源：根据2015—2019年度《中国社会统计年鉴》数据统计整理。

注：为表格简洁仅呈现区域差异数值及显著性检验结果。

二、城乡居民基本养老保险养老金公平性测量与分解

测量公平性的工具有很多，其中最常用的是基尼系数。但是，基尼系数不满足加和可分解性条件，在进行分组分解时存在缺陷。[261,262] 相比之下，泰尔指数（Theil index）具有良好的可分解性，能够将整体不公平分解为加权的组内差异和组间差异，可以更清晰地反映出差异的来源。[263] 接下来，分别用基尼系数和泰尔指数测量城乡居民基本养老保险的不公平程度，并基于东中西部的划分利用泰尔指数对养老金的不公平进行分解。

（一）基尼系数

基尼系数的计算公式为：

$$G = \sum_{i=1}^{n} p_i H_i + 2\sum_{i=1}^{n} p_i (1 - C_i) - 1$$

G 为基尼系数；p_i 为各省人口占全国人口的比重；H_i 为各省养老金支出占全国养老金支出的比重；C_i 为按照各省人均养老金水平从低到高排序后 H_i 从 $i=1$ 到 $i=n$ 的累计值。当 $i=n$ 时，$C_i=1$。

基尼系数取值在0~1，取值越小表明分配越趋向平等。国际上一般

把基尼系数在0.2以下视为绝对平均，0.2~0.3视为比较平均，0.3~0.4视为分配相对合理，0.4~0.5视为分配差距较大，超过0.5表示分配差距比较悬殊。

结果显示（见表5-6），从2014年到2018年，我国城乡居民基本养老保险基尼系数在0.03~0.24，总体上较为平均。分区域看，东部地区的基尼系数最高，西部地区次之，中部地区的基尼系数最低。从2014年到2018年全国及各区域基尼系数均有下降，但变动没有统计学意义（$P>0.05$）。

表5-6　2014—2018年城乡居民基本养老保险养老金基尼系数

	2014	2015	2016	2017	2018	P值（2014—2018）
东部	0.237 8	0.209 8	0.208 4	0.214 2	0.201 5	0.619 0
中部	0.039 0	0.026 2	0.022 3	0.034 5	0.036 2	0.879 3
西部	0.098 4	0.081 8	0.096 1	0.110 8	0.096 9	0.967 1
全国	0.213 1	0.168 2	0.184 7	0.194 5	0.162 0	0.252 4

资料来源：根据2015—2019年度《中国社会统计年鉴》数据计算整理。

（二）泰尔指数

总体泰尔指数的计算公式为：

$$T = \sum_{i=1}^{n} H_i \ln(H_i / p_i)$$

各参数含义与基尼系数相同。

泰尔指数的分解公式为：

$$T = T_{组内} + T_{组间}$$

$$T_{组内} = \sum_{g=1}^{3} p_g T_g$$

$$T_{组间} = \sum_{g=1}^{3} H_g \ln(H_g / p_g)$$

$T_{组内}$为东中西部地区内部的差异；$T_{组间}$为三类地区之间的差异；p_g 为各类地区人口占总人口比重；T_g 为各类地区的泰尔指数；H_g 为各类地区养老金支出占全国养老金支出的比重。由此可以分别计算区域内差异和区域间差异对整体不公的贡献率。

区域内差异贡献率：$T_{组内}/T$

区域间差异贡献率：$T_{组间}/T$

测算结果表明（见表 5-7），泰尔指数与基尼系数呈现出相同的年度和区域比较规律。从对泰尔指数的分解来看，造成城乡居民基本养老保险养老金待遇差异的主要因素是组内差异。5 个年度的组内差异贡献率均在 65%以上，最高的 2018 年组内差异贡献率达到了 78.13%。在组内差异中，东部地区由于内部差异较大、人口占比较大，贡献率也最高，对整体差异的贡献率在 60%左右。中部地区虽然人口占比超过 1/3，但由于内部泰尔指数较小，对整体差异的贡献率不足 1%。西部地区在 2014—2018 年对整体差异的贡献率呈上升趋势，到 2018 年达到 8.23%。这表明，组内差异尤其是东部地区养老金待遇的差异是导致全国城乡居民基本养老保险养老金待遇差异的主要因素。然而，现实中国家的政策主要针对的是区域间差异，如对东部和中西部地区采取不同的补贴政策，对区域内差异关注较少。

表 5-7　2014—2018 年城乡居民基本养老保险养老金泰尔指数与分解

		泰尔指数	人口占比	贡献	贡献率
2014	东部	0.124 9	0.383 4	0.063 5	0.611 0
	中部	0.002 6	0.340 3	0.000 6	0.006 1
	西部	0.016 4	0.276 2	0.004 1	0.039 6
	组内			0.068 2	0.656 7
	组间			0.035 7	0.343 3
	全体	0.103 9			

续表

		泰尔指数	人口占比	贡献	贡献率
2015	东部	0.101 7	0.384 4	0.048 8	0.672 7
	中部	0.001 1	0.340 7	0.000 3	0.004 1
	西部	0.011 1	0.274 9	0.002 8	0.038 8
	组内			0.052 0	0.715 6
	组间			0.020 7	0.284 4
	全体	0.072 6			
2016	东部	0.099 2	0.386 0	0.049 5	0.607 0
	中部	0.000 8	0.340 9	0.000 2	0.002 6
	西部	0.015 8	0.273 1	0.003 8	0.047 1
	组内			0.053 6	0.656 7
	组间			0.028 0	0.343 3
	全体	0.081 6			
2017	东部	0.107 0	0.388 0	0.054 3	0.599 6
	中部	0.002 2	0.340 1	0.000 6	0.006 1
	西部	0.022 0	0.271 9	0.005 2	0.057 8
	组内			0.060 0	0.663 5
	组间			0.030 4	0.336 5
	全体	0.090 5			
2018	东部	0.098 9	0.411 6	0.049 2	0.689 4
	中部	0.002 7	0.317 7	0.000 7	0.009 6
	西部	0.024 0	0.270 8	0.005 9	0.082 3
	组内			0.055 7	0.781 3
	组间			0.015 6	0.218 7
	全体	0.071 4			

资料来源：根据2015—2019年度《中国社会统计年鉴》数据计算整理。

组间差异对整体差异的贡献率在20%～35%。虽然相比组内差异而言，组间差异贡献率较小，但由于我国东中西部区域间经济发展差异短时期内很难有根本性改变，未来城乡居民基本养老保险养老金待遇的组间差异恐怕也难有显著改观，因而仍应高度重视。

第二节　社会养老保险体系养老金公平性评估

由于我国同时存在着城乡居民与城镇职工基本养老保险制度，且两个制度的待遇水平、收益情况存在差异，会影响相关利益主体对制度的支持。本部分在比较城乡居民与城镇职工基本养老保险待遇、公平性的基础上对整个社会养老保险体系的公平性进行测量。

一、城乡居民与城镇职工基本养老保险待遇比较

《中国社会统计年鉴》提供了历年各省和全国参加城镇职工基本养老保险的人数、领待人数和基金收支情况。我们以基金支出总额除以领待人数计算城镇职工基本养老保险人均养老金水平。对此，需要作出如下说明。

根据《社会保险基金财务制度》的规定[264]，城镇职工基本养老保险基金支出包括基本养老金、医疗补助金、丧葬补助金和抚恤金、病残津贴，并不完全等于离退休人员的养老金待遇。但是，从搜集到的资料来看，缺少全国和各省养老保险基金中医疗补助金、丧葬补助金和抚恤金、病残津贴等支出的数据。并且，基本养老金支出在养老保险基金支出中确实占绝大部分。以企业职工基本养老保险为例（见表5-8）①，根据2014—2016年度《中国社会保险发展年度报告》相关数据计算得到的当年企业离退休人员养老金总额与当年企业职工基本养老保险基金支出总

① 根据《国务院关于机关事业单位工作人员养老保险制度改革的决定》的规定，机关事业单位基本养老保险基金单独建账，与企业职工基本养老保险基金分别管理使用。在目前所能获得的数据中，缺少对全国和各省企业职工基本养老保险基金与机关事业单位养老保险基金分列的统计，且企业职工基本养老保险基金的相关数据更详细，故此处以企业职工基本养老保险基金的支出为例进行说明。

额的误差不足1%。这部分误差即是除基本养老金之外的其他支出。可见，在企业职工基本养老保险基金支出中，基本养老金支出占绝对主导地位。我们可以基于养老保险基金支出总额与领待人数计算人均养老金水平。

表 5-8　　2014—2016 年企业职工基本养老保险养老金支出情况

年份	离退休人数（万人）	月人均养老金（元）	养老金总额（亿元）	基金支出总额（亿元）	误差率（%）
2014	8 014	2 061	19 820	19 847	-0. 13
2015	8 536	2 251	23 057	23 141	-0. 36
2016	9 024	2 373	25 697	25 865	-0. 65

资料来源：根据 2014—2016 年度《中国社会统计年鉴》计算整理。

目前机关事业单位和企业职工基本养老保险基金仍然是分别建账管理，且在所能获得的数据中并没有详细区分两类基金的规模或者领待人数。因此，虽然机关事业单位与企业职工养老保险待遇在事实上仍然存在较大差距，但囿于数据资料的限制也只能在整个城镇职工基本养老保险框架下计算平均的养老金待遇。事实上，执行企业基本养老保险制度的离退休人员数量远高于机关事业单位离退休人员数量。例如，2018 年，城镇职工基本养老保险制度参保职工中，执行企业制度的职工占比为 88. 04%，离退休职工中执行企业制度的占比为 84. 60%。

从养老金绝对水平来看（见表 5-9），以 2018 年为例，全国城镇职工和城乡居民基本养老保险年人均养老金分别是 37 842 元和 1 828 元，前者是后者的 20. 70 倍。分省来看，差距最大的是贵州省，城镇职工基本养老保险人均养老金是城乡居民基本养老保险人均养老金的 34. 20 倍，差距最小的上海市的这一数值为 3. 73 倍。而实际上，上海市城镇职工基本养老保险人均养老金是贵州省的 1. 21 倍，但前者城乡居民基本养老保险人均养老金是后者的 11.10 倍。可见，各省城乡居民与城镇职工基本养老保险人均养老金差距的差异主要是由于城乡居民基本养老保险待遇差异较大。

表 5-9　　2018 年城乡居民与城镇职工基本养老保险年人均养老金　　单位：元

省份	城乡居民	城镇职工	职工/居民
安徽	1 508	50 531	33.51
北京	5 321	51 762	9.73
福建	1 759	38 017	21.61
甘肃	1 456	32 703	22.46
广东	2 373	43 289	18.24
广西	1 456	38 495	26.44
贵州	1 243	42 525	34.21
海南	2 391	37 986	15.89
河北	1 401	37 336	26.65
河南	1 431	44 363	31.00
黑龙江	1 434	31 092	21.68
湖北	1 450	36 024	24.84
湖南	1 733	35 428	20.44
吉林	1 355	26 368	19.46
江苏	2 530	39 038	15.43
江西	1 368	30 141	22.03
辽宁	1 660	34 381	20.71
内蒙古	2 401	37 730	15.71
宁夏	2 494	37 752	15.14
青海	2 430	49 597	20.41

续表

省份	城乡居民	城镇职工	职工/居民
山东	1 813	38 652	21.32
山西	1 462	43 425	29.70
陕西	1 722	40 488	23.51
上海	13 804	51 476	3.73
四川	1 774	28 722	16.19
天津	5 049	47 959	9.50
西藏	14 444	98 646	6.83
新疆	1 956	43 611	22.30
云南	1 396	39 227	28.10
浙江	3 212	35 579	11.08
重庆	1 677	28 119	16.77
全国	1 828	37 842	20.70

资料来源：根据2019年度《中国社会统计年鉴》计算整理。

注：在城镇职工基本养老保险中“中央机关”“中国人民银行”“中国农业发展银行”单列，在此处测算中没有考虑。另外，有些年份单列出新疆生产建设兵团数据，有些年份没有列出，为了测算的一致性，将部分年份新疆生产建设兵团与新疆维吾尔自治区数据合并计算。

再来比较两个险种的替代率。关于城镇职工基本养老保险的替代率，理应以退休人员平均养老金除以在岗职工平均工资来计算。但是，检索发现相关统计数据中对此缺少准确的统计。例如，2019年度《中国统计年鉴》公布的2018年北京市城镇非私营单位就业人员年平均工资为145 766元，2019年度《中国劳动统计年鉴》公布的北京市城镇单位在岗职工平均工资为149 843元，高于非私营单位就业人员平均工资，显然是不可能的，原因可能是统计口径或表述的差异。北京市公布的2018年全口径城镇单位就业人员平均工资为94 258元，但是这一数据在相关全国性统计年鉴中并未找到。相比非私营单位就业人员平均工资统计工作开展时间较长、工作规范、界定清晰，城镇其他单位就业人员工资统计工作开展相对较晚，相关数据的获取可能存在困难，导致数据不够精确客观。并且，由于城镇非私营单位就业人员平均工资高于全口径城镇在岗职工平均工资，这样计算得到的替代率小于实际替代率，与城乡居民基本养老保险养老金替代率进行比较反而更能说明问题。因此，我们仍然以城镇非私营单位就业人员平均工资为参照来计算城镇职工基本养老保险养老金替代率。

鉴于城乡居民基本养老保险参保人群中农村居民占绝大多数，我们分别以农村居民人均可支配收入（替代率 1）和统一的城乡居民人均可支配收入（替代率 2）作为计算的参照。

以 2018 年为例（见表 5-10），全国层面上替代率 1 和替代率 2 分别为 12.50%和 6.47%。当年城镇职工基本养老保险替代率为 45.92%，是城乡居民基本养老保险两个替代率的 3.67 倍和 7.10 倍。分省比较，不考虑西藏自治区，替代率 1 最低的是江西省（9.46%），最高的是上海市（45.45%）；替代率 2 最低的是福建省（5.39%），最高的也是上海市（21.51%）。城镇职工基本养老保险替代率最低和最高的分别是北京市（35.51%）和河南省（70.22%）。除西藏自治区外，上海市是唯一一个城镇职工基本养老保险替代率低于城乡居民基本养老保险替代率 1 的省份，北京市和天津市的这一差距相比全国总体水平也较小，分别为 1.77 倍和 2.17 倍，差距最大的是河南省（6.79 倍）。比较城镇职工基本养老保险替代率和城乡居民基本养老保险替代率 2，除西藏自治区外，上海市（1.70 倍）、天津市（3.73 倍）和北京市（4.16 倍）仍然是差距最小的三个省份，差距最大的是安徽省（10.80 倍）。

表 5-10　2018 年城乡居民与城镇职工基本养老保险替代率　　%

省份	城乡居民替代率 1	城乡居民替代率 2	城镇职工替代率
安徽	10.78	6.29	67.94
北京	20.09	8.53	35.51

续表

省份	城乡居民替代率 1	城乡居民替代率 2	城镇职工替代率
福建	9.87	5.39	51.16
甘肃	16.53	8.32	46.26
广东	13.82	6.63	48.84
广西	11.71	6.78	54.52
贵州	12.80	6.75	54.30
海南	17.09	9.73	50.06
河北	9.98	5.97	54.33
河南	10.34	6.51	70.22
黑龙江	10.39	6.31	51.16
湖北	9.68	5.62	48.83
湖南	12.30	6.87	50.45
吉林	9.85	5.94	38.48
江苏	12.14	6.64	46.10
江西	9.46	5.68	43.95
辽宁	11.33	5.59	51.07
内蒙古	17.39	8.46	51.10
宁夏	21.30	11.13	48.16
青海	23.38	11.71	58.09
山东	11.12	6.21	52.52
山西	12.44	6.65	65.88
陕西	15.36	7.64	56.25
上海	45.45	21.51	36.66
四川	13.31	7.90	36.97

续表

省份	城乡居民替代率 1	城乡居民替代率 2	城镇职工替代率
天津	21.89	12.78	47.61
西藏	126.15	83.56	85.03
新疆	16.34	9.10	57.80
云南	12.96	6.95	51.82
浙江	11.77	7.01	40.03
重庆	12.17	6.35	35.63
全国	12.50	6.47	45.92

资料来源：根据 2019 年度《中国社会统计年鉴》计算整理。

注：城乡居民替代率 1 和城乡居民替代率 2 分别以当年农村居民人均可支配收入和统一的城乡居民人均可支配收入为参照；无论哪一指标，西藏自治区城乡居民基本养老保险的替代率都较高，且大幅高于其他省份，原因可能与当年西藏自治区统计数据有关。如前文所述，由于并没有充分的证据和资料进行修正，我们仍采用这一数据，但由于与其他省份差异过大，在进行比较时不考虑西藏自治区的特殊数据。

从养老金增速来看，从 2014 年到 2018 年，全国层面上 CPI 调整前后的城乡居民基本养老保险人均养老金增幅分别为 87.70% 和 74.93%（见表 5-11），比对应的城镇职工基本养老保险人均养老金增幅分别高出 37.72 和 35.62 个百分点。分省份来看，除贵州、广西、江苏、安徽和北京外，其余省份城镇职工基本养老保险人均养老金增幅均低于城乡居民基本养老保险人均养老金增幅。

表 5-11　　2014—2018 年城乡居民与城镇职工基本养老保险年人均养老金增速　　%

省份	城乡居民		城镇职工	
	调整前	调整后	调整前	调整后
安徽	101.94	88.22	125.78	110.45
北京	-10.57	-16.65	40.77	31.21
福建	76.88	64.87	40.67	31.12

续表

省份	城乡居民		城镇职工	
	调整前	调整后	调整前	调整后
甘肃	74.13	62.30	32.78	23.77
广东	87.16	74.45	49.74	39.57
广西	56.45	45.83	68.30	56.87
贵州	73.61	61.82	78.25	66.14
海南	79.07	66.91	64.29	53.13
河北	95.30	82.04	38.51	29.11
河南	86.76	74.08	82.80	70.39
黑龙江	96.06	82.74	34.07	24.97
湖北	77.76	65.69	58.86	48.07
湖南	142.73	126.24	69.28	57.79
吉林	96.40	83.07	33.19	24.15
江苏	42.28	32.62	57.12	46.45
江西	103.12	89.33	49.89	39.71
辽宁	66.54	55.23	40.02	30.51
内蒙古	66.15	54.86	49.57	39.41
宁夏	91.72	78.70	41.05	31.47
青海	78.35	66.23	57.31	46.63
山东	55.89	45.31	26.92	18.30
山西	63.00	51.93	49.12	39.00
陕西	52.32	41.97	49.38	39.23
上海	62.18	51.17	54.68	44.18
四川	80.90	68.62	41.75	32.12
天津	84.30	71.78	70.98	59.37
西藏	869.84	803.98	144.96	128.33
新疆	113.94	99.41	52.60	42.24

续表

省份	城乡居民		城镇职工	
	调整前	调整后	调整前	调整后
云南	79.23	67.06	61.56	50.59
浙江	47.19	37.19	36.72	27.43
重庆	56.24	45.63	43.73	33.97
全国	87.70	74.93	49.98	39.31

资料来源：根据2015—2019年度《中国社会统计年鉴》计算整理。

这表明城乡居民基本养老保险养老金待遇水平在不断提升且速度较快，但由于基数太小，在今后较长时期内与城镇职工基本养老保险相比仍会存在较大差距。考虑到城乡居民基本养老保险具有福利性、非缴费型和缴费型相结合的特殊设计，要大幅缩小与城镇职工基本养老保险的待遇差距甚至达到后者的水平仍然受到个人缴费水平与公共财政负担能力的制约。

比较2014—2018年城镇职工基本养老保险养老金的变化可以发现（见表5-12），无论是全国层面，还是东部、中部和西部地区，城镇职工基本养老保险人均养老金的变动均具有统计学意义。

表5-12　2014年与2018年城镇职工基本养老保险年人均养老金比较　　单位：元

		养老金	标准差	t值	P值	[95%置信区间]	
全国	2014	25 329	855.20	29.62	0.000 0	23 639.21	27 018.09
	2018	35 213	1 219.46	28.88	0.000 0	32 804.41	37 622.47
	变动	9 884	1 489.45	6.64	0.000 0	6 942.40	12 827.18
东部	2014	28 063	1 128.48	24.87	0.000 0	25 833.25	30 291.87
	2018	37 330	1 669.07	22.37	0.000 0	34 032.88	40 627.32
	变动	9 267	2 014.76	4.60	0.000 0	5 287.41	13 247.67

续表

		养老金	标准差	t 值	P 值	[95%置信区间]	
中部	2014	22 678	721.33	31.44	0.000 0	21 253.42	24 103.38
	2018	34 191	2 295.37	14.90	0.000 0	29 656.64	38 725.60
	变动	11 513	2 406.05	4.78	0.000 0	6 759.60	16 265.84
西部	2014	23 074	1 200.00	19.23	0.000 0	20 703.08	25 444.24
	2018	32 903	2 098.76	15.68	0.000 0	28 757.02	37 049.16
	变动	9 829	2 417.60	4.07	0.000 1	5 053.50	14 605.36

资料来源：根据2015—2019年度《中国社会统计年鉴》计算整理。

比较每个年份不同区域城镇职工基本养老保险人均养老金差异可以发现（见表5-13），与城乡居民基本养老保险一样，同样存在东部高于西部、西部高于中部的规律。显著性检验结果显示，城乡居民基本养老保险只有在2018年中部-西部地区的差异不具有统计学意义，而城镇职工基本养老保险2014年、2015年、2017年和2018年的西部-中部，2016年、2017年和2018年的西部-东部，2017年和2018年的中部-东部的差异均不具有统计学意义（$P>0.05$）。这表明城镇职工基本养老保险人均养老金待遇的区域差异并不如城乡居民基本养老保险显著，差异较小。从后文测算的不公平指数（基尼系数、泰尔指数和MLD指数）也可以看出这一规律。

表5-13　2014—2018年不同区域城镇职工基本养老保险养老金差异比较　单位：元

年份	比较区域	养老金	标准差	t 值	P 值	[95%置信区间]	
2014	中部-东部	-5 384	1 339.33	-4.02	0.000 1	-8 029.98	-2 738.34
	西部-东部	-4 989	1 647.26	-3.03	0.002 9	-8 243.04	-1 734.76
	西部-中部	395	1 400.11	0.28	0.778 1	-2 370.64	3 161.15

续表

年份	比较区域	养老金	标准差	t值	P值	[95%置信区间]	
2015	中部-东部	-6 172	1 912.60	-3.23	0.001 5	-9 950.03	-2 393.40
	西部-东部	-5 987	2 183.69	-2.74	0.006 8	-10 300.80	-1 673.05
	西部-中部	185	1 534.13	0.12	0.904 3	-2 845.86	3 215.47
2016	中部-东部	-7 398	2 106.32	-3.51	0.000 6	-11 558.80	-3 236.83
	西部-东部	-1 869	2 855.34	-0.65	0.513 7	-7 509.93	3 771.465
	西部-中部	5 529	2 266.63	2.44	0.015 9	1 050.90	10 006.29
2017	中部-东部	-5 041	2 632.18	-1.92	0.057 3	-10 241.20	158.49
	西部-东部	-999	3 423.81	-0.29	0.770 8	-7 763.03	5 764.36
	西部-中部	4 042	3 212.80	1.26	0.210 3	-2 304.83	10 388.86
2018	中部-东部	-3 139	2 838.05	-1.11	0.270 4	-8 745.51	2 467.55
	西部-东部	-4 427	2 681.52	-1.65	0.100 8	-9 724.33	870.30
	西部-中部	-1 288	3 110.23	-0.41	0.679 4	-7 432.26	4 856.183

资料来源：根据2015—2019年度《中国社会统计年鉴》计算整理。

注：为表格简洁，仅呈现区域差异数值与显著性检验结果。

二、城乡居民与城镇职工基本养老保险公平性比较

2014—2018年各年城乡居民基本养老保险养老金基尼系数均高于城镇职工基本养老保险养老金基尼系数，且差异均具有统计学意义（$P<0.05$）（见表5-14）。

表5-14　2014—2018年城乡居民与城镇职工基本养老保险养老金基尼系数

年份	城镇职工	城乡居民	P值
2014	0.089 7	0.213 1	0.000 7
2015	0.098 4	0.168 2	0.049 0

续表

年份	城镇职工	城乡居民	P 值
2016	0. 110 7	0. 184 7	0. 040 3
2017	0. 112 1	0. 194 5	0. 025 1
2018	0. 097 8	0. 162 0	0. 046 1

资料来源：根据 2015—2019 年度《中国社会统计年鉴》计算整理。

比较不同年份城乡居民和城镇职工基本养老保险养老金泰尔指数的差异显示（见表 5-15），2016—2018 年两个险种泰尔指数的差异不具有统计学意义（$P>0.05$）。

表 5-15　2014—2018 年城乡居民与城镇职工基本养老保险养老金泰尔指数

年份	城镇职工	城镇居民	P 值
2014	0. 012 7	0. 103 9	0. 010 8
2015	0. 016 8	0. 072 6	0. 049 1
2016	0. 021 8	0. 081 6	0. 062 2
2017	0. 021 5	0. 090 5	0. 051 4
2018	0. 015 7	0. 071 4	0. 064 7

资料来源：根据 2015—2019 年度《中国社会统计年鉴》计算整理。

泰尔指数是 GE 指数（广义熵）的一种。GE 指数表达公式为：

$$GE(\alpha)=\frac{1}{\alpha^2-\alpha}\left[\frac{1}{n}\sum_{i=1}^{n}\left(\frac{y_i}{\bar{y}}\right)^{\alpha}-1\right]$$

其中，n 为样本数量；y_i 为样本 i 的值；参数 α 代表给予不同收入样本差距的权重，取值包括-2、-1、0、1，取值越小给予低水平样本差距的权重越大。当 α 取值为 1 时，即为泰尔指数，对不同水平样本差距赋予相同权重。当 α 取值为 0 时，又称为 MLD 指数，对低水平样本差距给予较大权重。[265]

选择 MLD 指数进行测算（见表 5-16），结果显示，2014—2018 各年份两个险种养老金不公平程度的差异均具有统计学意义。原因在于，MLD 指数对低水平样本的差距给予较大的权重而泰尔指数给予相同的权重，从而影响了不公平指数的测量与差异显著性。这也可以得出一个结论，即在 2016 年、2017 年和 2018 年，城镇职工和城乡居民基本养老保险人均养老金较低群体的差距较为显著，从而当给予其较大权重时总体差异较为显著。

表 5-16　2014—2018 年城乡居民与城镇职工基本养老保险养老金 MLD 指数

年份	城镇职工	城乡居民	P 值
2014	0.012 5	0.079 8	0.005 3
2015	0.016 0	0.054 7	0.040 3
2016	0.020 7	0.062 5	0.044 4
2017	0.020 6	0.068 7	0.033 9
2018	0.015 5	0.052 5	0.047 7

资料来源：根据 2015—2019 年度《中国社会统计年鉴》计算整理。

与前文比较发现，城镇职工基本养老保险区域差异不如城乡居民基本养老保险显著。可以推测，基于区域划分的组间差异对城镇职工基本养老保险整体差异的贡献要更小。定量分解也证实了这一结论（见表 5-17）。组内差异对城镇职工基本养老保险整体差异的贡献率从 2014 年的 58.63%上升到 2018 年的 90.39%，组间差异的贡献率在 2018 年下降为 9.61%。与城乡居民基本养老保险相比，城镇职工基本养老保险组间差异的贡献率在 2014 年和 2015 年更大，但在 2016—2018 年相对较小。例如，在 2018 年，城乡居民基本养老保险组间差异的贡献率为 21.87%，比城镇职工基本养老保险的这一指标高出 12.26 个百分点。

表 5-17　2014—2018 年城镇职工基本养老保险养老金泰尔指数与分解

		泰尔指数	人口占比	贡献	贡献率
2014	东部	0.007 7	0.474 7	0.004 0	0.317 0
	中部	0.005 2	0.286 4	0.001 3	0.104 4
	西部	0.009 7	0.238 9	0.002 1	0.164 9
	组内			0.007 5	0.586 3
	组间			0.005 3	0.413 7
	全体	0.012 7			
2015	东部	0.013 9	0.479 5	0.007 4	0.439 8
	中部	0.005 1	0.284 3	0.001 3	0.077 3
	西部	0.010 2	0.236 1	0.002 2	0.128 9
	组内			0.010 9	0.646 0
	组间			0.006 0	0.354 0
	全体	0.016 8			
2016	东部	0.017 8	0.474 6	0.009 2	0.420 5
	中部	0.005 4	0.277 9	0.001 3	0.058 2
	西部	0.023 6	0.247 5	0.006 0	0.273 8
	组内			0.016 4	0.752 5
	组间			0.005 4	0.247 5
	全体	0.021 8			
2017	东部	0.016 5	0.469 8	0.008 2	0.379 4
	中部	0.015 4	0.284 9	0.003 9	0.182 7
	西部	0.028 9	0.245 3	0.007 2	0.335 5
	组内			0.019 3	0.897 6
	组间			0.002 2	0.102 4
	全体	0.021 5			

续表

		泰尔指数	人口占比	贡献	贡献率
2018	东部	0.009 8	0.439 4	0.004 6	0.291 6
	中部	0.019 2	0.283 5	0.005 3	0.336 8
	西部	0.016 7	0.277 1	0 004 3	0.275 5
	组内			0.014 2	0.903 9
	组间			0.001 5	0.096 1
	全体	0.015 7			

资料来源：根据 2015—2019 年度《中国社会统计年鉴》计算整理。

这表明，就城乡居民基本养老保险养老金水平的差异而言，区域差异的贡献更高一些。原因在于，城乡居民基本养老保险作为一种具有较强福利性的制度，由地方政府提供的基础养老金在整体养老金中占比较大，是影响待遇水平的主要因素。东中西部经济发展水平和政府财政实力差异较大导致区域间养老金水平差异较大。而对于城镇职工基本养老保险而言，决定养老金水平的因素是个人缴费年限、所在地职工月平均工资、个人指数化月平均工资以及个人账户的积累，设计全国统一，运行更加制度化，受到地方政府财政实力和政策倾向的影响不大，从而区域差异的影响要小一些。

三、社会养老保险体系整体公平性测量与分解

城乡居民与城镇职工基本养老保险是我国社会养老保险体系的两大组成部分，二者之间的差距导致了整个社会养老保险体系的不公平。测量结果显示（见表 5-18），2014 年我国养老保险养老金基尼系数为 0.604 4，在 2014—2018 年虽然总体上呈下降趋势，但各年基尼系数均超过 0.55，表明我国养老金水平差距比较悬殊。

分区域来看，东部地区基尼系数最小，除 2018 年外中部和西部地区基尼系数相差不大。从变化趋势来看，无论是全国层面，还是东部、中部和西部地区，养老金待遇的基尼系数都呈下降趋势。原因在于城乡居

表 5-18　2014—2018 年社会养老保险养老金基尼系数

	2014	2015	2016	2017	2018	*P* 值
全国	0.604 4	0.585 1	0.587 1	0.577 7	0.558 1	0.535 8
东部	0.551 6	0.539 5	0.537 2	0.526 3	0.531 1	0.880 0
中部	0.625 5	0.598 2	0.599 0	0.604 4	0.586 9	0.750 6
西部	0.616 9	0.593 7	0.607 7	0.605 7	0.552 4	0.603 4

资料来源：根据 2015—2019 年度《中国社会统计年鉴》计算整理。

民基本养老保险养老金增速大于城镇职工基本养老保险养老金增速。但是，显著性检验结果显示，基尼系数的下降不具有统计学意义（$P>0.05$）。

那么，城乡居民与城镇职工基本养老保险的组内差异和组间差异对整个社会养老保险体系分配差距的贡献分别有多大？我们基于两个险种利用泰尔指数进行分组分解。结果显示（见表 5-19），对于社会养老保险体系整体不公平而言，城乡居民和城镇职工基本养老保险组内差异的贡献率仅不足 4%，两个险种组间差异的贡献率超过 96%。也即是说，导致我国养老金差距悬殊的主要原因是两个险种之间的差距。如果不缩小两大险种之间的差距，仅仅着眼于缩小两大险种内部的差异，对于整体不公的改善仅仅只有 4%。

表 5-19　2014—2018 年社会养老保险养老金泰尔指数与分解

		泰尔指数	人口占比	贡献	贡献率
2014	居保	0.103 9	0.631 9	0.007 0	0.009 5
	职保	0.012 7	0.368 1	0.011 9	0.016 2
	组内			0.018 9	0.025 7
	组间			0.716 3	0.974 3
	全体	0.735 2			

续表

		泰尔指数	人口占比	贡献	贡献率
2015	居保	0.072 6	0.618 4	0.005 5	0.008 1
	职保	0.016 8	0.381 6	0.015 6	0.022 9
	组内			0.021 1	0.031 0
	组间			0.658 3	0.969 0
	全体	0.679 3			
2016	居保	0.081 6	0.602 0	0.005 2	0.007 5
	职保	0.021 8	0.398 0	0.020 4	0.029 8
	组内			0.025 6	0.037 3
	组间			0.659 3	0.962 7
	全体	0.684 9			
2017	居保	0.090 5	0.586 0	0.005 3	0.008 0
	职保	0.021 5	0.414 0	0.020 3	0.030 6
	组内			0.025 6	0.038 6
	组间			0.638 0	0.961 4
	全体	0.663 6			
2018	居保	0.071 4	0.574 7	0.004 4	0.007 0
	职保	0.015 7	0.425 3	0.014 7	0.023 6
	组内			0.019 1	0.030 6
	组间			0.605 8	0.969 4
	全体	0.624 9			

资料来源：根据2015—2019年度《中国社会统计年鉴》计算整理。

第三节　城乡居民基本养老保险制度代际核算

城乡居民基本养老保险制度采用个人账户积累加基础养老金的模式。

其基础养老金部分与城镇职工基本养老保险制度的社会统筹基金并不相同，前者是由公共财政负担，后者是由参保单位缴费负担。参保单位负担的缴费实质上也是参保劳动者创造的财富，而公共财政负担的部分则并不仅仅是参保人口的贡献。甚至，由于城乡居民基本养老保险制度参保人口收入相对较低，对公共财政的贡献较少，制度本身的代际财富转移特征并不明显。

但是，对于一个养老保险制度而言，代际公平问题是其无法回避的。虽然公共财政的贡献者并没有参与城乡居民基本养老保险制度，但他们也是制度的利益相关者。因此，研究城乡居民基本养老保险制度的可持续，无论是财务可持续还是政治可持续，都应该对代际公平情况进行评估。

我们设计两种评估方案。第一种方案是假设基础养老金全部由城乡居民基本养老保险参保缴费群体负担，评估不同代参保人口的收益情况。这可以衡量制度本身的代际公平情况与实现可持续发展的能力。第二种方案是将公共财政收入在不同主体间进行分配，测算城乡居民基本养老保险参保人口实际负担的基础养老金，并用于评估制度的代际公平情况。相比于第一种方案，这一方案可以相对更准确地进行评估。但是，实际上这样做面临着很大的困难，原因在于我们很难准确界定不同社会成员对公共财政的贡献。

一、参数设定

（一）基础养老金分担

按照现行制度设计，基础养老金来自政府的公共财政投入。公共财政的来源主要是税收。而税收体系根据课税主体、课税客体等的不同分成不同的税种。不同社会成员需要承担的税种不同，在其中的税负也存在很大差异。

在我国的税收构成中，与居民相关的有消费税、个人所得税、房产税、车船税、车辆购置税、契税等。消费税、个人所得税的税负主要由居民个人承担，房产税、车船税、车辆购置税、契税的纳税主体还包括企事业单位，不易区分居民和企事业单位的税负。而且，这几种税种相比消费税和个人所得税的规模较小。因此，我们假设居民个人对公共财政的贡献仅有消费税与个人所得税。

从表 5-20 可以看出，从 2009 年到 2019 年，消费税和个人所得税在全国财政收入中的占比基本保持稳定，平均值为 12.42%，标准差为 0.611 9，变异系数仅为 0.049 3，各年波动较小。我们假定未来消费税和个人所得税占国家财政收入的比重保持在 12.5%，基础养老金中由居民承担的比例也为 12.5%。

表 5-20　2009—2019 年消费税与个人所得税占国家财政收入比重　亿元，%

年份	财政收入	消费税+个人所得税	占比
2009	68 518	8 711	12.71
2010	83 102	10 909	13.13
2011	103 874	12 990	12.51
2012	117 254	13 696	11.68
2013	129 210	14 763	11.43
2014	140 370	16 284	11.60
2015	152 269	19 159	12.58
2016	159 605	20 306	12.72
2017	172 593	22 191	12.86
2018	183 360	24 504	13.36
2019	190 390	22 953	12.06

资料来源：根据 2010—2020 年度《中国统计年鉴》计算整理。

接下来计算参加城乡居民基本养老保险的居民所承担的基础养老金规模。消费税和个人所得税均直接或间接与居民收入相关，收入越高消费越多，承担的消费税越多，缴纳的个人所得税也越多。因此，我们根据城镇居民和农村居民收入计算分别承担的基础养老金规模。

2012—2019 年，城乡居民人均可支配收入差距除在 2012—2013 年略有增长外，其他年份均呈下降趋势（见表 5-21），且每年降幅较小。关于未来我国城乡居民的收入差距，有些学者基于历史数据进行了测算。张延群估计了三种不同方案，得出 2030 年城乡居民收入差距为 2.28、2.30 或 2.32，但并不是一直呈下降趋势，而是有升有降。[266] 李欣然估计的城乡居民收入差距在 2020 年、2035 年和 2050 年分别为 2.66、2.56 和 2.53。[267] 如果要在 2030 年下降到 2.30，每年需要下降约 0.034，超出了近些年的下降速度。而李欣然的估计方案中，城乡居民收入差距每年仅下降 0.003 3，远低于近些年的下降速度。

表 5-21　2012—2019 年城乡居民人均可支配收入差距

单位：元

年份	农村居民	城镇居民	倍数	年份	农村居民	城镇居民	倍数
2012	8 895	23 684	2.66	2016	12 363	33 616	2.72
2013	9 430	26 467	2.81	2017	13 432	36 396	2.71
2014	10 489	28 844	2.75	2018	14 617	39 251	2.69
2015	11 422	31 195	2.73	2019	16 021	42 359	2.64

资料来源：根据 2013—2020 年度《中国统计年鉴》计算整理。

国家“十四五”规划提出缩小城乡区域发展差距和居民生活水平差距显著的目标。未来，在共享发展理念的指导下，国家会进一步加大城乡统筹发展的力度，城乡收入差距会进一步缩小。此外，从国际经验看，城乡居民收入差距小于 2 倍后，城镇化动力才会减弱并趋于稳定。一般认为到 2050 年左右，我国城镇化率将保持稳定。所以，我们假定从 2020 年到 2053 年，城乡居民收入差距每年下降 0.02。到 2030 年、2040 年、2050 年和 2053 年，城乡居民收入差距分别为 2.43、2.23、2.03 和 1.97。据此，可以根据城乡居民基本养老保险中城镇和农村人口参保规模分配所要负担的基础养老金。

前文对 2020 年及之后的基础养老金水平进行了预测。2012—2019 年仅可以获得2015—2018年人均基础养老金的准确数据，分别为每月100元、105元、111元和124元。2012—2014年中央确定的基础养老金从每月55元增长到70元，但从所能搜集到的资料看并没有包含各统筹地区基础养老金的全国人均基础养老金数据。所以，我们按照前文根据历史资料分析得到的“基础养老金每年都按照农村居民人均可支配收入增速的0.68倍增长”的假定，反推2012—2014年的人均基础养老金，进而可以根据每年参保人口、领待人口的规模，按照不同方案计算参保人口需要承担的基础养老金负担。

（二）个人账户记账利率

关于个人账户记账利率，各省最低的是按照中国人民银行公布的一年期存款利息（1.5%）计息，较高的是参照城镇职工基本养老保险个人账户记账利率计息。由于城乡居民基本养老保险目前统筹层次还较低，很难设定一个可以代表全国或者接近全国各地水平的记账利率。加之前文已经分析了个人账户记账利率对于个人参保收益率的影响，此处我们仅设定一个利率数值（2.5%）来比较标准人的收益率。

（三）贴现率

关于贴现率，不同学者的选择不同。国外学者中，奥尔巴克（Auerbach）设定的贴现率为6%[268]，科特里科夫（Kotlikoff）和莱布弗里茨（Leibfritz）选择的是5%[269]。国内学者中，刘昌平选择的是3.5%[270]，蒋云赟假定贴现率比生产率增长率高3个百分点[271]，任若恩采用了6%和8%两个贴现率进行比较[272]。

10年期国债利率是设定贴现率的重要参考。2019年我国10年期国债平均收益率为3.20%，2020年前10个月的平均收益率为2.905%。从全球主要经济体2018—2019年10年期国债收益率的变动趋势来看，存在显著下行趋势。美国10年期国债到期收益率已下降到1.6%左右，而日本、欧元区的10年期国债到期收益率已经处于负区间。部分机构预测我国10年期国债到期收益率也将出现下降趋势，可能下降至2016年的低点

(2.5%)，甚至下降到2%或低于2%的水平。参考历史数据以及未来的利率下行趋势，此处我们假定未来的贴现率为2.5%。

(四) 年限基础养老金

关于年限基础养老金，前文比较了几种不同的方案。此处，我们仅假定一个方案，即以15年为最低缴费年限，每多缴一年每月加发5元。

以2012年年龄在19~59岁的人口为标准人，按照设定的相关参数计算不同方案下标准人在整个生命周期内的缴费现值和收益现值，继而测算其个人账户净现值（2012年）和收益率。对于城镇人口，由于前文假定从2016年开始参保缴费，故起始年份设为2016年。

二、代际账户净现值

从代际账户净现值来看（见表5-22），各方案下总体上均呈现出随着参保年龄下降代际账户净现值先上升后下降的趋势，但各方案的变动趋势存在细微差异。当城乡居民基本养老保险参保者承担全部基础养老金负担时，2012年参保时59岁人口的代际账户净现值为20 705元，然后随着参保年龄下降逐渐上升。2012年53岁人口的代际账户净现值最高(22 241元)。之后，随着参保年龄下降代际账户净现值逐步下降。2012年参保时年龄为34岁的人口，代际账户净现值变为负数，2012年参保时年龄为19岁的人口，其代际账户净现值为-61 356元。

表5-22　基础养老金不同分担方案下城乡居民基本养老保险代际账户净现值　单位：元

2012年年龄	承担全部基础养老金	承担12.5%基础养老金		
		不分城乡	城乡分担	
			农村	城镇
59	20 705	21 047	21 047	
58	21 324	22 034	22 034	

续表

2012年年龄	承担全部基础养老金	承担12.5%基础养老金		
		不分城乡	城乡分担	
			农村	城镇
57	21 735	22 858	22 858	
56	21 952	23 527	23 527	
55	22 104	24 173	24 174	25 114
54	22 204	24 805	24 810	25 625
53	22 241	25 403	25 418	26 111
52	22 207	25 957	25 986	26 560
51	22 086	26 502	26 554	27 005
50	21 895	27 017	27 093	27 415
49	21 606	27 501	27 604	27 788
48	21 201	27 960	28 093	28 125
47	20 671	28 381	28 548	28 417
46	20 005	28 763	28 969	28 660
45	19 201	29 111	29 359	28 859
44	18 863	30 019	30 314	29 611
43	17 748	30 277	30 625	29 702
42	16 477	30 500	30 904	29 748
41	14 864	30 516	30 985	29 578
40	13 234	30 649	31 188	29 515
39	11 428	30 738	31 353	29 400
38	9 448	30 783	31 481	29 235

续表

2012 年年龄	承担全部基础养老金	承担 12.5%基础养老金		
		不分城乡	城乡分担	
			农村	城镇
37	7 285	30 781	31 568	29 015
36	4 970	30 738	31 621	28 751
35	2 497	30 653	31 637	28 441
34	−113	30 526	31 616	28 088
33	−2 875	30 355	31 558	27 689
32	−5 780	30 144	31 464	27 249
31	−8 989	29 718	31 162	26 595
30	−12 170	29 426	30 998	26 074
29	−15 533	29 090	30 798	25 507
28	−19 041	28 712	30 563	24 900
27	−22 706	28 291	30 291	24 251
26	−26 530	27 827	29 982	23 560
25	−30 542	27 316	29 634	22 822
24	−34 198	27 363	29 855	22 640
23	−38 884	26 560	29 237	21 607
22	−43 660	25 888	28 761	20 705
21	−48 778	25 149	28 235	19 734
20	−54 991	23 441	26 747	17 799
19	−61 356	21 675	25 207	15 813

资料来源：根据前文测算数据与参数设定计算整理。

在参保者承担12.5%的基础养老金的方案下，如果不区分城乡人口，各年龄段人口的代际账户净现值均高于承担全部基础养老金的方案，且均为正值。代际账户净现值最高值出现在2012年38岁人口，达到30 783元，比承担全部基础养老金方案下的代际账户净现值高出21 335元。即便是对于2012年19岁参保人口，其代际账户净现值也达到21 675元。

在参保者承担12.5%的基础养老金的方案下，区分城乡人口收入承担不同份额的基础养老金，2012年农村19~55岁人口的代际账户净现值均高于不区分城乡的方案。48~55岁人口中城镇参保者代际账户净现值高于农村参保者，但19~47岁人口中城镇参保者代际账户净现值低于农村参保者。

三、代际收益率比较

就收益率而言（见表5-23），无论在何种方案下，均呈现出参保年龄越小，收益率越小的趋势。这与前文分析的结论一致。

表5-23　　基础养老金不同分担方案下城乡居民基本养老保险代际收益率　　%

2012年年龄	承担全部基础养老金	承担12.5%基础养老金		
		不分城乡	城乡分担	
			农村	城镇
59	3 500.74	8 455.14	8 455.14	
58	1 755.04	4 363.06	4 363.06	
57	1 143.04	2 934.11	2 934.11	
56	831.57	2 210.46	2 210.46	
55	643.83	1 772.27	1 772.99	5 937.56
54	513.97	1 442.95	1 447.62	2 849.71
53	423.12	1 212.34	1 222.16	1 883.16
52	355.77	1 041.28	1 055.00	1 405.94

续表

2012 年年龄	承担全部基础养老金	承担 12.5%基础养老金		
		不分城乡	城乡分担	
			农村	城镇
51	301.17	908.40	926.70	1 118.31
50	257.80	801.30	822.11	922.04
49	221.52	712.81	735.09	778.08
48	190.35	638.45	661.65	667.49
47	163.44	574.80	598.49	579.73
46	139.96	519.66	543.57	508.31
45	119.41	471.77	495.73	449.36
44	104.79	438.56	462.81	408.27
43	88.32	400.26	424.34	364.92
42	73.73	366.32	390.16	327.72
41	59.97	334.10	357.59	293.67
40	48.29	306.82	330.02	265.36
39	37.84	282.23	305.11	240.43
38	28.48	259.99	282.54	218.36
37	20.05	239.77	261.97	198.69
36	12.53	221.44	243.27	181.18
35	5.79	204.77	226.20	165.53
34	-0.24	189.57	210.60	151.49
33	-5.69	175.64	196.25	138.80
32	-10.62	162.86	183.05	127.31
31	-15.37	150.24	169.94	116.11
30	-19.41	139.46	158.74	106.63
29	-23.15	129.45	148.33	97.90

续表

2012年年龄	承担全部基础养老金	承担12.5%基础养老金		
		不分城乡	城乡分担	
			农村	城镇
28	-26.58	120.18	138.67	89.88
27	-29.74	111.55	129.66	82.49
26	-32.66	103.51	121.25	75.64
25	-35.38	95.99	113.37	69.26
24	-37.31	90.91	108.15	65.01
23	-39.99	83.52	100.39	58.79
22	-42.34	77.11	93.69	53.42
21	-44.61	71.00	87.33	48.33
20	-47.51	62.81	78.63	41.43
19	-50.17	55.19	70.52	35.03

资料来源：根据前文测算数据与参数设定计算整理。

如果国家完全不承担基础养老金，而是由参保人口以社会统筹基金的形式缴纳，2012年59岁参保人口由于只缴费一年就可以领取养老金，且基础养老金相比个人缴费水平更高，其收益率可以达到3 500.74%。随着参保年龄的变小，收益率逐渐下降。2012年34岁参保人口的收益率开始下降为负数，19岁参保人口的收益率则降为-50.17%。

假设参保者承担12.5%的基础养老金，每一年龄段标准人的收益率均明显提高，并且所有年龄参保人口的收益率均为正数。2012年59岁参保人口的收益率达到8 455.14%，收益率最低的2012年19岁参保人口的收益率也达到55.19%。

如果根据城乡居民人均可支配收入来分担基础养老金，由于农村居民人均可支配收入低于城镇居民，所分担的基础养老金相应较少，相比不区分城乡时的收益率有所提升。比较城镇和农村参保群体，由于城镇居民参保较晚，缴费较少，2012年48~55岁参保人口中城镇参保人口的收益率要高于农村，48 岁以下参保人口中，城镇参保人口的收益率则低于农村。

综上所述，就城乡居民基本养老保险制度自身的设计而言，存在代际负担不平衡问题。如果由参保者承担全部基础养老金，2012 年参保的 19~34 岁人口参加养老保险的收益均为负值。如果由参保者承担 12.5% 的基础养老金，无论是否区分城镇和农村参保人口，2012 年各年龄人口的收益率均为正值。但是除了在年长人群中代际账户净现值或收益率随着参保年龄减小有微小增长外，在年轻人群中随着参保年龄减小总体上呈现出代际账户净现值和收益率下降的趋势。

无论从体现为代际账户净现值的绝对收益看，还是从体现为收益率的相对收益看，城乡居民基本养老保险都存在着代际负担不均衡的问题。年长参保者的收益大于年轻参保者，负担小于年轻参保者。造成这一问题的原因包括以下两个方面。

其一是参保人口结构的老龄化。人口结构老龄化是影响养老保险制度乃至一切代际转移机制代际公平性，并进而影响制度可持续发展的关键因素。特别是由于城镇化进程中年轻人的“乡-城”迁移率远高于老年人[273,274]，导致城乡居民基本养老保险参保人口的老龄化水平高于全国水平且速度更快。根据历史数据和预测数据，城乡居民基本养老保险制度内抚养比逐年上升，在 2012 年为 0.37，到 2038 年达到 1.00，到 2053 年则达到 1.29。这加重了后来参保者的负担，是造成代际负担失衡的主要原因。

其二是个人账户记账利率与贴现率。个人账户记账利率的影响比较复杂，既会影响参保者养老金水平，还会影响财政补贴月数。提高记账利率后，参保者养老金水平会得到提高，当个人账户积累额支付完毕后需要由基础养老金继续提供，在由参保者承担基础养老金的方案下就会加重后代人的负担，从而导致代际失衡问题。但是，如果记账利率较高以致个人账户积累额及生息能够满足生命周期内的支付需要，就无需为个人账户提供补贴，无论未来是由公共财政负担还是由参保者缴费形成的统筹基金负担，都不会因此而加重后代的负担。

以2012年19岁参保人口为例，根据前文设定的参数缴费，随着记账利率的提高，个人账户养老金水平提高，个人账户支付完毕后单月需要基础养老金提供的补贴提高，但补贴月数减少，从而补贴额度呈现出先上升后下降的趋势（见图5-1）。最终，当个人账户记账利率提高到7%时，个人账户积累额完全可以满足生命周期内的支付需要，不再需要基础养老金提供补贴，也就不会因此加重后代人的负担。

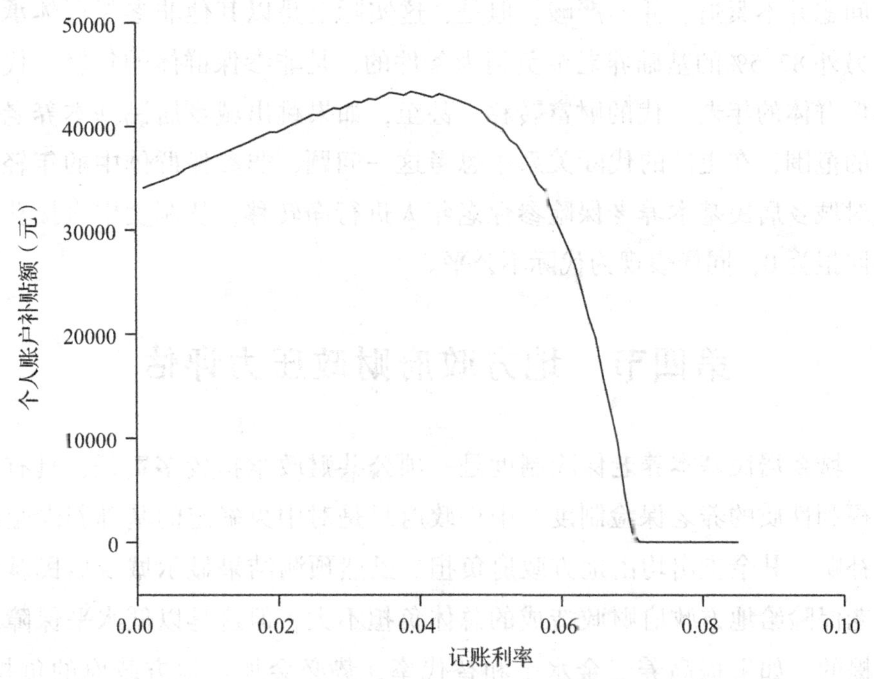

图5-1　不同记账利率下单个人个人账户补贴额度

资料来源：根据前文测算数据与参数假定计算绘制。

贴现率也会同时影响个人累计缴费与累计待遇的现值。提高贴现率会降低个人待遇和个人负担的净现值。但由于缴费的折现周期较短，养老金待遇的折现周期较长，高贴现率给缴费造成的折现“损失”要小于给养老金待遇造成的折现“损失”。在其他因素不变的情况下，贴现率越高，个人账户净现值越小，收益率越低。

本部分我们假定个人账户记账利率与贴现率均为2.5%。如果能够提高个人账户记账利率，可以较大程度上对冲贴现造成的损失，代际账户绝对收益情况将会发生改观。但是，后代人收益相对于前代人不断下降的趋势是无法避免的。

需要指出的是，在参保者承担 12.5%基础养老金的方案下，参加城乡居民基本养老保险各代人的代际账户净现值均为正数，收益率也较高，虽然存在代际收益率下降的趋势，但各代都从中受益，似乎不存在代际失衡问题或者虽然存在代际收益差异但由代际负担失衡造成的可持续发展问题并不紧迫、并不严峻。但是，这实际上是以其他非参保群体承担了另外 87.5%的基础养老金负担为条件的，是非参保群体的年轻一代向参保群体的年老一代的财富转移。甚至，如果跳出城乡居民基本养老保险的范围，在更广的代际关系中思考这一问题，非参保群体中的年轻一代对城乡居民基本养老保险参保老年人进行净转移，从制度中直接获得的回报为 0，同样表现为代际不公平。

第四节　地方政府财政压力评估

城乡居民基本养老保险制度是一项公共财政承担较多责任，具有社会福利性质的养老保险制度。中央政府只是对中央确定的基础养老金给予补贴，其余支出均由地方政府负担。虽然预测结果显示城乡居民基本养老保险给地方政府财政造成的总体负担不大，但这是以低水平保障为前提的。如果提高养老金水平和替代率，势必会加重地方政府的负担。特别是我国城乡居民基本养老保险制度的统筹层次还较低，各地经济发展水平与财政实力存在较大差异，在现有的主要以县级统筹为主的模式下，制度未来的运行会给地方政府造成财政压力，并影响他们对于制度的支持。

一、县级财政差异分析

我们依据 2019 年度《中国县域统计年鉴》数据评估人均一般公共预

算收入和支出的县域差异①（见表5-24）。可以看出，在未利用各县户籍人口进行加权时，人均一般预算收入和支出均呈现出东部地区高于西部地区，西部地区高于中部地区的规律。利用户籍人口加权后，两个指标下东部地区仍最高，但人均一般公共预算收入中部地区高于西部地区，支出仍然是西部地区高于中部地区。导致这一差异的原因主要是在中部和西部地区上级政府对县级财政的转移支付力度不同。

表5-24　2018年县域一般公共预算收入与支出均值及基尼系数　单位：元

		均值		基尼系数	
		收入	支出	收入	支出
不加权	东部	4 685	9 415	0. 516 0	0. 301 9
	中部	2 633	8 331	0. 407 2	0. 245 2
	西部	3 306	14 082	0. 621 3	0. 401 8
	全体	3 487	10 998	0. 548 4	0. 356 6
户籍人口加权	东部	4 797	8 552	0. 533 9	0. 303 0
	中部	2 306	6 776	0. 402 5	0. 207 2
	西部	2 141	8 259	0. 508 3	0. 268 9
	全体	3 137	7 845	0. 525 5	0. 268 1

资料来源：根据2019年度《中国县域统计年鉴》计算整理。

从基尼系数来看，未进行加权时全国县域人均一般公共预算收入基尼系数为0. 548 4，利用户籍人口进行加权后基尼系数为0. 525 5，表明县域间人均公共财政收入差距较为悬殊。从区域分布来看，未进行加权时西部地区基尼系数最高，中部地区最低。利用户籍人口进行加权后，东部地区最高，中部地区最低。

无论是全国范围内，还是东中西部地区内部，人均一般公共预算支

① 2019年度《中国县域统计年鉴》收录了2018年全国2 000多个县域单位的基本情况，由于个别县市的数据缺失，我们最终获得了1 984个县域的人口、一般公共预算收入和支出数据用于分析。

出的基尼系数均小于人均一般公共预算收入。这主要是上级政府的转移支付缩小了县域公共支出水平的相对差距，反映出我国县域财政实力存在较大差距，对于财政实力相对薄弱的县域财政而言只有依靠上级政府的转移支付才能缩小与发达地区的差距。

国家在推行城乡居民基本养老保险制度的过程中，考虑了区域差距。中央财政对中西部地区按中央确定的基础养老金给予全额补助，对东部地区给予50%的补助。但是，各统筹地区自主确定的基础养老金则由各地财政承担。在目前仍以县级统筹为主的情况下，县域财政实力会直接影响各统筹地区负担各项补贴支出的能力。

除了东部和中西部地区间的差异外，各区域内部县域一般公共财政预算收入和支出仍然有较大差距。例如，东中西部地区人均一般公共预算收入基尼系数均保持在较高水平（见表5-24）。利用泰尔指数进行的分组分解也显示区域内差异是导致县域公共财政差异的主导因素（见表5-25）。在不进行人口加权的情况下，西部地区对人均一般公共预算收入和支出差异的贡献最大，利用户籍人口进行加权后东部地区的贡献最大。这表明，不仅东中西部地区之间县域公共财政实力存在较大差异，在各区域内部也存在较大差异，并且区域内差异是导致总体差异的主导因素。中央政府仅仅针对东中西部地区采取差异化的补贴政策并不能完全解决县域公共财政负担城乡居民基本养老保险支出能力的差异。①

二、提高基础养老金给地方财政造成的压力

根据2018年各省领待人数，以每人每月基础养老金提高10元为例比较给各地财政造成的压力，压力最高的是河南省（0.440 4%），最低的是上海市（0.008 6%），前者是后者的51倍（见表5-26）。

① 虽然有些省份针对域内不同县也采取了差异化的责任分担机制，但并未形成全国统一的模式。

表 5-25　2018 年县域一般公共预算收入与支出泰尔指数与分解

		人均收入		人均支出	
		泰尔指数	分组分解	泰尔指数	分组分解
不加权	东部	0.501 9	0.304 4	0.168 1	0.164 5
	中部	0.291 9	0.108 6	0.106 2	0.100 5
	西部	0.873 4	0.546 0	0.291 5	0.622 3
	组内		0.958 9		0.887 3
	组间		0.041 3		0.112 7
	全体	0.623 6	1	0.246 3	1
户籍人口加权	东部	0.527 6	0.523 3	0.169 2	0.467 3
	中部	0.299 7	0.140 9	0.076 1	0.164 5
	西部	0.541 7	0.201 9	0.147 3	0.331 0
	组内		0.866 2		0.962 7
	组间		0.133 8		0.037 2
	全体	0.545 0	1	0.139 4	1

资料来源：根据 2019 年度《中国县域统计年鉴》计算整理。

表 5-26　2018 年各省城乡居民基本养老保险领待人员每月加发 10 元新增财政负担

万人，亿元，%

省份	领待人数	地方一般公共预算收入	加发 10 元负担占比
上海	51.0	7 108.15	0.008 6
北京	88.9	5 785.92	0.018 4
西藏	3.6	230.35	0.018 8
天津	81.8	2 106.24	0.046 6
广东	850.7	12 105.26	0.084 3

续表

省份	领待人数	地方一般公共预算收入	加发 10 元负担占比
新疆	109.4	1 531.42	0.085 7
浙江	533.9	6 598.21	0.097 1
宁夏	40.9	436.52	0.112 4
海南	75.7	752.67	0.120 7
内蒙古	223.7	1 857.65	0.144 5
江苏	1 093.6	8 630.16	0.152 1
福建	466.3	3 007.41	0.186 1
辽宁	406.6	2 616.08	0.186 5
重庆	367.4	2 265.54	0.194 6
青海	46.5	272.89	0.204 5
山西	415.8	2 292.70	0.217 6
吉林	251.7	1 240.89	0.243 4
江西	481.8	2 373.01	0.243 6
湖北	723.1	3 307.08	0.262 4
陕西	500.0	2 243.14	0.267 5
黑龙江	294.9	1 282.6	0.275 9
山东	1 512.4	6 485.40	0.279 8
贵州	452.8	1 726.85	0.314 7
云南	533.8	1 994.35	0.321 2
四川	1 129.1	3 911.01	0.346 4
河北	1 024.1	3 513.86	0.349 7
安徽	923.5	3 048.67	0.363 5
湖南	935.4	2 860.84	0.392 4

续表

省份	领待人数	地方一般公共预算收入	加发10元负担占比
广西	585.7	1 681.45	0.418 0
甘肃	311.9	871.05	0.429 7
河南	1 382.1	3 766.02	0.440 4

资料来源：根据2019年度《中国统计年鉴》和2019年度《中国社会年鉴》计算整理。

即便是在同一省内，由于人口结构不同、财政实力不同，相同幅度的调整也会给地方财政造成迥异的财政负担。以河北省和山东省为例(见表5-27)①，每月提高10元基础养老金新增的财政负担占各地财政收入的比例有较大差别。在河北省，每人每月提高10元基础养老金新增的支出占全省一般公共预算收入的0.361 7%，最低的廊坊市为0.206 8%，最高的邢台市达到0.849 5%。在山东省，新增支出占全省一般公共预算收入的0.282 1%，最低的青岛市为0.101 2%，最高的菏泽市则达到0.858 3%。造成这一情况的原因，一方面是邢台市和菏泽市一般公共预算收入相对较低，另一方面是城镇化水平低，领取城乡居民基本养老保险待遇的人口较多。

表5-27　2018年河北省和山东省各市城乡居民基本养老保险领待人员每月加发10元新增财政负担情况

亿元，万人，%

河北	一般公共预算收入	领待人数	新增负担占比	山东	一般公共预算收入	领待人数	新增负担占比
全省	3 513.86	1 059.06	0.361 7	全省	6 485.40	1 524.58	0.282 1
石家庄市	519.68	119.91	0.276 9	济南市	752.82	84.26	0.134 3
承德市	104.55	51.14	0.587 0	青岛市	1231.91	103.86	0.101 2

① 受所能检索到的数据限制，无法获得全国各个统筹地区的数据，因而只能选择个别省份为例进行介绍。限于篇幅仅呈现河北山东两省的情况。

续表

河北	一般公共预算收入	领待人数	新增负担占比	山东	一般公共预算收入	领待人数	新增负担占比
张家口市	156.88	70.06	0.535 9	淄博市	385.23	62.92	0.196 0
秦皇岛市	133.43	43.33	0.389 7	枣庄市	146.70	55.50	0.454 0
唐山市	432.43	111.42	0.309 2	东营市	244.59	28.15	0.138 1
廊坊市	362.03	62.40	0.206 8	烟台市	636.62	120.19	0.226 6
保定市	286.36	160.72	0.673 5	潍坊市	569.80	158.56	0.333 9
沧州市	263.39	109.83	0.500 4	济宁市	400.02	130.89	0.392 7
衡水市	114.99	77.13	0.804 9	泰安市	219.53	91.17	0.498 4
邢台市	149.00	105.48	0.849 5	威海市	284.44	38.85	0.163 9
邯郸市	243.40	115.36	0.568 7	日照市	159.77	46.00	0.345 5
				莱芜市	62.57	17.14	0.328 7
				临沂市	311.84	180.96	0.696 4
				德州市	202.52	96.41	0.571 3
				聊城市	194.27	94.48	0.583 6
				滨州市	240.54	67.88	0.338 6
				菏泽市	206.03	147.37	0.858 3

资料来源：根据2019年山东省统计年鉴和河北省统计年鉴计算整理。

注：本表河北省与山东省领待人数与表5-26略有差异，原因在于表5-27选择河北省与山东省统计年鉴数据与表5-26中采用2019年度《中国统计年鉴》和2019年度《中国社会年鉴》数值略有差异。

2018年河北省城乡居民基本养老保险的领待人数为1 059.06万人，占全省60岁及以上人口（1 496.15万人）的70.79%，而邢台市城乡居民基本养老保险领待人数为105.48万人，占全市60岁及以上人口（128万人）的比例为82.41%，廊坊市的这一比例为73.05%。且2018年廊坊市的人均一般公共预算收入为7 739元，高于河北省的4 673元，是邢台市（2 027 元）的 3.82 倍。

2018 年山东省城乡居民基本养老保险领待人数为 1 524.58 万人，占全省 60 岁及以上人口（2 239 万人）的 68.09%，而菏泽市的这一比例为 81.87%。相比之下，青岛市的这一比例为 56.60%。再来看人均一般公共预算收入，山东省、青岛市和菏泽市的这一数值分别为 6 458 元、13 113 元和 2 351 元。青岛市人均一般公共预算收入是菏泽市的 5.58 倍。

并且，欠发达地区由于城镇化水平低，居民收入水平较低，选择参加城乡居民基本养老保险的人口在整个社会养老保险体系参保人口中的占比较高（见表 5-28），还会加重个人缴费补贴负担。2018 年河北省城乡居民基本养老保险参保人口占社会养老保险参保人口的比例为 69.37%，城乡居民基本养老保险非领待人口占社会养老保险非领待人口的比例为 69.01%，而邢台市的这两个数字分别为 81.50% 和 82.00%。2018 年山东省城乡居民基本养老保险参保人口占社会养老保险参保人口的比例为 62.23%，城乡居民基本养老保险非领待人口占社会养老保险非领待人口的比例为 59.21%，而菏泽市的这两个数字分别为 80.67% 和 78.18%，青岛市的这两个数字则分别为 39.41% 和 35.14%。

表 5-28　2018 年河北省和山东省各市城乡居民基本养老保险参保人口与占社会养老保险参保人口比重　　%

河北	参保人口	非领待人口	山东	参保人口	非领待人口
全省	69.37	69.01	全省	62.23	59.21
石家庄市	60.81	58.44	济南市	42.46	36.52
承德市	70.06	70.00	青岛市	39.41	35.14
张家口市	66.23	67.67	淄博市	47.33	40.88
秦皇岛市	58.75	55.20	枣庄市	68.85	66.14
唐山市	59.17	57.88	东营市	55.67	46.56
廊坊市	68.19	64.23	烟台市	55.34	51.42
保定市	78.95	78.03	潍坊市	70.31	68.28

续表

河北	参保人口	非领待人口	山东	参保人口	非领待人口
沧州市	76.93	77.18	济宁市	74.05	72.35
衡水市	81.00	80.48	泰安市	69.07	66.15
邢台市	81.50	82.50	威海市	42.46	38.58
邯郸市	74.72	76.14	日照市	65.20	63.90
			莱芜市	52.17	51.58
			临沂市	77.79	75.48
			德州市	77.39	75.63
			聊城市	78.59	77.29
			滨州市	70.59	67.16
			菏泽市	80.67	78.18

资料来源：根据2019年度《山东省统计年鉴》和2019年度《河北省统计年鉴》计算整理。

注：城乡居民基本养老保险领待人口之外多数人口自己缴费，但还有部分参保人口由政府代缴，不宜称他们为缴费人口，所以表中把领待人口之外的其他参保人口称为“非领待人口”而不是“参保缴费人口”。

这表明，在欠发达地区，城镇化水平低、居民收入低，参加城乡居民基本养老保险的人数相对较多，更加依赖政府补贴的非缴费型养老保险，而地方财政实力又相对薄弱，在提高基础养老金水平上面临困境。一方面，中央政府和省级政府提出要不断提高基础养老金水平，加上发达地区基础养老金水平不断提升，给欠发达地区同时造成来自上层和来自横向比较的压力；另一方面，本地财政又确实捉襟见肘，难以支撑过高的基础养老金给付，由此就陷入不得不提高但又实在无力提高的困境。在这种情况下，地方政府对于中央政府和省级政府在现有基础养老金分担机制下不断提高基础养老金水平的决策部署就会缺少执行的积极性，甚至会或主动或无奈地抵制、拖延。

第五节　城乡居民基本养老保险制度政治可持续的影响因素

政治可持续是指制度在未来运行过程中保持稳定的能力。就城乡居民基本养老保险制度而言，其在未来运行过程中保持稳定的影响因素表现为：地方政府尤其是欠发达地区地方政府的支持、城乡居民基本养老保险参保人群（当代和后代）的支持以及城镇职工基本养老保险参保人群的支持。

一、地方政府尤其是欠发达地区地方政府的支持度

东部地区经济相对发达，地方政府财政实力雄厚，能够比较轻松地负担城乡居民基本养老保险的财政责任。但是，对中西部地区、欠发达地区来说，一方面它们城镇化水平低，城乡居民基本养老保险参保人口在社会养老保险体系全部参保人口中的占比较高，加重了公共财政的负担；另一方面，这些地区经济发展相对落后，财政实力薄弱。并且，由于区域经济发展差异导致劳动力从落后地区向发达地区转移，从而出现转移的劳动力为发达地区创造财富，却在落后地区参保、养老并由落后地区在没有从这些劳动力的生产活动中充分获益的情况下承担他们的养老保险补贴责任的局面。这就导致落后地区同时面临着补贴负担相对较重、但是却又没有充分分享人口红利以致财政实力薄弱，难以轻松承担城乡居民基本养老保险财政补贴责任的问题。

从城乡居民基本养老保险养老金水平、待遇调整等也可以发现不同区域的差异。发达地区养老金水平高、调整频繁，且年限基础养老金、丧葬补助金水平高，而欠发达地区如果没有上级财政的转移支付，即便有心提高也无力做到。例如，上海市基础养老金水平约为贵州省的10倍，缴费超过15年后上海市每多缴1年每月加发20元的基础养老金，而很多省份的加发标准为每月1元。东部地区养老金水平调整更频繁，每次调整额度更高，但欠发达地区调整幅度较小、频次较低。例如，

2018 年中央将基础养老金标准提高到 88 元后，贵州省先是将基础养老金提高到 88 元的标准，也即本省基础养老金与中央确定基础养老金标准一致，之后才将基础养老金水平提高至 93 元。相比之下，江苏省从 2014 年以来每年都调整基础养老金标准，2014 年提高到 90 元，比 2018 年中央确定的基础养老金标准还高，2015—2020 年先后提高到 105 元、115 元、125 元、135 元、148 元和 160 元。

从记账利率来看，欠发达地区的个人账户记账利率较低，而东部发达地区的记账利率相对较高，有些省份甚至采用与城镇职工基本养老保险个人账户相同的记账利率。这在某种程度上与养老金投资收益有关，但也受到地方财政实力的影响。原因在于，如果不能提高投资收益，记账利率高出投资收益率造成的额外支出就要由公共财政来负担。欠发达地区政府考虑到财政负担能力，选择较低的个人账户记账利率也就在情理之中了。

对于东部地区而言，财政实力雄厚，调整城乡居民基本养老保险养老金水平并不会造成太大的负担。是否调整以及如何调整，考虑的并不是财政是否能够负担，可能更多的是与其他地方的比较以及可能由此给兄弟省份或其他统筹地区造成的压力，考虑的是对城镇职工基本养老保险参保人群的影响。对于欠发达地区而言，财政收入较少，养老金水平的每一次提高，地方财政都需要支出“真金白银”。特别是目前城乡居民基本养老保险主要仍是县级统筹，而县级财权事权严重不匹配，严重依赖上级政府的转移支付，甚至部分欠发达地区的县级财政已经沦为“吃饭财政”。[275,276] 在这种情况下，对于提高城乡居民基本养老保险养老金水平，受财政负担能力制约的欠发达地区政府自然难以提高积极性。

虽然由于体量总体较小，在城乡居民基本养老保险的实施过程中还并未出现地方政府无力或不去执行上级政府调整基础养老金政策的现象，但是在城镇职工基本养老保险领域已经出现了地方政府无力负担基本养老保险支出的情况。这对于分析地方政府面临城乡居民基本养老保险支出压力时的选择也具有参考意义。

黑龙江省是我国企业职工基本养老保险基金最早用完净结余的省份，

加上退休职工多，地方财政实力薄弱，落实国家关于提高企业退休人员养老金政策会大量挤占地方财政。例如，2015 年 12 月 31 日《经济参考报》报道，黑龙江省某市 2015 年需要 25 亿元财政支出弥补社保缺口，但该市当年可用财力不足 30 亿元，意味着所有人不吃不喝也才仅仅够填补养老金的缺口。

这种背景下，一方面还有许多其他的民生事业需要兴办，有许多其他的公共服务需要提供；另一方面相比养老金的净消耗，一些投资型支出对经济增长的贡献显然更高，就导致地方政府在以地方自有资金提高企业退休人员养老金水平方面积极性并不高，甚至有时候或主动或无奈地拖延。例如，根据国家统一部署，2018 年企业退休人员养老金相比 2017 年平均上涨 5%。然而，2018 年 7 月，黑龙江省哈尔滨、齐齐哈尔、黑河等市的养老金却出现了延迟发放。虽然事后养老金足额发放了，却也反映出黑龙江省各市养老金支出的巨大缺口和财政的巨大压力。

事实上，目前黑龙江省养老金的发放有很大比例依赖财政补贴和中央调剂金。2016 年，黑龙江企业职工基本养老保险当期征缴收入比当期支出少 659 亿元，中央调剂金向黑龙江省的净转移为 137 亿元[277]，当年城镇职工基本养老保险基金累计结余为-196.1 亿元，单单靠黑龙江省难以弥补如此大的缺口。除了中央调剂金外，其余的缺口则要靠各级财政的补贴。而即便单单考虑中央调剂金补充的 137 亿元，也占到了当年黑龙江省地方公共财政收入（1 148 亿元）的 11.93%。

同样，随着城乡居民基本养老保险养老金水平的不断提升，叠加人口老龄化等因素，一些欠发达地区同时面临来自上级政府的纵向压力和来自其他统筹地区的横向压力，地方财政可能难以支撑不断提升的养老金给付水平，如果不改变现有的财政责任分担模式，可能会导致地方政府尤其是欠发达地区政府不支持或消极对待提升养老金水平等政策的现象。即便在压力型体制下，地方政府贯彻落实了上级政府的决策，也会挤占其他公共支出，对于地方财政的健康、可持续也是不利的。

二、城乡居民基本养老保险当期参保人口的支持度

由于参加城乡居民基本养老保险制度的收益率较高，广大群众的参保积极性还比较高，这也是制度能够在短时间内快速实现全覆盖的重要原因。但是，对于当期参保人口而言，仍然有一些因素会影响他们对制度的支持度。

其一，绝对收益水平。虽然收益率较高，但城乡居民基本养老保险制度的养老金水平，无论是相对于保障老年人基本生活需求而言，还是与城镇职工基本养老保险的养老金待遇比较，都处于较低的水平。目前，参保率较高的一个很重要原因是公共财政提供基础养老金，虽然额度不高，但具有很强的福利性质。未来如果基础养老金不能持续提高或者虽然提高但增长幅度落后于居民收入增幅较大，给参保者造成“可有可无”的感受，可能就会出现参保率下降的问题。

其二，相对收益水平。城乡居民基本养老保险制度建立之初的参保者，缴费时间较短，收益率更高。对于年轻参保者而言，需要较长时间的缴费之后才能获得收益，收益率相对下降。并且，未来如果提高个人缴费水平，需要更多的缴费才能获得收益。这种情况下，如果个人账户记账利率继续保持较低水平，不能抵消由于通货膨胀造成的损失，就会影响参保积极性，甚至出现退保行为。

现实中，虽然并未出现居民因为收益问题退出城乡居民基本养老保险的现象，但城乡居民基本医疗保险已经出现了因为参保费用上涨导致断缴的现象，对于理解城乡居民基本养老保险未来可能出现的问题具有参考意义。2006 年，“新农合”制度启动时居民个人缴费为每人每年 10 元，财政补助 20 元。到 2020 年，根据国家医疗保障局、财政部《关于做好 2019 年城乡居民基本医疗保障工作的通知》，城乡居民基本医疗保险的个人缴费上涨为每人每年 250 元，财政补助上涨为每人每年不低于 520 元。14 年的时间里，个人缴费标准上涨了 24 倍，占当年农村居民人均可支配收入的比例从 0. 25%上涨为 1. 56%。到 2020 年，个人缴费标准又提高到每人每年 280 元，占前文预测的农村居民人均可支配收入的

比例达到 1.65%，接近于城镇职工基本医疗保险按照个人工资的 2%缴费的标准。

在一些欠发达地区，农村居民人均可支配收入较低，基本医疗保险缴费占个人收入的比例更高。例如，2019 年甘肃省农村居民人均可支配收入为 9 629 元，城乡居民基本医疗保险缴费占比为 2.60%。如果以 2019 年国家扶贫标准线（3 747 元）为参照，城乡居民医疗保险缴费的占比则达到了 6.67%。① 甚至在有些地区，如果农民只种粮食的话，一亩地的净收益也仅仅够缴纳一年的参保费用。

虽然相比“新农合”实施之初，城乡居民基本医疗保险的报销额度已有大幅提升，但对于很多没有生病的人尤其是年轻人而言，每年都要缴费，却是实实在在的“损失”。在缴费不高的情况下，参保群众尚能够接受以较低的缴费买个“心安”，随着缴费负担的提高，很多人开始认为参加城乡居民基本医疗保险“不合算”。在自愿参保的机制下，选择中断缴费、退保也就是一个“理性”的经济人极大可能做出的选择。虽然这种“理性”是一种不充分的、短视的理性，但制度只能在认识和尊重个体这种短视的前提下通过优化设计来引导个体的选择，却不能否认这种“短视”和不充分的“理性”。

从参保数字来看，2019 年全国城乡居民基本医疗保险参保人数为 102 483 万人，比 2018 年减少 0.3%。[278] 从部分地区公开报道的数字来看，相比于 2018 年，2019 年嘉兴市城乡居民医疗保险参保人数减少了 3.23 万人，降幅为 1.86%[279]；成都市减少了 6.91 万人，降幅为 0.83%[280]；烟台市减少了 8.86 万人，降幅为 2.2%[281]。虽然这其中有整合城镇居民医疗保险和“新农合”过程中剔除重复参保人口的因素，但这一趋势仍然反映出退保问题。

相比之下，城乡居民基本养老保险所应对的是比短期可能发生的疾病风险更遥远的老年风险，且居民还有家庭养老的选择，那么在面临缴费压力增大和收益率下降时，就会有更大的可能选择断缴或不参保。尤

① 当然，各地对于贫困（低保）户或边缘户有相应的补贴政策。此处主要是比较缴费标准与居民收入，不考虑因各地政策差异造成的个人缴费负担的差异。

其是不同于城镇职工基本养老保险有强制参保的法律约束，坚持自愿参保原则的城乡居民基本养老保险未来可能会因为参保相对收益率下降而面临参保者支持度下降、退保，以致制度无法保持稳定运行的风险。

三、城乡居民基本养老保险后代参保人口的支持度

世界各国的社会养老保险制度几乎都强调强制性。这是社会保险制度与商业保险制度的区别，也是社会养老保险制度弥补商业养老保险失灵的关键所在，因为只有强制参与才能确保社会风险的社会化分担。并且，作为一种代际转移机制，社会养老保险制度实际上是在当代人与后代人之间达成了“代际契约”。[177] 如果说在同一代人之间所达成的契约在遇到执行问题时还能通过某种渠道或手段来进行救济，在不同代人之间便只有强制参与才能确保契约的执行，原因在于我们并不了解后代人是否愿意自愿地加入进来，也无法通过其他的手段在不同时期的各代人之间进行救济。

这种强制参保本身只是从法律上约定了后代人参保的义务，进而将制度维持下去，却并没有从根本上化解后代人可能退出的风险（虽然从法律上讲他们不被允许退出）。或者说，选择以法律强制的方式将他们留在制度内的做法本身就表明制度本身不能化解后代人可能退出的风险。①根本的问题在于人口结构老龄化所造成的代际财富转移机制中的代际负担不平衡问题。

即便在强制参保模式下，面对人口老龄化带来的负担增加、待遇减少、退休年龄延长等问题，年轻人仍然表示出了反对。例如，法国的养老金支出占到 GDP 的 14%左右，远高于德国的 10%和 OECD 国家 8%的平均水平，而其养老金最低领取年龄（62 岁）又是发达国家中最低的国家之一。[282] 因此，历届法国政府都试图推进养老金改革。但无一例外地都遇到了大规模的抗议和罢工，导致改革流产（其中，年轻人是主要的反对力量之一）。甚至可以说，在人口不断老龄化的背景下，如果不牺牲

① 如果一个制度的收益率很高，这时候即便不强制人们也会想方设法参与进来。甚至这种情况下往往是要制定规则来甄别、阻止不合格的参与者。

后代人的利益就无法实现现有模式的长期稳定和运行，而任何牺牲后代人利益的改革不仅背离了可持续的代际公平原则，也不会得到后代人的支持。虽然由于后代人并未出世或者无法参与到事关他们利益的决策当中，以至于任何一代人都可以选择剥削后代人，但这种剥削将注定无法持续下去。无论是后代人直接反对还是最终无力接受，他们的支持与否都会影响制度的政治可持续。

再来看我国的城乡居民基本养老保险制度，大多数参保者选择较低缴费档次，反映出参保群众的主要目的仍然是通过缴费获得领取基本相同的基础养老金的资格，而并不是为了积累个人养老金。虽然针对更高缴费档次有更高的缴费补贴，多数参保者仍然选择较低缴费档次，也可以看出影响居民参保行为的主要因素是收益率而并不是绝对收益水平。

今后，随着城乡居民基本养老保险制度的运行，受人口老龄化等因素的影响，如前文分析存在代际收益率下降的问题。甚至如果采取改革措施，由参保者负担部分甚至全部基础养老金，导致后代人代际账户净现值为负，在自愿参保模式下个体可能会选择退出，以致制度无法持续下去。

四、城镇职工基本养老保险参保人口的支持度

城镇职工基本养老保险参保人口以缴纳税负的形式通过公共财政承担了城乡居民基本养老保险制度运行的部分责任，是纯粹的贡献者。同时，虽然城镇职工基本养老保险绝对待遇水平高于城乡居民基本养老保险，但收益率却相对较低。这些都会影响他们对城乡居民基本养老保险制度的支持度。

其一，城镇职工基本养老保险参保人口同时也是城乡居民基本养老保险制度的纯粹贡献者。现有制度下城乡居民基本养老保险养老金的主要构成是基础养老金，其根本上来自劳动者创造的财富、缴纳的税负。而城镇职工基本养老保险参保者由于收入相对较高，对于公共财政的贡献相对较大。由此而言，城镇职工基本养老保险参保者不仅是他们个人养老金的缴费者，还是城乡居民基本养老保险的缴费者。

在此我们不讨论公共财政理论下的收入再分配问题。单就城镇职工基本养老保险参保者而言，他们向城乡居民基本养老保险做出贡献，却并未从中直接获得回报。虽然在公共财政制度下他们并未直接意识到这种付出或者由于负担不重也并未产生对这一模式的抵触与反对，但未来提高基础养老金的负担都将通过公共财政体系转嫁给城镇职工基本养老保险参保者，必然会影响他们对制度的支持。

实际上，养老保险可持续发展的核心问题在于后代人是否愿意承担他们不得不承担的税负。包括城乡居民基本养老保险在内的一切代际财富转移机制，负担最终都将或直接或间接地转嫁给劳动者。因此，与城镇职工基本养老保险待遇可持续发展面临的挑战一样，那些没有参加城乡居民基本养老保险制度却要以税负的形式来承担“缴费责任”的人是否愿意继续承担责任，这将会影响这一模式的政治可持续。

其二，收益率的比较会影响城镇职工基本养老保险参保者对这一模式的支持度。虽然城镇职工基本养老保险绝对养老金水平要高于城乡居民基本养老保险，但其收益率却又远低于后者。这造成了两种制度间的不公平。事实上，各地一方面鼓励城乡居民基本养老保险参保者选择较高缴费档次，另一方面又制定了缴费档次的上限，某种程度上也是为了避免有能力者以过高的缴费享受城乡居民基本养老保险制度的优惠政策，如缴费补贴、激励缴费的基础养老金等。

然而，城乡居民基本养老保险的高收益率却是以城镇职工基本养老保险参保者的“纯粹贡献”为基础的。也即是说，城镇职工基本养老保险在职职工以更大的付出却获得了更低的收益率。如果将城乡居民与城镇职工基本养老保险合并视为社会养老保险体系，意味着城镇职工基本养老保险参保者以两种缴费获得一种收益，另外一部分群体则以一种缴费获得两种收益。

特别是针对两种制度下养老金待遇差距过大的问题，未来的一个政策选项是提高城乡居民基本养老保险的养老金水平。由此就造成一个局面，即城镇职工基本养老保险以缴纳更多税负的形式换来城乡居民基本养老保险制度更高的养老金水平和更高的收益率，使自己在制度中受到体现为较低的收益率的不公平对待。虽然在公共财政体系下，作为“纯粹贡献者”的城镇职工不得不以缴纳税负的形式接受这种社会再分配机制，没有渠道直接拒绝对城乡居民基本养老保险制度的贡献，但他们可以选择以其他方式来抵制过高的税负进而影响城乡居民基本养老保险制度现有模式的稳定与持续运行。

本章小结

从2014年到2018年，城乡居民基本养老保险养老金水平总体呈上升趋势，各个年份养老金水平均呈现出东部地区高于西部地区、西部地区高于中部地区的规律，表明地方财政收入是决定当地所能提供基础养老金水平进而影响甚至决定总体待遇水平的关键因素。

人口加权的基尼系数测算显示，从2014年到2018年城乡居民基本养老保险基尼系数在0.03～0.24，总体上较为平均。分区域来看，东部地区的基尼系数最高，西部地区次之，中部地区的基尼系数最低。对泰尔指数的分解显示，造成城乡居民基本养老保险养老金待遇差异的主要因素是区域差异。

比较城乡居民和城镇职工基本养老保险，无论是养老金绝对水平还是替代率，前者都显著低于后者。以基尼系数测量的城乡居民基本养老保险制度公平性亦低于城镇职工基本养老保险。

测量整个社会养老保险体系的公平性显示，2014年社会养老保险体系的基尼系数为0.604 4，在2014—2018年虽然总体上呈下降趋势，但各年基尼系数均超过0.55，表明养老金水平差距比较悬殊。分组分解显示，两个险种的组间差异贡献了整个社会养老保险体系养老金差异的96%。

无论从代际账户净现值的绝对收益看，还是从体现为参保收益率的相对收益看，城乡居民基本养老保险都存在着代际负担不均衡问题。

县级政府财政实力存在较大差异，且区域内差异对总体差异占主导地位。在欠发达地区，一方面城乡居民基本养老保险参保人口多，需要政府提供的各类补贴与基础养老金较多；另一方面，地方财政实力薄弱，同等幅度提升养老金水平会给欠发达地区造成更重的财政负担。

影响城乡居民基本养老保险制度政治可持续的因素主要来自地方政府尤其是欠发达地区地方政府在财政压力下的支持度，受代内公平与代际公平影响的城乡居民基本养老保险当代与后代参保人口的支持度，以及城镇职工基本养老保险参保人口在绝对水平和相对收益率比较下对通过缴纳税负负担城乡居民基本养老保险部分费用的模式的支持度。

第六章 城乡居民基本养老保险制度可持续发展的制约因素

前文评估了城乡居民基本养老保险制度在财务可持续与政治可持续方面面临的挑战和压力。这其中，既有人口结构老龄化这一根本原因，也有制度所处外部环境的因素，更有制度设计的因素。由于人口寿命的延长、出生率的下降，对于包括中国在内的许多国家而言人口结构老龄化是一个很难轻易扭转甚至无法避免的趋势。[283-285] 城乡居民基本养老保险还会由于叠加了城镇化进程中的人口迁移因素而面临水平更高、速度更快的人口老龄化问题，并因此威胁制度的可持续发展。对此，前文也通过测算财务可持续分析了人口老龄化的影响，在此不再赘述。接下来，我们主要从制度实施的外部环境、公共财政的直接负担模式以及制度自身的规则办法三个层面去分析。

第一节 可持续发展的外部环境有待营造

城乡居民基本养老保险作为一项社会制度，其可持续运行不仅有赖于制度自身设计的优化完善，还与其所处的外部环境、所能获取的外部资源有关。特别是作为一项以居民缴费和公共财政投入为主要筹资来源、具有代际财富转移特征的当代人之间以及当代人与后代人之间的财富再分配机制，其可持续运行无论是财务可持续还是政治可持续（受到不同利益主体基于自身投入收益比较的支持度的影响），会受到参保人群收入、公共财政实力、后代人贡献能力和经济发展潜力的影响。由于统筹层次较低，公共财政因素主要体现为区域发展差异和财税体制的影响。后代人的贡献能力以及经济发展潜力又会受到儿童时期相对贫困的影响。

一、参保人群收入仍然较低

无论是个人账户积累还是建立社会统筹基金制度，根本上都是个人生命周期不同阶段的财富转移。对于个人账户而言，是个人生命周期不同阶段的直接转移。对于社会统筹而言，虽然老年人的养老金是由养老保险基金支付，但这是个体因年轻时对当时的老年人支付的养老金而积累的权益的变现，是由 t+1 代人向 t 代人偿还其向 t-1 代人支付的养老金，根本上也是个体生命周期不同阶段的转移。只不过，这种转移是经由社会养老保险体系间接实现的。当然，在这种互助共济的模式下，个体生命周期不同阶段的财富转移并不严格相等。

因此，无论是城镇职工基本养老保险还是城乡居民基本养老保险，制度赖以运行并实现其目标的关键在于直接或间接地实现个体生命周期不同阶段的财富转移。制度之所以会面临可持续发展的挑战和压力，原因就在于个人积累的养老金无法满足养老的需要（或者是因为积累水平低，如城乡居民基本养老保险个人缴费水平低；或者是因为长寿风险导致个人积累的养老金不能满足支付需要），将负担转嫁给社会统筹基金（或公共财政），出现收支失衡问题。

并且，社会养老保险体系只是满足养老需要的一种机制，能否通过其他渠道积累以及积累水平的高低主要受到个人收入的影响。事实上，我国建立城乡居民基本养老保险制度除了保障广大农村居民和部分城镇居民的社会保障权益外，一个很重要的考虑也是为了应对广大未参加城镇职工基本养老保险的老年人老年收入不足的问题。可以说，在个人养老需求基本固定的情况下，社会养老保险与个人养老积累具有相互替代的关系。当个人养老金积累不足时，就会对社会养老金提出更高的要求。

然而，城乡居民基本养老保险主要参保人群，尤其是其中的农村居民收入仍然较低。以农村居民人均可支配收入为例，虽然与城镇居民人均可支配收入的差距在缩小，但在2019年仍然达到了2.64倍。这导致个人往往选择最低缴费档次，不能提高个人账户积累规模，也无力参加商业养老保险或进行其他形式的养老积累，更加依赖基础养老金。此外，前文分析也发现农村老年人的收入低于农村年轻人和城镇老年人。那么，作为一项具有缩小收入差距、促进社会公平功能的制度，城乡居民基本养老保险所面临的提高广大农村老年人收入水平的任务更重。

虽然受限于当前的经济社会发展水平，城乡居民基本养老保险的养老金水平还较低，似乎并未给公共财政造成过重的负担。但是，这一保障水平下，也确实无法真正高水平地实现保障广大城乡老年人基本生活以及缩小收入差距的目标。在农村居民收入不高，主要依赖城乡居民基本养老保险尤其是其中的基础养老金的情况下，未来着眼于提高养老金水平的努力将会给制度造成可持续发展的压力。

二、区域发展差异仍然存在

目前我国城乡居民基本养老保险统筹层次还较低，不同区域财政实力差异悬殊，地方政府的负担能力将会影响制度的可持续运行。正如前文分析，即便中央财政已经承担了中西部地区中央确定基础养老金的全部，中西部财政中各项补贴支出占财政收入的比例仍然超过了东部地区。

此外，对于一项社会保险制度而言，实现可持续发展的关键在于基于大数法则实现风险分担。不然就极易出现结构性失衡问题。例如，由于在人口结构总体老龄化的情况下还存在着结构性差异，加上区域经济发展因素的影响，我国城镇职工基本养老保险虽然总体收支平衡，但部分区域早已收不抵支，甚至已透支完全部积累，也就无从谈起可持续发展。

虽然近些年国家实施了一系列战略举措来促进区域统筹发展，但是区域发展差异并没有明显缩小。不仅传统的东部与中西部地区的差异仍然存在，南方和北方的差异也愈加凸显。尤其需要指出的是，前文分析发现东部地区的组内差异是导致我国城乡居民基本养老保险养老金水平差异的重要因素。而现实中，人们所关注的区域差异主要是东部与中西部地区的差异，并采取不同的补贴政策。但实际上，在东部地区、发达地区内部同样存在较大的差异，并影响养老保险制度的公平性进而影响其可持续发展。例如，广东省的粤西北地区、江苏省的苏北地区、浙江省的浙北地区经济发展均落后于省内其他地区。这种省份之间、一省内部不同区域之间的发展差异短期内可能难有根本改观，在总体财政负担不重的情况下，可能会出现某些地区财政无力支撑、财务不可持续的现象。

从政治可持续的角度讲，区域财政实力差异最直接的结果表现为各地养老金水平的差异。前文关于城乡居民基本养老保险养老金水平公平性的分析就证明了这一点，而公平是影响一项社会制度政治可持续的关键因素。正如在 2014 年之前，我国同时存在着机关事业单位基本养老保险制度与企业职工基本养老保险制度，人们的批评主要集中于两种制度的不公平。为了应对这一问题，国家才推行了机关事业单位养老保险制度改革，合并建立了城镇职工基本养老保险制度。

如果说城乡居民与城镇职工基本养老保险制度由于制度设计差异造成的待遇差异还可以接受的话，由于各地财政实力差异导致的同一制度下区域间的待遇差异就更可能为人诟病，并成为威胁制度政治可持续的因素之一。

三、财权事权仍然不够匹配

就现阶段的制度安排而言，我国对城乡居民基本养老保险的定位是准公共产品[172]，即由私人缴费和公共财政共同提供。同时，从财政责任的层次来看，又兼具全国性公共产品和地方性公共产品的双重属性[286]，即中央财政和地方财政都要承担相应的责任。因此，能否建立中央和地方政府财权事权相匹配的财税体制关系到各级财政能否有效负担。

自1994年分税制改革以来，我国的财税体制基本保持稳定。这一体制在增强中央财政支配能力、更好地发挥统筹协调全国经济社会发展各项事务方面发挥了积极作用。但是，由于财权事权未能实现充分匹配，导致部分地方政府尤其是许多县级政府财力窘迫，不得不依赖上级政府的转移支付或者采取其他诸如“土地财政”的手段来筹集收入，限制了地方政府提供公共产品和服务的能力，造成了区域间公共服务的差异。

根据2021年度《中国县域统计年鉴》2021的数据，在有一般公共预算收入和支出数据的2 086个县域单位中，一般公共预算收入占一般公共预算支出的比例均值为26.12%，中位数为20.14%，最小值仅为0.64%（青海省称多县）。一般公共预算收入超过一般公共预算支出的仅有12个。虽然这其中的差额并非完全是由上级政府转移支付解决的，一般公共预算支出也并不完全是用于提供本地公共产品或服务，还有部分上缴上级财政、支付债务利息等，但也能够反映出作为公共产品和公共服务重要提供者的县域财政的收支情况，揭示了财权与事权的不匹配问题。

需要说明的是，《中国县域统计年鉴》中的县域单元并不是所有县级行政区域，城市中所设的区就没有被包含进去。因此，这些数字仅能反映县域公共财政情况，无法代表全国县级行政区划的公共财政情况，但2 086个县域单位仍然有广泛的代表性。特别是县域单位主要是县、县级市或城市郊区，也是城乡居民基本养老保险主要覆盖的区域，能够反映以县级统筹为主的城乡居民基本养老保险制度的财政资源情况。

财权事权的不匹配制约了县级财政在城乡居民基本养老保险中的负担能力。虽然目前尚未出现县级财政无力承担城乡居民基本养老保险补贴责任，以致养老金无法按时足额发放的问题，但是在其他公共服务领域如教育行业，却出现了拖欠教师工资的问题①，某种程度上也反映了财权事权不够匹配的基层政府的窘境。未来，随着城乡居民基本养老保险制度的运行，面对“财小事大”的矛盾，基层政府尤其是县级政府确保制度可持续运行的能力将会面临挑战。

四、儿童相对贫困不利于开源节流

在养老保险制度中，儿童看似是一个无关的主体，但实际上他们是制度未来运行中的重要参与者。或者说，正是由于他们在制度运行过程中先是以一个“局外人”的身份被忽略，却又在达到一定年龄后被强制“拉入”，在任何时期都没有表达自己声音的渠道和机会，才导致他们的利益得不到充分保障。再或者说，由于他们是一个没有声音的弱势群体，才使得前代人可能设计一些通过“剥削”后代人来维护自身利益的制度。这些做法不仅剥夺了儿童群体的权利，损害了他们的利益，背离了公平原则，也不利于提升制度运行所依赖的人力资本基础，而且，从政治可持续的角度看，作为被支配的群体，他们对制度的支持和信赖显然是不足的。因此，研究养老保险制度的可持续发展，需要关心作为制度未来参与者的儿童。其中，儿童相对贫困就是一个会影响制度可持续发展的原因。

① 据国务院督查室发布的《关于贵州省毕节市大方县拖欠教师工资补贴挤占挪用教育经费等问题的督查情况通报》，贵州省毕节市大方县自2015年起即拖欠教师工资补贴，截至2020年8月20日，共计拖欠教师绩效工资、生活补贴、“五险一金”等费用47 961万元，挪用上级拨付的教育专项经费34 194万元。

事实上，国家不仅十分重视教师工资的保障工作，甚至多次强调各地要确保教师工资不低于公务员工资标准。即便上级政府如此重视，社会舆论亦颇为关注，大方县仍然出现了拖欠教师工资的问题，甚至持续了5年之久。这很难简单地从地方政府的财政理念、地方主政官员的作风态度与工作方法等方面作出充分的解释，即便有这些方面的原因，也很难推论当地会在财政可以支付的情况下甘冒被上级政府督查、被社会舆论批评的风险而不去给教师足额发放工资。背后，更为重要的原因可能是当地经济发展落后，政府财政捉襟见肘，实在难以按照相关要求按时足额发放而“无奈”拖欠。

当然，我们并不是试图给拖欠教师工资行为开脱，更不是论证拖欠行为的“合理性”，只是试图从这一现象中揭示欠发达县域财政在教育投入、居民养老保险等民生支出方面可能面临的困境。

（一）儿童贫困对养老保险可持续发展的影响

不同于城镇职工基本养老保险中公共财政的间接兜底责任，城乡居民基本养老保险制度中公共财政直接提供基础养老金和缴费补贴。制度可持续发展的压力实际上体现为政府财政的负担。要避免制度运行给公共财政造成过大压力，一方面要减少参保者对政府补贴的依赖，例如提高居民收入水平使其可以参加其他养老保险项目，或者提高其自身缴费能力；另一方面，则要着眼于厚植养老保险制度运行的物质基础，不断提升经济发展水平和财政负担能力。

就开源而言，无论资金直接来自参保人口的缴费，还是由劳动者缴纳税负形成公共财政来承担，本质上都是有限社会财富的再分配，根本上依赖于经济的增长。只有确保经济的平稳增长，才能实现养老保障的目标与养老金的收支平衡。甚至，如果经济增速较高，即便人口老龄化水平提升，后代人的相对负担也可能不会大幅提升。例如，第二次世界大战后的一段时期内，经济快速增长，社会财富快速积累，部分西方国家建立了福利国家制度，为国民提供包括养老保险在内的高水平保障，但代际负担的问题并不十分突出。

然而，经济很难长期维持快速增长。特别是受人口老龄化的影响，养老需求增加的同时劳动年龄人口的绝对规模和相对占比都在减少。要破解这一矛盾，仅从人口结构上入手是无解的，只能提高单个劳动者的产出来弥补劳动力规模变小造成的缺口，也即提升人力资本的质量。

儿童是未来社会人力资本的重要构成，提升未来社会人力资本积累质量的关键在于增加对儿童的投资。特别是儿童处于身心健康成长的关键时期，儿童时期的贫困会影响他们的人力资本积累水平并作用于经济社会发展。例如，美国每年因儿童贫困带来的生产效率下降和经济产出减少的损失占 GDP 的 1.3%。[287] 2011 年的研究显示，英国每年因儿童贫困带来的生产效率和经济产出的降低造成了 130 亿英镑的损失。[288] 可见，儿童贫困问题会影响未来经济增长，进而影响城乡居民基本养老保险运行的物质基础。

就节流而言，儿童贫困会影响个体成年后的就业机会、收入水平，陷入贫困或低收入境地的可能性更大，从而无力负担其他养老保险项目，更加依赖政府补贴的非缴费型养老保险。事实上，在世界各地之所以建立并推广非缴费型养老保险，一个重要的考虑就是保障那些无力参加缴费型养老保险项目的人群在老年时期的基本生活。

在我国，虽然城乡居民基本养老保险制度设计并未言明仅仅面向低收入群体，但实际上无论是就覆盖对象、缴费标准的设计而言，还是从制度实施的情况来看，城乡居民基本养老保险的参保人群主要仍是低收入群体。

首先，就制度设计而言，城乡居民基本养老保险的覆盖对象是“非国家机关和事业单位工作人员及不属于职工基本养老保险制度覆盖范围的城乡居民”。这些群体收入相对较低。其次，从缴费标准来看，城乡居民基本养老保险“最高缴费档次标准原则上不超过当地灵活就业人员参加职工基本养老保险的年缴费额”，这既考虑政府的缴费补贴压力，也考虑了参保人群的缴费能力。最后，从制度实施来看，参加城乡居民基本养老保险的主体主要是农村居民以及城镇居民中不符合参加城镇职工基本养老保险条件或无力负担缴费的人群。

由此可以推论，儿童时期的贫困会影响个体成年后的收入水平，导致他们更加依赖非缴费型养老保险，加重公共财政的负担。而由于他们收入较低，又难以通过提高个人缴费来缓解财政负担。

（二）我国农村儿童相对贫困问题

农村居民是城乡居民基本养老保险的主要参保群体。虽然在未来的城镇化进程中农村人口尤其是年轻人将会大量流入城镇，农村儿童群体在成年后并不必然参加城乡居民基本养老保险制度。但是，相比城镇儿童其参加的可能性更大。并且，我们并不是要对儿童相对贫困的影响做严谨的计量分析，主要是通过贫困测量说明这一现象。因此，此处仍选择农村儿童相对贫困进行分析。

一方面，在农村有儿童需要抚养的家庭不仅家庭支出增加，还会限制成年人的生产活动，总体上收入低于无儿童需要抚养的家庭，导致儿童平均收入低于成年人，贫困率更高；另一方面，由于城乡差异的存在，农村儿童收入水平低于城镇儿童，也处于相对贫困状态。

利用 CGSS2015 数据，采用前文介绍的均等比调整方法分析发现（见表 6-1），2014 年农村儿童均等收入为 15 683 元，是农村成年人均等收入的 70%，不足城镇儿童均等收入的一半。

表 6-1　2014 年城乡儿童与成年人均等收入　单位：元

	儿童	成年人	全体
城镇	36 412	44 244	42 392
农村	15 683	22 150	20 655
全体	26 038	34 977	32 804

资料来源：基于 CGSS2015 数据计算整理。

接下来比较城乡儿童与成年人的贫困水平。按照 2010 年价格水平下 2 300 元的贫困标准，确定 2014 年城乡绝对贫困线，测量城乡各类人群的贫困水平（见表 6-2）。结果显示，农村儿童的三个贫困指数均高于农村成年人和城镇儿童。

表 6-2　2014 年城乡儿童与成年人贫困水平

	儿童			成年人		
	P_0	P_1	P_2	P_0	P_1	P_2
城镇	0.047 4	0.013 1	0.005 9	0.028 3	0.008 4	0.003 9
农村	0.119 6	0.050 3	0.028 7	0.086 1	0.031 4	0.015 9

资料来源：基于 CGSS2015 数据计算整理。

不仅如此，农村儿童内部的不公平程度也处于较高水平，2014 年基尼系数达到 0.540 4。以收入中位数的 50%作为相对贫困线，2014 年农村儿童内部的相对贫困率达 22.45%。更为严重的是，农村儿童的 GIC 曲线呈现明显的上升趋势（见图 6-1），收入水平越低，其收入增速越低。特别是农村儿童中的低收入群体的收入增速不仅低于城镇儿童和农村同一收入阶层的成年人，也低于农村儿童中的高收入群体。这会进一步恶化农村儿童的相对贫困问题。

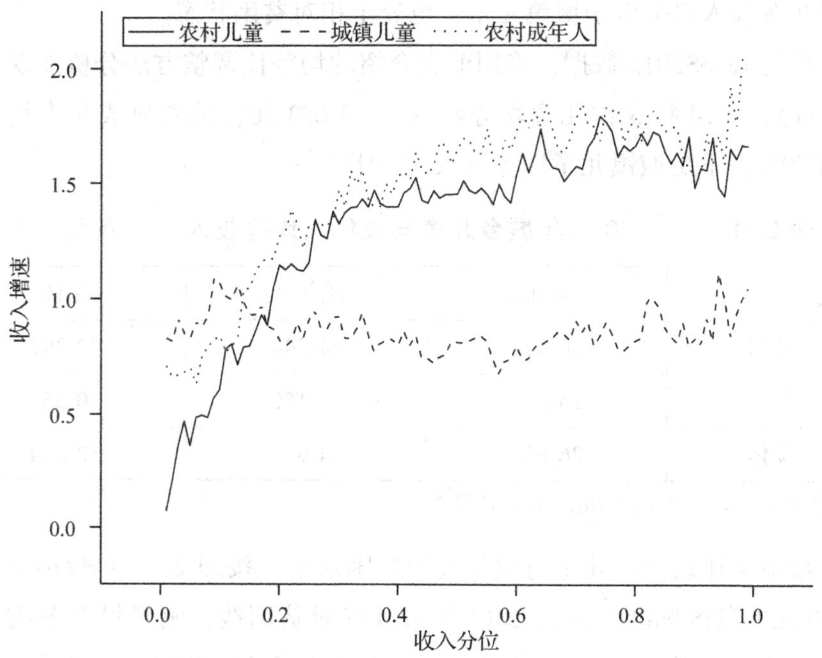

图 6-1　城乡儿童与农村成年人 GIC 曲线（2005—2015）

资料来源：根据 CGSS2005—2015 数据计算绘制。

虽然目前我国已经全面实现了脱贫攻坚的战略目标，但在收入增速的群体差异没有显著改变之前，农村儿童的相对贫困问题将会继续存在。这对于他们的健康成长和全面发展十分不利，会影响他们的人力资本积累。从微观个体层面来看，在他们成年后，缴费能力相对较弱，无法通过提高个人缴费水平来提高个人账户积累与养老金水平，更加依赖基础养老金。从宏观层面来看，贫困对农村儿童人力资本积累的负面影响最终会波及农村乃至整个国家的经济增长，不利于厚植社会保险制度的物质基础。这一方面增加了对基础养老金支出的需求，另一方面又制约了公共财政增加支出的能力，最终将会造成对制度可持续发展的压力。

第二节　公共财政直接负担不利于可持续发展

在城乡居民基本养老保险制度中，公共财政以提供缴费补贴、代缴费和基础养老金的形式直接承担了财政责任。财政的直接参与对于吸引群众参保缴费、促进制度快速推广，以及在个人缴费水平较低的情况下提高养老金水平进而保障广大参保老年人的生活方面发挥了积极作用。但是，公共财政直接负担对于制度的可持续发展会产生一些负面影响。

一、威胁公共财政稳定运行

公共财政直接承担责任且占比较大会给公共财政的稳定运行造成风险。西方国家社会保障发展的教训之一，就是国家包办社会保障事务和福利的高速膨胀，将带来严重的社会保障财政危机。[166] 前文分析可以看出，在当前城乡居民基本养老保险养老金的构成中公共财政的占比较大。这就将由人口老龄化等因素导致的可持续发展的压力传导给公共财政。例如，个人账户积累发放完毕后，将由公共财政提供的基础养老金继续发放，那么长寿风险造成的支出增加就转嫁给公共财政。再如，未来随着人民收入水平的增长，为了保证老年人的基本生活需要提高养老金水平，由此造成的负担也会转嫁给公共财政。

虽然面对城镇职工基本养老保险的收支缺口，政府也以种种形式承担责任，但这是一种间接责任。人口老龄化给城镇职工基本养老保险制度造成的可持续发展压力首先是在制度内部消化、由参保人口共同应对，并不会给公共财政造成直接冲击。而公共财政在城乡居民基本养老保险制度中的直接参与将使其在面对养老保险可持续发展挑战时失去“护城河”，成为直接受冲击的“第一道防线”。

事实上，西方福利国家在人口老龄化背景下之所以会出现“福利国家危机”，很重要的原因就是在福利构成中公共财政负担了绝大部分。一旦出现福利支出增加或财政收入减少就会冲击公共财政的稳定运行。例如，英国在第二次世界大战后建立了福利国家制度，政府承担了社会保障支出的绝大部分。1953 年社会保障支出占政府支出的比重为 38.6%，到 1982 年上涨为 53.5%，到 1993 年则达到了 65.5%。[289] 过高的福利水平与政府在其中过重的角色给公共财政造成了沉重负担。1973—1981 年，英国政府各级财政的赤字从 39 亿英镑上升到 120 亿英镑。[290] 为了筹集财政收入，政府又不得不增加税收。种种行为极大地限制了英国经济增长的活力，反过来又制约了社会保障制度的可持续发展。

二、不利于制度公平统一

城镇职工基本养老保险制度中主要由劳动者和用人单位缴费，灵活就业人员参保完全由个人承担缴费责任。政府在其中所承担的责任是制定和实施法律法规、开展经办管理等，并不直接承担财政责任，只有在基金面临较大收支缺口时才会给予补贴。

而在城乡居民基本养老保险制度中，公共财政不仅直接承担缴费和给付责任，甚至占主导地位。这就导致两种制度模式的不公平。虽然关于如何判定是否公平还存在较多的争论，并且城乡居民基本养老保险制度所覆盖人群收入水平也确实相对较低，应该缩小收入差距。但是，收入分配问题不应该仅仅寄希望于城乡居民基本养老保险制度来解决，甚至说作为一项社会保险制度，应该也只有通过公平的制度设计来实现促进公平的目标，而不能以对不同国民差异化的制度设计来追求公平的目标。这本身也很难说是公平的。例如，此前机关事业单位养老保险制度之所以广受诟病，主要的原因并不在于待遇水平的高低。事实上，合并建立城镇职工基本养老保险制度之后，机关事业单位退休人员的养老金水平仍然高于企业退休人员。人们批评的主要是制度设计上的差异，即机关事业单位工作人员个人不用缴费，企业职工却要承担个人缴费，灵活就业人员甚至还要同时承担个人缴费与社会统筹部分。

并且，从公共财政的本质来看，主要来自劳动者直接或间接缴纳的税负。城乡居民基本养老保险参保人口较高的缴费收益率有赖于公共财政提供的基础养老金，而公共财政恰恰主要来自城镇职工基本养老保险参保人口缴纳的税负。也即是说，城镇职工基本养老保险参保者通过自己的缴费给自己制造了不公平。

此外，建立城乡统筹的社会保障体系是包括养老保险制度在内的社会保障诸项目的发展方向与改革目标。制度的差异化设计将会给未来的统筹实施造成困难。

总之，公共财政直接担责的模式不仅造成了城乡居民与城镇职工基本养老保险的不公平，也不利于未来两种模式的统筹。而一个差异化、不公平的制度，无论是政治可持续还是财务可持续都会面临较大的挑战。

三、不利于制度改革完善

养老保险制度可持续发展的挑战主要来自制度自身的设计叠加人口老龄化的因素，最突出地表现为财务收支缺口与代际负担失衡。公共财政直接承担缴费和给付责任，特别是扮演主导角色，将会掩盖制度本身不利于可持续发展的因素。

其一，公共财政直接担责会掩盖制度本身的问题。在公共财政占主导地位时，个人缴费的多少、投资收益率的高低，甚至人口老龄化程度的高低对于财务收支与可持续发展的影响微乎其微。无论是参保者还是经办机构，都将实现制度可持续发展的目光转向增加公共财政的责任上，而不是提高个人缴费和基金投资收益率，增强基金收支平衡的能力。因为，在基础养老金占绝对主导地位的情况下，即便增强制度本身的收支能力对于制度的运行也不会产生根本性影响。相比之下，公共财政对于城镇职工基本养老保险制度虽然也部分承担兜底责任，但由于二者并没有直接的关系，收支平衡的压力主要还是留在城镇职工基本养老保险内部。旨在促进制度可持续发展的改革主要或者说只能着眼于优化制度本身，不能也无法选择转嫁给公共财政。

其二，公共财政直接担责容易导致“福利依赖”。城乡居民基本养老保险制度本质上应该是一种社会保险制度，应该体现社会保险权利义务相结合的基本属性。但由于公共财政提供的基础养老金占比过高，使得城乡居民基本养老保险制度在某种程度上演变为一种社会福利制度，导致参保者形成对基础养老金的依赖并视为理所当然，不利于培养其自我养老、互助养老的意识，不利于他们提高缴费水平、增加个人账户积累来承担个人养老责任。而强调个人责任，提高个人养老的比重，包括推行多支柱的养老保险模式恰恰是多数国家实现养老保险制度可持续发展普遍采取的一项策略。

总之，虽然公共财政直接参与制度的运行对于城乡居民基本养老保险制度的建立、推广，以及保障广大城乡老年人的基本生活起到了积极作用。但这种直接承担缴费给付责任的方式无论是对于公共财政的稳定运行，还是整个社会养老保险体系的公平统一，以及城乡居民基本养老保险制度自身的改革完善都有其负面影响，不利于制度的可持续发展。

第三节　制度自身设计有待改进

影响城乡居民基本养老保险制度可持续发展的根本因素是制度自身的设计。我国城乡居民基本养老保险制度在特殊的经济社会背景下，面向特殊的人群，在很短的时间内进行试点、推广，为了确保制度的实施、减少制度实施的阻力，采取了一些不同于一般社会养老保险制度的做法。这些做法对于制度在较短时间内实现全覆盖发挥了积极作用，但由于脱离了社会保险的一般属性，对于制度未来的可持续发展也会产生一些负面影响。

一、自愿参保原则

其一，社会保险制度产生的一个很重要的原因是受个人风险偏好、保险意识、消费偏好以及经济实力等因素的影响，市场机制下基于自愿的商业保险模式无法很好地应对社会化风险，从而需要以国家强制的形式扩大参保群体覆盖面，在更大的群体中分担风险。可以说，强制性是社会保险制度的基本特征。[290] 也只有强制实施才能确保制度在面对可能出现的代际失衡问题时仍能保持较高的参保率，并持续正常运行。

其二，我国城乡居民基本养老保险制度之所以采取自愿参保的原则是考虑了当时经济社会发展实际、农民接受度以及制度的稳妥实施。一方面，对制度的信任对于参保行为特别是在新型农村社会养老保险试点与推广阶段有较大的影响。[291-295] 在城乡居民基本养老保险制度之前，我国农村曾经建立过“老农保”制度，但最终流于失败。这影响了群众对“新农保”的认知和信心。特别是，养老保险制度需要长期积累，在这一过程中可能会发生很多变故、事件，使得农民可能无法短时间内接受社会养老保险制度。此外，受一段时期内基层政府乱收费现象等的影响，有些农民在制度试点开始时并不信任。例如，封进的调查就发现“因为过去都是向农民收费，现在这样大规模的补贴农民，农民一时不太相信”[296]。虽然制度设计明确政府无权动用其中的积累，只能用于参保对象的养老，但对于农民而言将这些费用交给政府与其他的政府收费行为没有本质的区别。此时，如果采取强制参保的模式可能会导致群众的反对。相比之下，采取自愿的原则，可能出现的矛盾会更少，更有利于制度的推广实施。

另一方面，城乡居民基本养老保险是一个新的险种，制度的设计是否科学合理，制度的运行是否会遭遇挑战，制度的管理是否顺畅有序等，都需要在试点过程中不断探索、完善。如果在短时间内强制推行，一旦制度运行出现问题，甚至损害了参保群众的利益，就可能引发社会问题。从这个意义上讲，基于自愿原则，在制度的试点、推广中让群众认识了解制度、培养群众的保险意识，同时不断完善制度，是一个理想的选择。

截至 2020 年，从新型农村社会养老保险试点算起已经过去 11 年的时间，从合并实施城乡居民基本养老保险制度算起也已经有 6 年的时间。在这段时间里，人民群众的收入水平不断提升，对制度的了解和认识得到加深，风险意识与保险理念也逐渐养成。就制度本身而言，在实施过程中制度设计得到完善，管理水平得到提升，积累了经办管理的经验。无论是从群众的认可和接受来看，还是就制度本身而言，可以采取强制参保的模式。

其三，自愿参保不利于实现制度的可持续。从同样坚持自愿原则的城乡居民基本医疗保险的实施来看，已经出现了退保现象。相比之下，老年风险比疾病风险更遥远，疾病造成的损失比年老造成的损失更大，未来随着缴费水平的提升或者采取按比例缴费等改革举措，退保问题可能比城乡居民基本医疗保险更严重。而一旦退出参保，对于参保者而言就无法实现制度最初设计的保障目标，即便制度可以实现财务上的收支平衡，由于没有达到保障目的，也不能说制度实现了可持续。① 并且，对于制度整体而言也确实无法做到财务可持续。原因在于，当人们做出是否退保的选择时主要考虑自己的缴费和收益。对于已经达到或接近领取年龄的人而言收益近在眼前，他们是不愿意退出参保或者减少缴费的，甚至会试图提高个人缴费来获得更多的养老金收益。而对于年轻人而言，由于要经历较长的缴费周期才能够领取养老金，缴费的机会成本、折现造成的损失等都较大，有更大的可能选择降低缴费甚至退出缴费。由此，在自愿参保机制下，所发生的退保行为将主要是年轻参保者，会减少基金收入，但领待人口却不会减少，导致收支失衡，威胁可持续发展。

综上，自愿参保是我国在建立和推广城乡居民基本养老保险制度过程中，针对特殊经济社会背景与参保对象实际采取的一种策略。经过一段时期的发展，这些因素都发生了变化，不必再实施自愿参保原则，并且这也不符合社会保险的基本要求，不利于制度保障目标的实现和财务收支的可持续。

二、个人账户占比过低

目前，我国城乡居民基本养老保险养老金构成中个人账户养老金占比很低，基础养老金占主导地位。这是考虑到制度实施初期参保对象收入低的实际情况，为了让群众更快地接受制度而采取的措施，具有一定的时代特征，在缩小老年人收入差距，公平保障城乡老年人的养老待遇方面发挥了积极作用。但是，个人账户占比较低会对制度的可持续发展造成一些负面影响。

① 我们研究城乡居民基本养老保险制度，乃至一切社会养老保险制度的可持续发展，虽然主要关注的是财务收支的可持续，但根本目的是通过可持续的财务运行来实现制度设计的目标，即保障参保人口的基本养老待遇。不然，假设一种极端的情况，如果在一个制度中只有一个最富裕的人参保，他个人的积累完全可以满足其养老生活，制度实现了财务收支的可持续。但是，除他之外的其他老年人的养老生活都没有着落，这种“财务可持续”显然是不可取的。

其一，个人账户占比过低没有体现个人的养老责任。社会养老保险制度虽然在形式上是以社会化的代际转移保障每个人的养老待遇，但本质上仍是个体生命周期不同阶段的财富转移，只不过从个人储蓄的直接转移变成了依赖代际交易的间接转移。从人类延续的角度看，只有每一代人都承担起自己的养老责任而不是试图转嫁给他人，才能实现可持续发展。然而，个人账户占比过低没有体现个人的养老责任，恰恰养成了一种依赖他人（如基础养老金）的行为和意识，不利于制度的可持续发展。

其二，个人账户占比过低会给公共财政造成较大压力。在现有制度模式下，基础养老金占主导地位，要提高养老金水平，就必须提高基础养老金。特别是随着人口老龄化程度的加剧，对基础养老金需求更大，将会给公共财政尤其是财政困难地区的公共财政造成较大压力。

其三，个人账户占比过低不利于应对可持续压力。从收支平衡上来看，实现城乡居民基本养老保险制度可持续发展无外乎开源和节流两个策略。当前，城乡居民基本养老保险养老金水平并不高，节流的空间不大。就开源而言，或者提高个人积累，或者提高基础养老金。事实上，人口老龄化给社会养老保险制度造成可持续发展挑战的机理在于人口结构的变化导致社会统筹机制中代际负担与收益失衡，因而普遍采取提高个人账户比重的应对策略。但城乡居民基本养老保险制度中个人账户占比过低使得制度的福利性质愈加浓厚，导致参保群众对制度产生了“福利依赖”，不仅不能助力应对反而会放大由于人口结构老龄化造成的可持续发展压力。

三、定额缴费机制

根据生命周期理论，人们需要在整个生命周期内均衡分配收入，以实现效用最大化。综合计算老年阶段的生活需要，再考虑寿命因素，应该可以测算出为实现个人效用最大化在年轻时期的积累比例。实施社会养老保险制度之后，除了考虑个人寿命、物价、不同人群的消费需求等因素外，还要考虑人口结构的变动来测算缴费比例。虽然这些因素会发生变化，但在无人为调控的情况下，短期内的变动幅度并不大，总体上保持稳定，因而可以测算满足各代人养老金给付需要的缴费比例。并且，通过固定比例缴费可以很好地对冲因为劳动生产率提高、收入变化等造成的各代收入的差异。而如果采取固定额度缴费的模式，在劳动生产率大幅提高、劳动者收入快速提升以及物价上升的形势下，就会导致老年人的养老金远低于劳动者的收入，无法真正实现保障老年人基本生活的目的。基于这些原因，世界各国社会养老保险制度几乎都采取固定比例缴费模式，尽管缴费比例存在差异。

我国城乡居民基本养老保险在试点推广阶段采取固定缴费额度的办法有如下考虑。首先，城乡居民基本养老保险面向的对象收入较低、不固定、不易核查，不便于采用按照个人收入固定比例缴费的模式。其次，参保对象普遍文化程度较低，固定额度缴费要比固定比例缴费更易理解，也更易接受。① 最后，从管理便利性来看，城乡居民基本养老保险参保对象就业灵活，多数没有固定工作单位，如果采取固定比例缴费模式，在核查收入、收缴保费、参保记录以及待遇核算等环节都需要针对每一位参保个体单独进行，在信息技术不发达、征缴管理水平较低的情况下，将会极大地增加征缴管理的工作量。

综合考虑上述因素，我国在城乡居民基本养老保险制度的试点和推广中采取了固定额度缴费、周期性调整额度的办法。这对于参保对象理解和接受制度、积累经验、减少风险发挥了积极作用。但是，这一做法并不利于制度的可持续发展。

前文分析发现，固定额度缴费模式下，参保对象往往选择较低的缴费额度，不利于个人账户积累。虽然采取了缴费越高缴费补贴越多的办法，但是一方面由于没有采取固定比例补贴或累进补贴的形式，另一方面由于个人账户养老金（即便加上政府缴费补贴）在个人养老金构成中

① 实际上这与群众对城乡居民基本养老保险制度的认知和定位是有关系的。参保者并不是把个人缴费视作积累个人养老金，而是作为领取基础养老金的资格。既然是同一种资格，那么选择同样的额度便是合理的，也是人们所期望和能接受的。相反，如果采用固定比例缴费的办法，他们并不会认为是为自我积累养老金，而会认为以更多的缴费换来了与他人同样的基础养老金，反而不易接受。

占比较小，而领取的基础养老金都基本相同，在事实上造成了不鼓励高额缴费的现象。这不仅不符合生命周期理论下实现个人效用最大化的要求，没有体现个人缴费的责任，也不利于提高个人账户积累规模，最终或者无法实现养老保障的目标，或者会将负担转嫁给公共财政，威胁制度的可持续发展。

四、基础养老金定额发放机制

当前，城乡居民基本养老保险制度基础养老金计发采取的是全体一致原则，即对一个统筹地区内达到领取养老金年龄的人群发放相同额度的基础养老金，无论个人参保缴费水平高低、缴费年限长短。这种做法有其合理之处，原因在于国家对于基础养老金的定位更多的是强调其社会福利性质，突出公平性，对于缩小老年人收入差距，促进老年人收入公平也确实发挥了积极作用。

虽然城乡居民基本养老保险的个人缴费完全形成了个人积累，表面上看个人账户养老金水平的差异体现了个人缴费的差异。但由于基础养老金在养老金构成中占主导地位，基础养老金的无差异提供事实上造成了养老金水平与个人缴费水平的脱节，没有充分体现权利和义务的关联。而权利和义务的脱钩也在某种程度上导致参保群体普遍选择最低缴费档次。

如果说对于制度实施之初已经达到领取养老金年龄的人平等地提供养老金有其合理性和现实性的话，在制度开始实施甚至实施一段时期之后，就应该根据每个人在制度中所尽到的义务来确定其权利。也只有建立与个人缴费关联的待遇确定机制才能激励参保群体高额缴费、长期缴费。

2018 年人力资源社会保障部、财政部印发《关于建立城乡居民基本养老保险待遇确定和基础养老金正常调整机制的指导意见》后，一些省份或统筹地区也探索了以年限基础养老金激励长期缴费的做法，但是各地规则、额度并不统一，并且多数地区增发的幅度相对较小，激励效果并不明显。此外，年限基础养老金仅仅考虑了缴费年限而忽略了缴费额度，在事实上又造成了激励大家选择较低缴费档次的局面。

总之，定额发放机制固化了基础养老金的福利性质，不能很好地激励参保群体高额缴费、长期缴费，甚至还会诱致按最低档次缴费的“理性行为”，不利于扩大个人账户积累规模，不利于减轻公共财政负担与应对可持续发展的挑战。

五、投资收益率过低

社会养老保险制度本质上讲是一种依托于代际财富转移的财富管理计划。作为一项需要在较长时间内积累并在未来支付的制度，不可避免地会面对通货膨胀造成的资金贬值问题。可以说，对于社会养老保险制度而言，投资是制度健康运行、实现保障目标、确保可持续发展的基本条件与生命线。

目前我国城乡居民基本养老保险个人账户记账利率总体较低，且各地差异较大，无论是对于个人账户养老金还是公共财政都会产生影响，并波及制度的可持续发展。

对于单个参保者而言，基金投资收益率直接关系到个人账户的记账利率。当参保者将资金缴纳进个人账户后，这些资金无论是形成实实在在的积累，还是以名义账户的形式存在，最终都要以一定的利率返还给个人。个体所关注的并不是基金在管理部门运营过程中所能获得的收益率，而是他们个人账户的记账利率，这会影响到他们的绝对收益水平和相对收益率。虽然在个人账户养老金占比较小的时候，投资收益率和个人账户记账利率对于参保者养老金绝对水平影响不大，但随着个人账户养老金占比的提高，投资收益率及个人账户记账利率将会对个人养老金水平产生较大影响。

对于公共财政而言，目前来看由于并未形成城镇职工基本养老保险那样不断积累的统筹基金，不直接涉及投资收益问题。但由于公共财政要在个人账户支付完毕后继续以基础养老金的形式向参保者提供个人账户养老金，在投资收益率与个人账户记账利率较低时，个人账户将无法满足参保者整个生命周期内的支付需要，进而将负担转嫁给公共财政。

前文分析也表明，当个人账户记账利率达到7%时，个人账户积累及收益才能满足参保者生命周期内的给付需要，不需要公共财政提供补贴。可见，投资收益率会影响公共财政的负担与制度的可持续发展。

未来，如果参照城镇职工基本养老保险形成了不断积累的社会统筹基金，更需要提高投资收益率，提升制度自身的收支平衡能力，确保可持续发展。虽然现实中也有一些省份并未进行委托投资却设定了较高的个人账户记账利率，如山东省，但这本身并不可持续。在现有制度模式下，由于投资收益率低于记账利率造成的资金缺口将会由基础养老金即公共财政负担。对于经济较为发达，财政实力雄厚的统筹地区而言这是可行的，对于欠发达地区则有较大困难。特别是随着个人账户积累规模的扩大，利率差异造成的缺口也会越来越大，将会给公共财政造成较大冲击，不具有可持续性。

六、统筹层次低

在试点建立新型农村社会养老保险制度的过程中是以县作为试点单位的。后续虽然很快在全国范围内实现了全覆盖并且与城镇居民社会养老保险合并建立了城乡居民基本养老保险，但国家并未对提升统筹层次作出统一的要求或规范，而是由各地根据当地的实际情况自主决定。目前，只有部分地区做到了市级统筹，多数地区仍然是县级统筹。这会对制度的可持续运行产生负面影响。

其一，统筹层次过低导致养老金水平差异过大。城乡居民基本养老保险基础养老金包括由中央确定的基础养老金和各统筹地区确定的基础养老金。其中，各统筹地区基础养老金一般由省级政府确定当地最低标准，各统筹地区在这一标准上确定本地的基础养老金，但各省均规定各统筹地区自主确定的高出省定标准的部分由当地财政负担。在这种情况下，各统筹地区特别是县级财政实力的差异会导致养老金水平的较大差距，背离制度旨在缩小收入差距、促进分配公平的初衷，而一个不公平的制度也很难实现可持续发展。

其二，统筹层次过低不利于实现区域统筹互济与可持续。对于社会养老保险制度或者说一切社会保险制度而言，体现和遵循的都是“大数法则”，参保人数越多，覆盖面越大，通过互助共济分散、抵御风险的能力才越强。[297-299] 不同统筹地区之间经济发展水平、财政实力、城镇化水平、参保比例、群众收入水平等存在差异。往往是经济发展越落后的地区，群众收入越低，参加城乡居民基本养老保险的比例越高，需要地方财政提供的缴费补贴、代缴费以及基础养老金就越多。但这些地区往往财政收入较少，从而就会出现发达地区财政实力雄厚但支出需求较小、欠发达地区财政实力薄弱但支出需求较大的矛盾局面。如果不提升统筹层次就无法在不同统筹地区间实现互济。

单就财政支出压力大的欠发达统筹地区而言，如果不能与其他地区保持养老金水平基本同步，甚至差距越来越大，不仅背离了公平原则，也无法真正实现保障广大城乡老年人基本生活的目标，更不会得到群众的支持，不符合政治可持续的要求。而如果与其他统筹地区的待遇水平保持一致，本地公共财政就会面临巨大的压力，在财务上无法实现可持续。

其三，统筹层次过低不利于合理划分各级财政的支出责任。当前，中央财政对于中西部地区全额补贴中央确定的基础养老金，对于东部地区补贴50%。地方确定的基础养老金一般是由省市县三级财政来负担，但各地在分担比例上并不相同。除了基础养老金之外，缴费补贴、年限基础养老金、高龄基础养老金的责任分担机制就五花八门了，有的是由省市县财政分担，有的是由省县财政分担，有的是由市县财政分担，有的是由县财政负担，还有的是由省财政负担。

之所以出现各地做法各异的现象，主要原因在于统筹层次过低，缺乏全国性的统一规范，从而使各地主要基于当地财政情况来确定分担机制。在目前的财税体制下，仍然存在各级政府财权事权不够匹配的问题，特别是县级财政财权小、事权大[300-302]，如果没有上级政府的转移支付，很多公共支出都难以保证，也就没有主动性、积极性来提高养老金水平。

虽然多数地区并没有将责任完全压在县级财政，但各地迥异的做法还是体现了不同地区经济发展水平、执政理念等的影响。如果说在制度探索阶段可以允许各地自主决策的话，在制度已经实现全覆盖的情况下，作为一种公共产品或公共服务显然应该根据对其基本属性、基本规律的认识来确定财政分担机制。不然，随着制度的实施，这种碎片化的模式将会进一步固化，将会对可持续性产生负面影响[303,304]，也会制约各类改革措施的全盘推进。

七、社会统筹机制缺失

互助共济是社会保障制度的本质特征与最卓越的功能，是社会保障制度的天然属性，也是整个社会保障制度可持续发展的稳定基石。[6,305]就养老保险制度而言，除极少数国家外，多数都采用了基本养老保险社会统筹的模式。

我国在建立现代社会养老保险制度的过程中，考虑到当时国家的财力、国有企业改革发展的压力，加之对现代社会保险规律的认识还很不够，采取了社会统筹与个人账户相结合的模式。这一模式对于在当时的经济社会背景下快速实现基本养老保险制度推广实施，建立现代社会养老保险体系，保障广大职工的基本养老保险权益与养老金待遇，起到了积极的作用。

但是，从根本上来讲，私有化的个人账户与基于公平取向的公共养老金性质是相悖的[306]，把两种性质迥异的模式结合在一起也使得无论是学界还是社会保障管理部门都对此存在争议。例如，对于做大还是做小个人账户、是否做实个人账户等就一直存在争议。在实践领域，相关的政策也是时有变化，无法定型。

相比于城镇职工基本养老保险中建立了社会统筹基金，城乡居民基本养老保险制度仅仅建立了个人账户。虽然除了个人缴费之外，公共财政还提供缴费补贴并且在达到领取年龄后提供基础养老金，但这些补贴并不是直接来自参保人或其所在的集体经济组织的缴费，并没有在参保群体中实现统筹互济，不具有统筹基金的性质。

在试点初期采取这一模式充分考虑了农村居民收入较低、风险意识淡薄、对社会保险认知不足的实际情况，对于广大群众了解、认可制度和积极参保起到了正面作用。但是，社会统筹机制的缺失减损了作为一项公共养老金制度所应发挥的互助共济功能，也会助长利己主义倾向。[306]

此外，由于城乡居民基本养老保险制度内部没有建立社会统筹机制，为了缩小差距，促进公平，便建立了基础养老金制度并使其占主导地位。个人账户所造成的利己主义倾向叠加基础养老金主导养老金构成的现实，使得参保群众在认识上不会将城乡居民基本养老保险制度视作一项主要依赖参保者缴费来运作的社会制度，也不会重视个人缴费积累、实现互济的责任，反而进一步强化了对制度的福利性质的认识，把个人缴费视作领取公共财政提供的具有极强福利性质的基础养老金（而非社会统筹养老金）的资格条件。这对于培养参保人员的社会保险意识以及制度的可持续发展是极为不利的。

本章小结

城乡居民基本养老保险制度作为一项社会制度，其可持续发展受到所处外部环境、公共财政直接负担模式以及制度自身设计的影响。

就外部环境而言，由于城乡居民基本养老保险制度面向的群体收入较低，制约了他们提高自我缴费、参加其他养老保险项目的能力，更加依赖于政府提供的基础养老金，会加重公共财政的负担。由于统筹层次较低，区域发展差异导致了各地养老金水平的差异，出现了新的不公平，不利于制度的可持续，并且也容易出现总体收支平衡情况下部分统筹地区不可持续的问题。与统筹层次较低相关的是，目前城乡居民基本养老保险采取的主要是县级统筹，但县级政府财权小、事权大，制约了作为一级统筹地区的县级财政的负担能力。此外，着眼于制度未来的运作，儿童尤其是农村儿童的相对贫困会影响他们的成长与发展，一方面会制约他们成年后的收入水平，使其更加依赖社会福利、基础养老金等公共财政转移支付项目，加重公共财政的负担；另一方面会影响社会人力资本的积累质量与未来的经济发展，不利于厚植城乡居民基本养老保险可持续发展的物质基础。

公共财政直接负担的做法会将城乡居民基本养老保险制度未来运行中可能出现的收支压力直接转嫁给公共财政，威胁其稳定运行。与城镇职工基本养老保险迥异的制度设计，不仅造成了新的不公平，也不利于未来整个社会养老保险体系的统筹。而且，公共财政的直接担责掩盖了制度本身的问题，不利于制度的改革完善。

就制度自身的设计而言，针对试点与实施过程中特殊的经济社会背景、特殊的人群，城乡居民基本养老保险制度采取了不同于一般社会养老保险制度的设计。这些做法虽然对于制度在较短时期内全面推广起到了积极作用，但也会给制度的可持续发展造成负面影响。自愿参保原则在未来可能会导致退保行为；个人账户占比过低容易产生“福利依赖”，不利于强调个人责任，从而给公共财政造成更重的负担；定额缴费机制与基础养老金定额发放机制不利于提高个人缴费档次，扩大个人账户积累规模；投资收益率过低不利于提高个人账户养老金水平，并将加重公共财政的补贴负担；统筹层次过低导致区域间养老金水平差异大，不利于实现区域统筹互济与合理划分各级财政责任；社会统筹机制缺失减损了社会养老保险的互助共济功能，不利于培养社会保险意识，会助长个人主义与“福利依赖”倾向，加重公共财政负担。

总之，我国城乡居民基本养老保险制度在较短的时间内完成试点与推广，取得了巨大成就。但是，综合评估制度所处的外部环境与制度自身的因素可以发现，仍然有一些问题会对制度的可持续发展产生负面影响，需要加以改革。

第七章 城乡居民基本养老保险制度可持续发展的建议

实现可持续发展，是包括城乡居民基本养老保险制度在内的整个社会养老保险体系赖以运行、发挥作用的关键，也是我国社会保障制度改革发展的目标之一。2021 年 2 月 26 日，在中共中央政治局第二十八次集体学习时，习近平总书记又进一步强调要“促进社会保障事业高质量发展、可持续发展”。这既凸显了党中央对社会保障事业的高度重视，也再一次明确了社会保障制度未来的发展目标、重点工作与前进方向。

探讨实现城乡居民基本养老保险制度可持续发展，既要立足于制度自身的实际，又要遵循社会保险的一般规律；既要考虑自身特色与特殊问题，又要着眼于整个社会养老保险体系的统筹发展；既要促进可持续又要提升公平性；既要实现财务可持续，又要实现政治可持续，做到养老保险与经济发展相互协调。具体而言，针对制度所面临的可持续发展挑战，需要明确改革的基本原则，营造有利于可持续发展的外部生态，优化制度自身的设计。

第一节　基本原则

国务院《关于建立统一的城乡居民基本养老保险制度的意见》提出，城乡居民基本养老保险制度的建设要以增强公平性、适应流动性、保证可持续性为重点，要充分发挥社会保险对保障人民基本生活、调节社会收入分配、促进城乡经济社会协调发展的重要作用。这是对城乡居民基本养老保险制度改革发展提出的目标与要求。包括促进可持续发展在内的一切改革发展措施都应该围绕这一目标，任何脱离了这一目标的做法，都背离了制度的初衷，是不可取的。

一、立足制度实际逐步回归保险性质

社会保险与社会福利的区别在于前者强调权利和义务的结合，后者主要强调权利。在社会保险体系下，遵循的是“不缴不得、多缴多得”的原则，而社会福利体系中公民是基于其身份获得福利，无须进行任何缴费。现行模式下，城乡居民基本养老保险制度的福利性质更浓而保险性质相对不足，对制度的可持续发展会产生负面影响。着眼于实现制度的可持续发展，应该真正建立起个人权利与义务相结合、既体现个人养老责任又具有统筹互济功能的养老保险制度。

但是，我国城乡居民基本养老保险制度又有其自身的特殊性，面向的是收入较低且不固定的群体，他们多数没有正规就业，加之风险意识、文化素养、保险认知等相对落后，从而在试点和建立制度的过程中采取了不同于城镇职工基本养老保险的做法。虽然前文分析认为制度建立之初的经济社会环境、参保群体收入与认知发生了变化，可以对制度进行改革，但从根本上讲城乡居民基本养老保险参保群体的生产方式、就业形式、收入水平仍较为特殊。因此，在明确弱化福利性质，回归保险属性总体方向的同时，还必须要立足制度所处环境、所面向群体的实际，循序渐进、逐步改革。

其一，培养自我养老意识，突出权利与义务的联系。通过宣传引导

逐步培育城乡居民参保群体的风险意识和保险理念，使参保者认识到养老应该主要通过个人积累和社会统筹来实现，而不能依赖于公共财政。待遇给付等制度设计中则要更加突出参保者权利和义务的关联。

其二，改变公共财政直接参与的角色。政府在社会保险中的角色之一是要承担社会保险最基本保障部分的财政责任。[290] 为了更好地发挥公共财政的作用，应该将公共财政直接承担缴费补贴与给付责任转向间接承担兜底责任，更加强调通过制度的改革完善来实现可持续发展。公共财政只有在养老保险制度本身无力应对收支缺口时才间接承担责任，避免对公共财政产生直接影响，确保公共财政的健康稳定。这样也才能为城乡居民基本养老保险制度提供更加坚实、更加可持续的物质基础。

二、着眼社会养老保险体系统筹发展

党的十九届五中全会通过的《中共中央关于制定国民经济和社会发展第十四个五年规划和二〇三五年远景目标的建议》对于健全多层次社会保障体系提出的总体要求是，健全覆盖全民、统筹城乡、公平统一、可持续的多层次社会保障体系。这就要求积极创造条件逐步改变目前城乡居民基本养老保险统筹层次低、区域差异大以及与城镇职工基本养老保险制度不统一的问题。

城乡居民基本养老保险是我国社会养老保险体系的重要组成部分，无论是从整个社会养老保险体系的公平统一、制度的可持续发展入手，还是从城乡发展统筹水平不断提升所可能创造的有利条件出发，都应该把建立统一的社会养老保险体系作为改革发展的目标。城乡居民基本养老保险可持续发展的终极目标不应是继续保持其自身特色，而是要逐步走向与城镇职工基本养老保险制度的统一。

当然，正如上一节所分析，城乡居民基本养老保险有其自身特殊之处。这是基于当时的经济社会环境与参保人口特殊性所做的必然选择，因此，旨在促进整个社会养老保险体系统筹的措施仍应该立足于这一实际，循序渐进。例如，在制度实施初期群众的风险意识与社会保险理念还比较薄弱，采取低水平定额缴费的办法便于群众接受和理解。而随着制度的实施，群众加深了对制度的认知和理解，“多缴多得”不断深入人心，则可以采取固定比例缴费的办法。一个根本的原则是，社会养老保险制度受到外部因素的制约，只有在外部因素发生变化之后，才可以推进城乡居民基本养老保险向着统一的社会养老保险体系的改革。

此外，城乡居民基本养老保险制度的设计模式实际上可以理解为政府与参保者所达成契约的一部分。未来，如果要推进相关改革，从政府诚信的角度出发，应该采取“老人老办法、新人新办法”的策略，确实无法做到区别对待的，也应该有相应的救济措施。

三、统筹养老保险与经济社会发展

养老保险制度的建设与发展受到经济社会发展水平的制约，同时又反作用于经济社会发展。从我国城乡居民基本养老保险制度的建立与发展来看，制度在从无到有、从试点到扩展、从农村到全国、从低水平到高水平的发展过程中，一个很关键的因素是近些年我国经济社会发展取得了长足进步。无论是人民群众的收入水平还是国家的财政实力都有了较大幅度的提升，能够满足建立和发展城乡居民基本养老保险制度的需要。同时，养老保险制度的建立与实施又会影响老年人、年轻人的消费需求、劳动供给等，进而反作用于经济。因此，实现城乡居民基本养老保险制度可持续发展要统筹考虑养老保险制度与经济发展。

其一，要基于经济社会发展实际设计城乡居民基本养老保险制度改革发展措施。这也是可持续发展成为一个需要被关注的问题的根源。正是因为经济发展水平限制了全社会能够用于养老支出的财富规模，限制了公共财政的负担能力，才使得城乡居民基本养老保险制度面临收支失衡的压力与可持续发展的挑战。例如，代际负担失衡之所以成为一个被关注的话题，就在于后代人财富的增长速度可能无法抵消人口老龄化给后代人造成的负担。因此，城乡居民基本养老保险制度可持续发展的改革措施应该立足于经济发展实际，既要实现让广大参保老年人分享改革发展成果的目标，又要考虑经济承受能力，避免损害经济发展。

所谓经济承受能力，从宏观层面讲是把国民财富划分成生产性支出和消耗性支出后，在不损害经济增长所需生产性支出的前提下国民经济所能承受的消耗性支出规模。从微观层面讲是每一个社会成员所能负担的支出，包括参保者的缴费以及其他未参保社会成员承担的税负。例如，提高参保者个人缴费水平或其他社会成员所分担的基础养老金负担份额的做法虽然可以缓解收支平衡压力，但由于突破了个人负担能力，同样会损害制度的可持续发展。

这里需要强调两个问题。一是城乡居民基本养老保险制度的改革发展要同时考虑全国和农村经济社会发展的实际。原因在于，城乡居民基本养老保险制度主要针对的是农村群体，需要农民缴费，需要县级财政负担基础养老金。同时，无论是中央或省级政府直接承担责任还是以转移支付形式对县级财政进行补贴，根本上都有赖于提高整体公共财政实力，因此还要综合考虑全国和农村经济社会发展水平。二是相关制度设计既不应超前于也不应落后于经济社会发展水平，在经济发展、社会环境发生变化之后，需要及时对制度进行改革创新。

其二，旨在实现城乡居民基本养老保险制度可持续发展的政策措施应该有利于经济社会发展。从制度涉及的利益主体来看，相关改革措施会影响老年人的养老金水平和年轻人的负担水平，进而分别影响老年人的消费行为和年轻人的劳动供给行为，并最终影响经济发展。就年轻人而言，如果把缴费视作一种税收，会对年轻人的劳动供给产生替代效应和收入效应。负担过重，年轻人会减少劳动供给，不利于经济增长。只有将缴费水平控制在一定范围内，才能够更多地发挥收入效应即增加劳动供给，促进经济增长。就老年人而言，养老金水平太低会影响他们的消费能力，不利于经济结构的转型升级。

养老保险制度是否完善、是否能够提供相当水平的养老金，还会影响年轻人对未来的预期。如果社会养老保险制度保障水平较低，年轻人会选择增加劳动供给为个人积累更多的养老财富，从而促进经济增长。而如果社会养老保险制度比较完备，养老金特别是非缴费型养老金水平较高，年轻人可能会减少劳动供给，更加依赖社会养老保险，反而不利于经济增长。

就养老保险制度管理运营而言，作为一项财富管理计划，养老保险基金本身的运行会影响资本市场以及经济发展。因此，针对城乡居民基本养老保险制度可持续发展所采取的措施尤其要重视提高基金运营能力。这一方面可以提高基金支付能力，增强制度的可持续性；另一方面，基金在资本市场上的有序运作也可以为经济增长提供支撑和动力。

总之，城乡居民基本养老保险制度作为一项以财富转移为核心的社会制度，既受制于又反作用于经济社会发展。旨在实现可持续发展的各类改革措施都应该避免给经济增长和社会发展造成负面影响，并尽力实现二者的良性互动。

四、坚持公平的可持续与可持续的公平

建立更加公平更可持续的社会保障制度是党的十八届五中全会提出的我国社会保障制度改革发展的目标。这一表述表明公平与可持续是不可分割的整体。

其一，实现城乡居民基本养老保险制度的可持续发展应该是一种体现了公平原则、有利于促进公平的可持续。首先，可持续发展这一理念的提出本身就是为了统筹各代人之间的利益，促进代际公平。我们评估城乡居民基本养老保险制度是否能够实现可持续发展的一个重要标准也是代际负担和收益是否公平。因此，推进城乡居民基本养老保险制度改革、实现其可持续发展的政策选项必须考虑不同代的负担，有利于实现代际公平。其次，可持续发展也必须要考虑一代人内部的公平。建立城乡居民基本养老保险制度的目的是缩小老年人之间的收入差距。只有在确保实现制度促进公平目标的前提下，可持续才是有意义的可持续，才是真正的可持续。而且，作为一项社会制度，促进社会公平正义本就是其应有之义，否则就无法得到公众的支持。需要注意的是，由于我国社会养老保险制度体系包括了城乡居民与城镇职工基本养老保险两种制度，且存在模式、待遇与收益的差异，城乡居民基本养老保险制度的改革发展还应该有利于促进两种制度间的公平。当然，这种公平不是绝对的待遇一致的公平，而应该是在综合考虑不同群体收入水平，与包括社会救

助等其他社会制度协同配合的、权利和义务相结合的公平。

其二，公平的内涵、公平的标准以及促进公平的手段应该有利于实现可持续。首先，在城乡居民基本养老保险制度中，公平目标的实现是以公共财政提供的基础养老金来保证的。如果脱离了公共财政的负担能力来谈公平，不可避免地会导致制度在财务上的不可持续。例如，西方福利国家遭遇的“福利国家”危机，就是脱离了经济社会发展水平与财政负担能力而盲目提高社会福利水平所致。其次，同样与我国社会养老保险制度的二元结构有关。由于城乡居民基本养老保险制度主要依赖公共财政提供基础养老金，虽然其养老金水平较低，但参保者的相对收益率远远高于城镇职工基本养老保险。在绝对养老金水平差距较大时，这种相对收益率的差异不会引起城镇职工基本养老保险参保人群的不满，但如果为了促进待遇公平而不断缩小两个险种绝对养老金水平的差异，最终可能会引起城镇职工基本养老保险参保人群的反对，不利于制度的可持续。当然，如果为了实现收益率的公平而降低城乡居民基本养老保险绝对养老金水平更是不可取的，也是不可能实现的。最后，就代际公平而言，受人口老龄化的影响，包括城乡居民基本养老保险在内的整个社会养老保险体系都不可避免地会出现代际负担与收益不平衡的问题。可以说，只要人口老龄化的趋势不改变，代际不公的问题就一定会出现并持续下去。为了追求代际负担与收益的绝对公平，要么取消社会养老保险制度，要么将制度完全改革成个人账户积累模式。而没有了基础养老金的城乡居民基本养老保险制度不仅不会得到参保人群的认同，也无法实现促进公平的目标，自然是不可持续的。

综上，“更加公平”和“更可持续”是城乡居民基本养老保险制度改革发展的两个目标，二者相辅相成、相互约束。可持续发展不能脱离公平目标，应该始终坚持制度建立之初设定的促进社会公平的目标，考虑代际公平、制度间公平，不断提升社会公平正义水平。以促进公平为目标的改革措施同样需要考虑公共财政的承受能力、其他制度参保人群的认同以及代际关系，不能威胁制度的可持续发展。

五、统筹财务可持续与政治可持续

财务可持续和政治可持续是城乡居民基本养老保险制度可持续发展的两个层面。财务可持续是养老保险制度可持续研究关注的主要内容。作为一项以个体生命周期不同阶段和不同代人口财富转移为主要机制的社会制度，其运行根本上依赖于财务收支。如果财务上无法实现可持续，无法保障参保老年人的基本生活，制度的存在也就失去了意义。

政治可持续是指一项社会制度得到公众的认同，保持稳定并持续实现制度目标。对于城乡居民基本养老保险制度而言，地方政府、城乡居民基本养老保险制度参保人群（当代和后代）和以缴纳税负形式承担部分负担的其他人群的认同和支持都会影响制度的政治可持续。如果该制度或改革措施的实施不能得到公众的认同，不能够稳定运行下去，以至于无法实现制度建立之初所设定的“保障人民基本生活、调节社会收入分配、促进城乡经济社会协调发展”的目标，制度也就不会存在下去，更无从谈起财务收支的平衡。

因此，财务可持续和政治可持续相辅相成、互相约束。如果财务上不可持续，制度就谈不上稳定运行并实现目标，政治可持续也无法实现。如果政治上不可持续，制度得不到人们的认同，即便财务上可以持续，制度也无法运行下去。例如完全可以通过降低养老金水平或者提高缴费水平来实现财务的可持续，但由于得不到人们的认同，制度不会稳定运行下去。

前文介绍的部分西方国家推进养老保险改革因为遭到抗议、反对而流产的例子就充分证明，养老保险可持续发展的改革绝不仅仅是一个财务收支问题。故而，探讨财务可持续的策略路径应该考虑是否能够得到公众的认同，是否有利于制度的稳定运行与目标实现；关注制度设计与改革措施是否能为人们所接受则还要考虑相关措施是否影响制度的收支平衡与财务可持续，不能为了讨好参保群体罔顾财务收支的基本规律，以致无法进行下去。

第二节　营造有利的外部生态

城乡居民基本养老保险制度作为一项社会制度，受到经济社会发展方方面面的影响。其可持续发展既需要制度本身的完善，也有赖于有利的外部经济社会环境。

一、厚植制度运行的经济基础

经济发展是包括城乡居民基本养老保险制度在内的一切社会保障制度运行的基础。经济发展水平决定了是否需要建立、是否能够建立、建立什么样的社会养老保险制度以及提供什么水平的养老金。

由于公共财政担负了社会统筹的责任，未来无论是由于人口老龄化，还是提高养老金水平，所产生的负担都会转嫁给公共财政。可以说，在现有制度模式下，城乡居民基本养老保险制度可持续发展的挑战主要是公共财政面临的挑战。而从根本上来讲，公共财政的收入水平和支出结构受制于经济发展水平。因此，实现城乡居民基本养老保险制度的可持续发展，关键在于保持国民经济的健康可持续发展。

其一，需要保持国民经济持续增长。改革开放几十年来我国经济建设取得了长足进展，综合国力显著提升，已经成为世界第二大经济体。从 1978 年到 2021 年，GDP 从 3 645 亿元增加到 113 万亿元，增加了 309 倍；公共财政收入从 1 132 亿元增长到 20 万亿元，增加了 176 倍，为建立和完善各项社会保障制度奠定了坚实的经济基础。国家统计局数据显示，从 2007 年到 2021 年国家财政社会保障和就业支出从 5 447 亿元增长到 33 867 亿元，增加了 5.22 倍，高于同时期国家财政支出总体增幅（3.95 倍）和 GDP 增幅（3.19 倍），表明经济增长是发展包括社会保障在内的各项民生事业的关键和根本。

党的十九大报告指出，我国经济已由高速增长阶段转向高质量发展阶段。未来经济增速将很难像前一段时期那样保持在高位。这既是世界各国经济增长的普遍规律，也是党中央国务院精准研判、科学谋划的选择。这就需要坚定不移地推进经济高质量发展，构建国内国际双循环相互促进的新发展格局，确保经济健康可持续增长。

其二，继续推进区域、城乡均衡发展。党的十九大报告指出，我国社会主要矛盾已经转化为人民日益增长的美好生活需要和不平衡不充分的发展之间的矛盾。这一重大科学论断为今后一个时期制定党和国家大政方针、长远战略提供了重要依据和根本遵循。

对于城乡居民基本养老保险制度而言，之所以单独建立就是根源于我国城乡之间的二元差距，农村居民无法参加城镇职工基本养老保险制度。并且，也由于农民收入形式不固定、收入水平低才设计了固定额度缴费、缴费补贴、基础养老金等不同于城镇职工基本养老保险制度的规则。此外，区域发展差距的存在，导致区域间养老金水平差异大、财政负担压力与可持续发展挑战不同。特别是，不仅存在东部地区和中西部地区间的差距，同一区域内部不同统筹地区之间也存在差距。

因此，在城乡居民基本养老保险统筹层次仍然较低的情况下，无论是着眼于平衡各地财政相对负担与可持续发展压力，缩小保障水平差距，还是着眼于不断完善城乡居民基本养老保险制度并建立统一的社会养老保险体系，都应该继续坚定不移地推进区域、城乡均衡发展，缩小城乡之间、东中西部之间，以及不同统筹地区之间经济社会发展的差距。

其三，发展农村集体经济。虽然在城乡居民基本养老保险的制度设计上明确筹资来源包括个人缴费、集体补助或社区资助、财政补贴，但在现实中无论是集体补助还是社区资助占比都极小。这就使收支平衡的压力完全由个人缴费或财政补贴来承担。如果说在城镇由于社区居民相对多元，不便于进行经营或提供资助的话，在农村发展集体经济并加大对农民参保缴费的补贴力度则是有可能的。

习近平总书记十分重视发展农村集体经济，在《摆脱贫困》一书中明确指出，发展集体经济是实现共同致富的重要保证、振兴贫困地区农业的必由之路、促进农村商品经济发展的推动力。[307] 2015 年财政部印发《扶持村级集体经济发展试点的指导意见》，2018 年 11 月中央组织部、财政部、农业农村部联合印发《关于坚持和加强农村基层党组织领导扶持壮大村级集体经济的通知》，对新时代发展农村经济提出了要求，做出了规范。2021 年《中共中央　国务院关于全面推进乡村振兴加快农业农村现代化的意见》（中央一号文件）在阐释深入推进农村改革时更是明确提出要发展壮大新型农村集体经济。

着眼于城乡居民基本养老保险制度的可持续发展，从提升筹资能力的角度出发，应该大力发展农村集体经济，建立现代经营管理制度，规范集体经济收益的公平分配，加大集体经济对居民参保缴费的补贴力度，进而增加个人账户积累，减轻公共财政负担，为城乡居民基本养老保险的运行提供稳定、高水平的缴费支持，实现制度的可持续发展。

二、提高居民收入，促进公平分配

提高居民收入可以直接提升城乡居民基本养老保险参保群体的缴费能力和自我保障能力，以及其他社会成员的税负水平与公共财政负担能力，进而增强城乡居民基本养老保险的筹资能力。同时，提高低收入群体的收入还可以提升他们在养老保险制度之外的自我养老能力，缩小不同群体收入差距又可以减轻对于通过养老保险制度缩小城乡老年人收入差距的依赖，进而减轻城乡居民基本养老保险制度的支付压力。这将会有利于实现制度的可持续发展。

其一，持续提高居民收入。提高收入水平是人民群众最关心最直接最现实的利益问题。党的十九大报告指出，坚持在经济增长的同时实现居民收入同步增长、在劳动生产率提高的同时实现劳动报酬同步提高。这一方面需要我们继续坚定不移地推进改革开放，促进经济结构转型升级，千方百计扩大就业，为人民群众创造更多收入机会。要继续坚持工业反哺农业、城市反哺农村的发展思路，既要着眼于农业和农村发展，让广大农民能够在地就业、提高收入，也要着眼于提高农民的就业技能，拓宽就业渠道，增加非农收入。另一方面，要不断提高居民收入在国民收入中的比重，让广大人民群众更多地分享改革发展的成果。特别是广大低收入群体资产积累较少甚至没有资产，除了家庭支持和政府转移支付外，他们的收入主要来自就业，要依法维护并不断维护广大劳动者的利益，减少或避免资本侵占劳动报酬，使广大低收入群体能够通过劳动获得更高的收入。

其二，促进公平分配。2020 年我国已经全面实现了脱贫攻坚的战略目标。现行标准下农村贫困人口全部脱贫。但需要看到的是，在人民收入水平总体提升的情况下，仍有大量低收入人口。虽然人均 GDP 达到了 1 万美元，但是我国仍有大约 6 亿人的平均月收入在 1 000 元左右，收入分配差距较大。因此，在提升居民总体收入水平的同时，还要注重通过再分配手段缩小收入差距，确保低收入群体尤其是农民收入增速高于城镇居民收入平均增速，不断缩小低收入群体与其他群体的收入差距。

三、完善居民多支柱养老金积累体系

实现城乡居民基本养老保险制度可持续发展的关键在于减轻人口老龄化以及养老金水平不断提高造成的支出压力。建立包括公共养老金在内的多支柱养老保险体系在应对老龄化危机中具有明显的优势，也是世界各国应对养老保险可持续发展挑战的普遍选择。[308,309]

党的十九届五中全会通过的《中共中央关于制定国民经济和社会发展第十四个五年规划和二〇三五年远景目标的建议》提出要发展多层次、多支柱养老保险体系，为未来我国社会养老保险体系的发展提出了新的要求，指明了新的方向。一般认为，养老保险的第一支柱是基本养老保险，第二支柱是企业年金和职业年金，第三支柱是商业养老保险。

对于参加城乡居民基本养老保险的人群而言，没有第二支柱的年金保险，多数也没有购买商业养老保险的意识或经济实力，短期内不具备建立其他支柱养老保险的条件。但是，借鉴城镇职工基本养老保险发展多支柱养老保险体系的经验，可以结合城乡居民基本养老保险制度参保人群实际，探索建立“多支柱养老金积累体系”①。

① 之所以称作“多支柱养老金积累体系”而非“多支柱养老保险体系”，原因在于一般意义上的多支柱养老保险体系包括基本养老保险、职业年金和商业养老保险，但是对于广大城乡居民而言职业年金和商业养老保险短期内无法实现。本书提出在公共养老金之外，更加重视家庭养老、个人通过养老金融产品储蓄养老等形式，是家庭或个体的养老金积累计划，不具有保险性质，因而不宜称作“多支柱养老保险体系”。

其一，注重发挥家庭养老的基础功能。家庭内部的代际转移是人类社会发展过程中实现养老、育幼与不断繁衍的最初机制与关键条件。中华民族自古以来就重视家庭、重视亲情，虽然现代社会生产模式、经济模式的变化导致家庭养老功能弱化，但仍然发挥着关键作用。习近平总书记指出，“无论时代如何变化，无论经济社会如何发展，对一个社会来说，家庭的生活依托都不可替代”，要教育引导人们自觉承担家庭责任、树立良好家风，巩固家庭养老基础地位。[105] 这表明，党中央在着力发展社会养老保险体系的同时，仍然十分重视家庭的养老功能。我国目前正处于快速老龄化阶段，全社会尤其是城乡广大低收入群体中“未富先老”的问题仍然十分突出，单单依靠社会养老保险体系难以应对繁重的养老负担，通过家庭内部的代际转移来实现养老就显得尤为必要。

一方面，这需要加强家风家教建设，在全社会弘扬中华民族敬老孝老爱老的优良传统，强化子女赡养老年人的社会氛围，承担赡养老年人的责任。另一方面，要以《老年人权益保障法》为主，健全老年人权益保障法律体系，明确子女赡养老年人的责任和义务，以法律的形式约束家庭成员尽到赡养老年人的责任。同时，借鉴针对有固定工资收入人群实行个人所得税赡养老年人专项扣除的做法，探索针对无固定收入人群尤其是广大农村人群的激励政策。

其二，促进针对城乡居民基本养老保险参保人群的商业养老保险市场的发展。城乡居民基本养老保险参保人群普遍收入相对较低，负担商业养老保险的能力相对较弱。同时，现有的商业养老保险产品或者门槛较高，或者规则复杂，在城乡居民基本养老保险参保人群中的接受度不高。因此，要在城乡居民基本养老保险参保人群中加大宣传引导，参照针对有固定工资收入人群的个税递延等做法制定激励政策，鼓励他们购买商业养老保险。同时，引导商业养老保险公司开发符合低收入群体实际的商业养老保险险种，降低参保门槛，提高低收入群体购买商业养老保险的比例，增强其自我养老的能力。

其三，开发并推广符合城乡居民基本养老保险参保人群实际的养老金融产品。习近平总书记指出，要提升金融服务的覆盖率、可得性、满意度，满足人民群众日益增长的金融需求。由于金融市场的门槛效应，城乡居民基本养老保险参保人群难以享受到金融发展带来的收益[310,311]，只能选择银行存款的形式进行储蓄，不仅不能很好地发挥养老保障的作用，还会因通货膨胀遭受损失。因此，应该增加针对低收入群体的养老金融产品供给，使他们能够通过金融市场实现个人财富的保值增值，积累养老金。

四、完善低收入参保和领待人群救助制度

城乡居民基本养老保险制度中，公共财政因提供缴费补贴、代缴费和基础养老金，在养老金构成中占比较大，使得制度具有较强的福利属性，反而弱化了其社会保险的属性。由于参保人群收入相对较低，特别是制度试点之初针对的主要是农村人口，公共财政直接提供缴费补贴、代缴费和基础养老金，实际上是依托社会养老保险制度发挥了社会救助的功能。这种做法无论是对于城乡居民基本养老保险制度的可持续发展，还是对于公共财政的稳定运行，都会产生负面影响，因此需要加以改革。但是，这并不代表政府要抛弃对这些人承担的救助责任，而是要通过完善社会救助制度，厘清社会救助与养老保险的责任范畴，使养老保险制度回归保险性质。

其一，针对低收入参保人群，根据其参保缴费需求增加社会救助待遇。未来城乡居民基本养老保险应逐步实施强制按比例缴费，取消缴费补贴，真正体现参保者个人的养老责任。对于收入水平较低，无力缴费的人群则要在社会救助制度待遇中考虑其参保缴费需求。原因在于，社会救助的目的是保障人民群众的基本生活。这一基本生活标准已经不仅仅是免于生存危机的需要，而是要使得受救助者达到社会所能接受的基本生活标准。

参加城乡居民基本养老保险，为年老积累养老金，虽然在当下而言并不是低收入群体的生活必需，但就其整个生命周期而言，是将财富在生命周期的不同阶段进行转移，对于保障其老年生活是必需的。因此，针对无力参保的低收入群体，应该在社会救助制度中考虑其参保缴费需

求。但是，所确定的补贴标准应该是最低参保缴费水平。虽然从形式上来看，先提供社会救助由参保者自主缴费与政府代替参保者缴费资金都来源于公共财政，但从实质上来讲，前一种参保缴费是由参保者个人支配，是社会保险行为，而后一种则是社会福利行为。

其二，针对低收入领待人群，如果领取养老金后仍无法达到社会最低生活保障标准，则由社会救助体系提供救助。对于通过领取养老金或其他渠道的收入能够达到最低生活保障标准的，国家则不再提供任何福利性质的补助。

同样地，虽然以社会救助的形式发放补助和以基础养老金的形式发放对于领待人群而言没有区别，资金的来源也都是公共财政，但在制度设计方面存在显著的区别。将公共财政从直接提供基础养老金中解脱出来，并在养老保险体系之外提供社会救助，可以避免将养老保险的风险转嫁给公共财政。原因在于，一方面养老保险是一个长期运行的制度，周期长、影响因素多、风险点多，人口老龄化、基金投资收益、劳动者收入水平等都会影响养老保险的运行，直接参与其中会给公共财政造成直接冲击。另一方面，现有制度下基础养老金标准逐年提升，叠加参保人口规模的逐渐扩大会造成较大的负担。相比之下，对于社会救助标准政府的选择余地则较大，且对象规模相对较小。而且，仅对低收入领待人群给予救助相比“撒芝麻盐”式的普惠式基础养老金更有针对性、效果更好。

五、建立财权事权匹配的财税体制

无论是直接提供基础养老金还是间接承担兜底责任，确保城乡居民基本养老保险制度的可持续运行，保障广大城乡老年人的基本生活是各级政府的责任之一。建立财权事权相匹配的财税体制有助于明确各级政府的财政责任，有助于克服目前不同统筹地区之间、不同省份之间、不同项目之间财政责任划分的碎片化问题，无论是对于实现制度的统一规范，还是对于促进不同区域间的待遇公平，以及实现制度的财务可持续和政治可持续，都具有积极的意义。

其一，在财税体制改革过程中考虑并厘定城乡居民基本养老保险制度中的各级政府责任。2014 年 6 月 30 日，中共中央政治局审议通过了《深化财税体制改革总体方案》，标志着我国新一轮财税体制改革的开始。党的十九届五中全会通过的《中共中央关于制定国民经济和社会发展第十四个五年规划和二〇三五年远景目标的建议》提出，要明确中央和地方政府事权与支出责任，健全省以下财政体制，增强基层公共服务保障能力。这是我国财税体制改革的基本要求和总体方略。在建立财权事权相匹配的现代财税体制过程中，要充分考虑城乡居民基本养老保险制度兼具全国性公共产品和地方性公共产品的属性，在此基础上划定各级政府的事权与相应的财权，确保各级财政尤其是统筹地区财政具备承担相应责任，进而实现可持续发展的能力。

其二，区别对待不同区域，因地制宜健全转移支付机制。正如前文分析，我国还存在着较大的区域发展差异，不同区域的财政实力差距较大，全国统一的财权事权划分机制同样可能会造成不同区域提供公共产品和公共服务能力的差异。因此，在统一的财税体制下，还应该考虑不同区域的发展差异，通过政府的转移支付来弥补欠发达地区财政缺口，使之能够有效地承担起提供包括城乡居民基本养老保险补贴在内的各类公共产品或服务的责任。

六、强化代际补偿，缓解儿童相对贫困

儿童相对贫困包括儿童相对于成年人的贫困以及儿童群体内部的相对贫困。儿童相对贫困与养老看似是两个不相关的话题，但实际上无论就个体生命周期不同阶段的延续、养老保险制度中的代际关系而言，还是就儿童作为未来社会的人力资本而言，儿童贫困与养老保险制度可持续发展都具有不容忽视的联系。探讨优化城乡居民基本养老保险制度可持续发展的外部生态，需要强化代际补偿，缓解儿童相对贫困。

其一，由于人口结构的老龄化，基于代际财富转移的社会养老保险制度运行中一定会出现代际负担与收益失衡的问题。[177] 养老保险制度的设计决定了在制度内部无法解决这一问题，需要通过在更广范围内的代

际补偿来弥补养老保险制度的代际不公平问题。而儿童相对于成年人的贫困从某种程度上反映出我们尚没有建立起有效的代际补偿机制。

其二，就个体而言，儿童时期处于相对贫困会影响个体的成长与发展，影响他们成年后的绝对收入水平与在同龄人中的相对经济地位。通过消除儿童相对贫困，保障儿童成长与发展所必需的各类资源，有利于提高个体成年后的收入水平，提高个体储蓄养老的能力及参加社会养老保险制度的缴费水平，减少老年贫困问题的发生，进而减少对非缴费型养老保险制度的依赖。

其三，消除儿童相对贫困，有利于提升人力资本积累质量。城乡居民基本养老保险制度的可持续发展关键在于经济增长。而人力资本是未来实现经济增长的关键因素。通过消除儿童贫困，可以提升社会人力资本积累质量，尤其是能够依靠人才红利来应对人口老龄化给经济增长造成的负面影响，为实现城乡居民基本养老保险奠定物质基础。

然而，儿童贫困不同于成年人贫困。相较于成年人贫困，儿童陷入贫困境地主要是区域、家庭因素所致，而非个人原因；儿童正处于成长发展的关键时期，贫困不仅影响其生存还会影响其发展，且会持续一生；面对贫困问题，儿童又不能像成年人那样可以通过自己的努力来改变境遇，完全处于被动地位，完全依赖家庭和社会。[312] 因此，虽然儿童贫困受家庭贫困的影响但应该优先关注儿童相对贫困问题，依托但不能依赖于家庭相对贫困问题的解决。

其一，根据儿童成长与发展需求，以收入为主，建立儿童相对贫困多维判定标准。这是治理儿童相对贫困以及促进儿童健康成长与全面发展的基本依据。关于贫困，有基于收入的标准，也有基于人的多种需求的多维判定标准。虽然很多学者都认为多维贫困标准更为全面[313]，但是收入对于满足人们的基础性需求仍然是至关重要的[314]，而且对于多维贫困的内涵、权重设定仍没有统一的结论[315,316]，有些学者甚至是根据所能获取的资料来确定多维贫困的测量指标的[317-319]。作为一项政策，所采取的标准应该客观统一，收入标准无疑是一个理想的选择。当然，对于儿童成长而言，收入又并不是全部的影响因素，教育、文化、医疗卫生等服务也会产生较大的影响。因此，还应该根据儿童成长与发展所需确定基本的公共服务标准，作为判定儿童相对贫困的参考。

其二，建立以儿童为中心的经济援助制度。虽然在我国现有的社会救助制度中考虑了儿童抚育、子女教育等因素，但根本上讲仍然不是以儿童为直接对象的救助。除了延续将是否有儿童需要抚养纳入最低生活保障等救济制度判定标准的做法外，还应该建立针对相对贫困儿童的经济援助制度，根据不同年龄段成长与发展需要，参考民政部确定的儿童福利机构月生活费标准确定援助标准，并依托社区、村委会或借助一些非政府组织对资金使用情况进行监督。

其三，促进涉儿童公共服务均等化。儿童成长与发展除了受收入影响外，还依赖教育、文化、医疗卫生等基本公共产品和公共服务。尤其是对于相对贫困的儿童而言，家庭通过市场机制所能获取的服务有限，从而会更加依赖公共服务。因此，要促进涉儿童基本公共服务城乡、区域均等化，为最广大儿童创造更好地成长与发展条件。

第三节　优化城乡居民基本养老保险制度设计

针对制约城乡居民基本养老保险制度可持续发展的因素，要遵循社会养老保险的一般规律，结合制度所处环境与自身实际，对制度本身进行优化完善。需要强调的是，正如前文指出，城乡居民基本养老保险制度是针对就业方式特殊、收入相对较低的人口建立的一类特殊的社会养老保险制度，虽然制度设计存在一些不利于可持续发展的因素，但相关改革措施的实施仍不能脱离这些实际情况，而应该循序渐进、稳步推进。

一、探索强制参保机制

强制参保既是社会保险的一般规律和基本属性，也是养老保险领域应对人口结构老龄化可能造成的因代际收益不均出现退保问题的关键。

其一，修改完善相关法律法规。对《社会保险法》以及城乡居民基本养老保险相关政策文件进行修订完善，遵循社会保险的一般规律，明确城乡居民基本养老保险强制参保原则。对于因收入较低无力缴费的，可以在核实收入后由社会救助项目给予救助，并督促其缴费参保。

其二，区别对待。考虑到制度的衔接，对于已参保群体，由于在其参保时国家与其达成了自愿参保的协议，应该允许其自愿退出，且仍允许其领取个人账户积累资金，但不发放基础养老金。对于仍然自愿留在制度中的，后续则不可以退出，并给予相应的激励。为了避免出现大范围退保问题，一方面要通过激励政策引导已参保群体留在制度中，另一方面可以参考制度实施之初针对不同年龄群体区别对待的做法，设计差异化的办法，例如可以允许距离领待年龄不足 15 年的自愿退出，距离领待年龄 15 年及以上的则应继续参保。这样，年长者由于即将达到领取年龄，一般不会选择退出。对改革后参保的群体，按照修改后的法律法规明确其强制参保的义务，除转移到城镇职工基本养老保险外不得退出参保。

其三，加强宣传引导。虽然随着人们收入水平的提升以及医疗保险、养老保险等险种的实施，广大城乡居民的保险意识得到了提升，但总体而言仍然相对薄弱。特别是老年风险的发生并不十分紧迫，人们参保的积极性相比其他险种并不高。这就需要加大宣传引导，培养保险意识，帮助人们认识参保缴费、应对老年风险的必要性以及社会养老保险制度的价值、益处，提升群众对制度的认可，保持持续参保。

二、提高个人账户比重

提高个人账户比重、更多地体现个人责任是城乡居民基本养老保险制度回归保险性质的基本要求，也是社会养老保险制度应对人口老龄化带来的可持续发展挑战的必然选择。

其一，逐步提高个人缴费标准，鼓励长期缴费。目前个人账户积累在养老金构成中占比过低的原因主要在于个人缴费标准低、缴费年限较短。未来在探索建立强制缴费模式的基础上，鼓励持续缴费、长期缴费，通过提高个人缴费标准可以扩大个人养老金积累规模。为了减少改革的阻力，可以采取循序渐进、逐步提高的方式。在现有固定额度缴费模式下，提高调整频次和最低缴费水平。未来则可以通过固定比例缴费的模式更好地体现个人养老责任，扩大个人账户积累规模。

其二，区别对待不同人群。对于很多农村老年人而言，曾经以缴纳农业税负、“义务工”的形式直接为国家做出了贡献。而且，在我国经济发展水平相对落后的时期，国家长期采取了“工农剪刀差”的发展策略，从农村和广大农民身上提取了大量财富来为国家实现工业化以及城镇发展积累资本。[320-324] 对于他们，国家有责任有义务以基础养老金的形式承担或部分承担他们的养老责任。而随着农业税、“义务工”等形式的取消，广大农民对公共财政的直接贡献逐渐减少。同时，国家也改变了“工农剪刀差”的发展策略，开始实施城市反哺农村、工业反哺农业的城乡统筹发展策略。对于新生代农民而言，对公共财政的直接和间接贡献相对较少，从道义上讲，国家承担其未来养老责任的义务相对较弱。相比之下，个人则应该较多地承担自我养老责任。而且，从个人收入来看，经济的发展使得新生代农民的收入水平不断提高，也具备承担个人养老责任的条件。因此，在改革的过程中，针对不同年龄阶段的人口应该采取不同的策略，针对年长人口公共财政应该继续以提供基础养老金的形式承担较多的责任，对于年轻人口则应更多地强调其自我养老的责任，提高个人缴费水平和个人账户比重。

其三，提高个人参保收益率。在仍然保留基础养老金的阶段，要通过提高个人账户记账利率、提供年限基础养老金，或者参照个人缴费水平、个人账户积累规模，提供相应比例的基础养老金来提高个人参保缴费的收益率，使之不仅高出个人储蓄存款的收益，更能抵御通货膨胀的损失，激励个人主动选择扩大个人账户积累规模，减轻公共财政的压力。

三、探索固定比例缴费

固定比例缴费不仅可以克服定额缴费模式下个人账户积累规模小，更加依赖公共财政，进而影响可持续发展的弊端，也更有利于实现不同群体间的互助共济，更能体现社会保险的基本性质，对于促进社会公平也能发挥积极作用。

其一，加强宣传引导，树立自我养老意识，提高群众接受度。一方面，通过宣传引导，帮助群众认识到参保缴费是为个人积累养老金，而不仅仅是为了获取领取基础养老金的资格。“不缴不得、多缴多得”，使群众认识到按比例缴费是保障个人老年生活的基本要求，认识到这一设计的科学性。另一方面，要在完善相关法律法规的基础上，加强法律法规宣传，牢固树立参保缴费既是权利也是义务的意识，增强依法主动缴费的自觉性。

其二，循序渐进推进相关工作。初始阶段可以以统筹地区参保对象人均可支配收入为基数，参考城镇职工基本养老保险做法设定缴费上限和下限，确定缴费比例并保持稳定。后续年份，则可根据人均可支配收入的变化自动调整缴费额度。允许但不强制个人在缴费上限和下限内以个人申报收入的固定比例进行缴费。未来，随着群众对这一缴费模式接受度以及收入核查水平的提升，逐步过渡到以个人实际收入的固定比例参保缴费的模式。当然，这对于收入监测核查工作有较高的要求，可能需要较长的时间。

其三，着力提升管理服务水平。采取按固定比例缴费的模式需要有完善有效的收入核查机制，才能避免参保者少报瞒报收入，不然就会流于形式，无法取得实效。此外，由于城乡居民基本养老保险参保对象没有固定的工作单位，无法依托单位人力资源管理部门进行代扣代缴，如果采取按比例缴费的模式会极大地增加征缴、记录、管理与待遇核算的工作量。因此，需要充分利用现代信息技术，提升征缴管理的电子化、自动化和信息化水平。

四、逐步提高统筹层次

无论是从缩小待遇差距、促进制度公平、实现区域互济的角度出发，还是着眼于建立更加合理的责任分担机制，都应该逐步提升城乡居民基本养老保险制度的统筹层次。

其一，尽早谋划推进提升统筹层次的工作。城乡居民基本养老保险制度是一种长期积累的制度，随着时间的推移，制度与待遇的差异会累积放大。时间越长，积累的矛盾就越多，改革的难度就越大，因此应该尽早谋划实施。

其二，统一各统筹地区筹资给付机制与财政分担机制。如果说在制度试点阶段需要各试点地区探索尝试的话，那么在制度已经做到全覆盖的情况下就应该实现制度的统一。目前各统筹地区间不仅待遇标准存在差异，一些管理办法、模式机制也存在差异。国家应该确定统一的规范、办法，在尚不能做到管理、基金统筹的情况下先做到制度规范的统一。事实上，在推进机关事业单位养老保险改革的过程中，采取的就是制度统一但基金单独管理的做法。

其三，建立资金调剂机制。参考城镇职工基本养老保险制度的做法，城乡居民基本养老保险可以在现有统筹地区之上建立资金调剂机制来缩小不同统筹地区基础养老金水平的差距。具体做法是，根据各统筹地区财政收支情况，由上一级政府确定各统筹地区上缴的资金建立调剂基金。上级财政从调剂基金中划拨部分资金弥补财政困难统筹地区的资金缺口，提高其养老金水平，从而在尚未实现统筹的情况下通过资金调剂缩小各地的待遇差距。

其四，尽快实现市级统筹，探索省级统筹。相比之下，一市之内各统筹地区的差异要小于一省之内各统筹地区的差异，将统筹层次从县级统筹提升至市级统筹可能出现的矛盾、要消除的差异要小一些，工作的推进会更顺利，也可以为实现省级统筹积累工作经验、减轻工作量。在实现市级统筹之后，则要逐步探索实现省级统筹，并为最终实现全国范围内的统筹奠定基础。

五、探索社会统筹机制

建立社会统筹机制是社会保险制度实现互助共济的做法，也是体现参保群体自我养老责任、避免公共财政直接担责的关键。特别是未来要实现整个社会养老保险体系的城乡统筹，也需要在社会统筹机制上实现制度统一。

一项制度的改革能否顺利推进，关键在于政策对象对改革方案的认同与支持。目前，城乡居民基本养老保险制度实行的是个人账户加基础养老金的模式，个人缴费较少且积累和收益全归自己所有，公共财政提供的补贴也计入个人账户。如果要建立社会统筹机制，应逐步实施，避免造成参保群众的抵触心理。

其一，初期可以将计入个人账户的公共财政补贴部分或全部计入社会统筹基金，对于已经计入个人账户的仍保留在个人账户内，即以公共财政补贴的形式代替城镇职工基本养老保险中用人单位缴费来建立社会统筹基金。①

其二，在社会统筹机制建立后，可以将个人缴费的一部分计入统筹基金，体现参保人员的互助共济。需要注意的是，在改革初期，由于城乡居民基本养老保险参保人员收入较低，不宜像灵活就业人员参加城镇职工基本养老保险那样完全由参保者承担统筹基金的缴费责任。未来随着收入的增加，再逐步采取完全由个人缴费形成统筹基金的模式。

其三，为了确保改革阶段不降低参保人口的养老金待遇，可以将公共财政直接发放给个人的基础养老金转入建立的社会统筹基金，以社会统筹基金的形式发放。在建立强制缴费、比例缴费制度后，建议政府提供的缴费补贴和基础养老金增速略低于个人缴费增速，逐步提升个人缴费在社会统筹基金中的占比，更加充分地体现社会养老保险在参保者中间实现互助共济的特征。

其四，合理确定参保群体的统筹责任，明确财政兜底责任。城乡居民基本养老保险参保人口收入较低，无论是个人缴费能力还是互助共济潜力都相对较差。而且，在城镇化进程中将会有大量农村人口尤其是年轻人迁入城镇，导致以农村人口为主要参保对象的城乡居民基本养老保险内部老龄化水平更高、速度更快。以代际财富转移为主要机制的社会统筹基金就会出现严重的代际收益和负担失衡问题。因此，在建立社会

① 在城镇职工基本养老保险和医疗保险的建立实施过程中，我国就采取了类似做法。2006年1月1日起城镇职工基本养老保险单位缴费不再划入个人账户；2021年国务院办公厅发布的《关于建立健全职工基本医疗保险门诊共济保障机制的指导意见》提出个人账户改革办法，规定单位缴费不再计入个人账户。

统筹机制，体现参保人口互助共济责任的同时，还要强调公共财政的兜底责任，不能将统筹责任完全由参保人口承担，避免出现严重的代际不公平问题。

六、增强保值增值能力

提高个人账户记账利率是提高保障水平、减轻公共财政负担以及增强制度吸引力并实现可持续发展的关键。这需要不断提高养老保险基金的投资收益率，增强其保值增值能力。

其一，稳步推进基金委托投资。《国务院关于建立统一的城乡居民基本养老保险制度的意见》提出，城乡居民养老保险基金按照国家统一规定投资运营，实现保值增值。2015 年，国务院专门出台了《关于印发基本养老保险基金投资管理办法的通知》，对基本养老保险基金的投资管理作出了规范。2019 年，人力资源社会保障部与财政部印发《关于确定城乡居民基本养老保险基金委托投资省（区、市）启动批次的通知》，要求从 2018 年起，各省（区、市）按年分批启动，到 2020 年底全面实施居民养老基金委托投资工作。未来要在提高统筹层次的基础上扩大各统筹地区城乡居民基本养老保险基金委托投资规模，提高投资收益率。

其二，提高个人账户记账利率。城乡居民基本养老保险基金的委托投资主要是个人账户积累。这些资金属于参保缴费群体所有，养老保险管理部门，基金投资委托部门、托管部门、投资部门只能按照法律法规或政策文件的要求进行投资管理。投资所产生的收益除按规定提取投资管理费用外，均归参保缴费群体所有。要在提高基金投资收益率的基础上提高个人账户记账利率，缩小与城镇职工基本养老保险的差距，抵御通货膨胀，以较高的收益率吸引参保群体长期缴费、高额缴费。同时，这也有利于减轻公共财政的压力。

其三，未来在建立社会统筹机制的过程中，应同步实施统筹基金结余的委托投资，确保统筹基金从建立初期就能实现保值增值，对冲通货膨胀、人口老龄化造成的冲击。

七、探索指数化计发机制

为了体现个人养老责任，实现差异化激励政策以及互助共济，可以改变现有基础养老金（未来的统筹基金）的定额发放机制，探索指数化计发机制。①

在仍然采用现有公共财政提供基础养老金模式的情况下，基础养老金计发机制可以设计为：

$$\text{本人基础养老金} = \text{基础养老金标准} \times (1 + \text{本人平均缴费指数}) \div 2 \times \text{个人缴费年限} \times (x\%)$$

在实施基础养老金社会统筹以及固定比例缴费模式后，基础养老金的计发机制可以设计为：

$$\text{本人基础养老金} = \text{上一年度统筹地区缴费基数} \times (1 + \text{本人平均缴费指数}) \div 2 \times \text{个人缴费年限} \times (x\%)$$

本人平均缴费指数为整个缴费期中每一年度个人缴费水平与统筹地区平均缴费水平的比值的平均值。

通过这种机制的设计，既考虑了缴费年限也考虑了缴费水平，能够激励参保者长期缴费、选择较高缴费档次，克服了现有模式下基础养老金定额发放的缺陷。当然，对于参数 $x\%$ 如何取值，应该根据城乡居民基本养老保险制度基础养老金水平、公共财政或统筹基金支付能力来确定，避免造成过大的支付压力，影响基金的可持续。

本章小结

实现城乡居民基本养老保险制度可持续发展是健全我国社会养老保险体系、保障广大城乡老年人基本生活的关键。需要立足制度实际同时遵循社会养老保险的基本特征与发展规律，以实现整个社会养老保险体系的统筹发展为终极目标。统筹养老保险制度与经济社会发展，以有助

① 海南省已经对此进行了探索，对中央确定的基础养老金仍然采取原有计发办法，对于地方自主确定的基础养老金则与参保居民的缴费水平、缴费年限挂钩，建立了指数化计发机制。

于实现公平目标来约束可持续发展的策略选择，以不损害可持续发展确定公平的内涵、标准和实现机制，统筹好财务可持续与政治可持续，避免为了单纯的财务目标忽视制度的根本诉求，或者为了得到目标群体的认可罔顾财务收支平衡规律。

就制度的外部生态而言，根本上需要厚植经济基础，推动经济增长，统筹区域与城乡发展，提高居民尤其是参保群体的收入水平；注重发挥家庭养老功能，探索符合城乡居民实际的商业养老保险品种与金融服务产品，构建多支柱养老金积累体系；完善针对低收入参保和领待人群的社会救助制度，替代现有模式中养老保险所发挥的社会救助功能，将公共财政从直接负担转为间接负担；建立财权事权匹配的财税体制，既要尽量做到全国范围内统一不同层级政府在城乡居民基本养老保险制度运行中的事权和财权，又要尊重区域发展差异，利用好转移支付制度，避免财政负担轻重不一、养老金待遇高下悬殊；还要从优化代际补偿、促进代际公平以及减轻未来社会养老保险负担和提升社会人力资本积累质量的角度出发，科学确定标准，建立直接援助制度，促进公共服务均等化来缓解儿童相对贫困。

具体到制度的设计，要遵循社会保险一般规律，着眼于整个社会保险体系的统筹发展，立足制度自身实际，循序渐进探索强制参保机制，提高个人账户比重，探索固定比例缴费，逐步提高缴费层次，探索社会统筹机制，增强保值增值能力以及探索待遇的指数化计发机制。

针对外部生态和制度自身的改革措施并不是相互割裂的，而是相辅相成、互为依托的。例如，只有建立了针对低收入参保和领待人群的社会救助机制才可能将公共财政从直接担责的角色中抽身出来。否则，就会损害参保人群的利益，无法实现保障目标。因此，采取何种措施策略，需要综合考虑经济社会发展实际、社会保险一般规律、制度自身特色以及外部环境等，科学谋划，稳妥推进。

参考文献

[1] 林毓铭. 关于我国社会保障可持续发展的思考 [J]. 探索与争鸣, 2004 (4): 25-26.

[2] HOLZMANN R. Old-age income support in the 21st century: an international perspective on pension systems and reform [M]. Washington, D. C., USA: World Bank Publications, 2005.

[3] 张向达, 张声慧. 城乡居民养老保险的财务可持续性研究 [J]. 中国软科学, 2019 (2): 143-154, 192.

[4] 寇铁军, 苑梅. 制度建设与财政支持——农村社会养老保险可持续发展研究 [J]. 财经问题研究, 2011 (1): 96-100.

[5] 邓沛琦, 黄贻芳. 湖北省城镇企业社会养老保险支付风险与控制 [J]. 当代经济, 2015 (4): 4-11.

[6] 何文炯. 论社会保障的互助共济性 [J]. 社会保障评论, 2017, 1 (1): 43-52.

[7] 郑功成. 公平、可持续：社会保障制度发展目标 [N]. 光明日报，2014-01-31 (3).

[8] BARR N. Reforming pensions: myths, truths, and policy choices [J]. International social security review, 2002, 55 (2): 3-36.

[9] GRECH A G. Assessing the sustainability of pension reforms in europe [J]. Journal of International and Comparative Social Policy, 2013, 29 (2): 143-162.

[10] 周志凯. 试论养老保险制度的可持续发展 [J]. 理论月刊，2005 (6): 143-147.

[11] 王翠琴，田勇，薛惠元. 基于基金收支平衡的城镇职工基本养老金调整方案设计 [J]. 统计与信息论坛，2016，31 (6): 77-85.

[12] 刘威，刘昌平. 老龄化、人口流动与养老保险基金可持续性 [J]. 江西财经大学学报，2018 (3): 66-76.

[13] 孙荣. 城镇企业职工基本养老保险账户支付能力精算模型与测算 [J]. 统计与决策，2018，34 (20): 36-41.

[14] 范维强，刘俊霞，杨华磊. 城镇职工基础养老金可持续：缴费模式调整与政策选择 [J]. 上海经济研究，2019 (12): 95-108.

[15] 邱长溶，张立光，郭妍. 中国可持续社会养老保险的综合评价体系和实证分析 [J]. 中国人口·资源与环境，2004 (3): 29-33.

[16] 林毓铭. 社会保障可持续发展现象的统计归类与指标体系 [J]. 统计与决策，2005 (21): 45-46.

[17] 郑秉文，孙永勇. 对中国城镇职工基本养老保险现状的反思——半数省份收不抵支的本质、成因与对策 [J]. 上海大学学报 (社会科学版)，2012，29 (3): 1-16.

[18] 殷俊，黄蓉. 中国基础养老金长期财务可持续性分析——基于随机模拟方法的研究 [J]. 云南社会科学，2013 (1): 126-130.

[19] 金博轶，闫庆悦. 养老保险统筹账户收支缺口省际差异研究 [J]. 保险研究，2015 (6): 89-99.

[20] 杨再贵，石晨曦. 中国城镇企业职工统筹账户养老金的财政负

担［J］. 经济科学，2016（2）：42-52.

［21］金刚，柳清瑞，宋丽敏. 延迟退休的方案设计及对城镇企业职工基本养老保险统筹基金收支影响研究［J］. 人口与发展，2016，22（6）：25-36.

［22］张秋秋，金刚，宋丽敏. 城镇企业职工基本养老保险统筹基金收支平衡研究［J］. 社会保障研究，2017（2）：13-29.

［23］景鹏，胡秋明. 企业职工基本养老保险统筹账户缴费率潜在下调空间研究［J］. 中国人口科学，2017（1）：21-33，126.

［24］殷俊. 论中国社会养老保险金积累模式的选择——从“微观积累模式调整”向“宏观积累模式改革”的转变［J］. 经济评论，2002（5）：55-58，70.

［25］王晓军，任文东. 我国养老保险的财务可持续性研究［J］. 保险研究，2013（4）：118-127.

［26］孙永勇，李娓涵. 从费率看城镇职工基本养老保险制度改革［J］. 中国人口科学，2014（5）：67-78，127.

［27］吕学静. 影响城镇基本养老保险可持续发展的政策因素分析［J］. 学习论坛，2007（5）：26-30.

［28］王延中，龙玉其. 社会保障城乡统筹发展四论［J］. 行政管理改革，2014（8）：58-62.

［29］李珍，赵青. 基于地方大型管理数据的城镇职工基本养老保险制度可持续性分析［J］. 新疆师范大学学报（哲学社会科学版），2020，41（2）：78-90，2.

［30］丁建定. 中国养老保障制度整合与体系完善［J］. 中国行政管理，2014（7）：7-10.

［31］席恒，翟绍果. 更加公平可持续的养老保险制度的实现路径探析［J］. 中国行政管理，2014（3）：11-14.

［32］郑秉文. 养老保险名义账户制顶层设计系列研究［J］. 开发研究，2015（4）：1-2.

［33］薛惠元，郭文尧. 城镇职工基本养老保险基金收支状况、面临

风险及应对策略［J］. 经济纵横，2017（12）：74-84.

［34］江正发，冯晨阳，岑敏华. 中国城镇职工基本养老保险精算平衡的条件［J］. 金融经济学研究，2017，32（3）：117-128.

［35］郭士征，曹艳春. 可持续发展养老保险制度的外部环境分析［J］. 上海财经大学学报，2006（1）：60-66.

［36］宋宝安. 我国社会养老制度的政策回应度问题研究［J］. 江海学刊，2007（2）：110-114，239.

［37］彭希哲，邬民乐. 养老保险体系可持续性与劳动生产率增长［J］. 人口与经济，2009（2）：92-96.

［38］林义，林熙. 人口老龄化与养老保险制度可持续发展需要重视的问题［J］. 老龄科学研究，2015，3（3）：61-69.

［39］邓大松，薛惠元. 新型农村社会养老保险替代率精算模型及其实证分析［J］. 经济管理，2010，32（5）：164-171.

［40］钱振伟，卜一，张艳. 新型农村社会养老保险可持续发展的仿真评估：基于人口老龄化视角［J］. 经济学家，2012（8）：58-65.

［41］封铁英，高鑫. 基于精算模型参数调整的农村养老金可持续性仿真研究［J］. 中国管理科学，2015，23（9）：153-161.

［42］林义. 破解新农保制度运行五大难［J］. 中国社会保障，2009（9）：14-16.

［43］张运刚. 新型农村社会养老保险制度探索［J］. 四川师范大学学报（社会科学版），2010，37（4）：48-54.

［44］战梦霞，杨洁. 新型农村养老保险制度亟待解决的问题［J］. 特区经济，2010（2）：174-175.

［45］丁煜. 新型农村社会养老保险制度的缺陷与完善［J］. 厦门大学学报（哲学社会科学版），2011（3）：32-40.

［46］杨丽. “新农保”可持续发展影响因素的实证研究——基于徐州市三个市县农户的调查［J］. 世界经济与政治论坛，2016（6）：152-160.

［47］穆怀中，柳清瑞，沈毅. 新型农村养老保险的财务负担水平分

析［J］. 社会保障研究，2011（4）：3-10.

［48］郭光芝，杨翠迎，冯广刚. 国家新农保制度中政府财政责任的动态评估——基于国际经验的比较分析［J］. 人口与经济，2014（2）：120-128.

［49］刘昌平，殷宝明. 新型农村社会养老保险财政补贴机制的可行性研究——基于现收现付平衡模式的角度［J］. 江西财经大学学报，2010（3）：35-40.

［50］薛惠元. 新农保个人筹资能力可持续性分析［J］. 西南民族大学学报（人文社会科学版），2012，33（2）：100-106.

［51］张思锋，张文学. 我国新农保试点的经验与问题——基于三省六县的调查［J］. 西安交通大学学报（社会科学版），2012，32（2）：33-39.

［52］聂建亮，钟涨宝. 新农保养老保障能力的可持续研究——基于农民参保缴费档次选择的视角［J］. 公共管理学报，2014，11（3）：70-79，142.

［53］张向达，张声慧. 中国城乡居民养老保险可持续发展研瞻［J］. 东北财经大学学报，2017（3）：46-52.

［54］李文军，张欣. 广西城乡居民养老保险财务可持续性研究——基于2020—2050年数据预测［J］. 地方财政研究，2020（9）：100-112.

［55］李娜. 城乡居民养老保险财政补贴的可持续性研究——以天津为例［J］. 天津经济，2020（4）：26-33.

［56］曾益，凌云，张心洁. 从“单独二孩”走向“全面二孩”：城乡居民基本养老保险基金可持续性能提高吗？［J］. 财政研究，2016（11）：65-79，64.

［57］刘昌平. 养老保险制度“划资偿债”战略研究［J］. 中南财经政法大学学报，2006（4）：102-106，144.

［58］张明龙. 我国就业政策的六十年变迁［J］. 经济理论与经济管理，2009（10）：21-26.

［59］中华人民共和国劳动保险条例［J］. 劳动和社会保障法规政策

专刊，2011（1）：34-39.

［60］国务院关于企业职工养老保险制度改革的决定［J］. 中华人民共和国国务院公报，1991（27）：967-970.

［61］高级农业生产合作社示范章程［J］. 中华人民共和国国务院公报，1956（29）：744-760.

［62］县级农村社会养老保险基本方案（试行）［EB/OL］.（2005-08-04）［2019-05-01］. http://www.gov.cn/banshi/2005-08/04/content_20283.htm.

［63］1998劳动和社会保障事业发展年度统计公报［J］. 劳动保障通讯，1999（7）：3-5.

［64］张思锋，胡晗，唐敏. “新农保”的制度自信与制度发展［J］. 西安交通大学学报（社会科学版），2016，36（5）：37-44.

［65］张建伟. 中国农村社会养老保险制度：转型与发展［J］. 中央财经大学学报，2010（5）：7-11.

［66］宋健. 农村养老问题研究综述［J］. 人口研究，2001（6）：64-69.

［67］谭娜，周先波. 中国农村老年人“无休止劳动”存在吗？——基于年龄和健康对劳动供给时间影响的研究［J］. 经济评论，2013（2）：19-29.

［68］李珍. 社会保障理论［M］. 北京：中国劳动社会保障出版社，2001.

［69］韦恩·莫里森. 法理学：从古希腊到后现代［M］. 李桂林，李清伟，侯健，等译. 武汉：武汉大学出版社，2003.

［70］霍布斯. 利维坦［M］. 黎思复，黎廷弼，等译. 北京：商务印书馆，1985.

［71］洛克. 政府论（下篇）［M］. 叶启芳，瞿菊农，等译. 北京：商务印书馆，1964.

［72］斯宾诺莎. 神学政治论［M］. 温锡增，译. 北京：商务印书馆，1963.

［73］马克思，恩格斯．马克思恩格斯全集．第六卷［M］．北京：人民出版社，1974.

［74］马岭．宪法权利与法律权利：区别何在？［J］．环球法律评论，2008（1）：63-70.

［75］国家统计局住户调查办公室．中国农村贫困监测报告：2011［M］．北京：中国统计出版社，2012.

［76］王晓琦，顾昕．中国贫困线水平研究［J］．学习与实践，2015（5）：76-87.

［77］陈新，沈扬扬．新时期中国农村贫困状况与政府反贫困政策效果评估——以天津市农村为案例的分析［J］．南开经济研究，2014（3）：23-38.

［78］王萍萍，徐鑫，郝彦宏．中国农村贫困标准问题研究［J］．调研世界，2015（8）：3-8.

［79］PARK A，SHEN Y，STRAUSS J，et al. Relying on whom? Poverty and consumption financing of China's elderly［M］. Aging in Asia：Findings from New and Emerging Data Initiatives. National Academies Press (US)，2012.

［80］RAVALLION M，CHEN S，SANGRAULA P. New evidence on the urbanization of global poverty［J］. Population and Development Review，2007，33（4）：667-701.

［81］DEATON A S，PAXSON C H. saving，inequality and aging：an East Asian perspective［J］. Age，1995，1（45）：55.

［82］DESAI V，POTTER R B. The companion to development studies［M］. Oxfordshire，United Kingdom：Routledge，2013.

［83］MASON A，LEE R. Population aging and the generational economy：a global perspective［M］. Cheltenham，United Kingdom：Edward Elgar Publishing，2011：3-31.

［84］BÜTIKOFER A，GERFIN M. The economies of scale of living together and how they are shared：estimates based on a collective household model [J]. Review of Economics of the Household, 2017, 15 (2): 433-453.

[85] DEATON A. Household surveys, consumption, and the measurement of poverty [J]. Economic Systems Research, 2003, 15 (2): 135-159.

[86] PASHARDES P. Why child poverty in Cyprus is so low [J]. Cyprus Economic Policy Review, 2007, 1 (2): 3-16.

[87] 王德睦，何华钦，吕朝贤. 儿童与成人基本生活费用的差异 [J]. 调查研究，2003 (13): 5-38.

[88] BITTMAN M, GOODIN R E. An equivalence scale for time [J]. Social Indicators Research, 2000, 52 (3): 291-311.

[89] 洪明皇，郑文辉. 所得定义与均等值设定对经济福利不均的测量影响 [J]. 经济研究，2009, 45 (1): 11-63.

[90] WOOLARD I, LEIBBRANDT M. Towards a poverty line for South Africa: background note [M]. Southern Africa Labour and Development Research Unit, University of Cape Town, 2006.

[91] KOULOVATIANOS C, SCHRÖDER C, SCHMIDT U. Properties of equivalence scales in different countries [J]. Journal of Economics, 2005, 86 (1): 19-27.

[92] 周玉龙，孙久文，梁玮佳. 中国贫困程度的再估计——基于中国综合社会调查的空间异质性分析 [J]. 中国人民大学学报，2017, 31 (1): 71-81.

[93] FOSTER J, GREER J, THORBECKE E. A class of decomposable poverty measures [J]. Econometrica: Journal of the Econometric Society, 1984: 761-766.

[94] KAKWANI N. On measuring growth and inequality components of poverty with application to Thailand [J]. Journal of Quantitative Economics, 2000, 16 (1): 67-80.

[95] WANG Z, SUN J. Explaining the poverty difference between the US and the UK: a shapley income-distribution decomposition approach [J].

Applied Economics Letters, 2020, 27 (17): 1438-1441.

[96] RAVALLION M, CHEN S. Measuring pro-poor growth [J]. Economics Letters, 2003, 78 (1): 93-99.

[97] KAKWANI N, SON H H. Poverty equivalent growth rate [J]. Review of Income and Wealth, 2008, 54 (4): 643-655.

[98] DUCLOS J-Y. What is "pro-poor"? [J]. Social Choice and Welfare, 2009, 32 (1): 37-58.

[99] 马红鸽. 个人禀赋、社会信任与新农保参与研究——基于新农保参与过程选择的视角 [J]. 统计与信息论坛, 2016, 31 (3): 44-51.

[100] 刘燕舞. 中国农村的自杀问题 (1980—2009) ——兼与景军先生等商榷 [J]. 青年研究, 2011 (6): 72-82, 93-94.

[101] 陈柏峰. 代际关系变动与老年人自杀——对湖北京山农村的实证研究 [J]. 社会学研究, 2009, 24 (4): 157-176, 245.

[102] 杨华, 欧阳静. 阶层分化、代际剥削与农村老年人自杀——对近年中部地区农村老年人自杀现象的分析 [J]. 管理世界, 2013 (5): 47-63, 75.

[103] 张杰, 景军, 吴学雅, 等. 中国自杀率下降趋势的社会学分析 [J]. 中国社会科学, 2011 (5): 97-113, 221.

[104] 刘燕舞. 农村老年人自杀及其危机干预 (1980—2009) [J]. 南方人口, 2013, 28 (2): 57-64, 56.

[105] 习近平. 习近平谈治国理政 (第二卷) [M]. 北京: 外文出版社, 2017.

[106] 习近平. 习近平谈治国理政 (第三卷) [M]. 北京: 外文出版社, 2020.

[107] 费孝通. 家庭结构变动中的老年赡养问题——再论中国家庭结构的变动 [J]. 北京大学学报 (哲学社会科学版), 1983 (3): 7-16.

[108] 贺雪峰, 郭俊霞. 试论农村代际关系的四个维度 [J]. 社会科学, 2012 (7): 69-78.

[109] 贺雪峰. 农村家庭代际关系的变动及其影响 [J]. 江海学刊,

2008（4）：108-113，239.

［110］KYUNG-SUP C. Individualization without individualism：compressed modernity and obfuscated family crisis in east asia ［M］// EMIKO O，LEO H A. Transformation of the Intimate and the Public in Asian Modernity. Leiden，Netherlands：Brill Publishers，2014：37-62.

［111］江泽民. 全面建设小康社会，开创中国特色社会主义事业新局面——在中国共产党第十六次全国代表大会上的报告［J］. 求是，2002（22）：3-19.

［112］刘卫国. 农村社会养老保险制度创新构想——以青岛市为例［J］. 山东社会科学，2007（7）：46-49.

［113］胡锦涛. 高举中国特色社会主义伟大旗帜　为夺取全面建设小康社会新胜利而奋斗——在中国共产党第十七次全国代表大会上的报告［J］. 求是，2007（21）：3-22.

［114］2008年全国社会保险情况［J］. 中国劳动，2009（7）：5.

［115］国务院关于开展新型农村社会养老保险试点的指导意见［J］. 中国劳动保障，2009（10）：54-55.

［116］人力资源社会保障部. 2012年度人力资源和社会保障事业发展统计公报［EB/OL］.（2013-06-03）［2019-05-20］. http://www.mohrss.gov.cn/SYrlzyhshbzb/zwgk/szrs/tjgb/201306/W020220325365519077426.pdf.

［117］人力资源社会保障部. 2011年度人力资源和社会保障事业发展统计公报［EB/OL］.（2012-06-05）［2019-05-20］. http://www.mohrss.gov.cn/SYrlzyhshbzb/zwgk/szrs/tjgb/201206/t20120605_69908.html.

［118］SHI S J. Left to market and family-again? Ideas and the development of the rural pension policy in China［J］. Social Policy & Administration，2010，40（7）：791-806.

［119］何子英，郁建兴. 城乡居民社会养老保险体系建设中的政府责任——基于浙江省德清县的研究［J］. 浙江社会科学，2010（3）：72-79，127-128.

[120] 刘昌平，谢婷. 财政补贴型新型农村社会养老保险制度研究[J]. 东北大学学报（社会科学版），2009，11（5）：432-435.

[121] 李迎生. 转型时期的社会政策：问题与选择[M]. 北京：中国人民大学出版社，2007.

[122] 赵建国，海龙. "逆向选择"困局与"新农保"财政补贴激励机制设计[J]. 农业经济问题，2013，34（9）：77-84，111.

[123] 刘海英. 城乡居民基本养老保险的财政激励机制研究——基于效率与公平双重价值目标的考量[J]. 兰州学刊，2016（2）：144-152.

[124] 卓勇良. 收入增长快于 GDP 的重要意义[J]. 浙江经济，2015（23）：16.

[125] 卓勇良. 中国经济正走向上升型结构均衡[N]. 社会科学报，2018-06-28（1）.

[126] 重庆市人民政府办公厅关于完善城乡居民基本养老保险制度的通知[EB/OL].（2014-09-04）[2019-05-20]. http://www.cq.gov.cn/zwgk/fdzdgknr/lzyj/xzgfxwj/szfbgt_38656/202001/t20200115_4753106.html.

[127] 安徽省城乡居民基本养老保险政策 80 问[EB/OL].（2019-05-28）[2019-07-30]. http://hrss.ah.gov.cn/wtjd/ncshbx/8393922.html.

[128] 浙江省人民政府关于进一步完善城乡居民基本养老保险制度的意见[EB/OL].（2014-07-24）[2019-05-21]. http://www.zj.gov.cn/art/2014/7/29/art_32431_171021.html.

[129] 城乡居民基本养老保险待遇服务指南[EB/OL].（2018-09-20）[2019-05-21]. http://rsj.wuhan.gov.cn/zwgk_17/zdlygk/shbxxx/202001/t20200106_571728.html.

[130] 城乡居民社会养老保险政策问答[EB/OL].（2017-10-25）[2019-05-21]. http://www.huachuan.gov.cn/system/201710/334462.html.

[131] 江门市城乡居民基本养老保险服务指南 [EB/OL]. (2018-07-26) [2019-05-20]. http://www.jiangmen.gov.cn/bmpd/jmsrlzyhshbzj/ywzy/shbx/content/post_875266.html.

[132] 铜仁市城乡居民基本养老保险政策问答 [EB/OL]. (2019-09-14) [2019-11-01]. http://rsj.trs.gov.cn/zxfw/bmfw/rdwd/202009/t20200914_63118075.html.

[133] 城乡居民社会养老保险政策法规解读 [EB/OL]. (2018-03-02) [2019-05-20]. http://www.juancheng.gov.cn/art/2018/3/2/art_22495_5961666.html.

[134] 社会保险——养老保险(1) [EB/OL]. (2015-08-24) [2019-05-20]. http://www.zichuan.gov.cn/art/2015/8/24/art_4689_1027608.html.

[135] 全国统一的城乡居民养老保险制度建立 [EB/OL]. (2014-02-08) [2019-06-05]. http://czj.cq.gov.cn/zwgk_268/zcjd/202003/t20200303_5545315.html.

[136] 石玉梅，张敏. 新农保制度下地方政府财政补贴政策效应研究——以新疆新农保试点县为例 [J]. 农业经济问题，2011，32(10)：50-55，111.

[137] 金刚，柳清瑞. 新农保个人账户财政补贴激励效应研究 [J]. 人口与经济，2013(1)：92-100.

[138] 米红，王鹏. 新农保制度模式与财政投入实证研究 [J]. 中国社会保障，2010(6)：28-30.

[139] 姚俊. 经济理性、外部激励与新农保缴费档次变动 [J]. 人口与经济，2018(2)：114-121.

[140] 颜少君，施巍巍. 产权视角下的中国基本养老保险制度 [J]. 经济研究导刊，2008(13)：77-78.

[141] 张思锋，杨潇. 新型农村社会养老保险账户结构研究 [J]. 人文杂志，2012(1)：60-65.

[142] 刘昌平，刘威. 城乡居民基本养老保险财政补贴模式优化研

究［J］. 上海经济研究，2019（10）：69-79.

［143］2019 年金华市国民经济和社会发展统计公报［EB/OL］.（2020-04-24）［2020-06-24］. http://www. jinhua. gov. cn/art/2020/4/24/art_1229161274_1508618. html.

［144］2019 年温州市国民经济和社会发展统计公报［EB/OL］.（2020-03-24）［2020-05-24］. http://www. wenzhou. gov. cn/art/2020/3/24/art_1214432_42367369. html.

［145］2019 年扬州市国民经济和社会发展统计公报［EB/OL］.（2020-04-15）［2020-06-16］. http://tjj. yangzhou. gov. cn/yztjj/tjfx1/202004/9823a144ca8e4a7cbff829e01b6b9447. shtml.

［146］2019 年镇江市国民经济和社会发展统计公报［EB/OL］.（2020-04-21）［2020-06-16］. http://tjj. zhenjiang. gov. cn/tjzl/tjgb/202004/t20200421_2197509. htm.

［147］2019 年苏州市国民经济和社会发展统计公报［EB/OL］.（2020-06-03）［2020-07-06］. http://www. suzhou. gov. cn/szsrmzf/tjxx3/202006/e941efbd2a484546b828075691d04449. shtml.

［148］海南省人力资源和社会保障厅　海南省财政厅关于进一步提高城乡居民基本养老保险基础养老金标准的通知［EB/OL］.（2015-04-03）［2019-06-05］. http://www. hainan. gov. cn/hainan/tjgw/201504/dcd2eeff11374c6aad73e2c4dfea3bea. shtml.

［149］内蒙古自治区人民政府关于进一步完善城乡居民基本养老保险制度的意见［EB/OL］.（2015-02-09）［2019-06-05］. http://www. nmg. gov. cn/art/2015/2/9/art_4065_5493. html.

［150］龙岩市城乡居民社会养老保险主要政策及执行情况［EB/OL］.（2017-03-29）［2019-03-29］. http://rsj. longyan. gov. cn/zcfg/zcwj/shbz/201712/t20171214_788519. htm.

［151］三明市人民政府关于完善城乡居民基本养老保险制度的若干意见［EB/OL］.（2014-09-12）［2019-05-12］. http://www. sm. gov. cn/fw/ggfwpt/shbxyjz/zcjjd/201409/t20140912_341650. htm.

[152] 佚名. 人社部酝酿城乡居民养老保险基金投资 [J]. 劳动保障世界, 2017 (28): 21.

[153] 董克用, 姚余栋. 中国养老金融发展报告 2020 [M]. 北京: 社会科学文献出版社, 2020.

[154] MODIGLIANI F, BRUMBERG R. Utility analysis and the consumption function: an interpretation of cross-section data [J]. Franco Modigliani, 1954, 1 (1): 388-436.

[155] ALLAIS M. Economie et intérêt [J] //TOSUN M S. Population aging and economic growth: political economy and open economy effects. Economics Letters, 2003, 81 (3): 291-296.

[156] SAMUELSON P A. An exact consumption-loan model of interest with or without the social contrivance of money [J]. Journal of Political Economy, 1958, 66 (6): 467-482.

[157] DIAMOND P A. National debt in a neoclassical growth model [J]. The American Economic Review, 1965, 55 (5): 1126-1150.

[158] 邓大松. 中国社会保障若干重大问题研究 [M]. 深圳: 海天出版社, 2000.

[159] 黄宗智. 中国的现代家庭: 来自经济史和法律史的视角 [J]. 开放时代, 2011 (5): 82-105.

[160] 黄宗智. 中国过去和现在的基本经济单位: 家庭还是个人? [J]. 人民论坛·学术前沿, 2012 (1): 76-93.

[161] 鲜克. 发挥人口部门在家庭发展中的重要作用 [J]. 人口与发展, 2012, 18 (1): 38.

[162] PALLARES-MIRALLES M, ROMERO C, WHITEHOUSE E. International patterns of pension provision II: a worldwide overview of facts and figures [R]. Social Protection and Law Discussion Paper, Washington, D. C., USA: The World Bank, 2012.

[163] 聂爱霞, 朱火云. 国际视角下我国非缴费型养老金制度的构建 [J]. 国家行政学院学报, 2015 (5): 117-121.

[164] CRUZ-MARTINEZ G. Means testing vs. universal targeting: assumptions of efficiency and affordability [R]. Briefings on Social Protection in Older Age, London, UK: HelpAge International, 2016: 2.

[165] 祝沁磊. 基本养老保险个人账户的权利属性与保护 [J]. 北京社会科学, 2017 (6): 98-107.

[166] 郑功成. 社会保障 [M]. 北京: 高等教育出版社, 2007.

[167] 吕世荣, 周宏. 资本全球化与马克思的资本批判 [J]. 当代世界与社会主义, 2006 (5): 64-68.

[168] 刘冬梅. 新挑战与新应对: 社会保险筹资机制的变迁及其在中国的发展 [J]. 武汉大学学报 (哲学社会科学版), 2017, 70 (4): 43-53.

[169] 中共中央马克思恩格斯列宁斯大林著作编译局. 马克思恩格斯选集 第三卷 [M]. 北京: 人民出版社, 1972.

[170] 王延中. 发挥社会保障调节收入分配的作用 [N]. 人民日报, 2013-04-03 (7).

[171] 李时宇, 冯俊新. 城乡居民社会养老保险制度的经济效应——基于多阶段世代交叠模型的模拟分析 [J]. 经济评论, 2014 (3): 3-15.

[172] 马雁军, 孙亚忠. 农村社会基本养老保障的公共产品属性与政府责任 [J]. 经济经纬, 2007 (6): 111-114.

[173] BRUNDTLAND G H, KHALID M, AGNELLI S, et al. Our common future [J]. New York, 1987, 8.

[174] HOLLAND A. Sustainability: should we start from here? [M]. New York, US: Oxford University Press, 1999.

[175] CHICHILNISKY G. An axiomatic approach to sustainable development [J]. Social Choice and Welfare, 1996, 13 (2): 231-257.

[176] PEZZEY J C. Sustainability constraints versus "optimality" versus intertemporal concern, and axioms versus data [J]. Land Economics, 1997, 73 (4): 448-466.

[177] 王作宝. 代际公平与代际补偿：养老保险可持续发展研究的一个视角 [J]. 东北大学学报（社会科学版），2016，18（1）：68-73.

[178] STAVINS R N，WAGNER A F，WAGNER G. Interpreting sustainability in economic terms：dynamic efficiency plus intergenerational equity [J]. Economics Letters，2003，79（3）：339-343.

[179] BRONIATOWSKI D，WEIGEL A. Political sustainability in space exploration architectures [M]. Space 2006. 2019：7310.

[180] PATASHNIK E. After the public interest prevails：the political sustainability of policy reform [J]. Governance-an International Journal Of Policy And Administration，2003，16（2）：203-234.

[181] TSAROUHAS D. Political discourse and path shaping in public policy：comparing pension reforms in Greece and Italy [J]. Public Administration，2012，90（1）：160-174.

[182] GALASSO V，PROFETA P，HASKEL J，et al. Lessons for an ageing society：the political sustainability of social security systems [J]. Economic Policy，2004，19（38）：63-115.

[183] EASTON D. HAROLD LASSWELL. Policy scientist for a democratic society [J]. The Journal of Politics，1950，12（3）：450-477.

[184] 郑功成. 社会保障学 [M]. 北京：商务印书馆，2000.

[185] 景天魁. 社会保障：公平社会的基础 [J]. 中国社会科学院研究生院学报，2006（6）：16-22.

[186] 贝弗里奇. 贝弗里奇报告 [M]. 北京：中国劳动社会保障出版社，2004.

[187] 李贺平. 社会保障研究范式的权利论转向 [J]. 社会科学战线，2012（4）：184-189.

[188] 鲁全. 德国的社会保障制度与社会公平 [J]. 中国人民大学学报，2009，23（2）：24-30.

[189] 曾军平. 利益分配的平等待人——关于公平原则的一个理论注解 [J]. 上海财经大学学报，2006（6）：56-62.

[190] 贝弗里奇. 贝弗里奇报告 [M]. 北京：中国劳动社会保障出版社，2008.

[191] 丹尼斯·米都斯. 增长的极限：罗马俱乐部关于人类困境的研究报告 [M]. 长春：吉林人民出版社，1997.

[192] PAGE T. Intergenerational equity and the social rate of discount [J]. Environmental Resources and Applied Welfare Economics: Essays in Honor of John V. Krutilla，1988：71.

[193] BAY A H，PEDERSEN A W. National pension systems and mass opinion：a case study of confidence，satisfaction and political attitudes in Norway [J]. International Journal of Social Welfare，2004，13 (2)：112-123.

[194] ROGNE L，ESTES C，BRIAN GROSSMAN S，et al. Social insurance and social justice：social security，medicare and the campaign against entitlements [M]. New York，US：Springer Publishing Company，2009.

[195] 何文炯. 老有所养：更加平衡、更加充分 [J]. 国家行政学院学报，2017 (6)：92-98，163.

[196] 陈昌曙. 哲学视野中的可持续发展 [M]. 北京：中国社会科学出版社，2000.

[197] 约翰. 罗尔斯. 正义论 [M]. 何怀宏，何包钢，廖申白，译. 北京：中国社会科学出版社，1988.

[198] 梅萨罗维克，佩斯特尔. 人类处于转折点：给罗马俱乐部的第二个报告 [M]. 梅艳，译. 北京：三联书店，1987.

[199] BANK W. Averting the old age crisis：policies to protect the old and promote growth. Summary [M]. Washington，D. C.，US：The World Bank，1994.

[200] KALDOR N. Welfare propositions of economics and interpersonal comparisons of utility [J]. The Economic Journal，1939，49 (195)：549-552.

[201] 向昀，任健. 西方经济学界外部性理论研究介评 [J]. 经济评论，2002 (3)：58-62.

[202] MIDGLEY J, SHERRADEN M. The social development perspective in social policy [M]. The Handbook of Social Policy. Thousand Oaks, California, USA: SAGE Publications, 2000: 435-46.

[203] MOLINA N, HANAN R. The Lisbon strategy: a sustainable future for Europe? [J]. Studies: An Irish Quarterly Review, 2005, 94 (375): 265-272.

[204] 安东尼·吉登斯. 第三条道路：社会民主主义的复兴 [M]. 郑戈，译. 北京：北京大学出版社，2000.

[205] 舒尔茨. 论人力资本投资 [M]. 北京：北京经济学院出版社，1990.

[206] UZAWA H. Optimum technical change in an aggregative model of economic growth [J]. International Economic Review, 1965, 6 (1): 18-31.

[207] ROMER P M. Endogenous technological change [J]. Journal of Political Economy, 1990, 98 (5, Part 2): S71-S102.

[208] LUCAS JR R E. On the mechanics of economic development [J]. Journal of Monetary Economics, 1988, 22 (1): 3-42.

[209] SCOTT M F. A new view of economic growth [M]. Oxford, UK: Oxford University Press, 1991.

[210] 安东尼·哈尔，詹姆斯·梅志里. 发展型社会政策 [M]. 罗敏，范酉庆，等译. 北京：社会科学文献出版社，2006.

[211] 林义，陈加旭. 福利制度对欧盟国家债务危机的影响及启示 [J]. 保险研究，2013 (2): 109-119.

[212] 翟振武，陈佳鞠，李龙. 2015—2100 年中国人口与老龄化变动趋势 [J]. 人口研究，2017, 41 (4): 60-71.

[213] 乔晓春. “单独二孩”政策下新增人口测算方法及监测系统构建 [J]. 人口与发展，2014, 20 (1): 2-12.

[214] 李玉梅，童玉芬. 我国城镇化进程中劳动力资源变动趋势模拟研究 [J]. 人口与发展，2015, 21 (2): 14-22.

［215］杨华磊，沈盈希，谢琳．城镇化、生育水平下降与经济增长［J］．经济评论，2020（3）：87-100.

［216］田伟．中国人口红利与经济增长［J］．经济问题探索，2018（7）：10-19.

［217］毛春梅，李美存．生育政策调整对人口红利效应的影响及应对［J］．中国人口·资源与环境，2016，26（11）：170-176.

［218］张俊良，张兴月．人口红利理论与中国人口红利问题研究［J］．社会科学研究，2018（6）：114-121.

［219］姚海祥，洪雅芳，邓超，等．全面二孩政策对我国公共养老金的影响研究——基于内生增长的 OLG 模型［J］．财经研究，2020，46（12）：94-108.

［220］王雅，薛惠元．基于政策仿真的机关事业养老保险统筹基金可持续性研究［J］．江西财经大学学报，2020（4）：53-64.

［221］邓大松，余思琦，刘桐．全国统筹背景下城镇职工基础养老金财政负担分析［J］．社会保障研究，2018（2）：3-15.

［222］中国健康事业的发展与人权进步［N］．人民日报，2017-09-30（9）.

［223］2017 年我国卫生健康事业发展统计公报［EB/OL］．（2018-06-12）［2019-07-22］．http://www.nhc.gov.cn/guihuaxxs/s10743/201806/44e3cdfe11fa4c7f928c879d435b6a18.shtml.

［224］2018 年我国卫生健康事业发展统计公报［EB/OL］．（2019-05-22）［2019-08-20］．http://www.nhc.gov.cn/guihuaxxs/s10748/201905/9b8d52727cf346049de8acce25ffcbd0.shtml.

［225］2019 年我国卫生健康事业发展统计公报［EB/OL］．（2020-06-06）［2020-08-06］．http://www.nhc.gov.cn/guihuaxxs/s10748/202006/ebfe31f24cc145b198dd730603ec4442.shtml.

［226］国家人口发展规划（2016—2030 年）［EB/OL］．（2017-01-25）［2019-07-22］．http://www.gov.cn/zhengce/content/2017-01/25/content_5163309.htm.

[227] 张震，戴志杰，杨菁. 二维死亡模型对中国人口死亡模式的适用性研究 [J]. 中国人口科学，2017 (1)：81-91，127-128.

[228] 国务院关于印发国家人口发展规划（2016—2030 年）的通知 [EB/OL]. (2017-01-25) [2019-01-06]. http://www.gov.cn/zhengce/content/2017-01/25/content_5163309.htm.

[229] 闫昆仑，周晓敏，李永杰，等. 翼城模式 二胎试点的非典型试验 [N]. 南方日报，2012-09-17 (A9).

[230] 翟振武，陈佳鞠，李龙. 中国出生人口的新变化与趋势 [J]. 人口研究，2015，39 (2)：48-56.

[231] 周亚军. 翼城“二孩实验” [N]. 人民日报，2016-07-08 (16).

[232] 黄国华，刘传江，涂海丽. 中国出生性别比时空特征及影响因素 [J]. 江西社会科学，2018，38 (2)：225-234，256.

[233] 李善同，吴三忙，高春亮. 中国城市化速度预测分析 [J]. 发展研究，2017 (11)：19-22.

[234] 韩映雄，韩云炜. 我国经济发展状况与高等教育毛入学率关系的定量研究 [J]. 华东师范大学学报（教育科学版），2008 (2)：25-37.

[235] 陈国维. 经济社会发展与高等教育发展规模的相关性研究 [J]. 经济经纬，2001 (3)：47-50.

[236] 李文利，闵维方. 我国高等教育发展规模的现状和潜力分析 [J]. 高等教育研究，2001 (2)：27-31，39.

[237] 中华人民共和国民政部. 中国民政统计年鉴 2017 [M]. 北京：中国统计出版社，2018.

[238] 中华人民共和国民政部. 中国民政统计年鉴 2018 [M]. 北京：中国统计出版社，2019.

[239] KUZNETS S. National income and taxable capacity [J]. The American Economic Review，1942，32 (1)：37-75.

[240] 关于建立城乡居民基本养老保险待遇确定和基础养老金正常

调整机制的实施意见［EB/OL］.（2019-01-14）［2019-01-16］. http://rst.ln.gov.cn/zcfg/lrs/lrsz_141406/202005/t20200508_3848521.html.

［241］福建省人力资源社会保障厅 财政厅关于建立城乡居民基本养老保险待遇确定和基础养老金正常调整机制的实施意见［EB/OL］.（2018-11-16）［2019-01-16］. http://rst.fujian.gov.cn/zw/zfxxgk/zfxxgkml/zyywgz/ldgx/201811/t20181116_4608577.htm.

［242］黑龙江省人力资源和社会保障厅关于2019年城乡居民基本养老保险个人账户储存额计息利率的通知［EB/OL］.（2019-01-15）［2019-05-05］. http://www.hlj.gov.cn/wjfg/system/2019/07/29/010904757.shtml.

［243］广西壮族自治区人力资源和社会保障厅关于公布2019年度城乡居民基本养老保险个人账户记账利率的通知［EB/OL］.（2020-01-10）［2020-02-05］. http://www.gxxc.gov.cn/xxgk/bmwj/t874445.shtml.

［244］江苏省政府办公厅关于进一步完善城乡居民基本养老保险制度的意见［EB/OL］.（2015-01-05）［2019-04-05］. http://www.js.gov.cn/art/2015/1/5/art_46664_2569574.html.

［245］HAWKSWORTH J, COOKSON G. The world in 2050: how big will the major emerging market economies get and how can the OECD compete［R］. London, UK: PricewaterhouseCoopers, 2006.

［246］WARD K. The world in 2050: quantifying the shift in the global economy［R］. London, UK: HSBC London, 2011.

［247］JOHANSSON Å, GUILLEMETTE Y, MURTIN F, et al. Looking to 2060: long-term global growth prospects［M］. Paris, France: OECD Publishing, 2012.

［248］中国经济增长前沿课题组. 中国经济长期增长路径、效率与潜在增长水平［J］. 经济研究, 2012, 47（11）: 4-17, 75.

［249］陆旸, 蔡昉. 从人口红利到改革红利：基于中国潜在增长率的模拟［J］. 世界经济, 2016, 39（1）: 3-23.

［250］白重恩, 张琼. 中国经济增长潜力预测：兼顾跨国生产率收

敛与中国劳动力特征的供给侧分析［J］. 经济学报，2017，4（4）：1-27.

［251］十九大后的中国经济 2018、2035、2050［EB/OL］.（2017-10-27）［2019-10-22］. http://www.ccwe.tsinghua.edu.cn/upload_files/file/20171116/1510805397525056015.pdf.

［252］李标，齐子豪，丁任重. 改革进程中的中国潜在 gdp 增长率：估计及预测［J］. 当代经济科学，2018，40（6）：1-13，126.

［253］盛来运，李拓，毛盛勇，等. 中国全要素生产率测算与经济增长前景预测［J］. 统计与信息论坛，2018，33（12）：3-11.

［254］易信，郭春丽. 未来 30 年我国潜在增长率变化趋势及 2049 年发展水平预测［J］. 经济学家，2018（2）：36-45.

［255］刘伟，范欣. 中国发展仍处于重要战略机遇期——中国潜在经济增长率与增长跨越［J］. 管理世界，2019，35（1）：13-23.

［256］张宁，李旷奇，樊毅，等. 时间偏好、收入水平与农民参保积极性——对中部两县农民参加社会养老保险的行为分析［J］. 农业技术经济，2017（7）：60-70.

［257］胡平峰，郭忠兴. 新农保农民缴费选择的经济理性：政府-农民关系嬗变的视角［J］. 江海学刊，2020（4）：95-100，254.

［258］人力资源和社会保障部社会保险事业管理中心. 中国社会保险发展年度报告 2015［M］. 北京：中国劳动社会保障出版社，2016.

［259］人力资源和社会保障部社会保险事业管理中心. 中国社会保险发展年度报告 2014［M］. 北京：中国劳动社会保障出版社，2015.

［260］人力资源和社会保障部社会保险事业管理中心. 中国社会保险发展年度报告 2016［M］. 北京：中国劳动社会保障出版社，2017.

［261］BOURGUIGNON F. Decomposable income inequality measures［J］. Econometrica：Journal of the Econometric Society，1979，47（4）：901-920.

［262］SHORROCKS A F. Inequality decomposition by population subgroups［J］. Econometrica：Journal of the Econometric Society，1984，52（6）：1369-1385.

[263] 李梦蕴，谢建国，张二震. 中国区域能源效率差异的收敛性分析——基于中国省区面板数据研究 [J]. 经济科学，2014 (1)：23-38.

[264] 社会保险基金财务制度 [J]. 交通财会，2017 (10)：73-82.

[265] FIREBAUGH G，GOESLING B. Accounting for the recent decline in global income inequality [J]. American Journal of Sociology，2004，110 (2)：283-312.

[266] 张延群，万海远. 我国城乡居民收入差距的决定因素和趋势预测 [J]. 数量经济技术经济研究，2019，36 (3)：59-75.

[267] 李欣然. 基于中国发展战略的城乡收入差距预测及分析 [J]. 生产力研究，2019 (10)：27-30，52.

[268] AUERBACH A J，GOKHALE J，KOTLIKOFF L J. Generational accounts：a meaningful alternative to deficit accounting [J]. Tax Policy and the Economy，1991，5：55-110.

[269] KOTLIKOFF L J，LEIBFRITZ W. An international comparison of generational accounts [R]. National Bureau of Economic Research，1998.

[270] 刘昌平，毛婷. 基于代际公平的城镇职工基本养老保险最优缴费率研究 [J]. 社会保障研究，2021 (1)：43-53.

[271] 蒋云赟. 我国新型农村养老保险对财政体系可持续性的影响研究——基于代际核算方法的模拟分析 [J]. 财经研究，2011，37 (12)：4-15.

[272] 任若恩，蒋云赟，徐楠楠，等. 中国代际核算体系的建立和对养老保险制度改革的研究 [J]. 经济研究，2004 (9)：118-128.

[273] 刘昌平，邓大松，殷宝明. “乡-城”人口迁移对中国城乡人口老龄化及养老保障的影响分析 [J]. 经济评论，2008 (6)：31-38.

[274] 孟向京，姜凯迪. 城镇化和乡城转移对未来中国城乡人口年龄结构的影响 [J]. 人口研究，2018，42 (2)：39-53.

[275] 雷望红. 县域教育城镇化的发展路径与政治风险 [J]. 兰州

学刊，2020（12）：162-171.

［276］乔俊峰，陈字旺. 减税增支压力下地方政府财政支出效率研究——基于 dea - Malmquist 方法的实证分析［J］. 经济与管理评论，2017，33（4）：94-101.

［277］王延中. 中国社会保障发展报告 2019［M］. 北京：社会科学文献出版社，2019.

［278］数读 2019 年全国医疗保障事业发展统计公报 全面发力促改革 勇创医保新佳绩［J］. 中国医疗保险，2020（7）：2-5.

［279］2019 年嘉兴市基本医疗保障事业发展统计快报［EB/OL］.（2020-04-20）［2020-06-05］. http://www.jiaxing.gov.cn/art/2020/4/20/art_1228964143_42615656.html.

［280］2019 年成都市医疗保障事业发展统计快报［EB/OL］.（2020-04-17）［2020-06-05］. http://cdyb.chengdu.gov.cn/ylbzj/c129005/2020-04/17/content_66e140234d244cd9bd4ef017613a8aab.shtml.

［281］2019 年烟台市医疗保障事业发展统计数据［EB/OL］.（2019-02-20）［2020-06-05］. http://www.yantai.gov.cn/art/2020/11/6/art_28125_2863986.html.

［282］杨洋，殷宝明. 法国养老金制度改革及其启示［N］. 中国劳动保障报，2020-01-10（3）.

［283］KIPPEN R. The future extent of population ageing in Australia［J］. Journal of Population Research，2002（Special ed. 2002）：151-159.

［284］COLEMAN D A. Population ageing：an unavoidable future［M］// Pierson C，Castles G F. The Welfare State Reader. Cambridge，UK：Polity，2006：298-308.

［285］SUN F. Ageing of the population in China：trends and implications［J］. Asia-Pacific Population Journal，1998，13（4）：75-92.

［286］易承志，龙翠红. 社会主义新农村建设中的政府能力——公共产品的视角［J］. 公共管理学报，2007（1）：70-77，124-125.

［287］HOLZER H J，WHITMORE S D，DUNCAN G J，et al. The economic costs of childhood poverty in the United States [J]. Journal of Children and Poverty, 2008, 14 (1): 41-61.

[288] CROKE R, CROWLEY A. Human rights and child poverty in the UK: time for change [M] // Invernizzi A, Williams J. The Human Rights of Children: From Visions to Implementation. Oxfordshire, UK: Routledge, 2011: 263-86.

[289] 董溯战. 英国社会保障制度中的国家、市场与社会作用之比较分析 [J]. 宁夏社会科学, 2003 (6): 70-74.

[290] 邓大松. 社会保险 [M]. 北京: 中国劳动社会保障出版社, 2002.

[291] 柳清瑞, 闫琳琳. 新农保的政策满意度及其影响因素分析——基于20省市农户的问卷调查 [J]. 辽宁大学学报 (哲学社会科学版), 2012, 40 (3): 66-73.

[292] 邓大松, 李玉娇. 制度信任、政策认知与新农保个人账户缴费档次选择困境——基于 Ordered Probit 模型的估计 [J]. 农村经济, 2014 (8): 77-83.

[293] 王良健, 刘敏. 新农保农户参保缴费意愿及其影响因素研究 [J]. 西北人口, 2015, 36 (2): 54-59, 64.

[294] 杨哲, 王茂福. 农民"新农保"参与意愿: 基于制度信任分析范式 [J]. 湖北大学学报 (哲学社会科学版), 2016, 43 (1): 146-151.

[295] 李佳, 杨燕绥. "新农保"制度信任机制构建的社会治理研究 [J]. 社会保障研究, 2018 (1): 3-12.

[296] 封进. 新型农村养老保险制度: 政策设计与实施效果 [J]. 世界经济情况, 2010 (8): 14-19.

[297] 林毓铭. 完善养老保险省级统筹管理体制的思考 [J]. 市场与人口分析, 2007 (4): 57-63.

[298] 雷晓康, 席恒, 王茜. 十七大之后中国社会保障体系的构架与完善 [J]. 西北大学学报 (哲学社会科学版), 2010, 40 (1):

121-128.

[299] 郑秉文. 中国社会保障40年：经验总结与改革取向 [J]. 中国人口科学，2018 (4)：2-17，126.

[300] 杨东亮，杨可. 财政分权对县级教育公共服务均等化的影响研究 [J]. 吉林大学社会科学学报，2018，58 (2)：93-103，205-206.

[301] 刘佳，马亮，吴建南. 省直管县改革与县级政府财政解困——基于6省面板数据的实证研究 [J]. 公共管理学报，2011，8 (3)：33-43，124-125.

[302] 贾俊雪，郭庆旺，宁静. 财政分权、政府治理结构与县级财政解困 [J]. 管理世界，2011 (1)：30-39.

[303] 王雄军，葛延风. 福利体系碎片化和差异化的形成原因和综合影响 [N]. 中国经济时报，2014-11-22 (5).

[304] 郑秉文. 中国社保"碎片化制度"危害与"碎片化冲动"探源 [J]. 甘肃社会科学，2009 (3)：50-58.

[305] 郑功成. 多层次社会保障体系建设：现状评估与政策思路 [J]. 社会保障评论，2019，3 (1)：3-29.

[306] 郑功成. 中国养老金：制度变革、问题清单与高质量发展 [J]. 社会保障评论，2020，4 (1)：3-18.

[307] 习近平. 摆脱贫困 [M]. 福州：福建人民出版社，1992.

[308] 杨宜勇，关博. 老龄化背景下推进养老保障供给侧结构性改革的思路 [J]. 经济学家，2017 (3)：97-104.

[309] 柳如眉，柳清瑞. 人口老龄化、老年贫困与养老保障——基于德国的数据与经验 [J]. 人口与经济，2016 (2)：104-114.

[310] GREENWOOD J，JOVANOVIC B. Financial development，growth，and the distribution of income [J]. Journal of Political Economy，1990，98 (5，Part 1)：1076-1107.

[311] IYIGUN M F，OWEN A L. Income inequality，financial development，and macroeconomic fluctuations [J]. The Economic Journal，2004，114 (495)：352-376.

[312] WANG Z, MAN X. Child income poverty in China from 2005 to 2015: The application and decomposition of the FGT indexes [J]. Children and Youth Services Review, 2019, 101: 70-79.

[313] ALKIRE S, FOSTER J. Counting and multidimensional poverty measurement [J]. Journal of Public Economics, 2011, 95 (7-8): 476-487.

[314] STEWART F. Basic needs strategies, human rights, and the right to development [J]. Human Rights Quarterly, 1989, 11 (3): 347-374.

[315] BATANA Y M. Multidimensional measurement of poverty among women in Sub-Saharan Africa [J]. Social Indicators Research, 2013, 112 (2): 337-362.

[316] ROELEN K. Multidimensional child poverty in Vietnam from a longitudinal perspective-improved lives or impoverished conditions? [J]. Child Indicators Research, 2014, 7 (3): 487-516.

[317] CLARKE M, FEENY S, MCDONALD L. Vulnerability to what? Multidimensional poverty in melanesia [M]. Household Vulnerability and Resilience to Economic Shocks: Findings from Melanesia. Aldershot, UK: Ashgate Publishing, 2014: 83-105.

[318] SANTOS M E, VILLATORO P. A multidimensional poverty index for Latin America [J]. Review of Income and Wealth, 2018, 64 (1): 52-82.

[319] SCHLEICHER J, SCHAAFSMA M, BURGESS N D, et al. Poorer without it? The neglected role of the natural environment in poverty and well-being [J]. Sustainable Development, 2018, 26 (1): 83-98.

[320] 李爱民. 我国城乡融合发展的进程、问题与路径 [J]. 宏观经济管理, 2019 (2): 35-42.

[321] 马恒运, 许欣, 严功岸, 等. 改革四十年的工农关系变化及思考 [J]. 农业经济问题, 2018 (7): 4-13.

[322] 严瑞珍, 龚道广, 周志祥, 等. 中国工农业产品价格剪刀差

的现状、发展趋势及对策［J］. 经济研究，1990（2）：64-70.

［323］刘翠霄. 中国农民的社会保障问题［J］. 法学研究，2001（6）：67-83.

［324］杨德清，董克用. 普惠制养老金——中国农村养老保障的一种尝试［J］. 中国行政管理，2008（3）：54-58.